浙江省与黑山经贸合作发展报告

(2012–2021)

陶菁 著

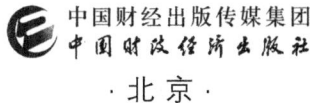

·北京·

图书在版编目（CIP）数据

浙江省与黑山经贸合作发展报告：2012-2021/陶菁著．--北京：中国财政经济出版社，2024.2

ISBN 978-7-5223-2778-5

Ⅰ.①浙… Ⅱ.①陶… Ⅲ.①对外经贸合作－研究报告－浙江、黑山共和国－2012-2021 Ⅳ.①F752.855 ②F752.755.52

中国国家版本馆 CIP 数据核字（2024）第 035402 号

责任编辑：周桂元 罗伶一 责任印制：张 健
封面设计：卜建辰 责任校对：徐艳丽

浙江省与黑山经贸合作发展报告（2012—2021）
ZHEJIANGSHENG YU HEISHAN JINGMAO HEZUO FAZHAN BAOGAO (2012—2021)

中国财政经济出版社 出版

URL：http：//www.cfeph.cn
E-mail：cfeph@cfeph.cn

（版权所有 翻印必究）

社址：北京市海淀区阜成路甲28号 邮政编码：100142
营销中心电话：010-88191522
天猫网店：中国财政经济出版社旗舰店
网址：https：//zgczjjcbs.tmall.com
中煤（北京）印务有限公司印刷 各地新华书店经销
成品尺寸：170mm×240mm 16开 23.25印张 381 000字
2024年2月第1版 2024年2月北京第1次印刷
定价：93.00元
ISBN 978-7-5223-2778-5

（图书出现印装问题，本社负责调换，电话：010-88190548）
本社质量投诉电话：010-88190744
打击盗版举报热线：010-88191661 QQ：2242791300

前　言

2023年是共建"一带一路"倡议提出十周年，中东欧国家作为"一带一路"进入欧洲大市场的"桥头堡"，其重要性不言而喻。2021年2月9日，国家主席习近平在"中国—中东欧国家领导人峰会"上的主旨讲话指出，"中国—中东欧国家合作是具有重要影响力的跨区域合作平台"。中国—中东欧国家合作机制自2012年建立以来，经过十一年的实践，该平台从无到有、从初创到成熟，经历了跨越式发展历程，是中国外交的重要创新，也是推进中欧关系发展和"一带一路"建设的重要抓手。浙江省是全国"一带一路"建设的排头兵，中东欧经贸合作是浙江省推进"一带一路"建设的重要平台和抓手。浙江省与中东欧国家经贸合作成果丰硕，经贸合作走向机制化、双边贸易迈进高水平、双边投资实现多元化、区域合作呈现梯度化、基础设施加速互联化。从全国范围来看，浙江省作为我国的经济强省和对外开放的典型代表省份，其与中东欧国家间的经贸合作对于我国其他省份具有重要的参考价值和现实意义。因此，系统梳理与回顾浙江省与中东欧国家双边贸易合作、投资合作、产业合作是很有必要的。

黑山位于亚得里亚海东部，素有"巴尔干明珠"的美称，拥有壮丽的自然风光与灿烂的民族文化，是中国"一带一路"倡议和中国—中东欧合作机制的积极参与者。黑山境内多山，基础设施建设难度大，面临着发展经济、改善民生的现实任务，中国—中东欧合作机制启动后，中黑两国在互联互通领域成效显著，黑山第一条高速公路的优先段就是由中国企业承建的。本书梳理了浙江省与黑山经贸合作的发展条件和重点领域，主要内容分为三个部分，分别是浙江省与黑山经贸合作概览、浙江省与黑山贸易投资合作、浙江省与黑山的产业合作潜力。黑山是欧洲最年轻的国家，经济体量小，人口仅为62万左右，产业结构相对简单，当前浙江省与黑山开展经贸合作主要集中于商品贸易与旅游服务等领域，浙江省宁波市的中东欧博览会和中东欧国家特色商品常年馆以及丽水的青田华侨商贸城等，都是中国消费者了解黑山的重要窗口。本书的第二部分，用较大篇幅在全国各省（市、区）的整体范围内讨论了浙江省与黑山的贸易规模及结构，既体现了浙江省的贸易特点，也涵盖了其他重点省（市、区）对黑山贸易的表现和结构情况。

浙江省民营企业经济发达，民营企业对外投资活跃，随着中国与黑山互联互通的推进，浙江省与黑山的产业合作将向纵深发展，本书的第三部分详细介绍了黑山采矿及冶炼、能源、旅游、农业、交通、教育文化等重点部门的发展情况，内容涵盖黑山的产业特点和人文风情，为人们深度了解黑山提供资料，为浙江省与黑山深化产业与投资合作提供方向，也为我国其他地区加强与黑山的互联互通和互惠共赢合作提供思路和借鉴。

本书在撰写过程中，宁波大学商学院的张华英、张莹莹、张悦、陈昊阳、陈钰、胡茗、姜妍、徐博弈、凌杨盈、崔泽涛等同学在整理资料和数据分析等方面提供了帮助，在此表示感谢。本书的完成要感谢杨丹萍教授的支持。本书的编写得到了宁波大学中东欧经贸合作研究院的支持，本书的出版得到了中国财政经济出版社周桂元、罗伶一两位编辑的帮助，在此表示感谢。

限于作者水平，书中难免存在不足，恳请专家和广大读者朋友批评指正。

陶菁

2023年10月

目　　录

第一篇　浙江省与黑山经贸合作概览

第一章　黑山经贸发展概况 …………………………………（ 3 ）
　　第一节　黑山的基本情况 ………………………………（ 3 ）
　　第二节　黑山产业发展情况 ……………………………（ 15 ）
　　第三节　黑山对外贸易情况 ……………………………（ 20 ）
　　第四节　黑山国际投资情况 ……………………………（ 24 ）
第二章　黑山的贸易和投资环境 ……………………………（ 27 ）
　　第一节　贸易及投资政策及法律环境 …………………（ 27 ）
　　第二节　黑山签署的区域性多边和双边协议 …………（ 33 ）
　　第三节　黑山的基本营商条件 …………………………（ 39 ）
　　第四节　黑山的投资环境评价 …………………………（ 47 ）
第三章　浙江省与黑山经贸合作的平台及条件 ……………（ 53 ）
　　第一节　宁波——中国—黑山经贸合作的窗口 ………（ 54 ）
　　第二节　青田——华侨经济文化之乡 …………………（ 61 ）
　　第三节　义乌国际贸易综合改革试验区 ………………（ 65 ）
　　第四节　杭州——全球跨境电商的创新高地 …………（ 69 ）

第二篇　浙江省与黑山的贸易与投资合作

第四章　浙江省与黑山贸易合作基本情况 …………………（ 77 ）
　　第一节　浙江省与黑山的贸易规模 ……………………（ 77 ）
　　第二节　浙江省与黑山贸易发展的地位 ………………（ 85 ）

第三节　浙江省与黑山的贸易依存度……………………………（ 94 ）
第五章　浙江省与黑山的贸易商品…………………………………（106）
　　　第一节　浙江省与黑山进出口贸易的商品大类结构……………（106）
　　　第二节　浙江省从黑山进口的主要商品子目……………………（125）
　　　第三节　浙江省对黑山出口的主要商品子目……………………（138）
　　　第四节　企业案例…………………………………………………（143）
第六章　浙江省与黑山贸易潜力……………………………………（145）
　　　第一节　浙江省与黑山的贸易竞争性……………………………（145）
　　　第二节　浙江省与黑山的贸易互补性……………………………（154）
　　　第三节　浙江省与黑山的贸易潜力………………………………（163）
第七章　浙江省与黑山的投资合作及潜力…………………………（180）
　　　第一节　黑山的国际投资发展情况………………………………（180）
　　　第二节　中国与黑山双边投资发展………………………………（191）
　　　第三节　浙江省对黑山的投资前景………………………………（196）

第三篇　浙江省与黑山的产业合作潜力

第八章　浙江省与黑山采矿及冶炼业合作展望……………………（201）
　　　第一节　黑山的矿产资源及相关法律……………………………（201）
　　　第二节　黑山采矿业的发展………………………………………（204）
　　　第三节　黑山铝业的发展…………………………………………（212）
　　　第四节　黑山钢铁业的发展………………………………………（219）
　　　第五节　浙江省与黑山采矿及冶炼业合作展望…………………（220）
第九章　浙江省与黑山的能源合作展望……………………………（222）
　　　第一节　黑山能源业基本情况……………………………………（222）
　　　第二节　黑山的电力市场基本情况………………………………（232）
　　　第三节　黑山电力产业合作………………………………………（241）
　　　第四节　浙江省与黑山能源电力合作展望………………………（249）
第十章　浙江省与黑山旅游业合作…………………………………（262）
　　　第一节　黑山的旅游资源…………………………………………（262）
　　　第二节　黑山的旅游业发展………………………………………（268）
　　　第三节　浙江省与黑山旅游服务贸易发展………………………（277）

第四节　浙江省与黑山旅游产业合作的推进 …………………（281）
　　第五节　企业案例 ……………………………………………（285）
第十一章　黑山的农业发展 …………………………………………（288）
　　第一节　黑山的农业资源与条件 ……………………………（288）
　　第二节　黑山农业的发展 ……………………………………（292）
　　第三节　黑山的葡萄酒产业发展 ……………………………（302）
　　第四节　浙江省与黑山开展农业合作的展望 ………………（306）
第十二章　黑山基础设施建设 ………………………………………（310）
　　第一节　黑山交通运输业的基本情况 ………………………（310）
　　第二节　黑山电信业的发展 …………………………………（316）
　　第三节　中国与黑山基础设施建设的合作经验 ……………（320）
　　第四节　浙江省与黑山基础设施建设的合作展望 …………（324）
第十三章　浙江省与黑山的教育文化产业合作 ……………………（329）
　　第一节　浙江省与黑山教育文化产业合作的基础 …………（329）
　　第二节　中国与黑山教科文合作的进展 ……………………（347）
　　第三节　浙江省与黑山教科文合作的进展 …………………（352）

参考文献 ……………………………………………………………（357）

第一篇

浙江省与黑山经贸合作概览

第一章

黑山经贸发展概况

　　黑山共和国位于欧洲南部巴尔干半岛西部,地处亚得里亚海东岸,与波黑、塞尔维亚、克罗地亚、阿尔巴尼亚接壤。黑山境内多山,英语译为Montenegro,monte 即"山",negro 即指"黑色"。黑山国土面积虽小,但却有数百千米的海岸线,自然风光优美,是欧洲著名的旅游胜地。20 世纪60 年代前南斯拉夫电影《桥》曾在中国风靡一时,电影改编自第二次世界大战时期抗击德军的真实历史事件,剧中的塔拉河峡谷大桥就位于黑山北部,是中国游客的怀旧圣地。20 世纪90 年代黑山经济发展曾经受阻,2006 年独立后,外部经贸环境得到改善、内部经济改革推进,经济取得较为快速的增长。

　　中国与黑山两国友谊深厚在"一带一路"倡议和中国—中东欧国家合作机制的带动下,两国双边经贸关系日益紧密,在商品贸易、旅游服务、能源和基础设施建设、教育和科学、人文交流、农业发展等领域的合作前景广阔。

第一节
黑山的基本情况

　　黑山是欧洲最年轻的独立主权国家,原为南斯拉夫社会主义联邦共和国的6个加盟共和国之一，在20世纪90年代初曾是南斯拉夫联盟共和国的2个成员国之一，于2006年6月3日正式宣布独立，独立当月获得中国承认，2006年7月6日起中国与黑山两国建立大使级外交关系。黑山于2007年1月加入世界银行（WB）和国际货币基金组织（IMF），2011年12月成为世界贸易组织（WTO）成员，在2010年获得欧盟候选国地位，2012年6月正式启动加入欧盟谈判，近年来黑山的诸多经济改革措施，与其入盟谈判进程关联紧密。黑山与中国在2017年签署了《共建"一带一路"谅解备忘录》，随着"一带一路"国际合作和中国—中东欧国家合作的推进，两国经济贸易联系持续深化。

一、地域特点

黑山是欧洲面积最小的国家之一，位于北纬42°29′—43°32′、东经18°26′—20°21′，属于东1时区，当地时间比北京市时间晚7小时，每年4—10月实行夏令时，与北京市的时差为6小时。其国土面积约为1.39万平方千米，海岸线总长度293千米。与克罗地亚、波黑、塞尔维亚、阿尔巴尼亚的接壤长度分别为14千米、225千米、203千米和172千米。

黑山西部沿海，与中部地区构成丘陵和平原，北部和东北部为山地和高原，整体呈西部低、东北部高的地形分布，境内河流与水源自东向西汇入亚得里亚海。尽管国土狭小，但这种独特的地形，使黑山境内分为几种不同特色的自然气候区域，沿海地区为地中海气候，西部岩层地带地气候温和，东部是布尔达高山地区，那里有森林和牧场，北部是狄那里克阿尔卑斯山脉，西部是大片岩层。黑山境内几乎完全是山区，境内有50座海拔超过2 000米的山峰，6座山脉高度在2 400米以上，如表1.1所示。黑山的许多高山全年大部分时间积雪，山下谷地与冰川形成独特景观。

表1.1　　　　黑山高度在2 400米以上的山峰　　　　　　　　单位：米

2 400米以上的山峰	高度
博博托夫库克峰（杜米托尔山脉）	2 522
马加罗西特峰（普罗克莱蒂耶山脉）	2 522
库基科姆峰（科莫维山脉）	2 487

续表

2 400 米以上的山峰	高度
科姆瓦索耶维奇峰（科莫维山脉）	2 460
斯耶梅峰（杜米托尔山脉）	2 445
哈吉拉峰（哈吉拉山脉）	2 403

数据来源：黑山地籍和国有资产管理局[①]。

虽然黑山国土面积小，但是境内有 4 条河流和 5 个自然湖泊，如表 1.2 和表 1.3 所示。全国最大的湖泊是斯库台湖，位于岩层地带的南端，与阿尔巴尼亚边境相连。黑山的河流水量大，河流落差大，不少河流水流湍急，水能资源非常丰富。

表 1.2　　　　　　　　黑山的主要河流　　　　　　　　单位：千米

河流	总长度	黑山境内长度
塔拉河	146.4	141
里姆河	220.0	123
切霍蒂纳河	125.0	100
莫拉卡河	99.5	99.5

数据来源：黑山地籍和国有资产管理局。

表 1.3　　　　　　　　黑山的自然湖　　　　　　　　单位：平方千米，米

自然湖	面积	高度	最大深度	市、区域
比奥格勒湖	0.23	1 094	12.1	科拉欣
普拉夫斯科湖	1.99	906	9.1	普拉夫
斯库台湖	369.7	6	44.0	巴尔，波德戈里察，采蒂涅
克尔诺湖	0.52	1 418	49.1	扎布利亚克
萨斯科湖	3.6	1.4	7.8	乌尔齐尼

数据来源：黑山地籍和国有资产管理局。

二、经济发展历程及经济规模

第二次世界大战之后，黑山成为前南斯拉夫联邦的一个共和国，战后至 20 世纪 80 年代，黑山经历了快速的城市化和工业化，发展了电力、钢铁、铝、煤炭开采、林业、木材加工、纺织和烟草等工业，从 20 世纪 80

---

① Cadastre and State Property Administration, Montenegro.

年代后期开始，黑山的对外贸易、国际航运和旅游业也开始得到发展。1992年，黑山与塞尔维亚联合组成了南斯拉夫联盟共和国（简称"南联盟"），由于经济制裁，黑山失去了市场和供应商，生产出现停滞，1993年和1994年出现了人类货币史上最严重的恶性通货膨胀，贫困人口激增。黑山地理位置优越，处于亚得里亚海沿岸，与阿尔巴尼亚以斯库台湖相隔，一些人开始从事汽油和香烟等物资的倒卖，走私活动和黑市交易猖獗。1994年，黑山开始与西方国家进行直接贸易和其他往来，2006年公投独立。

2006年独立后，黑山经济增长显著，但期间也遭受了2008年全球金融危机、2009年开始的欧元区债务危机以及2020年新冠疫情的冲击。2006—2008年，黑山GDP年增长率曾经在8%以上，但之后因全球金融危机和欧债危机影响，2009—2012年经济增长率有所下降。表1.4显示了2012—2021年黑山宏观经济表现，在这一时期，黑山实际GDP在2012年和2020年出现下降，其余年份均有增长，其中2021年因旅游业恢复，GDP出现较大反弹。

表1.4　　　　2012—2021年黑山宏观经济情况　　　　单位：亿欧元，%

年份	名义GDP	实际GDP	实际GDP增长率	失业率	通货膨胀率
2012	31.8	31.8	-2.7	19.7	0.2
2013	33.6	32.9	3.5	19.5	2.1
2014	34.6	34.2	1.8	18.0	1.1
2015	36.6	35.8	3.4	17.6	1.4
2016	39.5	37.6	2.9	17.7	5.1
2017	43.0	41.4	4.7	16.1	3.8
2018	46.6	45.2	5.1	15.2	3.2
2019	49.5	48.5	4.1	15.1	2.0
2020	41.9	41.9	-15.2	17.9	-0.2
2021	49.6	47.3	13.0	16.6	4.7

数据来源：黑山国家统计局。

表1.5显示了黑山在2012—2021年人均GDP排名情况。2020年受新冠疫情影响，黑山旅游业收入减少了80%，几乎处于停滞状态，导致当年黑山实际GDP出现了15.3%的下降，降幅居欧洲第2位，失业率大幅上升，政府实施了工资补贴措施，以期推动雇主将就业形式向正规化转变，

但也因此导致财政赤字和公共债务不断上升，国家债务率达到国内生产总值的108.8%，而在新冠疫情前的2019年这一数值是78.8%。从2021年夏季起，黑山旅游业快速复苏，劳动力市场和财政状况得到显著改善，当年，黑山的人均GDP为8 002欧元，世界排名为第88位，在欧洲排名为第39位。

表1.5　　　　2012—2021年黑山人均GDP的排名位次　　　　单位：欧元，位

年份	人均GDP	世界排名位次	欧洲排名位次	中东欧排名位次
2012	5 126	104	41	12
2013	5 412	102	41	12
2014	5 561	103	41	12
2015	5 873	100	40	12
2016	6 354	98	40	12
2017	6 908	96	40	12
2018	7 495	93	40	12
2019	7 959	93	40	12
2020	6 737	93	41	13
2021	8 002	88	39	12

数据来源：黑山国家统计局、国际货币基金组织。

三、经济特点

黑山的经济以旅游业、能源、矿业和农业为主，旅游业日益成为支柱产业，2012年以后，国际旅游业直接收入在多数年份对其GDP的贡献率超过20%。为了发展经济和接轨欧盟体系等需要，黑山基础建设的力度和规模很大，国家债务率逐年提升，2020年受新冠疫情影响，在欧洲国家债务率普遍上升的背景下，黑山的国家债务率也从2019年的78.8%增加至107.3%，2021年后，随着各国新冠疫情政策调整，黑山旅游业复苏，国家债务率也逐步下降，2021年黑山的国家债务率减少至86.6%，2022年国家债务率进一步减少至71.2%，如表1.6所示。

表1.6　　　　2012—2022年黑山国家债务率　　　　单位：%

年份	国家债务率
2012	56.9
2013	58.7

续表

年份	国家债务率
2014	63.4
2015	68.8
2016	66.4
2017	66.2
2018	71.9
2019	78.8
2020	107.3
2021	86.6
2022	71.2

数据来源：国际货币基金组织。

因历史原因，黑山的非正规经济规模较大，占国内生产总值的30%左右，汇款是黑山家庭收入的重要来源之一，家庭团聚是居民迁移的主要原因之一。黑山自由职业者人口比例较高，根据世界银行数据，2012年，在15—64岁的就业人口中，有17.8%属于自由职业者，近年来的自我雇佣比例在21%左右，高于欧盟国家15%左右的平均水平，如表1.7所示。

表1.7　　　　黑山2012—2021年自我雇佣人数比例　　　　单位：%

年份	自我雇佣人数比例
2012	17.8
2013	16.0
2014	18.8
2015	20.9
2016	21.5
2017	22.0
2018	21.9
2019	20.6
2020	21.5
2021	21.1

数据来源：世界银行。

四、黑山的基础设施

黑山高速公路总长7 762千米。在2022年7月南北高速公路优先段开通之前，黑山是巴尔干地区唯一没有高速公路的国家。南北高速公路是黑山自2006年独立以来规模最大、投资最多的基础设施项目，该高速公路优先段由中国企业承建。

黑山铁路网总长250千米，在与黑山接壤的4个国家中，只有塞尔维亚和阿尔巴尼亚与黑山有铁路连接，其中黑山与塞尔维亚有客运铁路联系，而与阿尔巴尼亚的铁路联系仅用于货运。

黑山有6个公共机场，其中国际机场有2个，即波德戈里察机场和蒂瓦特机场，主要连接欧洲及中东目的地，从中国前往黑山需要转机。黑山在伊万格勒、扎布尔加克和布德瓦也有机场，这些机场主要用于国内航空，不具备起降大型飞机的能力。

黑山港口主要有4个，分别是巴尔港、科托尔港、波德戈里察港和泽莱尼卡港，其中巴尔港是黑山最重要的海港，是亚得里亚海的深水良港，可停泊大型远洋轮船，设计年吞吐能力500万吨，2021年总吞吐量为186万吨，其他3个港口都相对较小。除了塔拉河漂流等旅游景点，黑山的河流一般不通航。

黑山固网宽带互联网平均下载速度为58.91兆比特/秒，在国际比较中排名第73位。上传速率仅为6.0兆比特/秒，明显较低（第151位）。在移动互联网（即平板电脑和智能手机）方面，黑山以43.56兆比特/秒的下载速度排名第51位。大约12兆比特的上传速度仅够排名第54位。截止2021年，黑山尚未建立5G网络。

在2009年以前，黑山每年需要进口大量电力以满足需求，这主要是因为KAP铝厂是耗能大户，该厂曾经要消耗全国电力40%。目前黑山电力主要来自水力发电，但是受汛期等因素影响，不同年份黑山电力进出口会出现差异，近年来水力设施投入较大，有望成为巴尔干地区电力枢纽。除了水能，黑山还有丰富的太阳能和风能资源，是未来能源电力方向的重点开发领域。

五、主要城市

在2011年黑山人口普查数据时，黑山有21个城市，首都波德戈里察是全国的政治、经济和教育中心，人口超过19万，是黑山人口最多的城市。采蒂涅在历史上曾长时间是黑山的首都，故被称为"故都"，尼克希奇是黑山第二大城市，有68 172人。黑山的城市大都人口较少，2011年普查时，21个城市中有6个城市人口未过万，人口过5万的城市只有波德戈里察和尼克希奇。黑山在2011年人口普查后，又先后增加了4个城市，分别是佩特尼卡（2013）、古西涅（2014）、图兹（2018）、泽塔（2022），如表1.8所示。

表1.8　　　　　　　　黑山的城市及人口规模　　　　　　　　单位：人

2011年人口普查		2021年估测人数	
城市	人数	城市	人数
波德戈里察	185 937	波德戈里察	191 637
尼克希奇	72 443	尼克希奇	68 172
比耶洛波列	46 051	巴尔	44 054
巴尔	42 048	比耶洛波列	41 018
贝拉内	33 970	新海尔采格	30 356
赫尔采格诺维	30 864	贝拉内	26 013
普列夫利亚	30 786	普列夫利亚	25 917
罗扎耶	22 964	罗扎耶	22 926
科托尔	22 601	科托尔	22 713
乌尔齐尼	19 921	布德瓦	22 660
布德瓦	19 218	乌尔齐尼	19 991
采蒂涅旧都	18 472	达尼洛夫格勒	18 305
达尼洛夫格勒	16 657	蒂瓦特	15 248
蒂瓦特	14 031	采蒂涅旧都	14 923
普拉夫	13 108	图兹	12 344
莫耶科瓦奇	8 622	普拉夫	8 191
科拉欣	8 380	莫耶科瓦奇	7 232
安德里耶维察	5 071	科拉欣	6 943
扎布良克	3 569	佩特尼察	5 275
普卢日内	3 246	安德里耶维察	4 403
萨维尼克	2 070	古西涅	3 995
总人口	620 029	扎布良克	2 986
		普卢日内	2 485
		萨维尼克	1 424
		总人口	619 211

数据来源：黑山国家统计局。

波德戈里察，黑山共和国的首都，1945—1992年名为铁托格勒，位于黑山中部几条河流交汇处的平原地带，斯库台湖以北15千米处。作为黑山最大的城市，波德戈里察是黑山的政治、经济、文化、教育中心和交通枢纽，人口超过19万，是黑山人口最多的城市，也是黑山贸易出口和工业总产出的主要城市，黑山的大部分工业、金融业和商业机构都布局于此。在黑山2014年公民薪资发放调查中，全国大约47%的薪资数额由波德戈里察的企业支付。波德戈里察拥有炼铝、烟草加工、纺织、工程、车辆生产和葡萄酒生产等产业，黑山证券交易所、银行、电信运营商、媒体、航空公司等重要的服务机构和公司也大都设立于此。

尼克希奇是黑山的第二大城市，有68 172人，也是黑山重要的工业、文化和教育中心，以其丰富的历史、文化遗产、自然美景和工业而闻名。它地处黑山内陆，距离首都波德戈里察西北约50千米。历史上，此地的河流泛滥会淹没平原，这个问题直至1960年佩鲁奇察水力发电站建成才得以解决，水电站的建成使得城市附近形成3个大型人工湖，分别是克鲁帕茨湖、斯拉诺湖和弗尔塔茨湖。尼克希奇是黑山最具活力和经济发展潜力的城市，拥有钢铁厂、铝土矿、电力厂、啤酒厂和木材加工业等产业，目前大多数产业完成了私有化进程，服务业正在发展。

采蒂涅建立于15世纪，因为在历史上长期是黑山的首都，所以采蒂涅被称为"故都"，目前它也是黑山的次首都和黑山总统官邸的所在地。虽然波德戈里察是黑山的首府，但采蒂涅是黑山文化部、国家博物馆、国家图书馆、国家档案馆的所在地。黑山总统的官邸也设在采蒂涅，因其墙壁是蓝色而被称为"蓝宫"。

巴尔是黑山最大的港口城市，从1952年开始，黑山将巴尔作为现代化港口进行规划。巴尔的港口区域海岸线长约3 100米，土地面积约8平方千米，水域面积约2平方千米，设计货物吞吐量为每年500万吨。巴尔湾毗临亚得里亚海，港内可停靠万吨级油轮，并有轮渡从港口通往意大利的巴里，在适航季节，渡轮也可前往意大利的安科纳。巴尔是贝尔格莱德—巴尔铁路的终点站，亚得里亚海高速公路将巴尔与其他国家的沿海城镇相连。巴尔的海滩、港口、当地文化风情的建筑，使其成为著名的旅游城市，每年吸引大量游客。

科托尔是黑山南部海港城市，紧临科托尔湾，拥有海军学院、海洋博物馆、历史档案馆、疗养院等。其经济以食品加工业为主，还有造船、机械制造等产业。科托尔是亚得里亚海沿岸中世纪古城原貌保存最完整的城市之一，城内有大量的名胜古迹，比如建于1166年的圣特里芬大教堂和长达4.5千米的城市周围的古城墙。科托尔以西的佩拉斯特普查尼、里桑等海边小镇风光独特，洛夫琴国家公园则位于科托尔以东仅一个多小时车程的位置。

六、人口情况

黑山人口密度仅为44.76人/平方千米，是除北欧国家以外，欧洲人口密度最低、人口最少的国家之一。黑山历年人口变化幅度较小，近年来基本保持在62万人左右，最近的一次人口普查是在2011年进行的，从2017年以后，人口开始出现负增长趋势。根据黑山国家统计局的估测数据，2021年，黑山共和国的人口数量为61.92万，人口增长率为-0.34%，如表1.9所示。

表1.9　　　　2012—2021年黑山人口基本情况　　　　单位：万人,%

年份	总人口	男性	女性	人口增长率
2012	31.82	62.06	30.24	0.08
2013	31.83	62.12	30.29	0.10
2014	31.86	62.18	30.32	0.10
2015	31.88	62.22	30.34	0.06
2016	31.88	62.23	30.35	
2017	31.89	62.24	30.35	0.01
2018	31.88	62.22	30.34	-0.02
2019	31.87	62.20	30.33	-0.03
2020	31.85	62.13	30.28	-0.12
2021	31.75	61.92	30.17	-0.34

数据来源：世界银行。

如图1.1所示，从城乡结构来看，2021年黑山城镇人口为42.1万，占黑山总人口的67.83%，农村人口数量为20万，占32.17%。2012年，黑山城镇化率为64.80%，到了2021年，城镇化率上升为67.83%，接近城镇化发展后期阶段（城镇化率70%及以上），低于发达国家水平（80%以上）。黑山的城镇化水平高于中国，城镇化率的增速低于中国，2012年与2021年中国城镇化率水平分别是51.77%和62.51%。

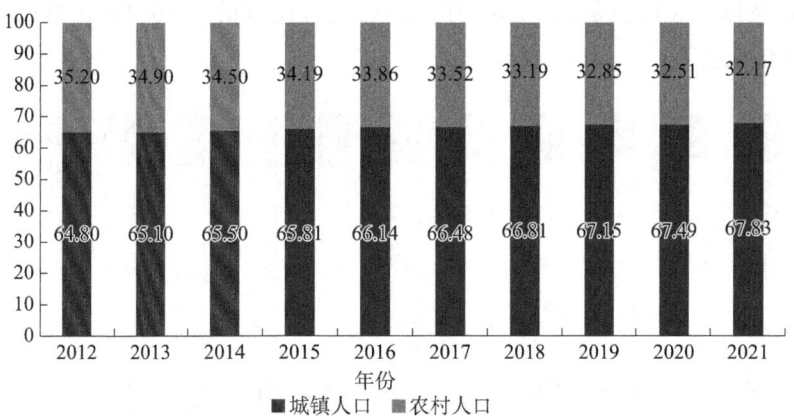

图 1.1　2012—2021 年黑山城镇、农村人口数量（%）

数据来源：黑山国家统计局。

表 1.10 显示了黑山的人口地区分布情况，黑山人口主要分布在中部地区，2020 年，居住在沿海、中部和北方地区的人口分别占总人口的 25%、49% 和 26%。从人口流动趋势来看，沿海与中部地区人口的数量和占比都在上升，而北方地区人口数量和占比都出现了下降。

表 1.10　　　　　2003—2020 年黑山地区人口分布　　　　　单位：人，%

地区	2003 年人口普查		2011 年人口普查		2020 年人口年中估测	
	总计	占比	总计	占比	总计	占比
沿海地区	145 847	23.5	148 683	24.0	155 050	25.0
中部地区	279 419	45.1	293 509	47.3	304 946	49.0
北方地区	194 879	31.4	177 837	28.7	161 310	26.0
全部地区	620 145	100.0	620 029	100.0	621 306	100.0

数据来源：黑山国家统计局。

黑山是一个由多个民族组成的国家，根据 2011 年人口结构普查，黑山族人占 44.98%，塞尔维亚族占 28.73%，波斯尼亚族占 8.65%，阿尔巴尼亚族占 4.9%，穆斯林占 3.31%，克罗地亚族占 0.97%。其中黑山族和塞尔维亚族同为南斯拉夫人后裔，信奉东正教，拥有相近的语言族源和文化习俗。

如图 1.2 所示，从年龄构成来看，2012 年，黑山 0—14 岁人口、15—64 岁人口、65 岁及以上人口分别占总人口的 19%、67.90% 和 13.10%，2021 年黑山 0—14 岁人口占比降至 18%，15—64 岁人口比重降至 65.9%，

65岁及以上人口数量为10.03万，占总人口比重的为16.2%，黑山处于老龄化社会①。

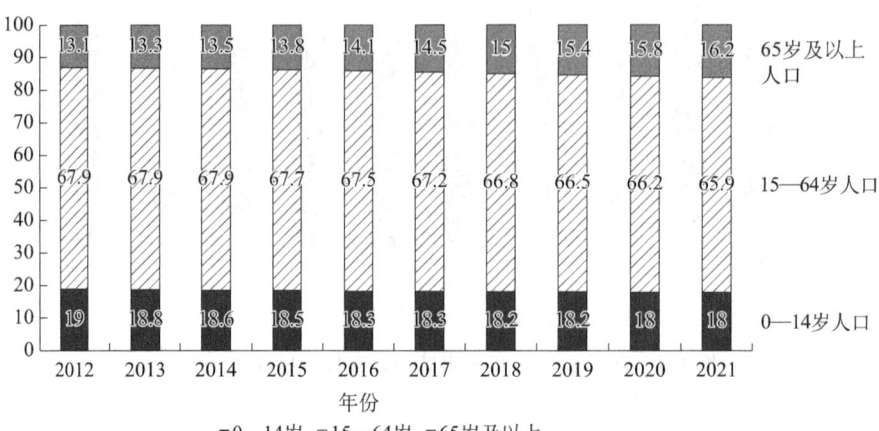

图1.2　2012—2021年黑山人口年龄结构占比（%）

数据来源：黑山国家统计局。

从受教育水平方面来看，黑山的义务教育阶段为小学和初中，根据联合国教科文组织统计研究所统计数据，黑山中学教育完成率长期保持在98%以上。表1.11显示了黑山各阶段教育的入学人数，2021年，黑山高等教育入学人数为22 700人，与2012年相比，2021年黑山的各级教育入学人数总体上有所减少，这和黑山总人口的减少和人口年龄结构的变化有一定的关系。

表1.11　2012—2021年黑山各级教育入学人数　　　　　单位：人

年份	小学教育	中学教育	高等教育
2012	38 362	63 013	25 313
2013	—	—	24 965
2014	—	—	26 080
2015	37 585	60 504	26 580
2016	37 869	58 540	24 643
2017	38 740	57 575	25 014
2018	39 288	57 085	23 826

---

① 根据联合国制定的标准，人口老龄化的标志为一个国家或地区65岁及以上人口数达到7%以上，或60岁及以上人口占总人口比例超过10%。

续表

年份	小学教育	中学教育	高等教育
2019	39 085	56 896	22 709
2020	38 822	56 922	22 963
2021	38 346	57 238	22 700

数据来源：联合国教科文组织统计研究所。

第二节
黑山产业发展情况

一、黑山的资源禀赋

黑山境内的矿产资源丰富，截至目前，黑山已探明的铝土矿储量约3 500万吨，煤储量为1.56亿吨，黑山有石油、天然气储藏的可能性，目前还处于勘探阶段。黑山森林品质高，覆盖面积广，黑山森林和林地面积为94.2万公顷，约占国土面积的2/3，在森林覆盖率、受保护程度、环境整洁度、生物多样性等方面都首屈一指。黑山的木材储量约1.1亿立方米，其中针叶木占41%，阔叶木占59%。黑山每年森林增加量为280万立方米，每年可采伐木材70万立方米，其中来自国有森林53万立方米，私有森林17万立方米[①]。

黑山国土面积较小，但它拥有丰富的自然风光和历史与文化遗产，是深受外国游客欢迎的旅游目的地。黑山西部连绵的海岸线和北部壮观的山区，是旅游杂志推荐的热门景点，吸引全球游客。

二、产业规模和结构

按行业划分，黑山经济分为农业、工业、旅游服务业。近年来，黑山重点发展生态农业和旅游服务业，工业部门对黑山经济的贡献一直在下降，旅游服务业日益成为国民经济的支柱产业，表1.12为2021年黑山按

---

① 黑山概况，中华人民共和国商务部网站. http://me.mofcom.gov.cn/article/gk/202004/20200402951907.shtml.

行业划分的经济活动情况。

表1.12　　　　2021年黑山按行业划分的经济活动情况　　　　单位:%

行业	行业就业人数 (占总就业人数比重)	增加值 (占GDP比重)	同比去年增长率
农业	7.2	6.5	-0.5
工业	19.4	14.8	1.4
旅游服务业	73.4	59.9	18.6

数据来源:世界银行。

黑山主要产业包括铝业、钢铁业、葡萄酒业、畜牧业、旅游业等,铝业是传统支柱产业,近年来旅游业发展迅速,带动了农业、住宿和食品服务业等行业的发展。表1.13显示了2020—2021年黑山主要产业增加值的情况。

表1.13　　　　2020—2021年黑山主要产业增加值①　　　　单位:百万欧元,%

分类标准:NACE-Rev.2 产业类别	2020年		2021年	
	增加值总额	占比	增加值总额	占比
农业、林业和渔业	320.1	7.6	314.7	6.7
采矿和采石	65.2	1.6	56.6	1.2
制造业	168.6	4.0	188.2	4.0
电力、煤气、蒸汽及空调供应	148.9	3.6	167.1	3.5
供水;污水收集、废物管理和补救活动	76.0	1.8	79.9	1.7
建筑业	261.1	6.2	242.1	5.1
批发及零售业;汽车及电单车维修	525.7	12.5	656.2	13.9
运输及储存	162.0	3.9	181.6	3.8
住宿和食品服务活动	98.8	2.4	308.7	6.5
资讯及通信	170.0	4.1	175.1	3.7
金融和保险活动	182.4	4.3	184.4	3.9
房地产活动	267.5	6.4	269.0	5.7
专业、科学和技术活动	145.8	3.5	180.6	3.8

① 按不变价格计算.

续表

分类标准：NACE-Rev.2 产业类别	2020年		2021年	
	增加值总额	占比	增加值总额	占比
行政和支助事务活动	79.7	1.9	77.6	1.6
公共行政和国防；强制性社会保障	316.1	7.5	342.0	7.2
教育	183.2	4.4	197.0	4.2
人类健康和社会工作活动	159.8	3.8	197.8	4.2
艺术、娱乐和休闲	68.8	1.6	64.3	1.4
其他服务活动	44.9	1.1	44.1	0.9
域外组织和机构的活动	—	—	—	—
总计	3 444.4	821	3 926.8	83.0
产品税减去产品补贴	748.5	17.9	804.7	17.0
国内生产总值	4 192.9	100.0	4 731.5	100.0

数据来源：黑山国家统计局。

三、农业发展

根据黑山国家统计局产业类别划分，黑山的农业部门包括畜牧业、种植业、林业、渔业等第一产业类别，2021年农业占国内生产总值的6.5%，在2020年这一比例为7.6%。黑山农业以小规模家庭农场为主，平均规模不到5公顷。黑山境内的沿海地区适宜种植柑橘、橄榄等作物；中部地区则可种植时令蔬菜和烟草；而北部则以绵羊养殖为主。该国的主要出口产品是葡萄酒和啤酒，但由于旅游产业逐渐崛起导致农业衰落，使黑山对进口食品的依赖日益增加。该国正在努力改善农业部门，以满足加入欧盟的要求。

如表1.14所示，2021年黑山全国农业用地为255 564.4公顷，其中草地和牧场面积为241 123.5公顷，占据了农业用地的绝大部分，耕地面积仅为6 884.4公顷，另有5 540公顷的面积种植橄榄树、葡萄树等永久性作物。

表1.14　2019—2021年黑山农业用地总量及主要类别　　单位：公顷

年份	农业用地总量	耕地	永久性作物	草地和牧场
2019	257 469.6	7 204.6	5 537.7	242 717.5
2020	257 949.8	7 055.3	5 551.3	243 304.4
2021	255 564.4	6 884.4	5 540.8	241 123.5

数据来源：黑山国家统计局。

四、工业发展及工程建设

黑山工业部门主要包括采矿、炼钢、铝加工、冶金、建筑、食品加工、电力和木材加工等类别，2021年，工业部门雇用了19.4%的就业人口，工业增加值占该国GDP的14.8%。黑山最重要的矿藏是红铝土矿、煤、铅和锌，黑山在开发煤、红铝土、海盐等矿产资源的基础上，发展其他工业包括建设煤电厂、铝厂、盐厂，从而建立了其特有的工业体系。铝业在制造业乃至全国经济中发挥着重要作用，在货物出口、就业和财政预算等方面，都占有相当比重，并直接带动和影响采矿、运输等关联部门。黑山的消费品生产发展水平较低，制造业仅占GDP的4%，铝和钢铁生产是制造业的主要业务之一，90%的铝材和钢材都用于出口。

电力产业是黑山最重要的基础产业之一，黑山的电力（包括小型和大型水电、煤电、风电站）总装机容量超过100万千瓦[1]。黑山和意大利之间的海底电缆在2019年11月投入运营，该电缆将巴尔干与欧盟电力市场联通，未来黑山有望成为西巴尔干地区能源枢纽。黑山为实现与欧盟体系的对接，近年来加快了其市场化改革，吸引了外国投资，进一步促进了黑山电力行业的现代化和技术升级。政府也出台了一系列政策鼓励可再生能源的开发和利用，使黑山的清洁能源利用比例逐年提高，相关工程项目大量采用国际合作方式进行。

旅游业和能源电力业的快速增长，以及黑山与欧盟接轨进程的推进，为黑山工程建设行业提供了良好的市场前景，相关项目包括：电站、公路铁路、海滩、酒店及公寓、购物中心等的承建、经营或管理，这些项目带来了大量投资机会，过去的10年间，黑山的工程项目吸引了可观的国际资本，是各国与黑山开展经贸合作的重点领域。

五、服务业发展情况

服务业是黑山最大的经济部门，2021年，服务业就业人数占总就业人数的73.4%，创造的增加值占国内生产总值的59.9%。黑山经济近年来主要通过旅游服务业来带动，旅游服务业是黑山收入最高的行业之一，

---

[1] 黑山概况——mofcom.gov.cn. 中华人民共和国商务部.

黑山投资总量中有近 1/3 进入了旅游服务业，旅游服务业也提供了 20% 左右的 GDP。黑山的银行业主要由外国投资者设立，银行提供的服务包括企业和零售银行产品。

2006 年黑山独立后，国际旅游成为黑山旅游服务业的核心部分，入境游客迅速增长，2007 年，超过 100 万游客访问了黑山，过夜人数约为 730 万，比 2006 年增加了 23%。表 1.15 数据显示，2012—2019 年，黑山国际旅游收入逐年攀升，2019 年国际旅游收入达 11.4 亿欧元，2020 年因新冠疫情，黑山旅游服务业受到重创，国际旅游收入仅为 15.8 千万欧元，比新冠疫情前的 2019 年下降 82.1%，2021 年旅游服务业出现反弹，预计到 2023 年能恢复到新冠疫情前水平。

表 1.15　　　　　黑山旅游服务业发展情况　　　　单位：万人，%，百万欧元

年份	抵港游客数	增长率	过夜游客数	增长率	国际旅游收入	增长率
2012	144.0	4.8	915.1	4.3	668.1	0.6
2013	149.2	3.7	941.2	2.9	699.7	4.5
2014	151.7	1.7	955.4	1.5	722.0	3.2
2015	171.3	12.9	1 105.5	15.7	853.7	18.2
2016	181.4	5.9	1 125.0	1.8	883.4	3.5
2017	200.0	10.3	1 195.3	6.3	982.8	11.3
2018	220.5	10.2	1 293.0	8.2	1 036.6	5.5
2019	264.5	20.0	1 445.6	11.8	1 139.7	9.9
2020	44.4	-83.2	258.7	-82.1	157.8	-87.3
2021	167.1	276.3	98.7	-61.8	757.6	424.4

数据来源：黑山国家统计局。

在黑山，经济发展和旅游部、黑山国家旅游组织和各地方旅游组织在制定旅游发展政策、目的地管理和创造旅游产品方面发挥主导作用，黑山正在建立国家旅游委员会，进一步整合旅游业和其他相关产业。在新冠疫情期间，黑山卫生部和旅游部制定了针对性的健康和安全指南，里面有一些降低感染风险的措施。黑山在新冠疫情后推出了《2022—2025 年黑山旅游业发展战略》，提出到 2025 年要将黑山打造成全球知名的旅游目的地。

第三节
黑山对外贸易情况

黑山共和国虽然经济规模较小，但在南欧和巴尔干地区居于重要区位，在国际经贸关系中也具有独特地位。黑山是欧洲自由贸易联盟（EFTA）的观察员国，欧盟东扩计划的候选国之一，与欧盟签署了稳定与关联协议，也是南东欧合作进程（SEECP）的成员。

黑山的工业基础薄弱，国内市场需求有限，外贸出口是推动其制造业发展的关键因素。黑山共和国的出口主要流向欧盟国家和前南斯拉夫国家，主要的进口国有意大利、德国、塞尔维亚、波斯尼亚和黑塞哥维那、科索沃等，总体来说，黑山共和国的外贸出口市场相对较为单一，高度依赖几个主要出口商品，其出口规模也比较有限。因此，黑山共和国政府一直在积极推动经济多样化和提高出口质量，以加强对外贸易的竞争力。黑山为了促进经济增长和吸引外商投资，开展出口贸易激励计划，具体措施包括减少出口税和关税、对出口商提供财政补贴、建设现代化的出口基础设施和物流网络、改善营商环境等。这些措施旨在降低出口成本，增强黑山产品的竞争力，同时也提高黑山作为投资目的地的吸引力。

一、进出口贸易情况

黑山食品与工业消费品高度依赖进口，历年来进口额远大于出口额，据黑山国家统计局数据，2012年，黑山出口额为3.65亿欧元，进口额为18.18亿欧元，2021年出口额为6.1亿欧元，进口额为35.37亿欧元。黑山进出口额在2017年和2018年增长，但到了2019年开始下降，受新冠疫情影响，2020年进口和出口额都出现大幅下降，其中出口同比下降11.5%，进口下降17.7%，2021年，进出口大幅反弹，其中出口增长25.9%，进口增长23%。2022年进出口增长率更高，见表1.16。

表 1.16　　　　　2012—2022 年黑山进出口贸易情况　　　单位：百万欧元，%

年份	出口额	同比增长	进口额	同比增长
2012	364.8	-25.3	1 817.9	-8.2
2013	372.3	5.5	1 768.9	0.5
2014	331.4	-10.9	1 779.8	0.8
2015	317.6	-19.9	1 844.3	-13.4
2016	321.1	0.6	2 061.5	11.3
2017	373.0	18.5	2 313.6	14.4
2018	394.9	10.7	2 544.7	15.0
2019	413.6	-0.6	2 596.7	-3.1
2020	359.3	-11.5	2 099.4	-17.7
2021	435.8	25.9	2 488.2	23.0
2022	699.6	42.7	3 536.6	26.4

数据来源：黑山国家统计局。

2020 年，在黑山出口总额中，对欧洲国家出口占 90.5%，其中对中欧自由贸易区国家出口占 45.1%，对欧盟国家出口占 38.5%；在进口总额中，自欧洲国家进口占 81.9%，其中自欧盟国家进口占 45.1%，自中欧自由贸易区国家进口占 28.8%。

黑山主要的进口来源国是塞尔维亚、中国、希腊、德国和克罗地亚等国家，见表 1.17。2012 年，黑山从这些国家的进口贸易额占其进口总额的 58%，近年来，黑山进口来源国逐步分散，五国总占比虽然逐年下降，但依然在其总进口额占 50% 左右，2021 年，黑山从这五国进口的贸易额占其总进口额的 49%。塞尔维亚是黑山的最大的进口来源国，2012 年黑山从塞尔维亚进口贸易额占其总进口额的 29.3%，尽管之后塞尔维亚的占比逐渐下降，但到 2021 年，这一比例为仍高达 20.1%。中国与中东欧国家合作机制启动之后，中国与黑山贸易额逐年上升，2012 年，黑山从中国的进口额仅占黑山总进口额的 7.2%，到了 2021 年，这一比例上升为 13.5%。

表 1.17　　　　　2012—2021 年黑山主要进口来源国　　　单位：百万欧元

年份	总进口额	塞尔维亚	中国	希腊	德国	克罗地亚
2012	1 817.9	532.1	130.4	159.0	115.1	110.3
2013	1 768.9	505.8	142.9	149.8	113.8	97.5

续表

年份	总进口额	塞尔维亚	中国	希腊	德国	克罗地亚
2014	1 779.8	479.5	132.4	144.1	114.4	109.7
2015	1 844.33	519.1	189.9	114.5	116.6	110.6
2016	2 061.5	458.5	185.7	109.8	217.8	111.1
2017	2 313.6	497.9	222.4	135.8	197.0	131.7
2018	2 544.7	491.0	256.1	163.7	234.1	152.6
2019	2 596.7	531.9	206.0	155.0	231.9	155.2
2020	2 099.4	414.8	218.2	91.8	203.6	115.1
2021	2 488.2	499.7	244.7	147.5	230.3	138.0

数据来源：UN Comtrade 数据库[①]。

表 1.18 显示，黑山主要出口目的国为塞尔维亚、波黑、斯洛文尼亚、意大利等国家。塞尔维亚历来是黑山最重要的出口目的国，每年黑山对塞尔维亚出口额占黑山总出口额的 20%—30%，新冠疫情期间，黑山对塞尔维亚出口贸易额没有明显下降，2021 年，黑山对塞尔维亚出口额为 1.07 亿欧元，占其总出口额的 24.6%。2021 年，黑山对波黑、斯洛文尼亚、意大利的出口额分别占其总出口额的 7.7%、5% 和 5.8%。

表 1.18　　2012—2021 年黑山主要出口目的国　　单位：百万欧元

年份	总出口额	塞尔维亚	波黑	斯洛文尼亚	意大利
2012	364.8	83.3	27.4	28.9	12.4
2013	372.3	133.4	18.4	36.0	15.7
2014	331.4	79.6	31.7	13.2	34.6
2015	317.6	70.3	29.4	12.0	40.1
2016	321.1	82.1	26.7	15.1	17.4
2017	373.0	66.3	47.4	20.1	13.2
2018	394.9	93.3	31.0	28.2	13.9
2019	413.6	107.9	29.8	25.4	11.3
2020	359.3	101.5	22.4	35.9	10.2
2021	435.8	107.2	33.4	21.9	25.3

数据来源：UN Comtrade 数据库。

---

① 为便于比较，换算成百万欧元。

二、重点进出口商品

黑山主要进口商品为石油及成品油、公路车辆、电力、医药产品、电气机械和器材等；出口商品为有色金属、电力、木材、金属矿石、医药产品等。表1.19和表1.20分别显示了2021—2022年黑山的主要进口和出口商品。

表1.19　　　　　　2021—2022年黑山主要进口商品　　　　单位:%，百万欧元

HS 编码	商品类别	2021年 占比	2021年 出口额	2022年 占比	2022年 出口额
33	石油、石油产品及相关材料	7.8	195.4	11.0	390.0
78	道路车辆（包括气垫车）	5.9	147.8	6.5	228.6
35	电力	2.8	70.4	6.0	209.5
54	医疗和医药产品	6.2	154.8	4.4	154.1
77	未另列明的电动机械、仪器和器具及其电气部件（包括未另列明的家用电气设备的非电气部件）	4.3	107.6	4.0	142.3
68	有色金属	3.7	93.6	4.0	141.7

数据来源：黑山国家统计局。

表1.20　　　　　　2021—2022年黑山主要出口商品　　　　单位:%，百万欧元

HS 编码	商品类别	2021年 占比	2021年 出口额	2022年 占比	2022年 出口额
68	有色金属	18.7	81.8	24.5	171.3
35	电力	14.7	64.1	24.3	170.2
24	软木和木材	8.0	35.1	6.2	43.2
28	金属矿石和金属废料	13.5	59.0	6.0	41.8
54	医疗和医药产品	5.2	22.9	4.7	33.1
33	石油、石油产品及相关材料	2.3	9.9	4.0	27.7

数据来源：黑山国家统计局。

三、与中国的贸易关系

中国是黑山共和国最大的贸易伙伴之一，长期为黑山的第二大进口贸易来源国，随着两国经贸关系的推进，黑山向中国的出口逐年增长。两国

的主要贸易商品包括铝矿砂、葡萄酒、机械设备、电器等。中国也是黑山的重点旅游目标市场，自 2017 年起，中国游客访问黑山共和国的数量有显著增长，黑山共和国通过简化签证等政策吸引更多的中国游客。

第四节
黑山国际投资情况

黑山于 2002 年加入欧元区，逐步开展融入欧洲一体化进程，为将来加入欧盟做准备。同时，黑山拓展与中国的合作，提振了国际社会对黑山未来发展前景的预期。黑山已与 40 多个国家签署了收入和财产双重征税协定，这些协定允许外国投资者避免对其个人和企业收入以及房地产收入缴纳双重税。黑山拥有巴尔干地区最低的税率，也是欧洲最低的税率地区之一。国内外公司在黑山享有国民待遇，外国公司可以拥有国内公司 100% 的股份，外国投资及资本可自由流动。

自 2006 年公投独立之后，黑山政治环境相对稳定，经济趋势良好，投资环境逐步改善，其丰富的资源禀赋和和新出现的市场机会吸引了大量外国投资者参与建设，外国直接投资对经济拉动作用明显。2014 年黑山从中国贷款 9.44 亿美元，用于建设从亚得里亚海巴尔港到塞尔维亚北部边境的高速公路，其他项目也在积极推进。

一、外国直接投资

根据联合国贸易和发展会议数据，2021 年黑山的外国直接投资流入总额达到 6.99 亿美元，同比增长 31.3%，高于新冠疫情前的水平，2022 年，外国直接投资流入量更是大幅增长，2021 年外国直接投资存量为 53.6 亿美元，人均投资率在欧洲名列前茅，见表 1.21。吸引大多数外国直接投资的行业是旅游业、房地产、能源、电信、银行和建筑业。另据黑山投资促进局的数据，按 2010—2020 年外国直接投资流入量排序，黑山主要投资国依次是俄罗斯、瑞士、塞尔维亚、奥地利和意大利。

表 1.21　　　2012—2021 年黑山吸收外国直接投资金额　　单位：百万美元

年份	外国直接投资流量	外国直接投资存量
2012	619.8	4 706.6
2013	447.5	5 192.1
2014	497.7	4 897.3
2015	699.4	4 881.0
2016	226.4	4 572.0
2017	558.6	5 388.5
2018	489.8	5 354.6
2019	416.5	5 414.3
2020	532.3	5 819.0
2021	698.9	5 359.8
2022	876.8	5 680.8

数据来源：联合国贸易和发展会议。

二、外国援助

黑山所接受的外国援助中，来自欧盟的援助占比最高。2007—2020 年，欧盟对黑山入盟前援助资金拨款约 6.1 亿欧元，包括农业（3 820 万欧元）、社会政策（4 990 万欧元）、竞争力与创新（2 430 万欧元）、交通（7 630 万欧元）、环境与气候保护（7 560 万欧元）、法治（7 030 万欧元）、民主治理（7 090 万欧元）等领域。此外，欧盟其他框架下对黑山援助还有社区支持框架（Community Support Framework，CSF，1 720 万欧元）、入盟前农村发展计划（Instrument for Pre-Accession Assistance in Rural Development，IPARD，3 900 万欧元）、企业商业委员会（Corporate Business Council，CBC，6 320 万欧元）、欧洲黑山民主和人权行动（European Initiative for Democracy and Human Righes，EIDHR，350 万欧元）、西巴尔干投资框架（Western Balkans Investment Framework，WBIF，8 200 万欧元）等。

三、与中国的投资关系

中国在黑山共和国的投资主要集中在基础设施、能源电力项目建设方面。2019 年，黑山共和国和中国签署政府间共建"一带一路"倡议谅解备忘录，进一步推进双方在基础设施建设、投资和贸易等领域的合作。据中国商务部统计，2021年中国对黑山直接投资流量为59.1百万美元，截至2021年末，中国累计对黑山直接投资206百万美元。在2017年以前，中国对黑山的投资很少，2017年后，中国对黑山投资逐渐增加，其中2020年中国对黑山投资流量同比增长196.8%，如表1.22所示。

表1.22　2012—2021年中国对黑山直接投资金额　　单位：百万美元，%

年份	直接投资流量	同比增长率	直接投资存量	同比增长率
2012	—	—	0.3	0
2013	—	—	0.3	0
2014	—	—	0.3	0
2015	—	—	0.3	0
2016	—	—	4.4	1 284.4
2017	16.7	—	39.5	790.5
2018	12.7	-23.6	62.9	59.3
2019	22.7	78.1	85.1	35.4
2020	67.3	196.8	153.1	79.9
2021	59.1	-12.1	206.0	34.6

数据来源：中华人民共和国商务部。

目前，中国与黑山的投资主要是中国国企与黑山政府的合作，中国与黑山已有的合作项目主要有南北高速公路优先段项目、莫祖拉风电项目、黑山铁路改造项目、普列夫利亚煤电站一期生态改造项目等。

第二章

黑山的贸易和投资环境

黑山虽然国土面积不大,但区位条件独特,在国际经贸合作中占据着重要地位。黑山曾经济基础薄弱、社会稳定性低,但公投独立后,黑山积极推进发展良好的国际市场关系,签署了多个区域性多边与双边协议,形成了相对宽松的自由贸易环境。

尽管市场规模不大,但黑山在旅游、电力等领域拥有许多尚未开发的资源,具有投资潜力,在 2008 年全球金融危机后,黑山经济增长率高于欧盟平均水平。黑山对外国投资的鼓励政策主要包括财政支持、税收减免和地区补贴,外国投资者在黑山投资享有国民待遇。作为欧盟候选国,黑山的投资法律框架与欧盟相适应,投资环境相对安全。此外,黑山使用欧元作为官方货币,币值稳定,创业流程相对简便,市场发展潜力较大。

第一节
贸易及投资政策及法律环境

一、黑山加入欧盟进程及对政策法律环境的影响

2007 年 10 月 15 日,欧盟委员会与黑山签署了《稳定与联系协议》,

这份协议被看作是加入欧盟的先决条件，是与欧盟建立关系的法律基础；2008年1月1日，《黑山与欧盟贸易及贸易问题临时协定》生效；2010年5月，《稳定与联系协议》生效；2018年2月，欧盟委员会采取了"可信扩大视角，加强欧盟与西巴尔干地区接触"的战略。黑山入盟谈判在2012年正式启动，到了2020年底，所有谈判章节已经开放（包括有关法治的关键章节）。

黑山在入欧进程中，为了接轨欧盟法律和标准，不断推进改革，已经在大多数领域开展了协调和准备工作，重点领域囊括公司法、知识产权法、能源法规、安全和防御政策等。黑山在货物自由流动、竞争政策、农业和农村发展、食品安全、动植物检疫政策、企业和产业政策等领域已做了适度准备；在诸如环境与气候变化、社会政策、就业等领域正处于不同程度的准备阶段；未来，黑山在竞争政策、环境和气候变化以及公共采购等领域还将继续改革。黑山在入欧进程及候选国地位争取的过程中，其法律和制度层面的变化，对其营商环境产生综合影响。

二、黑山的经贸法规

黑山为大陆法系国家，具有法典编纂传统，强调成文法及法理上的逻辑推理。黑山法律分为公法和私法，审判模式采取职权主义，以法官为重心，法官对法律的解释受成文法的严格限制，法官只能适用法律而非创造法律。黑山议会是国家最高立法机关，实行一院制；司法机构主要设宪法法院、最高法院、行政法院、上诉法院、经济法院、中级法院和初级法院；国家检察机构设有最高检察长、2个中级检察长和13个初级检察长[①]。黑山目前颁布的贸易法规主要包括《外贸法》《海关法》《关税法》等；税收法律主要包括《公司所得税法》《个人所得税法》《增值税法》《关税法》《消费税法》《房产税法》《不动产税法》《税收征管法》等；投资法规主要包括《外国投资法》。

（一）贸易法规

1.《对外贸易法》

为加入世贸组织，黑山制定和修改了其外贸易管理方面的法律法规，

---

① 黑山. 中华人民共和国商务部. http://policy.mofcom.gov.cn/page/nation/Montenegro.html.

该法于 2011 年 4 月公布，其内容基本与世界贸易组织的协定保持一致，对贸易的基本原则、货物与服务贸易、贸易救济措施等做出规范。根据世界贸易组织协议，黑山《对外贸贸易法》中降低了有关外贸业务开展和执行部分的贸易壁垒，但是法律仍然规定了一些贸易限制性措施，如配额、政府在少数领域拥有自由裁量干预权等，法律还赋予政府实施临时措施以规范贸易的权力。黑山政府正在逐步取消数量限制，但某些商品交易仍保留政府许可证制度。黑山目前正在颁布新的法律以改善其海关和贸易制度。

2. 海关制度

《海关法》与《关税法》构成了黑山基本的海关制度。《海关法》讨论了适用于货物贸易的一般程序。"海关货物"是指任何进入关税领土但尚未放行自由流通的货物，以及任何申报从关税领土出口的货物。2003 年的《海关法》简化了进出口程序，符合世贸组织和欧盟的要求。

黑山的关税区包括黑山领土，以及领海、内陆海域和领空，货物需通过过境点进入或离开关税区。所有进出关税区的货物都必须向边境海关或其他主管海关申报。进出口货物的相关人员可以免费向海关当局索取有关适用海关规则应用的信息材料。进口关税由《关税法》规定，黑山《关税法》已经与欧盟立法基本协调一致。黑山贸易政策的特点是关税水平低，非关税贸易壁垒相对较少，关税税率从 0 到 30%，对出口货物不计算关税。

黑山使用相当标准的进出口单据流程（通常需要提单和相关销售单据），随着黑山贸易制度和海关制度改革的推进，进出口文件将进一步与欧盟标准协调一致。从 1999 年开始，原有的进口许可证制度大多被废除，但是，武器弹药、军事和警察设备、古董、艺术品、贵重金属、废物和对臭氧层有害的物质都需要进口许可证。据黑山政府官员称，获得许可证比较便利，许可证可在 30 天内颁发，并且在有效期内可多次装运。

3. 贸易标准

黑山于 2007 年通过《标准化法》，确立了该国标准监管的具体框架。黑山标准化协会（The Institute for Standardization）成立于 2007 年，是欧洲标准化委员会的成员。黑山标准化协会已起草了 22 460 项标准，这些标准符合欧盟原则。黑山标准化协会至今已签署 12 项双边合作协议（与塞尔维亚、波斯尼亚和黑塞哥维那、北马其顿、阿尔巴尼亚、斯洛文尼亚、克罗地亚、保加利亚、英国、土耳其、德国、法国和中国)。2015 年,该研究所与美国材料与试验协会(American Society for Testing and Materials)签署了谅解备忘录。

(二)投资法规

黑山投资领域的基本法律是《外国投资法》,此外在企业设立、劳动雇佣、建筑规划、竞争保护、知识产权保护、环境保护、能源开发利用等方面,黑山均有专门法规。黑山负责投资的部门主要有黑山经济发展部、资本投资部和投资促进局。经济发展部负责制定鼓励性政策,改善营商环境;资本投资部负责制定发展战略、监测投资情况、完成外资项目的准备以及评估等管理工作;投资促进局与相关部门协调布置具体投资战略,也向外国投资者提供很多服务,如协助投资者获得当地的投资许可等相关证明,提供法律咨询、项目选址、国内供应商和合作伙伴等多方面的支持等。黑山在企业设立、劳动雇佣、建筑规划、竞争保护、知识产权保护、环境保护、能源开发利用等方面均有专门法规。

1. 《外国投资法》

该法规定了外国投资的方式、投资者的权利、对外国投资者的保护等事宜,于 2011 年经议会通过并实施,并于 2014 年经过修改,旨在为外商提供更优惠的扶持政策。

根据黑山《外国投资法》,外国投资者可以通过设立企业、进行并购等方式在黑山从事经营活动。投资设立企业的形式包括合伙企业(OD)、有限合伙企业(KD)、股份公司(AD)、有限责任公司(DOO)以及分公司。成立一家股份公司的最少股本为 2.5 万欧元;成立一家有限责任公司的注册资本不能少于 1 欧元,股东数不能超过 30 人。外商投资企业在缴纳各种税费后,可将企业利润自由汇出。

2. 投资许可方面的法规

按照《特许经营法》规定,在黑山需要特许经营的商业活动有:矿物原料的勘探与开采,水资源的利用,水利设施的建设、保护及使用,森林的利用,无线电频率的使用,水改良体系的建设和从水下土层开采物质,公路、铁路、航空设施与机场、水运设施与港口、电信设施、油气输送管道与储运配送设施、卫生教育机构设施、市政设施的建设、保护、使用及修复改造,用于电力、热能、天然气生产配送的能源设施的设计、建设、保护、使用及修复改造，河岸、湖岸的使用，现行公共教育项目的执行，博彩业的经营，体育休闲设施、体育场馆、用于体育、休闲、文化活动场地的建设、保护及使用，具有天然药物特点及其他自然价值地区的设施建设、保护、使用及修复改造。

3. 外商投资方式方面的法规

黑山政府已经开始重视 PPP 模式（Public-Private Partnership，公私合伙制）在国家经济建设中的作用。2019 年 12 月 27 日，黑山颁布《公私合营伙伴关系法》（Law on Public-Private Partnerships），准许私营企业参与交通、能源、通信、市政基础设施等公共项目，该法律的颁布为 PPP 模式参与国家经济建设提供法律依据，为外商在黑山投资时可选择与政府合作的模式提供法律上的保障。

4. 并购相关法规

黑山于 2011 年出台《股份制企业并购法》，2016 年通过修正案。该法律允许外资并购黑山本国企业或在黑山证券交易所上市的欧盟企业，但对银行和保险公司的并购需要符合与银行和保险公司相关的法律规定。根据规定，外商企业并购前后持股超过目标企业 30% 股权时，必须发布并购公告；最迟须在获得 30% 以上股权前 2 个工作日，通知目标企业和黑山资本市场委员会已做出并购决定；在做出并购决定前 8 天须向黑山资本市场委员会申请颁发"发布认购股票公告许可"。

2012 年，黑山出台《竞争保护法》，对妨碍、扭曲或限制市场竞争环境的行为、滥用市场支配地位、限制竞争效果的经营者集中作了界定，同时黑山竞争保护署依法以制止或处罚的方式保护竞争。

5. 安全审查的规定

黑山的外资政策较为友好，目前尚没有对外商投资行为进行安全审查、反垄断调查和经营者集中调查的实践。外国投资者在黑山有权基于其投资参与利润分配，自由转让投资权益，对利润进行再投资或将其兑换成其他货币。外国投资者所投资的公司可以作为一种可处置的资产，通过将账户授权于银行获得银行信贷支持。但未来不排除黑山加入欧盟后需要遵从欧盟统一的外资安全审查政策的可能。

2019 年 2 月，欧盟通过《欧盟统一外资安全审查框架建议》（以下简称"法案"），以保护欧盟的战略技术和基础设施。该法案确立了欧盟委员会与各成员国的外商投资审查机制，明确了合同协作机制有关信息交换的要求，并将关键基础设施、关键技术、战略主权、敏感信息、外国政府控制、文化多元性等都纳入判断影响安全或公共秩序的因素①。

三、对投资的鼓励政策

黑山对投资的鼓励政策主要包括财政支持、税收减免和地区补贴三大政策。

1. 财政支持政策

"黑山投资发展基金"以提供贷款和担保的方式为中小企业、基础设施和环保项目、出口和就业等提供财政支持。投资发展基金通过直接贷款、银行中介贷款、特殊贷款安排、担保等方式为中小企业提供支持，贷款利率一般在 2.5%—6.5%，还款期 12 年，宽限期 4 年。对在北部地区和采蒂涅市、乌尔齐尼市的项目、新增就业 5 人以上的项目及获得银行担保的项目提供优惠贷款。投资发展基金还与黑山农业部合作并为欧盟 IPARD-like 农业投资项目提供资金支持②。

2. 税收减免政策

在经济欠发达地区的新建企业，享受 8 年内免缴企业所得税的政策，从事基础农业生产、运输业或造船业、渔业、钢铁制造业的企业除外。对经济欠发达地区的纳税人 8 年内免缴个人所得税，基础农业、造船业、渔业、钢铁制造业从业者除外。对于招收以下情况人员的业主给予补贴：招收 40 岁以上人员、罗姆人、阿什卡利人和埃及人、在就业局登记失业 5 年以上人员、公共工程建筑工人、实习期后没有固定工作的人员、在就业局登记失业的过剩技术人员、季节性工作人员、有 25 年以上社保的失业人员，以及商业区从业人员，补贴方式为业主无需为此类员工缴纳强制社会保险费和个人所得税。根据规定，此类员工无须缴纳强制社会保险费和个人所得税。

3. 地区补贴政策

为改善投资环境，增强经济竞争力，2019 年 3 月黑山政府出台《鼓励直接投资和增强经济竞争力拨款法令》，法令规定：3 年内向首都和南

---

① 营商环境. 黑山吸引外资环境及政策. 电力国际汇. https://mp.weixin.qq.com/s?__biz=MzI0OTIzMjI5MA==&mid=2652793581&idx=4&sn=9aaf7020cafe6e8c42170cc3d2f13f88&chksm=f27e6420c509ed367c1358a4ebc5369729663cfbb61c6deaafe22be6b2aaf91eb9fd2c3d78c0&scene=27.

② 伍晖. 黑山投资环境介绍［J］. 国际工程与劳务. 2020（7）：50-52.

部地区投资超过 50 万欧元，并创造 20 个以上新就业岗位的企业，或 3 年内向除首都外中部地区和北部地区投资超过 25 万欧元，并创造 10 个以上新就业岗位的企业，可以领取政府的投资鼓励资金；政府对大、中、小型企业的最大资助金额分别不超过企业投资额的 50%、60% 和 70%[①]。同时规定了不可享受政府资金资助的行业，包括初级农业生产、合成纤维生产、交通、博彩、贸易、煤炭和钢铁的初级生产、电力生产、石油和天然气、烟草及烟草制品、武器弹药、转基因、危险垃圾等。

四、黑山商业区

为进一步改善投资环境、创造就业机会、促进地区均衡发展，黑山政府于 2015 年通过了《商业区法令》并开始在全国范围内设立商业区。商业区分为具有战略重要性的国家级商业区和具有地方重要性的市级商业区，商务区内企业集聚，拥有现代化的公用设施、基础设施和商业服务。

截至目前，黑山尚未设立国家级商业区，已建有市级商业区的城市有贝拉内、科拉欣、采蒂涅、比耶洛波列、尼克希奇、乌尔齐尼、波德戈里察、莫伊科瓦茨。在商业区内设立的企业可获得相应的政府政策扶持，地方政府对企业提供的激励措施包括享受低价水电费、优惠租金或价格、减免个人所得、优惠的房地产税率等。

第二节
黑山签署的区域性多边和双边协议

黑山是北约成员国、欧盟候选国，与欧盟签有特殊贸易安排，与欧洲自由贸易联盟（包括冰岛、挪威、瑞士列支敦士登）、俄罗斯、土耳其和乌克兰签有自由贸易协定，黑山商品可以免税进入拥有 8 亿消费者的市

[①] 黑山对外国投资的优惠政策. 中华人民共和国商务部. http://me.mofcom.gov.cn/article/zcfg/202004/20200402951841.shtml.

场。黑山是中欧自由贸易协定成员国，与阿尔巴尼亚、波黑、北马其顿、摩尔多瓦、塞尔维亚等成员国之间实行自由贸易。

一、多边经贸协定

黑山共和国与多国和组织签订了诸多贸易协定和优惠条件，使其贸易环境得以面向更多市场。国际贸易协定的签订给黑山的贸易发展带来积极影响，为黑山在独立以后实现经济复苏和增长提供外部环境。

1. 黑山与世界贸易组织（WTO）

黑山于2001年1月与塞尔维亚一起申请加入世贸组织，世贸组织总理事会于2001年2月8日成立了工作组。2011年12月17日，黑山在日内瓦签署加入世界贸易组织议定书，2012年4月29日，黑山正式成为世贸组织第154个成员国。

在入世过程中，黑山对其贸易政策和制度实施了重大改革，在监管、取消进口配额、减少进口许可要求和禁令、简化海关程序以及减少关税和非关税壁垒、认证体系等方面都做出了调整。黑山在世贸组织的几项多边协定中做出的额外承诺，包括《民用飞机贸易协定》《信息技术协定》以及《政府采购协定》协议。在知识产权方面，黑山已采取一系列措施使其知识产权法律和法规与《与贸易有关的知识产权协议》（TRIPS）保持一致。

2. 黑山与中欧自由贸易区（CEFTA）

2006年12月19日，黑山签署中欧自由贸易协定，成为中欧自由贸易区成员国。目前，中欧自由贸易区包括阿尔巴尼亚、波黑、摩尔多瓦、黑山、北马其顿、塞尔维亚（含科索沃）等国。中欧自由贸易区的宗旨是加强中欧自由贸易区成员国之间在经济领域的协调；推动地区经济合作关系，谋求共同发展；尽快消除成员国间的贸易障碍，实行自由贸易；通过相互配合，做出集体努力，尽快加入欧盟。

中欧自由贸易区成员国对彼此间进口的商品取消一切关税和贸易数量限制，但各成员国仍将对其他国家保持关税主权和"限额政策"，贸易区内，各成员国相互取消了绝大部分工业品的关税，商检标准一致化，成立联合清算银行。2007年7月，黑山再次与其他成员国签署了中欧自由贸易协定。

黑山、塞尔维亚和阿尔巴尼亚曾于2003年签署过自由贸易协定，该协定于 2004 年 8 月 1 日生效，并于 2007 年 11 月 22 日终止，被中欧自由贸易协定所整合。

3. 黑山与欧洲自由贸易联盟（EFTA）

欧洲自由贸易联盟成立于 1960 年，目前的成员国包括瑞士、挪威、冰岛和列支敦士登。2011 年 11 月 14 日，黑山与欧洲自由贸易联盟成员国签署了自由贸易协定，该协定的主要焦点是货物贸易自由化，已于 2012 年对成员国陆续生效。

根据协定，欧洲自由贸易联盟取消了对原产于黑山的工业产品（包括鱼类和其他海产品）的所有进口关税。除少数敏感鱼类和其他海产品外，黑山同样取消了原产于欧洲自由贸易联盟国家的工业产品的所有关税。该自由贸易协定还规定了加工农产品的关税减让，欧洲自由贸易联盟成员国（冰岛、挪威、瑞士）与黑山之间签订有农业双边协议，这些农业协定是建立自由贸易区的文书的组成部分。

二、黑山签署的双边经贸协定

1. 黑山与中国的经贸协议

2006 年 8 月 29 日，中国与黑山在圣斯泰凡签署经贸合作协定。两国沿用 1997 年 3 月 21 日签署的《中华人民共和国政府和南斯拉夫联盟共和国政府关于对所得和财产避免双重征税的协定》，中黑两国尚未签署双边投资保护协定。

中国与黑山政府间建有经济联委会和科技合作委员会机制，签有《中国中央电视台与黑山广播电视台合作协议》（2007 年 8 月）、两国政府《关于中国旅游团队赴黑山旅游实施方案的谅解备忘录》（2007 年 9 月）、《关于文化、教育、社会科学和体育领域合作协定》（2009 年 4 月）、《铁路合作谅解备忘录》（2010 年 7 月）、《关于卫生合作的谅解备忘录》（2011 年 4 月）、《科学技术合作协定》（2011 年 5 月）、《两国政府关于加强基础设施领域合作协定》（2011 年 6 月）、《关于农业合作的谅解备忘录》（2012 年 3 月）。首届"一带一路"国际合作高峰论坛期间，两国签署《中华人民共和国政府与黑山政府关于共同推进丝绸之路经济带与 21 世纪海上丝绸之路的谅解备忘录》（2017 年 5 月）。黑山与中国经贸、军事、科技和文化等领域的交流与合作，对黑山经济发展起到了推动作用。

2. 黑山与美国的经贸协议

2003年11月，美国给予黑山贸易最惠国待遇，两国贸易关系开始实现正常化。2005年6月，美国给予黑山特惠贸易待遇，按照美国特惠贸易待遇规定，黑山向美国出口的诸多商品可以享受免关税待遇。根据美国普惠制（GSP）计划，黑山是美国普惠制（GSP）的受惠国，黑山出口到美国的商品有资格享受普惠制免税待遇，因普惠制到期，这些商品现需缴纳常规关税（包括珠宝、矿石、宝石、各类农产品）。普惠制自1975年生效以来，已经到期过十几次，每次需要美国国会批准是否延期。

黑山与美国没有双重征税条约，2018年3月1日，黑山议会批准了黑山和美国政府之间的《外国账户税收合规法案》（FATCA）协议。FATCA的实施将有助于各国更好地跟踪和报告逃税行为。

3. 黑山与土耳其的经贸协定

黑山与土耳其于2008年11月26日签订自由贸易协定，该协定于2010年3月1日生效。两国还签有经济合作协定、相互促进和保护投资等其他多项文件。

4. 黑山与俄罗斯等国的经贸协定

黑山与俄罗斯于2000年8月签订了自由贸易协定，作为与俄罗斯谈判的一部分，黑山与哈萨克斯坦和白俄罗斯也签订了自由贸易协定，目前这些协定尚未生效。

三、投资协定

黑山与20多个国家签订了双边投资协定，其中一半以上是与欧盟成员国缔结的，见表2.1。这些投资条约设立了双边投资合作框架，定义了投资条件，对资金自由转移、代为求偿权、征用补偿以及争端解决做出规定。对于双重征税的规范，不仅可以帮助各个国家有效规避双重征税不规范带来的亏损和出口商品竞争力下降的风险，有利于建立更加有序的国际贸易环境。在黑山所签署的一些多边或双边贸易协定中，有很多与投资相关的重要规定，如表2.1和表2.2所示。

表2.1　　　　　　　　黑山的双边投资协议（BIT）

协议名称	协议对象	签署日期	生效日期	状态
摩尔多瓦共和国—黑山双边投资条约	摩尔多瓦共和国	2014年6月20日	2015年6月23日	现行

续表

协议名称	协议对象	签署日期	生效日期	状态
黑山—阿拉伯联合酋长国双边投资条约	阿拉伯联合酋长国	2012年3月26日	2013年3月1日	现行
黑山—土耳其双边投资条约	土耳其	2012年3月14日	2020年3月17日	现行
阿塞拜疆—黑山双边投资条约	阿塞拜疆	2011年9月16日	2012年11月2日	现行
北马其顿，前南斯拉夫共和国—黑山双边投资条约	北马其顿	2010年12月15日	2011年9月3日	现行
马耳他—黑山双边投资条约	马耳他	2010年4月7日	2011年7月19日	现行
BLEU（比利时—卢森堡经济联盟）黑山双边投资条约	BLEU（比利时—卢森堡经济联盟）	2010年2月16日		已签字（未生效）
黑山—塞尔维亚双边投资条约	塞尔维亚	2009年10月29日	2010年10月9日	现行
黑山—卡塔尔双边投资条约	卡塔尔	2009年2月17日	2009年10月23日	现行
丹麦—黑山双边投资条约	丹麦	2009年2月11日	2009年10月23日	现行
芬兰—黑山双边投资条约	芬兰	2008年11月14日	2010年4月29日	现行
黑山—瑞士双边投资条约	瑞士	2005年12月7日	2007年7月11日	现行
塞浦路斯—黑山双边投资条约	塞浦路斯	2005年7月21日	2008年11月5日	现行
立陶宛—黑山双边投资条约	立陶宛	2005年3月29日	2008年11月5日	现行
以色列—黑山双边投资条约	以色列	2004年7月28日	2006年2月7日	现行
黑山—西班牙双边投资条约	西班牙	2002年6月25日	2004年3月31日	现行
黑山—荷兰双边投资条约	荷兰	2002年1月29日	2004年3月1日	现行
奥地利—黑山双边投资条约	奥地利	2001年10月12日	2002年8月1日	现行

续表

协议名称	协议对象	签署日期	生效日期	状态
捷克—黑山双边投资条约	捷克	1997年10月13日	2001年1月29日	现行
希腊—黑山双边投资条约	希腊	1997年6月25日	1998年5月8日	现行
黑山—波兰双边投资条约	波兰	1996年9月3日	1997年1月23日	现行
黑山—斯洛伐克双边投资条约	斯洛伐克	1995年11月28日	1997年5月16日	现行
黑山—罗马尼亚双边投资条约	罗马尼亚	1995年11月28日	1997年5月16日	现行
德国—黑山双边投资条约	德国	1989年7月10日	1990年10月25日	现行
黑山—波兰双边投资条约	波兰	1979年10月25日		终止
法国—黑山双边投资条约	法国	1974年3月28日	1975年3月3日	现行

资料来源：UNCTAD 投资政策中心。

表 2.2　黑山已签署的与投资有关的贸易协议

协议名称	协议对象	签署日期	生效日期	状态
欧洲自由贸易联盟—黑山自由贸易协定（2011）	欧洲自由贸易联盟	2011年11月14日	2012年1月11日	现行
黑山—土耳其自由贸易协定（2008）	土耳其	2008年11月26日	2010年3月1日	现行
欧盟—黑山联系协定（2007）	欧盟	20007年2月15日	2010年5月1日	现行
中欧自由贸易协定（2006）		2006年12月19日	2007年11月22日	现行
阿尔巴尼亚—黑山—塞尔维亚自由贸易协定（2003）	阿尔巴尼亚、塞尔维亚	2003年11月13日	2004年8月1日	终止
《能源宪章条约》（1994）	欧盟	1994年12月17日	1998年4月16日	现行

资料来源：UNCTAD 投资政策中心。

四、其他协议

1. 经合组织税基侵蚀与利润转移（BEPS）包容性框架

2019 年 12 月 5 日，黑山加入经合组织 BEPS 包容性框架。2013 年 9

月，20 国集团（G20）领导人在圣彼得堡峰会上委托经济合作与发展组织（OECD）启动税基侵蚀与利润转移的行动，2015 年 11 月，BEPS 包容性框架建立，该框架旨在修改国际税收规则、遏制跨国企业规避全球纳税义务、侵蚀各国税基的行为。作为 BEPS 包容性框架的成员，黑山实施 4 项最低 BEPS 标准，包括根据行动 5、行动 6 和行动 14 制定的关于打击有害税收做法、防止条约滥用、争议解决的标准，以及根据行动 13 制定的国别（CBC）报告标准。

2. 黑山与各国的税收协定

黑山与各国签订了 43 个收入和财产税收协定，规范了双重征税。对于双重征税的规范，不仅可以帮助各个国家有效规避双重征税不规范带来的亏损和出口商品竞争力下降的风险，还能为双方带来更加有序的国际贸易环境。签订的生效条约主要包括以下国家：阿尔巴尼亚、奥地利、阿塞拜疆、白俄罗斯、比利时、波斯尼亚和黑塞哥维那、保加利亚、中国、克罗地亚、塞浦路斯、捷克共和国、丹麦、埃及、芬兰、法国、德国、匈牙利、意大利、爱尔兰、印度、韩国、科威特、拉脱维亚、北马其顿、马来西亚、摩尔多瓦、马耳他、荷兰、挪威、波兰、葡萄牙、罗马尼亚、俄罗斯、塞尔维亚、斯洛伐克共和国、斯洛文尼亚、斯里兰卡、瑞典、瑞士、土耳其、乌克兰、英国和阿拉伯联合酋长国[①]。

黑山与美国没有双重征税条约。2018 年 3 月 1 日，黑山议会批准了黑山政府与美国政府之间的《外国账户税收合规法案》（FATCA）协议。FATCA 的实施将有助于两国更好地跟踪和报告逃税行为。

第三节
黑山的基本营商条件

一、黑山的营商环境基本情况

黑山国土狭小，但人均收入处于巴尔干地区中较高水平。黑山在引资

---

① https://www.trade.gov/country-commercial-guides/montenegro-trade-agreements.

方面有以下优势：经济辐射潜力大、投资环境安全、政局稳定、社会治安良好、法律与欧盟法规趋同、官方货币为欧元、创业流程简便、税收优惠政策多和外国投资者享有国民待遇等①。独立后的黑山在经济领域取得了较大进展，但痼疾仍存。例如，法制基础薄弱、公共行政能力相对较低、土地登记不精准、基础设施建设滞后等。黑山的经济存在一些结构性问题，非正规性经济占比过大、产业结构较为单一、国有企业效率低下，在劳动力市场中，黑山女性的工作参与率较低，青年失业率较高，结构性失业较为严重。

1. 交通运输

黑山的交通运输体系包括公路、铁路、水路和航空等。黑山有公路7 835千米，铁路250千米；有2个国际机场，即波德戈里察机场和蒂瓦特机场；有3个港口，即巴尔港、科托尔港和泽莱尼卡港。

在道路基础设施和道路安全方面，主要城镇之间的道路维护良好，但大部分国道坡陡、无路肩，平均速度较低，行车成本高，黑山的二级公路和农村二级公路非常狭窄，路况较差，在冬季天气恶劣、交通拥堵的情况下，行车有一定的风险。黑山的交通运输硬件改善需求大，为国际资本提供很多项目合作机会。黑山的交通运输体系如能得到改善，也有助于其贸易、旅游、新能源开发利用等领域的发展。

2. 治安状况

黑山政局稳定，民风纯朴，社会治安良好，恶性犯罪事件发生率极低，也未发生过恐怖袭击事件，但入店行窃、交通违法和扰乱治安行为等轻微犯罪还是存在。在5—9月的夏季旅游旺季期间，扒窃、抢钱包等街头犯罪和自动取款机盗窃会有所增加，小城镇的犯罪率通常低于首都。黑山法律规定，符合条件的个人经批准可持有枪支。

根据黑山内务部公布的数据，2020年共发生8 227起刑事犯罪案件，与2019年基本持平，刑事犯罪致死16人，同比下降30.4%。总部位于悉尼的经济与和平研究所在其《2022年全球和平指数（GPI）报告》中，将黑山列为世界163个国家中的第48位，黑山被评为和平状态高的国家。相比之下，美国在同一份榜单上排名第129位。

---

① 黑山——对外投资合作国别（地区）指南，2021年版，商务部国际贸易经济合作研究院、中国驻黑山大使馆、商务部对外投资和经济合作司。

3. 能源供应

黑山电力（包括小型和大型水电、煤电、风电站）总装机容量超过100万千瓦。黑山在大多数年份需要进口电力以补充电力缺口，但黑山依托独特的河流山川地貌，拥有丰富的水能、风能、太阳能资源，在《国家能源发展战略》中明确指出，2030年前将建设新型发电站及小型水电站等可再生能源和替代能源设施，解决能源供给问题。黑山未来的目标是成为西巴尔干地区能源枢纽，连通巴尔干与欧盟电力市场，黑山和意大利海底电缆已于2019年11月开始商业运营，该项目是巴尔干地区实行欧洲一体化进程的重要内容，目前已经有东欧和东南欧的几个国家表示有兴趣与该电缆连接。

4. 信息化水平

信息化是一个国家由物质生产向信息生产、由工业向信息经济、由工业社会向信息社会转变的动态的、渐进的过程。世界经济论坛发布的2019年全球竞争力报告显示，在141个国家中，黑山在信息通信技术采用方面排名第57位。根据世界知识产权组织（WIPO）发布的《2022年全球创新指数报告》显示，黑山在世界132个经济体中排名第60位。

根据黑山电子通信和邮政服务局（EKIP）的报告，2022年黑山的数字经济和社会指数是西巴尔干地区国家中最高的，在人力资本、互联互通和数字技术采用几项指标上，黑山的成绩优于西巴尔干六国的平均水平，但在数字公共服务方面，西巴尔干国家平均为8分，黑山在该地区得分最低仅为5.8，不到欧盟国家平均水平16.8分的1/3[①]。

2021年，信息和通信行业年对国家GDP的贡献率为3.5%，为了改善提高信息化水平，黑山已制定一系列与信息产业相关的计划，包括黑山产业政策（2019—2023年）、智能专业化战略（2019—2024年）、黑山经济改革计划（2020—2022年）、鼓励黑山创新型初创企业计划（2019—2021年）、卓越中心鼓励计划等。

5. 金融服务水平

（1）本地货币

黑山不是欧元区成员国，但一直努力遵守与欧元趋同标准。2002年1月1日，黑山开始使用欧元作为官方货币。2007年10月15日，黑山与

---

① Analysis of the montenegrin ict sector in 2022 [R]. CEED Consulting.

欧盟签署《稳定与联系协议》，黑山经济欧元化得到确认。欧元与美元在当地可以自由兑换。截至目前，人民币与欧元在黑山不能直接结算。

（2）外汇管理

外国投资者缴纳各种税费后，可将企业利润自由汇出。出入境时，个人携带超过 1 万欧元或等值的其他货币需申报。

（3）银行及政策性金融机构

黑山中央银行（CBCG）执行宪法、中央银行法和银行法赋予的职责，目前不具备货币发行权。黑山央行具有独立性，根据黑山法律，国家机关及其他机构、组织和个人不得影响央行相关人员的工作和决策，不得批准、废止、撤销或以其他方式影响央行在职权范围内作出的任何决定。黑山央行由理事会管理，行长领导。理事会由行长、3 名副行长和 4 名成员（非央行雇员）组成。

2009 年，黑山政府设立投资发展基金（IRF），以促进和加快黑山经济发展。其主要任务是完成私有化进程，支持中小微企业发展，支持基础设施项目建设，资助国家和地区层面的重点项目。

（4）融资渠道

在融资条件方面，外资企业与当地企业享受同等待遇。融资主要条件包括：在申请行开立账户、在当地依法注册的公司证明、企业经营情况、财务状况、信誉状况、未来发展计划、担保方式等。除可以从商业银行贷款外，企业还可以根据黑山吸引外资优惠政策，获得黑山政府的财政资助。[①]

6. 对外国公司的开放水平

黑山对外国投资相当开放，正式的所有权限制很少，对投资者的保护程度比较高。政府保证境内外投资者在设立后享有非歧视待遇。外国公司可以拥有国内公司 100% 的股份，其利润和股息可以不受限制地汇回国内，黑山也没有外国投资审查。然而，在投资领域还是存在一些实际障碍，某些行业由政府垄断，国有企业参与度高，另外，黑山的土地登记相对粗略。外国投资者对建设用地有收购权，对农业用地的使用权一般为租赁方式，但黑山与欧盟签订的《稳定与结盟协议（SAA）》中的有关义务规定，黑山向欧盟投资者授予农业土地所有权。

---

① 黑山金融环境．中华人民共和国商务部．http://me.mofcom.gov.cn．

黑山政府近年来已采取一些举措改善营商环境，其中私有化进程是重点内容。在黑山，私有化和资本投资委员会是管理、控制和实施其私有化进程的机构，目前，私有化进程已经涉及近90%的原国有企业。表2.3 显示了目前黑山国有企业的分布情况，这些行业是私有化进程的主要涉及领域。

表 2.3　　　　黑山特定行业的国有企业分布情况

行业	是否有垄断或大型国有企业
机场运营	否
航空运输	否
输电和发电	有
林业	有
医疗保健	有
邮政服务	否
铁路运输	否
电信（固定线路）	否
废物管理	否

资料来源：UNCTAD。

7. 税收管理体系

黑山的税率相对优惠，企业所得税税率为9%，个人所得税税率9%和11%，增值税税率7%和21%。

（1）税收体系和制度

黑山税务机关隶属财政部和地方政府。黑山税务机关由中央政府授权，履行征税、税务稽查、税务评估等职能。自治政府在自治地区履行征税、税务稽查、税务评估等职能。税务机关经自治政府请求，可对自治地区个人所得税的附加税、消费税进行征收、稽查和评估。

黑山负责制定税收政策的部门是财政部，税收政策的执行部门是国家税务总局。黑山对本国居民的所得进行征税，实行属人原则，即对本国居民在世界范围内的所得进行征税；对本国企业、外国人及外国企业常驻代表机构采取属地原则进行征税，即只对其在黑山境内的收入进行征税。黑山的税收体系包括企业所得税、个人所得税、增值税、不动产税、社会保险费、消费税、印花税等。目前，黑山正在进行加入欧盟的谈判，将在开展以简化税收流程和减少税务负担为目标的税收改革基础上，加强与欧盟及其成员国的税收协调与合作。

（2）主要赋税和税率

①企业所得税：黑山企业所得税实行单一比例税率，采用9%的税率计征。《企业所得税法》规定，对经济欠发达地区的新建企业8年内免缴企业所得税，但免税总额不得超过20万欧元；依法按期交税的企业有权获得应缴所得税6%的减免，企业需于交税前15日内向税务机关提出减免申请，税务机关将于收到申请后15日内作出减免决定。

②个人所得税：黑山个人所得税实行超额累进税率。《个人所得税法》规定，对税基不超过上年月均税前工资部分征收9%的所得税，对高出部分征收11%的所得税；上年月均税前工资根据统计主管部门数据确定。此外，黑山法律规定，对经济欠发达地区的纳税人8年内免缴个人所得税，但免税总额不得超过20万欧元。

③增值税：黑山增值税实行差别比例税率，有21%、7%和0三种税率。《增值税法》规定，21%为基本税率；7%税率适用于基本食品和饮用水、药品、矫形用物品及义肢、书籍、旅馆餐饮服务业等；0税率适用于转口的产品及服务、国际空中及海上运输的产品及服务、健康保险基金规定的药品及医疗物品等。

④不动产税：黑山不动产税税率为3%。《不动产税法》规定，税基是纳税人获得不动产时的市场价值；如果纳税人提供的税基低于市场价，税务机关将根据纳税人获得不动产时的市场价值进行估算。不动产税收入按10%∶80%∶10%的比例纳入国家预算、地方预算和平衡基金管理。

⑤社会保险费：黑山《强制社会保险费法》规定，就业人员、业主、企业家、农民需要缴纳强制社会保险，包括强制养老伤残保险、强制健康保险、失业保险。社保缴费基数为税前工资，强制养老伤残保险费率为20.5%，强制健康保险费率为10.8%，失业保险费率为1.0%。社保费收入分别纳入养老伤残保险基金、健康保险基金和就业局收入管理。

⑥消费税：根据黑山《消费税法》，消费税征税对象主要有三类产品：一是酒和酒精饮料，二是烟草制品，三是矿物油及其衍生物、替代品。酒和酒精饮料以百升为计征单位，如每百升啤酒的消费税为5欧元，香槟为35欧元，中度酒精饮料为100欧元，高度酒精饮料为1 500欧元。烟草制品以千支、零售价或千克为计征单位，如每千支香烟的特别消费税为51欧元，香烟的比例消费税率为其零售价的23%，每千克雪茄消费税为25

欧元。矿物油及其衍生物、替代品以千升或千克为计征单位，如每千升无铅汽油的消费税为549欧元，每1 000千克汽车用液化石油气的消费税为125欧元。

⑦印花税：黑山有《行政印花税法》《诉讼印花税法》《地方市政印花税法》和《居留印花税法》，用以规范公共行政、法律诉讼、地方市政、旅馆住宿等领域印花税的收缴①。

二、非正规性问题

黑山拥有庞大的非正规部门。据欧盟委员会称，黑山的非正规经济占GDP的28%—33%，在2014年进行的一项调查中显示，黑山就业情况中有1/3未进行申报或部分未进行申报（部分工资未申报）。经济体中非正规性的很大一部分处于农业部门，据估计，农业雇用了黑山约25%的劳动力，占据了传统意义上的非正规就业和个体经营者的最大比例。排在农业之后，非正规性就业占比最大的部门是服务（旅游业）、贸易和运输部门。此外，大量进入该国而未进行申报的现金流，进一步助长了这种非正规活动，这些现金流多以汇款的形式进入黑山，在建筑部门尤为常见。

非正规部门许多监管和结构性问题，如腐败、合法性财政缩减、管理负担加重、执法能力削弱、融资困难等，造成劳动力市场效率和公共服务质量低下，也引发了公众对于税收制度上不平等的感受。非正规性主要涉及非正规薪酬和劳动力，而不是未注册的公司。2021年，黑山的税收高达39%，在巴尔干地区排名第2位，高税负给人民带来的痛苦促使低收入者参与非正规性工作，但也因此使很大一部分人口没有资格获得工资补贴。

非正规性给企业带来了巨大挑战。在2019年的企业调查中，有1/4的黑山公司认为非正规部门的监管和结构性问题是影响他们运营的最主要原因。与2013年的上一轮调查相比，情况有所恶化。此外，有1/3的公司认为非正规部门竞争对手的经验做法是他们开展业务的最大障碍。

为了促进经济健康发展，黑山政府一直在采取措施打击非正规行为。多年来，政府采取了各种法规来帮助企业实现正规化。近年来，政府公布

---

① 黑山. 对外投资合作国别（地区）指南（2021年版）. 商务部国际贸易经济合作研究院，中国驻黑山大使馆，商务部对外投资和经济合作司.

了国家和地方各级的财政和准财政收费项目，以提高财税透明度，并于2021年3月削减了地方税费。此外，黑山于2021年6月1日全面实现财税电子化。并于2021年7月通过e Firma平台用于新公司电子注册，后一举措能大幅减少企业注册所需的时间和成本。

2021年11月，黑山政府启动了"欧洲就在现在"（Europe Now！）计划，打击灰色经济成为该计划的四个目标之一，其他三个目标分别是：提高人民生活水平，改善黑山商业和投资环境，三是打击灰色经济，四是促进经济可持续性和包容性增长。

自2022年1月1日起，黑山对个人和企业税收实行累进利率，将最低工资水平提高了80%，还取消了医疗保险费用。据黑山当局称，这些措施将使平均每月净工资从约500欧元增加至700欧元，降低了未申报工资的占比，并将最低工资的税收楔子减至20%，近乎减半。这些措施对非正规现象有一定改善，但是黑山还在寻找更多方法以求解决这一问题[①]。

三、黑山在营商环境方面的排名情况

1. 透明国际的全球清廉指数

黑山是《联合国反腐败公约》和《经合组织反贿赂公约》的缔约国。近年来，黑山颁布和修订了一系列反腐败法律，包括《预防腐败法》《政治游说法》《政党经费筹集和竞选法》和《防止洗钱和资助恐怖主义法》等，同时还成立了反腐败局。在透明国际发布的2021年全球清廉指数排行榜中，黑山得分46，排第64位，该指数分值是1—100分，分数越低，透明度越高。

2. 世界经济论坛的全球竞争力排名

根据世界经济论坛《2019年全球竞争力报告》，黑山在全球最具竞争力的140个国家和地区中排名第73位。

3. 世界银行的营商环境排名

世界银行发布的《2020年营商环境》显示，黑山得分73.8，其营商环境在全球190个经济体中排名第50位。从细分项目来看，黑山在获得信贷方面得分85，全球排名第15位；在办理施工许可证、跨境贸

---

① Montenegro country diagnostic: Private investment challenges and opportunities [R]. European Bank for Reconstruction and Development. 2022.

易、履行合同、解决破产方面分别得分76.1、91.9、66.8、66.1，在全球排名第40—44位；但在获得电力、创业、登记财产等方面排名靠后，见表2.4。

表2.4 　　　　　　　　黑山营商环境具体项目得分　　　　　　　单位：分，名

项目类别	得分（0—100分）	排名
创业	86.7	101
办理施工许可证	76.1	40
获得电力	61.2	134
登记财产	65.8	83
获得信贷	85	15
保护中小投资者	62	61
纳税情况	76.1	75
跨境贸易	91.9	41
履行合同	66.8	44
解决破产	66.1	43

数据来源：世界银行。

第四节
黑山的投资环境评价

一、投资硬环境评价

1. 评价指标体系

本节在前人研究基础上，将硬环境指标评价体系划分为3大类，即基础设施、资源禀赋和宏观经济，并在此基础上划分为11个小类，具体分类见表2.5。

表2.5 　　　　　　　　投资硬环境评价体系

一级分类	二级分类	指标
基础设施	交通运输状况	公路里程
		铁路里程

续表

一级分类	二级分类	指标
基础设施	交通运输状况	航空运输货运量
		货柜码头吞吐量
	信息技术水平	百人宽带数
		百人移动电话数
	金融基础设施	商业银行分支机构数目
资源禀赋	能源资源	能源净进口
	电力资源	发电量
	淡水资源	人均可再生内陆淡水资源
	土地资源	土地面积
宏观经济	市场规模	人均 GDP
	经济稳定性	通货膨胀率
	工业发展水平	工业增加值
	开放程度	外国直接投资净流入占 GDP 的比重

2. 投资硬环境得分

本节选择因子分析法作为对黑山投资环境评价的方法。本节使用 SPSS 26.0 软件进行因子分析，代入欧洲国家相关数据，采用均值化后的协方差矩阵作为因子分析的输入，并经过 KMO 和 Bartlett 检验，得到结果如表 2.6 所示。

表 2.6　　欧洲国家投资硬环境评价综合得分及排名　　单位：分，名

国家	得分	排名	国家	得分	排名
俄罗斯	2.63	1	爱沙尼亚	0.12	12
卢森堡	0.98	2	捷克共和国	0.04	13
圣马力诺	0.47	3	列支敦士登	0.04	14
冰岛	0.4	4	保加利亚	0.02	15
法国	0.38	5	摩尔多瓦	-0.01	16
匈牙利	0.31	6	西班牙	-0.01	17
波兰	0.29	7	斯洛伐克	-0.02	18
德国	0.22	8	摩纳哥	-0.03	19
挪威	0.2	9	爱尔兰	-0.04	20
白俄罗斯	0.18	10	英国	-0.06	21
瑞典	0.14	11	意大利	-0.06	22

续表

国家	得分	排名	国家	得分	排名
波黑	-0.08	23	荷兰	-0.25	35
芬兰	-0.1	24	黑山	-0.29	36
罗马尼亚	-0.1	25	瑞士	-0.31	37
乌克兰	-0.11	26	克罗地亚	-0.31	38
立陶宛	-0.14	27	丹麦	-0.33	39
马耳他	-0.14	28	葡萄牙	-0.35	40
直布罗陀	-0.16	29	法罗群岛	-0.4	41
奥地利	-0.18	30	拉脱维亚	-0.41	42
塞尔维亚	-0.18	31	比利时	-0.46	43
斯洛文尼亚	-0.23	32	希腊	-0.52	44
安道尔	-0.23	33	阿尔巴尼亚	-0.67	45
北马其顿	-0.25	34			

由上表可以看出，在欧洲国家中，俄罗斯投资硬环境的得分最高，远远高于第2名卢森堡，投资硬环境得分最低的是阿尔巴尼亚，仅为-0.67分。黑山在所有欧洲国家中排名第36位，得分-0.29，处于中下的位置，仅以该结果来看，黑山在投资硬环境方面综合评价较差。

二、投资软环境评价

1. 评价指标体系

本节同前文所述，将投资软环境分为投资安全、营商效率与提升潜力3大类，在此基础上细分为9小类，如表2.7所示。

表2.7　　　　　　　　投资软环境评价体系

投资安全	执法指数	法律权利力度指数
	清朗指数	腐败指数
	民主指数	民主指数
	治安指数	国家安全指数
营商效率	税收	总税率（占商业利润的百分比）
		利润税（占商业利润的百分比）
	管理效率	物流绩效指数
	营商环境	营商便利指数

续表

提升潜力	劳动力素质	中学教育，一般学生数量
	研发投入	研发支出占 GDP 比例

2. 投资软环境得分

本节采用与投资硬环境相同分析方法得到结果如表 2.8 所示。

表 2.8　　欧洲国家投资软环境评价综合得分及排名　　单位：分，名

国家	得分	排名	国家	得分	排名
德国	1.34	1	摩纳哥	−0.06	24
瑞典	1.07	2	直布罗陀	−0.06	25
奥地利	0.93	3	马耳他	−0.08	26
荷兰	0.87	4	圣马力诺	−0.09	27
法国	0.83	5	卢森堡	−0.12	28
挪威	0.82	6	立陶宛	−0.17	29
芬兰	0.81	7	列支敦士登	−0.22	30
比利时	0.72	8	斯洛伐克共和国	−0.28	31
丹麦	0.72	9	匈牙利	−0.31	32
英国	0.58	10	俄罗斯联邦	−0.43	33
意大利	0.57	11	拉脱维亚	−0.48	34
西班牙	0.47	12	塞尔维亚	−0.58	35
葡萄牙	0.35	13	白俄罗斯	−0.65	36
冰岛	0.35	14	克罗地亚	−0.67	37
瑞士	0.34	15	阿尔巴尼亚	−0.71	38
爱沙尼亚	0.21	16	罗马尼亚	−0.73	39
捷克共和国	0.12	17	北马其顿	−0.79	40
斯洛文尼亚	0.12	18	乌克兰	−0.81	41
希腊	0.10	19	摩尔多瓦	−0.85	42
爱尔兰	0.00	20	保加利亚	−0.85	43
法罗群岛	0.00	21	黑山	−1.11	44
波兰	−0.01	22	波黑	−1.21	45
安道尔共和国	−0.06	23			

由上表可知，在欧洲国家中，德国投资软环境的得分最高，得分 1.34，得分最低的是波黑，仅为 −1.21 分。黑山得分仅稍高于波黑，排名

倒数第二。仅以该结果来看，黑山在投资软环境方面综合评价较差。

三、黑山投资环境得分原因分析

从前文可知，黑山的投资硬环境和投资软环境的得分都不高，在一众欧洲国家中排名靠后，但其未来经济增长的潜力巨大，主要原因体现在以下方面。

1. 建国时间短

2006年6月3日，黑山才正式宣布独立，距今不过15年的时间。作为欧洲最年轻的国家，独立时黑山经济基础较弱，独立以后黑山有了相对稳定的发展条件，保持了GDP的持续增长，即使遭受了新冠疫情的打击，也在2021年逐步恢复，重新回到快速发展的道路上。黑山作为一个处于经济发展起步阶段的国家，要将其经济潜力充分发挥并充分展现在营商环境上，还需要更长的时间。

2. 历史上黑山经济曾经濒临崩溃

黑山独立之前，经济曾经遭受重创，一度犯罪事件频发，且非正规经济规模巨大，独立以后，虽然营商环境有所改善，但历史遗留问题依然束缚着黑山的发展，且解决这些历史问题也需要充分的时间。

3. 处于市场经济转型期

黑山自独立起便着力于经济体制的改革，目前仍处于市场经济的转型期，这些市场化改革涵盖放开价格管制、实行市场供求调节、建立竞争机制、继续推进市场化改革；还需要建立健全的产权制度，包括确立私有财产权的保护、加强知识产权保护、建立市场竞争的规则和法律框架等。实施这些改革需要国家、企业和社会各界的长期共同努力。

4. 小国寡民

黑山国土面积较小，人口数量少，经济规模相对较小，限制了其在国际竞争中的能力的发挥，影响其经济发展和竞争力。黑山特有的地理和资源条件限制了其经济的多元化发展，经济结构比较单一，对外部市场高度依赖，经济容易受到外部冲击的影响。

5. 多山的地形

黑山是个多山的国家，境内高山峡谷众多，自然景观独特，黑山拥有丰富的森林、矿产、水能和旅游等资源，但同时，黑山特有的地形结构也带来了发展上的不便，增加了资源开发利用的成本。在黑山，基础设施的建设难度高、技术要求复杂、资金投入大,相对落后的基础设施对产业发展造成了影响,但也创造了新的发展机会。

  总体来说,虽然黑山的投资环境得分不高,但其稳定的政府和不断增长的 GDP 为其未来带来了良好的预期。随着黑山南北高速公路等大型基础设施项目的完成,黑山的投资潜力和发展潜力将逐步得到提升。

第三章

浙江省与黑山经贸合作的平台及条件

中国—中东欧国家合作机制建立于2012年，这一机制以领导人会晤机制为引领，涵盖了经贸、文化、教育等多领域的合作，在与黑山的合作当中，浙江省表现突出，浙江省在推进与黑山经贸合作，探索构建新型地区关系的道路上，取得了诸多积极进展。在示范区与合作平台建设方面，浙江省通过政府主导、民间参与，积极与黑山建立多元长效的沟通交流平台，以贸易为切入点和主体领域，探索投资、金融、教育、文化等多领域合作模式。

10年来，浙江省与黑山两地区经贸合作与互联互通发展迅速，在促进中黑两国各行业的沟通交流，推动中黑贸易增长等方面积累起一些经验，起到了引领示范作用，在此过程中，各类富有特色的合作平台发挥了积极的作用。这些特色平台及条件包括：宁波中东欧示范区、青田侨乡合作纽带、义乌国际小商品城和进口博览会合作平台等。这些平台在进出口商品交流、投资贸易合作、融媒交流传播以及数字跨境流动建造等方面发挥桥梁作用，推进提升了中国与黑山两国经贸合作的深度和广度。

2021年，浙江省启动中国—中东欧国家经贸合作示范区联动区创建。杭州滨江区、温州瓯海区、绍兴新昌县、义乌市、金华浦江县、丽水青田县共有6个联动区发挥特色优势，其中，杭州滨江区集中发力共建中国—中东欧国家智慧城市中心；温州瓯海发挥华侨境外直采优势，开设10余个国家特色产品馆；义乌通过在中东欧国家自建或加盟的海外仓、中欧班列及中欧陆海联运整合国际物流链路；新昌县聚焦生命健康、通用航空等领域推进境外并购产业合作园建设；青田县发挥侨乡资源优势；浦江县不断探索延伸与中东欧国家产业合作，这6个联动区在"一核多元"的大格局下与宁波中国—中东欧国家经贸合作示范区实现协同。

浙江省与黑山的经贸合作目前集中于商品进出口贸易合作，已经具备了深度开展产业合作的条件。未来，浙江省将一方面与黑山深化发展商品贸易往来，另一方面通过各种平台开展更深程度的投资和项目合作。

第一节
宁波——中国—黑山经贸合作的窗口

宁波，作为古代海上丝路的始发港和"一带一路"建设的重点区域，拥有对外开放先行优势、世界级港口资源和城市文化底蕴，是我国重要的对外开放窗口，2021年宁波自营进出口总额1.19万亿元，在全国占比为3.05%。近年来，宁波积极融入国家对外开放全局，与220多个国家和地区建立了投资贸易关系，获批中国—中东欧国家经贸合作示范区这一高能级开放平台。宁波以打造中国与中东欧国家经贸合作示范区，是将宁波打造成中国与中东欧国家贸易、投资、人文交流的首选之地为目标，未来要建成中国—中东欧国家经贸促进中心、航运物流中心、科技创新中心、人文交流中心。作为中国—中东欧合作的窗口，宁波通过其多元立体的合作平台，不断拓展经贸合作的深度和广度。

一、中国—中东欧国际产业合作园

中国—中东欧国际产业合作园位于宁波前湾新区余姚片区，于2020年揭牌成立，启动区规划面积40平方千米，是宁波主动服务国家对外开放大局，抢抓"一带一路"建设和长三角一体化发展等重大战略机遇所搭建的重点平台。园区以绿色、创新、低碳、环保为导向，强化与中东欧国家及欧洲其他国家在技术、资本、项目和人才等方面的合作。园区的空间布局为"一谷四地多区"："一谷"即前湾硅谷，规划面积6.5平方千米，以启迪科技城为基础,加快科技、人才、产业融为一体的区域创新体系建设;"四地"包括新能源汽车及新材料产业基地、节能环保产业基地、生命健康产业基地、空天一体化装备制造基地;"多区"包括朗霞街道、泗门镇、小曹娥镇等区,发挥各自在物流、区位、配套等方面的特色优势,推动与中东欧国家贸易投资、产业合作、人文交流等领域合作,为园区建设提供资源要素和产业配套等功能支撑。

中国—中东欧国际产业合作园以"平台+企业"模式积极联合市场化主体,开展重大的招商引资、产业论坛、信息交流等活动。合作园成立以后,先后与斯洛伐克科学院技术转移办公室、塞尔维亚贝尔格莱德大学、布达佩斯经济技术大学、匈牙利投资促进局等机构建立起密切联系,围绕中东欧国家科技创新与技术转移开展深度合作,举办了中东欧国家产业对接会、中东欧项目路演等线上线下活动。[1]

为了夯实项目合作基础,园区推出了一系列综合配套措施,投入建设了中东欧中小企业集聚区、中东欧国际会客厅等配套项目,确保中东欧企业可以"拎包入驻";从项目签约、注册、立项到开工、建设、投产,明确专人进行全流程指导和服务[2]。现在中东欧国际会客厅已建成投入使用,为外籍人才落户园区提供办公、休闲便利。目前中东欧产业投资基金的规模约1 000万元,重点支持和孵化高科技含量、高成长性、高附加值的项目。

中国—中东欧国际产业合作园搭建了宁波中东欧创新基地、宁波中东欧(布达佩斯)创新基地等市场化运营平台,在宁波和匈牙利布达佩斯分别设立常驻机构。宁波中东欧(布达佩斯)创新基地位于匈牙利首都布达佩斯市中心的罗斯福商务办公中心内,于2021年11月建立,紧靠布达佩斯核心区域的多瑙河边,周边聚集了匈牙利科技创新部等政府机构和科技创新中心,是中国与中东欧国家开展科技、人才、产业、商贸等全面合作的支点,为中国与中东欧国家实现政府、高校、科研院所、科技企业之间开展深度合作提供服务。

二、宁波进口商品中心

(一)宁波进口商品中心

宁波进口商品中心于2013年由宁波保税区管委会、鄞州区人民政府、

---

[1] 中东欧国际产业合作园在余姚揭牌. 中国新闻网. 2020-06-10.
[2] 俞懿春等. 互利共赢,打造对外经贸合作新平台. 人民日报. 2022-09-28.

宁波宁兴集团三方合作共建，属于省级进口公共服务平台，是集"商品进口、展示交易、营销推广、仓储物流、贸易服务、产业孵化"等功能于一体的进口贸易供应链生态平台。进口商品中心按照宁波保税区"两个片区、两类市场"格局建设，两个片区包括保税区进口商品市场和宁波进口商品展示交易中心，两类市场包括进口大宗商品市场（铁矿砂、金属、固体化工、煤炭）和进口生活消费品市场。

宁波进口商品中心的展厅总面积28万平方米，入驻企业1 100余家，进口商品种类包含全球60多个国家和地区的5万多种商品，在国内6个省16个城市设立36个进口商品直销中心，初步形成"全球性、全品类、全覆盖"的进口商品品类格局，2020年销售额288亿元，已经发展成为集仓储、展示、交易、分拨、配送、品鉴、培训等功能于一体的全国最大实体进口生活消费品市场之一。

宁波进口商品展示交易中心位于宁波国际会展中心9号和10号馆，展厅面积16万平方米，建有宁波跨境电商综合试验区O2O体验馆，拓展"跨境电商+保税展示"模式；建有中东欧特色商品常年展，集聚了中东欧国家28个特色国家馆、进口商品4 000多种，是全国最大的中东欧商品常年展销中心。

宁波保税区进口商品市场位于保税区东区，展厅面积12万平方米，配套建有8万平方米食品仓库，其中2.8万平方米为国内先进的恒温食品坡道层库，是目前国内较大的实体葡萄酒市场之一，汇集了30多个国家近万种葡萄酒，年进口量超过1 100万升，先后获评全国百强市场、全国诚信市场、浙江省五星级文明规范市场、浙江省知识产权保护规范化培育市场、浙江省放心消费示范区和浙江省五化市场，市场"ICTM"品牌获评中国驰名商标，探索"跨境+体验+消费"新模式，建成省内首个跨境网购自提中心。

宁波进口商品中心在做大做强市场规模、探索市场化运作的同时，积极融入国家"一带一路"、跨境电子商务发展和宁波港口经济圈建设战略，相继完成了中东欧特色商品常年展、中东欧国家特色馆（国家馆）、中国（宁波）跨送电子商务综合试验区核心展区、宁波进口贸易综合服务平台等功能载体建设。2023年宁波进口商品中心线上平台打造完毕，主要品类包括美妆个护、环球美食、家居生活、母婴儿童、营养保健、数码家电、潮流服饰、全球名酒。

(二) 黑山国家馆

宁波进口商品中心黑山国家馆是中东欧国家特色商品常年馆之一，是展示黑山商品与风貌、提供经贸文化投资投资交流机会的重要平台。2017年6月8日，黑山国家馆在宁波进口商品中心中心10号楼2楼正式开馆，该馆由与黑山有长期、密切贸易往来的中宁化集团有限公司打造。黑山共和国驻华大使布兰科·佩罗维齐认为，黑山国家馆是在中国—中东欧国家合作机制下，中黑合作的第3个重点项目，前2个项目分别是中国大型货运船舶订购项目，以及黑山基础设施领域规模最大、意义最为深远的高速公路建设项目[①]。

黑山国家馆不仅为黑山葡萄酒等特色产品提供了销售渠道，也是黑山自然人文风光和经济发展的展示窗口，为推进中黑两国在经贸、教育、科学、文化等各方面的交流提供了常设平台。黑山国家馆的建立，得到了黑山共和国各届重视，黑山多个主流媒体对此进行报道或宣传，这些主流媒体包括黑山国家广播电视台、黑山主要报刊和通讯社以及一些网络媒体等。

三、中国—中东欧国家博览会

1. 中国—中东欧国家博览会

中国—中东欧国家博览会暨国际消费品博览会，简称中东欧博览会，是我国唯一面向中东欧的国家级展会，由浙江省人民政府和商务部主办，宁波市人民政府、浙江省商务厅和商务部贸发局承办，每年5月或6月在宁波举办。

中东欧博览会源于2013年11月在第二次中国—中东欧国家领导人峰会上发布的《布加勒斯特纲要》（以下简称《纲要》），《纲要》明确提出将在中国举办中东欧国家特色商品展。2014年6月8日—11日，首届中东欧国家特色商品展和第一届中国—中东欧国家经贸促进部长级会议在宁波举办。2015—2018年，在宁波先后举办了三届中国—中东欧国家经贸促进部长级会议、三届中国—中东欧国家市长论坛、四届中国—中东欧国家海关检验检疫合作对话会、四届中国—中东欧国家投资贸易博览会。在

---

① 黑山国家馆浙江宁波开馆 助推中东欧进口商品中心建设．中国新闻网，2017-06-08．

2019年3月11日，经党中央、国务院批准，中国—中东欧国家投资贸易博览会更名为中国—中东欧国家博览会暨国际消费品博览会，升格为国家级机制性展会。

首届中国—中东欧国家博览会暨国际消费品博览会于2019年6月举办，该届博览会以"深化开放合作、携手互利共赢"为主题，分5个板块举办了包括主论坛、东欧国家形象展、欧洲商品展等20余场活动，近1 200家中外企业参展。第二届中国—中东欧国家博览会暨国际消费品博览会于2021年6月举办，博览会主题是"构建新格局，共享新机遇"，由塞尔维亚和捷克担任主宾国，安徽省担任主宾省，展览总面积20万平方米，设立了中东欧展、国际消费品展、进口商品常年展三大展区。第三届中国—中东欧国家博览会暨国际消费品博览会于2023年5月举行，该届博览会的主题是"深化务实合作，携手共向未来"，展览面积扩大至22万平方米，共安排27项重要活动。

2. 中国—中东欧国家博览会对促进中黑双边经贸发展的推进

2021年6月8日，国家主席习近平向第二届中国—中东欧国家博览会致贺信，他认为，中国—中东欧国家博览会的举办，有利于增进中国市场对中东欧商品了解，有利于扩大中东欧国家对华出口，有利于各方克服新冠疫情带来的挑战、促进经济复苏，他提出计划今后5年中国将从中东欧国家进口累计价值1 700亿美元以上的商品，并争取将农产品进口额翻倍，同时习近平总书记还提出各方以此为契机，不断发掘合作潜力，携手开辟更广阔的合作空间。这为包括黑山在内的中东欧国家扩大对华出口提供了新的机遇。

为贯彻落实好习近平主席和中东欧国家领导人达成的重要共识，扩大自中东欧国家商品进口，开拓更大合作空间，历届中东欧博览会在贸易展览期间，组织各类论坛、投资贸易洽谈会、对接会、新品发布会、采购说明会，并出台了鼓励性的专项政策，推动商贸投资项目的达成。

中东欧博览会是黑山商品进入中国的便利渠道，为中国与黑山开展经济、旅游、生态、卫生、科学、文化、教育等更广阔的多领域的交流提供了平台。2021年的中国—中东欧国家博览会期间，国际经济贸易论坛在线上举行，黑山参与了此次论坛，在论坛上，黑山经济发展部部长指出了黑山与中国之间双边合作的重要性，同时强调，黑山有兴趣参与该合作倡议，这符合黑山外交政策的优先事项。2022年3月17日下午，第三届中国—中东欧国家博览会首场路演活动（黑山站）以线上线下相结合的形式举办，中国驻黑山大使馆经济商务参赞鲍顺青、黑山驻华使馆临时代办戴蒂奇线上出席并致辞。戴蒂奇在致辞中表示，黑山作为东南欧的主要通道之一，在"一带一路"倡议下，与中国开展了包括经济、旅游、生态、卫生、科学、文化、教育等各个领域的合作。中东欧博览会为黑山商品进入中国市场提供了平台渠道，也为宣传黑山的投资、旅游、经济和文化领域的潜力提供了机会。未来将进一步加强双方在各领域交流与合作，促进互利共赢。

在举办博览会的过程中，宁波积累了大量实践经验。在第三届中东欧博览会上，宁波举办中东欧特色商品展，重点展出农食产品、酒水乳饮、美妆日化、家居用品等中东欧国家优势商品；设置数字经济展区，聚焦智能制造、生命健康、冰雪运动、供应链等领域的双向产业合作；举办中东欧商品云上展、云甬中东欧供需对接会。宁波首创建立了中东欧联络官队伍，分国别一对一为中东欧企业开拓中国市场、寻找合作伙伴提供务实帮助，2020年11月成功帮助来自黑山的手工皂产品入驻进博会。宁波还协调各方资源，与中国银行、建设银行等金融机构合作，变银行客户资源为中东欧商品的采购商资源；与社区超市、电商企业合作，通过线上线下渠道展示和销售中东欧优质商品。

四、贸易便利化创新

1. 通关便利化

为推动中东欧国家共享中国大市场机遇、制度性开放机遇、深化国际合作机遇，中国海关针对中东欧国家打造"中东欧商品输华绿色通道"，宁波海关实施多项创新举措。宁波首创展品预审"专家会商"机制，设立"中国—中东欧国家博览会专用窗口"和海关临时查验区，实现进境展览品"一站式"业务办理，提高展品通关效率，同时，为一般贸易进出口企业提供中东欧通关"哨点"服务，提供中东欧商品"提前申报""两步申报""两段准入"等便利化措施。

宁波海关打造的"中东欧商品进口通关一件事"应用于2023年5月在中国—中东欧国家海关信息中心网站上线，为全国首创。该应用从企业和个人视角出发，设置了流程指南、政策法规、准入审批、申报通关、商品溯源等16大类73个功能和316个功能点，实现了对"哪里查、哪里办、哪里问"等核心需求的一键通览和一网通办，做到了中东欧商品进口事前、事中、事后全流程"一站式"导览，用户可直接在应用上就中东欧商品进口通关相关事宜进行提问并获得回答。

2. 中东欧进口食品综合保险

中东欧进口食品综合保险是宁波市食责险共保体根据联盟成员的多元化需求，专为中东欧食品进口企业量身定制的保险产品，属全国首创。2021年6月1日，首张"中东欧进口食品综合保险"保单在宁波市北仑区落地，该产品主要包含食品安全、补充赔偿、食品质量和食品召回四个方面的保障，通过保险手段转移企业经营风险，助推中东欧食品顺利进入中国市场。2022年4月，宁波市北仑区内300家经营中东欧食品企业投保该险种，实现了北仑区中东欧食品进口企业保险全覆盖。2023年，宁波升级打造"中东欧进口食品综合保险"2.0版，通过增加保障项目、扩大投保主体、引入财政资金等手段，进一步筑牢中东欧食品安全"防火墙"，助推"一带一路"建设。

五、经贸合作服务机构

1. 中国—中东欧国家联合商会

中国—中东欧国家联合商会由中国贸促会和浙江省人民政府共同主办，于2014年2月16日在中国—中东欧国家经贸论坛全体会议上成立。联合商会的执行机构设于波兰首都华沙，中方秘书处设于中国贸促会，目前，中国—中东欧国家联合商会已成为中国—中东欧国家合作的重要组成部分。

2020年7月24日，中国—中东欧国家联合商会宁波联络办公室（简称"中东欧联络办"）正式挂牌运行。该办公室由中国贸促会、中国国际商会批准设立，旨在进一步发挥中国与17个中东欧国家商协会的联络纽带作用，持续推进中国与中东欧国家的经贸合作，并在投资贸易等方面利用其引领、辐射、集散、服务、支撑功能，打造中国—中东欧国家合作中心，促进宁波建设中东欧经贸合作示范区，更好地为全国外向型经济发展服务。中国—中东欧国家联合商会宁波联络办公室自设立以来，举办各类经贸会议、论坛等活动，促进项目签约，有效促进了宁波与中东欧国家经贸文化等领域的交流合作。2022年2月，中国—中东欧国家联合商会宁波联络办公室创新实践基地成立。

2. 宁波中东欧经贸文化交流促进会

宁波中东欧经贸文化交流协会成立于2019年11月，是由宁波市商务局牵头，由宁波海逸控股集团、宁波海上丝绸之路研究院（宁波中东欧国家合作研究院）等多家企业和机构共同发起，促进会的成立旨在成为中国企业与中东欧国家企业假期沟通的桥梁，促进会成立以后，通过开展相关研讨、论坛、宣传推介、项目合作等活动，推进中国与中东欧双向投资与人文交流，助力宁波经贸合作示范区建设。促进会成立以后，已开展"魅力中东欧·2022中东欧好物宣传周""2023宁波海曙中东欧数字红包"等多项活动，以不同的手段和方式促进中国—中东欧经贸文化交流。

3. 中国（宁波）中东欧青年创业中心

中国（宁波）中东欧青年创业中心成立于2018年，是在甬中东欧青年的创业园区和孵化基地，入驻的企业和人才享有各式服务帮助、税收支持和融资支持，中心配备创业导师队伍，为海外企业和人才排忧解难，为青年人才铺设创业之路。

4. 宁波市中东欧博览与合作促进中心（宁波市商务研究中心）

宁波市中东欧博览与合作促进中心成立于2020年，承担与中东欧国家的经贸合作促进事务、承担中国—中东欧国家博览会日常事务和组织实施工作，同时，该中心开展商务经济发展趋势和理论研究，跟踪分析宁波商务领域发展中的难点、热点问题，提出综合性政策建议，参与商务经济中长期发展规划研究，协助中东欧合作的政策制定和规划编制。

第二节
青田——华侨经济文化之乡

青田县是我国著名侨乡，在国家提出构建"以国内大循环为主体、国内国际双循环相互促进的新发展格局"的政策引导下，青田县用好跨山统筹、创新引领、问海借力三把"金钥匙"，发挥侨乡优势，不断强化在浙江"华侨经济文化"工作中的重要窗口作用，打造全方位、多层次、多元化开放合作格局。在全球新产业、新业态、新模式大量涌现，国际竞争日益复杂的大背景下，山城青田勇立潮头，探索一条具有青田侨乡特色的开放、融合发展道路。

浙江（青田）华侨经济文化合作试验区于2018年获浙江省人民政府批准正式设立，列入全省"一带一路"十大标志性工程，是海内外华侨创业创新的重要平台。该试验区积极融入国家"一带一路"建设，以"十大平台""十项改革"为主抓手，聚力打造标志性工程，加快构建新发展格局，取得了阶段性明显成效。青田通过海内外联动，使国内市场和国际市场更好地联通，促进了"全球买、全国卖"产业链的形成。

一、青田华侨

青田县隶属于浙江省丽水市，位于浙江省东南部的瓯江中下游地区，是明朝开国名将刘伯温的故乡，也是我国著名侨乡。青田县总面积2 493平方千米，境内1 000米以上的山峰有200多座，山地丘陵约占90%，素有"九山半水半分田"之称。青田有300多年的华侨史，它始于明末，成形于晚清，在民国时期发展壮大，一度旅居欧洲达3万人，分布在世界42个国家。目前，有海外华侨38.1万人，分布在世界146个国家和地区[①]，青田华侨有约80%居住在欧洲。

青田曾是浙江贫困县，在当地流传着这样一句话：青田三件宝，火笼当棉袄，火篾当灯草，番薯丝吃到老。这是早年青田人生活的真实写照。穷则思变，这也是青田人毅然选择走出去的根本原因。最早一批青田人，漂洋过海以谋生路，以贩卖青田石制品、丝绸、茶叶等浙江特色产品谋生。这些小商品贸易为青田人拖家带口扎根海外提供了生存和发展的基础。

青田华侨普遍从事商贸活动，抱团精神非常突出，在海外的青田人互相帮助（"前辈"的提点和资金帮助等）早已成为常态。得益于灵活智慧、吃苦耐劳、抱团发展等特有精神特质，青田华侨在海外赢得了属于他们的一片天地。随着我国国际贸易的发展，青田华侨成为连接中国与其他国家贸易往来的桥梁。他们通晓中西文化，熟悉国外市场，率先打通中国义乌、晋江、广州和欧非拉国际商品往来的贸易线，成为国际贸易的佼佼

---

① 陈祖勇. 青田最新侨情数据出炉！著名侨乡做好华侨要素回流. 中国小康网. 2022 - 12 - 03.

者。陈雅是浙江丽水青田县人，2006年到黑山发展，将中国小商品运往黑山，批发给当地商户，同时也开展零售业务，目前已在黑山多个旅游度假区开设多家连锁超市，是黑山首屈一指的零售商。

作为全国著名侨乡，近年来青田聚焦华侨资源，深入推进华侨要素回流工程，5年累计引进侨商项目近百个，实际利用侨资130亿元，华侨累计捐赠家乡公益事业3亿元[①]。侨资侨智成为助推侨乡加快发展的重要推力，青田在2020全国县域投资潜力榜排名第14位，在2021中国最具发展潜力百佳县市排名第58位。侨乡青田也逐渐成为具有浓郁欧陆风情，以葡萄酒、咖啡文化接轨世界的华侨名城。

二、青田县侨乡进口商品城

青田侨乡进口商品城位于青田县油竹街道，是浙江省十大进口重点平台之一，从2018年起，浙江省商务厅和丽水市政府主办的"华侨进口商品博览会暨青田进口葡萄酒交易会"在这里举办。

青田侨乡进口商品城总规划建筑面积为32.762万平方米，有5个专业市场，分两期建设，商品城一期第一市场于2015年1月开业，此后其他市场陆续建成，目前已有4个专业市场和1个世界红酒中心建成开业，吸引了300多名华侨在商品城创业发展，汇集了来自70多个国家和地区的10万多种进口商品，主要涉及国外原装进口日化百货、母婴用品、食品、服饰、葡萄酒等品类，2022年全年销售额达20亿元。青田通过政府搭台、企业组团、连锁加盟等形式和"百城千店"战略，让进口商品走向全国市场，据统计，目前侨乡进口商品城在全国门店已突破426家。青田侨乡进口商城为黑山等国家的优质葡萄酒提供了便捷高效的销售渠道。

三、青田侨乡投资项目交易中心

该中心以项目为华侨返乡投资搭建快速高效的沟通渠道，以超市形式向华侨提供"一站式"服务平台，吸引不同"口味"华侨的投资需求。截至目前，交易中心已经收录了1 700多个投资项目，总投资超4 000亿元，签约项目100余个，投资总额近400亿元[②]。

[①] 引入侨资发挥侨智，青田"引侨回归"助力共富. 丽水市政府新闻办. 2022-07-26.
[②] 青田县以"侨"为"桥"探新路奋力推进共富基本单元建设. 浙江省住房和城乡建设厅. 浙江政务服务网. 2023-02-24.

四、青田侨乡农品城

青田县于2017年谋划侨乡农品城项目,农品城由农产品展销中心、农产品采购中心、农产品加工包装中心、农产品检测中心、农产品仓储中心几部分构成,2018年初正式运营。

侨乡农品城汇聚全国1 000多种优质农产品,在欧洲35个城市设立100多个海外专柜,依托青田2万多家海外中餐馆,用舌尖上的美味讲好中国故事,实现了"买全球、卖全国"和"买全国、卖全球"的双向融合,形成了"一进一出"侨乡特色商贸产业。

五、青田华侨进口商品博览会和进口葡萄酒交易会

2018年,青田吸收中国国际进口博览会(上海)的"溢出效应",开始举办青田华侨进口商品博览会和进口葡萄酒交易会。博览会利用大数据分析、指数编制方面技术,在全国率先编制"中国·青田葡萄酒指数",建立基期数据库和"中国·青田红酒指数门户网站",提高青田进口葡萄酒产品价格的话语权,优化青田进口红酒产业链,加强产业集群化。2022年,侨博会入选浙江省承接进博会溢出效应十大重点平台,被评为中国最具潜力展会。

六、侨乡特色人才培育项目

青田立足于侨乡特色资源,以新时代浙江工匠培育工程为内涵,通过青田"西餐师傅"系列特色人才培育提升工程、石雕艺术人才培育提升工程等项目,扎实推进职业技能提升,形成了一支由"西餐师傅""石雕技能人才""电子商务师"等技能人才组成的高素质侨乡特色人才队伍,为青田特色产业发展注入活力,为建设"共同富裕"示范区提供特色样板。

青田"西餐师傅"人才培育提升工程,在国内首次系统培育葡萄酒品酒师、烈酒品酒师、咖啡师、红酒营销师、哈蒙切片师、西餐师、西点师等特色技能人才,培养高素质"能品、能鉴、能说、能推广"的葡萄酒、咖啡等经济新业态领域的侨乡特色人才队伍。

七、围绕华侨经济文化合作的制度创新机制

青田县以建设华侨经济文化合作试验区为契机,构建起富有竞争力的

对外开放政策体系，积极推进各类制度创新，建立了华侨双向投资服务机制、华侨回归创业创新服务体制、国际化数字文创产业发展机制、华侨回乡安居体制、华侨版山海协作体制机制，同时，支持华侨参与社会事业改革发展试点，开展华侨公共外交与参政议政，构建多元对外开放政策体系。

青田县通过创新进口环节税费担保机制，建立进口商品二维码溯源制度，仅红酒就有1万多个品牌可溯源。探索华侨日用品进口机制，完善贸易通关体制机制。同时，探索开展跨境电子商务试点，创建跨境电商综合试验区，支持有实力的企业在跨境电子商务主要出口市场设立海外仓。[①]

第三节
义乌国际贸易综合改革试验区

在我国县域经济发展史上，义乌无疑是值得浓墨重彩的典型样本之一。义乌从"手摇拨浪鼓""鸡毛换糖"开始，走出了一条以商兴市的特色发展之路，目前已成为国际会展名城和全球客商集聚地，在新时期，义乌又被赋予了新丝路起点的使命。义乌经验，重点在于改革与创新，从2012年起，义乌先后被纳入国际贸易综合改革试点、国内贸易流通体制改革试点、自由贸易试验区等国家级改革试点。在推进中国—中东欧经贸合作的新进程中，义乌通过创新实践，发挥了不可替代的作用。

一、义乌国际商贸城

20世纪70年代末、80年代初，我国改革开放事业开始起步，义乌率先建立小商品市场，即"马路市场"，成为全国搞活经济的样本。当全国其他地方涌现出类似市场后，义乌市场又适时转型发展小商品流通中心，1986年9月26日，城中路小商品市场开业，该市场占地4.4万平方米，

---

① "全球买、全国卖"，青田"世界超市"打通国际国内大市场——小山城"看见"世界. 北京市日报客户端. 2021-11-01.

摊位数 4 100 个，到 1990 年底，该市场占地 7.7 万平方米，摊位增加至 10 500 余个，成为当时全国最大的小商品批发市场。之后，义乌通过以商带工，发挥商贸资本雄厚、市场信息灵敏等优势，发展了小商品加工业，形成义乌特色产业带。2001 年中国加入世贸组织后，义乌通过大力发展国际贸易，向全球出口小商品，逐渐形成以商贸洽谈、商品展示、现代物流等为主的国际小商品集散地，并以建立现代化国际市场为目标，逐步打开国内贸易与国际贸易融合、线上贸易与线下贸易融合的新局面。义乌目前是我国常驻外商最多的县级市，据义乌出入境管理部门统计，新冠疫情前义乌常驻外商约 1.5 万人。

在新冠疫情前的 2019 年，义乌全年小商品市场的交易额为 4 583.1 亿元，其中中国小商品城的成交额为 1 537.4 亿元，义乌成为名副其实的"世界超市"，2021 年义乌国际商贸城日均人流量为 12.24 万人。目前，义乌国际商贸城正在进一步实现创新发展，义乌中国进口商品城孵化区于 2019 年 11 月开业，引进 100 多个国家和地区约 15 万种商品，经营主体 190 户，经营面积 12 万平方米。

二、市场采购与跨境电商的融合发展

基于传统商贸优势，近年来，义乌跨境电商市场快速增长，越来越多的跨境电商平台进入义乌，成为地区贸易发展和稳定产能的新引擎。2015 年 12 月 31 日，义乌国际邮件互换局正式投入运营。2019 年 9 月，义乌市商贸服务型物流枢纽列入首批国家物流枢纽建设名单，面对传统小商品贸易市场的发展难题，义乌开始加速整合货源市场，为零散的跨境小商品电商开辟一条便利化的合规出口新通道。

2019 年义乌政府与阿里巴巴集团签署 eWTP（世界电子贸易平台）战略合作协议，eWTP 全球创新中心落户义乌，之后双方合作，包括在阿里巴巴网站上建立义乌小商品产业带专区、共办义乌小商品线上展览、建立国际站跨境 B2B 中心仓等项目。2019 年 10 月，中欧班列（义乌—列日）eWTP 菜鸟号正式运行，这是长三角区域首条跨境电商班列。2021 年 5 月，阿里巴巴全球速卖通设立义乌服务中心，菜鸟华东优选仓也同步在义乌开业。

义乌也吸引了多家境外电商，电商集聚地已现雏形。2018 年，义乌与东南亚电商平台 Shopee 签署战略合作协议，双方在平台专区、跨境物

流集货仓、跨境电商人才培养等方面开展全面合作，推动更多义乌卖家转型出海。2020年，东南亚头部电商平台Lazada在义乌设立运营中心。2023年初，亚马逊全球物流团队正式启用义乌服务中心，并在义乌设立其在中国的首个产业带集货运营中心。

2022年4月，义乌市跨境电商服务中心成立，该中心是一个集跨境综合服务、企业孵化、人才培育、会议活动、招商运营等"五大功能于一体"的综合服务平台，设有跨境电商综合服务大厅、跨境电商平台客服中心、创新创业孵化中心、行业招商中心、行业会议中心等功能区块。

三、"义新欧"班列

义乌先后开辟"海、陆、空、铁、邮、网"、义甬舟开放大通道、"义新欧"中欧班列等多式联运通道，获批设立航空口岸、铁路口岸、国际邮件互换局等重要开放平台，被联合国亚太经社会确定为国际陆港城市。

2014年9月26日，习近平主席在北京市会见西班牙首相拉霍伊时提出开行"义乌—马德里"班列的倡议。当年11月18日，首趟"义新欧"中欧班列（义乌—马德里）从义乌发车，奔赴1.3万千米外的意大利马德里。"义新欧"中欧班列如今已成为浙江省及全国其他省份参与"一带一路"建设的重要平台，它的开通为相关外贸出口企业提供物流新方式，也使义乌"买全球、卖全球"通道更为畅通。此后，义乌陆续开通至伦敦、布拉格、莫斯科、杜尔日、列日、维尔纽斯等14个方向的线路，沿线设立5个物流分拨点、8个海外仓，辐射49个国家。至2020年底，班列累计往返运行2 126列，发运货物172 952标箱，年均增幅超过100%，实载率100%。

2020年2月10日，在全球新冠疫情严峻形势下，"义新欧"中欧班列于2020年2月10日率先复工，成为全国最早复工的中欧班列，保障了新冠疫情期间中国对沿线国家的进出口贸易以及医疗物质援助。在新冠疫情影响仍未消退、全球运输渠道受到影响的情况下，相比海运、空运，铁路货运的机械化程度高，安全性好，"义新欧"中欧班列承担起运输长三角企业产品发往欧亚的重任。

义乌借助"义新欧"中欧班列积极开展与沿线国家和地区的合作交流，与沿线86座城市保持官方往来，与西班牙巴塞罗那等18个国家和地区的 24 座城市结成"姐妹城市"。

四、义乌进口商品博览会

中国义乌进口商品博览会前身为义乌进口展，创办于 2012 年，是进口日用消费品的专业展览平台。2015 年，为进一步响应国家"一带一路"倡议，积极推进义新欧及义甬舟大通道的建设，努力打造义乌"中国进口商品城"，进口展升级为中国义乌进口商品博览会，由中国国际商会、中国商业联合会主办，浙江省人民政府支持，办展规格逐年提升，参展企业及产品不断丰富，展会品牌效应日益凸显，已成为国外日用消费品进入中国的市场首选展贸平台之一，先后荣获"中国十佳优秀特色展会""浙江省十大品牌博览会""中国十大影响力展会"等殊荣。

2020 年进口展以"百国万商聚义乌，共享自贸新时代"为主题，展览面积 5 万平方米，参展企业和机构近 1 000 家，同时在义乌中国进口商品城、义乌中国进口商品城孵化区设立分会场。展品来自全球 78 个国家和地区，包括俄罗斯、波兰、希腊、土耳其、太多、斯里兰卡等 41 个"一带一路"沿线国家和地区。在这届展会上，有 15 家黑山企业参展，展出了各类食品和饮品，包括乳制品（不同类型的奶酪制品）、腌肉、面食、巧克力制品、蜂蜜、咖啡、水、啤酒和葡萄酒，以及橄榄油化妆品，此次展会对黑山企业消减新冠疫情对经营的冲击和提振对中国市场的信心意义重大。受新冠疫情影响，义乌进口商品博览会曾于 2021 年和 2022 年停办，又于 2023 年恢复举办。

五、文化交流

"未来之桥"中国—中东欧青年研修交流营是中国—中东欧青年交流的品牌活动，自 2017 年起每年举办，2019 年第三届"未来之桥"中国—中东欧青年研修交流营活动在宁波举办，"一带一路"青年创客国际论坛作为活动的重要内容，来自中东欧以及中国的近 200 名青年代表、专家学者受邀参会。该论坛以"开放创新 青年伙伴"为主题，设主旨演讲、主题论坛两大环节，中国国际青年交流中心、浙江省青年联合会、阿里巴巴集团、义乌市，以及中东欧 17 国政府官员、专家学者、青年代表分别围绕会议主题作主旨演讲或参加主题论坛。同期，义乌还举办了"17 + 1 青年伙伴"合作洽谈会暨义乌市投资环境说明会。

"一带一路"青年创客国际论坛成功举办，是义乌加强与中东欧国家的交流合作，抢抓国际贸易综合改革试验区建设机遇的重要举措，也是塑造"一带一路"支点城市形象、高水平建成世界"小商品之都"的重要抓手。

第四节
杭州——全球跨境电商的创新高地

浙江省是我国跨境电商的主要省份之一，根据浙江省商务厅数据，2021年，浙江省实现跨境电商进出口3 302.9亿元，规模约占全国1/6。杭州是中国电商的中心城市，也是浙江省跨境电商最为集中的城市。近年来，杭州市各经营主体抓住市场需求变化的机遇，推进数字化转型，近年来跨境电商产业发展迅速。作为杭州作为中国第一个跨境电商综试区所在地，率先开展跨境电商立法，是中国跨境电商进出口模式最齐全的城市之一。

一、杭州跨境电商规模及发展

电子商务产业是杭州特色优势产业，根据浙江省商务厅数据，2021年杭州市网络零售总额9 951.5亿元，占浙江省网络零售额的39.4%。目前，杭州已集聚跨境电商服务商2 000多家，跨境电商贸易联通欧美和"一带一路"新兴市场等220个国家和地区。

根据杭州市统计局数据，2021年杭州跨境电商进出口总额171.4亿美元，其中出口131.3亿美元，进口40.1亿美元。规模达2 000万元以上的跨境电商企业达832家，规模1亿元以上跨境电商企业157家，跨境电商已成为杭州外贸发展的新动能、转型升级的新引擎和高质量发展的新抓手。

杭州跨境电商平台集聚水平高，是阿里巴巴国际站（全球最大的B2B平台）、速卖通（全球排名第二的B2C平台）、来赞达（全球排名第五的B2C平台）等企业的总部所在地。到2021年，杭州拥有跨境电商卖家

48 265 家，跨境电商服务商 1 063 家，其中规模 2 000 万元以上跨境电商品牌企业 411 家，估值过 1 亿美元的跨境电商企业 22 家。

在跨境物流方面，杭州拥有跨境电商海外仓 326 个，面积 531 万平方米，国际货运航线和客改货航班 25 条。在跨境电商支付结算方面，杭州跨境支付机构的年跨境收款额约 5 000 亿元，覆盖市场主体超 100 万家，目前，PingPong、连连支付、万里汇、珊瑚支付 4 家头部跨境支付机构，服务了全国 7 成客户[①]。

二、杭州跨境电商政策

杭州市在全国率先出台《关于促进杭州市新电商高质量发展的若干意见》（以下简称《若干意见》），明确提出打造"新电商之都"目标，围绕壮大新电商产业生态、构建新型产业链体系、打造全方位要素保障体系等方面出台多项举措，加快"数字经济第一城"建设。

2019 年，杭州市政府印发《关于加快推进跨境电子商务发展的实施意见》；2020 年，印发《关于加快杭州市直播电商发展的若干意见》；2022 年杭州市政府印发《关于促进杭州市新电商高质量发展的若干意见》，其中包含不少补贴和扶植相关的政策，比如"对本地年实际交易额在 100 亿元以上的电商平台，给予不超过 100 万元的一次性奖励""对符合发展规划、产业定位明晰、公共服务等配套功能齐全的新电商园区（基地），按其实际投资额的 20% 给予园区不超过 500 万元的一次性资助"等，这些政策措施推动了杭州电子商务产业的发展。

三、杭州跨境电商综合试验区

杭州于 2015 年获批设立全国第一个跨境电商综合试验区。当时，杭州的跨境电商进出口规模只有 1.2 亿元，法律法规不健全，行业规则模糊。此后，杭州在跨境电商的道路上披荆斩棘、先试先行，在全国首创"六体系两平台"框架设计，率先落地跨境电商 9610、1210、9710、9810 等进出口业务，率先开展跨境电商立法，形成通关监管、物流仓储、税务优化、金融外汇等 8 个方面 46 项跨境电商制度创新案例，跨境电商便利

---

① 数说杭州商务这十年跨境电商：做好"全国首个"打造"全球一流". 杭州商务. 2022-09-26.

化通关、税收、支付等相关政策向全国复制推广，杭州是全国跨境电商进出口模式最齐全的城市之一，目前正在全面打造"全国跨境电商第一城"。

杭州跨境电商综合试验区通过构建信息共享体系、金融服务体系、智能物流体系、电商诚信体系、统计监测体系和风险防控体系，以及线上"线上综合服务平台"平台和线下"综合园区"平台，这"六体系两平台"实现了跨境电子商务信息流、资金流、货物流"三流合一"，并在此基础上基础，以"线上交易自由"与"线下综合服务"有机融合为特色，重点在制度建设、政府管理、服务集成这三大领域开展创新，力争在"建立跨境电子商务新型监管制度、建立'线上综合服务平台'综合监管服务平台、创新跨境电子商务金融服务、创新跨境电子商务物流服务、创新跨境电子商务信用管理、建立跨境电子商务统计监测体系、制定跨境电子商务规则和创新电商人才发展机制"八个方面实现新突破，实现跨境电子商务自由化、便利化、规范化发展。

从2015年开始，杭州综合试验区从体制、机制和行业发展引领全国跨境电商发展。综合实验区引进培育了一批跨境电商卖家总部，截至2022年，年交易额2 000万元以上的跨境电商卖家已有411家，年交易额过千万美元的跨境电商卖家已有219家；拥有估值超过1亿美元以上的独角兽、准独角兽企业已有23家，27家企业30个品牌跻身浙江跨境电商出口知名品牌，25家企业成为获资本青睐的行业新生力量。杭州综试区将把推动跨境电商品牌出海作为工作重点，启动跨境电商品牌出海基地评选，积极培育一批发展规划科学、基础设施完备、空间功能完善、行业产业集聚、管理运营规范、扶持政策明确、服务体系健全的跨境电商品牌出海线下新平台[①]。

四、跨境电商园区

跨境电商产业园是跨境电商生态圈的重要组成部分，杭州拥有大大小小的跨境电商产业园共32个，其中省级产业园有11家，主要园区包括：中国（杭州）跨境电子商务综合试验区下沙园区、空港园区、西湖园区、萧山园区、临安园区、华立·181社区、全球速卖通电子商务园、运河（国际）跨境电子商务园、建德浙西跨境电商产业园、起梦跨境电子商务

---

① 刘伟，刘海琪. 杭州综试区推出跨境电商发展系列举措. 杭州日报. 2022 – 06 – 01.

产业园和杭州钱塘智慧城。

1. 中国（杭州）跨境电子商务综合试验区·下沙园区

下沙园区位于浙江杭州江干区经济技术开发区出口加工区，园区自2014年5月7日开园，2018年2月13日，国务院批准出口加工区升级为综合保税区。2023年10月，钱江海关跨境电商争议化解工作室在下沙园区正式挂牌并投入使用，这是浙江省首个设立在跨境电商通关现场、专门从事跨境电商领域矛盾争议化解的工作室。

2. 中国（杭州）跨境电子商务综合试验区·空港园区

空港园区自2015年2月9日开园，总体定位是：依托机场场口岸优势和物流产业优势，打造跨境电商生态圈，形成"线上线下、天上地下"相融合的全产业链，成为杭州"综试区"特色发展的重要板块。

3. 中国（杭州）跨境电子商务综合试验区·西湖园区

西湖园区位于杭州城西核心地段，于2016年9月29日正式开园。园区计划围绕"一核多点"建设发展，将西溪谷国际商务中心、金色西溪商务中心等商业项目串珠成链，形成占地一平方公里、楼宇面积100万平方米的电子商务产业集群。

4. 中国（杭州）跨境电子商务综合试验区·萧山园区

萧山园区涵盖开发区园区和新塘园区。在产业布局方面，开发区园区以萧山制造业转型跨境电商为主，新塘园区以跨境电商羽绒产业集群为主。

5. 中国（杭州）跨境电子商务综合试验区·萧山园区

临安园区自2015年8月开园，目前已经入驻和建立紧密合作的平台运营商包括阿里巴巴国际事业部、中国制造网、环球资源等，服务商包括云智库、深圳321电商学院、阿米什视觉摄影等，让园区企业足不出户就能享受优质服务资源。

6. 华立·181社区

181社区位于余杭区五常街道，该社区充分发挥华立集团50余年的产业资源优势，聚焦大健康、智能制造等领域，积极推动专精特新产业在园区内集聚壮大。

7. 全球速卖通电子商务园

全球速卖通电子商务园于2020年9月8日由临平新城与阿里巴巴全球速卖通平台战略签约后正式启动，是一个以跨境电商产业集群的专业服务园区，也是全国首个以全球速卖通命名的特色园区。

8. 运河（国际）跨境电子商务园

运河（国际）跨境电子商务园位于杭州拱墅区北部运河新城核心区域，自2016年3月正式招商运营，该商务园是拱墅上塘电商小镇的跨境电商特色园区，也是中国（杭州）跨境电商综合试验区拱墅园区的核心园区。

9. 建德浙西跨境电商产业园

建德浙西跨境电商产业园位于建德主城区洋溪街道科技城区块，2016年5月3日获批成为中国（杭州）跨境电商综试区线下园区，同年6月30日正式开园。园区建筑面积为2.5万平方米，并于2019年3月在杭州江干东方电子商务产业园设立飞地，面积1 000平方米。建德本地具有家纺、五金工具、低压电器产业集群优势，其中，建德电器工具产业集群获批为省级产业集群跨境电商发展试点。

10. 起梦跨境电子商务产业园

起梦跨境电子商务产业园于2017年由起梦跨境投资建设，园区位于余杭区良渚新城板块，毗邻中国美院（良渚校区）和工业设计小镇，是一个以数字贸易为核心的跨境电商品牌出海基地。

11. 杭州钱塘智慧城

钱塘智慧城是杭州数字经济最具代表性的区域之一，定位为"电商直播第一城"，跨境电商基础浓厚，涵盖九堡街道、江干科技经济园及杭州国际商贸城部分区域，杭州电商直播发源地——九堡坐落于此。

第二篇

浙江省与黑山的贸易与投资合作

第二章

第四章

浙江省与黑山贸易合作基本情况

浙江省作为中国长江三角地区重要的经济强省，构架起与中东欧互联互通的特色平台，成为中国与黑山贸易合作的重点省份。本章主要从规模、地位和贸易依存度这三个维度介绍浙江省与黑山贸易合作的基本情况。

第一节
浙江省与黑山的贸易规模

自2006年中国与黑山签定《中华人民共和国政府和黑山共和国政府经济贸易协定》以来，中国与黑山的贸易往来频繁，尤其是在"一带一路"倡议提出和中国—中东欧国家合作机制建立以来，双边贸易达到新的高度，在此过程中，浙江省与黑山的贸易发展迅速。

一、中国与黑山的贸易进出口规模分析

本节分析2007—2011年和2012—2021年这两段时期内，中国与黑山的进出口贸易额变动情况，其中，2008年两国的双边贸易数据缺失，数据来源于国研网"国际贸易研究及决策支持系统"。

(一) 进出口量

由表 4.1 可知,2006 年黑山独立之初,中国与黑山的贸易合作规模较小,2007 年中国与黑山的进出口总额为 4 950.95 万美元,其中,中国自黑山进口额仅为 110.61 万美元;到了 2011 年,中国与黑山的进出口贸易总额已经升至 10 202.45 万美元,其中,中国自黑山进口额为 1 205.60 万美元,向黑山出口额为 8 996.85 万美元,与 2007 年相比,进口额增长了 10 余倍,出口额增长近 2 倍。

表 4.1　　　　2007—2011 年中国与黑山进出口额　　　　单位:万美元

年份	中国自黑山进口额	中国向黑山出口额	中国与黑山进出口总额
2007	110.61	4 840.34	4 950.95
2008	—	—	—
2009	74.46	7 692.83	7 767.29
2010	306.42	7 108.30	7 414.72
2011	1 205.60	8 996.85	10 202.45

数据来源:国研网"国际贸易研究及决策支持系统数据库"(2008 年数据缺失)。

2012 年之后,中国与黑山之间的贸易合作提升到了一个新阶段,进出口贸易总额突破 16 775 万美元,进口额较上年又翻了一番,达到约 2 201.46 万美元,出口额达到约 14 574.27 万美元;2012—2021 年,两国之间的进出口贸易受到各种因素影响具有明显的波动,尤其是在新冠疫情暴发以后,2021 年中国与黑山的进出口贸易总额约为 8 922.99 万美元,其中,中国自黑山进口额为 1 024.339 2 万美元,中国向黑山出口额约为 7 898.65 万美元。

表 4.2 中的数据显示,从 2012 年以后,中国与黑山两国每年贸易总额均在 1 亿美元以上。在新冠疫情前的 2019 年,中国与黑山之间的贸易进出口总额为 15 712.51 万美元,2020 年新冠疫情严重,中国与黑山之间的贸易进出口总额仍保持增长,为 17 054.23 万美元,2021 年贸易总额下降较大。

表 4.2　　　　2012—2021 年中国与黑山进出口额　　　　单位:万美元

年份	中国自黑山进口额	中国向黑山出口额	中国与黑山进出口总额
2012	2 201.46	14 574.27	16 775.73
2013	1 628.45	8 633.72	10 262.17

续表

年份	中国自黑山进口额	中国向黑山出口额	中国与黑山进出口额
2014	5 421.17	15 701.70	21 122.87
2015	2 441.32	13 413.90	15 855.22
2016	3 274.77	10 924.56	14 199.33
2017	6 640.11	13 245.57	19 885.68
2018	4 173.61	17 809.68	21 983.29
2019	4 330.87	11 381.64	15 712.51
2020	5 738.41	11 315.82	17 054.23
2021	1 024.34	7 898.65	8 922.99

数据来源：国研网"国际贸易研究及决策支持系统数据库"。

图 4.1 显示了中国与黑山的贸易的波动情况，中国与黑山的贸易以中国对黑山出口为主，进出口贸易的变化趋势基本保持一致。在 2012 年之前，中国与黑山贸易规模较小，贸易量呈现出相对平稳上升的特征，2012 年以后，两国贸易总量迅速提升，贸易量呈现明显的起伏态势，在 2012 年、2014 年、2018 年和 2020 年出现多个峰值，在 2019 年之后由于受到新冠疫情冲击等影响，两国之间的进出口贸易出现下滑。中国与黑山的贸易总额在 2018 年达到了最高的 21 983 万美元，之后波动降至 2021 年低谷。

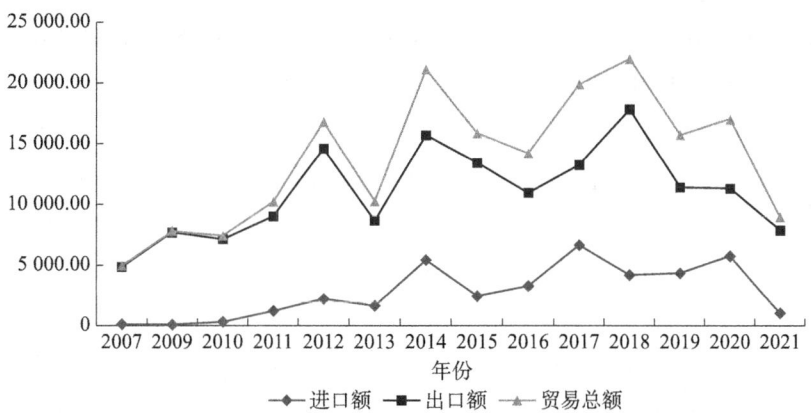

图 4.1　2007—2021 年中国与黑山贸易进出口规模分析（万美元）

资料来源：国研网"国际贸易研究及决策支持系统数据库"（2008 年数据缺失）。

（二）进出口增长

中国与黑山的进出口贸易额每年都具有较明显的变化，如表 4.3 所示，2007—2011年，从进口来看，中国自黑山进口额的增长速度较高，2010年和2011年中国从黑山进口的增长率分别为311.50%和293.45%，而同期出口额增速为-7.6%和26.57%。

表4.3 2007—2011年中国与黑山进出口贸易年变化情况　　　　单位：万美元，%

年份	中国自黑山进口额	中国自黑山进口额同比增长	中国向黑山出口额	中国向黑山出口额同比增长	中国与黑山进出口总额	中国与黑山进出口总额同比增长
2007	110.61	—	4 840.34	—	4 950.95	—
2008	—	—	—	—	—	—
2009	74.46	—	7 692.83	—	7 767.29	—
2010	306.42	311.50	7 108.30	-7.60	7 414.72	-4.54
2011	1 205.60	293.45	8 996.85	26.57	10 202.45	37.60

数据来源：国研网"国际贸易研究及决策支持系统数据库"（2008年数据缺失）。

表4.4显示了2012年以后中国与黑山贸易增长情况。从中国自黑山进口情况来看，增长率最高的年份为2012年、2014年和2017年，进口同比增长率分别为82.60%、232.90%和102.77%，但在2013年、2015年、2018年和2021年进口出现了下降，其中2021年下降幅度最大，为82.15%。从中国向黑山出口情况来看2012年、2014年、2017年和2018年这4年，出口增长率较高，其中2014年出口增长81.86%，但是在其余6年，中国对黑山出口均出现同比下降的情况，其中2021年下降幅度达30.20%。

表4.4 2012—2021年中国与黑山进出口贸易年变化情况　　单位：万美元，%

年份	中国自黑山进口额	中国自黑山进口额同比增长	中国向黑山出口额	中国向黑山出口额同比增长	中国与黑山进出口总额	中国与黑山进出口总额同比增长
2012	2 201.46	82.60	14 574.27	61.99	16 775.73	64.43
2013	1 628.45	-26.03	8 633.72	-40.76	10 262.17	-38.83
2014	5 421.17	232.90	15 701.70	81.86	21 122.87	105.83
2015	2 441.32	-54.97	13 413.90	-14.57	15 855.22	-24.94
2016	3 274.77	34.14	10 924.56	-18.56	14 199.33	-10.44
2017	6 640.11	102.77	13 245.57	21.25	19 885.68	40.05
2018	4 173.61	-37.15	17 809.68	34.46	21 983.29	10.55
2019	4 330.87	3.77	11 381.64	-36.09	15 712.51	-28.53

续表

年份	中国自黑山进口额	中国自黑山进口额同比增长	中国向黑山出口额	中国向黑山出口额同比增长	中国与黑山进出口总额	中国与黑山进出口总额同比增长
2020	5 738.41	32.50	11 315.82	-0.58	17 054.23	8.54
2021	1 024.34	-82.15	7 898.65	-30.20	8 922.99	-47.68

数据来源：国研网"国际贸易研究及决策支持系统数据库"。

从中国向黑山进出口贸易总额变动来看，2012 年、2014 年和 2017 年，中国对黑山出口出现较大幅度的增长，同比增长率分别为 64.43%、105.83% 和 40.05%，在 2013 年、2015 年、2016 年、2019 年和 2021 年，进出口额出现下降，其中 2013 年和 2021 年下降幅度较大，分别为 -38.83% 和 -47.68%。2021 年受新冠疫情的冲击，中国与黑山进口、出口、进出口总额都出现大幅下降，与新冠疫情影响有关，在 2022 年以后，中国与黑山贸易出现反弹。

二、浙江省与黑山进出口额

本小节分析了 2007—2021 年的浙江省与黑山的进出口贸易规模情况，并同中国与黑山的贸易进出口进行对比，其中，2008 年两国的双边贸易数据缺失，数据来源于国研网"国际贸易研究及决策支持系统"。

（一）进出口额

在 2012 年前，浙江省与黑山的进出口贸易规模较小，浙江省对黑山的出口额远大于进口额。在 2007—2011 年，浙江省自黑山的进口额较小，2007 年为 3.25 万美元，2009 年只有 5 000 美元，2010 年的进口额可以忽略不计，到了 2011 年，进口额也只有 8.72 万美元。2007—2011 年各年浙江省对黑山的出口均在 3 000 万美元以内，具体数据见表 4.5。

表 4.5　　　　　2007—2011 年浙江省与黑山进出口贸易额　　　　单位：万美元

年份	浙江省自黑山进口额	浙江省向黑山出口额	浙江省与黑山进出口总额
2007	3.25	1 860.68	1 863.94
2008	—	—	—
2009	0.50	2 897.27	2 897.77
2010	0.00	2 596.14	2 596.14
2011	8.72	2 947.42	2 956.13

数据来源：国研网"国际贸易研究及决策支持系统数据库"（2008 年数据缺失）。

表4.6显示了2012年以后浙江省与黑山的贸易规模情况。2012年，浙江省与黑山的进出口贸易首次突破3 000万美元大关，之后直至2016年，浙江省与黑山之间的进出口规模都在3亿美元以上，2014年，浙江省与黑山的贸易进出口总额达到历史最高值，为3 533.65万美元，但从2017年起逐步回落到3 000万美元以下。在进出口结构方面，浙江省与黑山贸易仍以浙江省对黑山的出口为主，但进口在贸易总额中的占比逐年提高，2012年，浙江省自黑山的进口额仅占浙江省与黑山贸易总额的0.89%，到了2012年，进口占比上升到了7.88%。与2012年前相比，浙江省从黑山的进口额有了较大的增长，最低的年份是2013年，为19.05万美元，最高的年份是2018年，为149.76万美元，但在其他大多数年份都低于100万美元。浙江省对黑山的出口贸易在2012年首次突破3 000万美元，为3 153.25万美元，之后连续4年出口额都在3 000万美元之上，出口额最高的年份为2014年，达3 511.85万美元。浙江省与黑山贸易受新冠疫情冲击较大，2021年，浙江省对黑山的出口额仅为1 341.32万美元，尽管当年进口额下降幅度不大，但受出口影响所累，该年成为近10年两地贸易额最低的年份。

表4.6　　2012—2021年浙江省与黑山进出口贸易金额　　单位：万美元，%

年份	浙江省自黑山进口额	进口占比	浙江省向黑山出口额	出口占比	浙江省与黑山进出口总额
2012	28.28	0.89	3 153.25	99.11	3 181.53
2013	19.05	0.55	3 431.41	99.45	3 450.46
2014	21.80	0.62	3 511.85	99.38	3 533.65
2015	57.26	1.71	3 295.83	98.29	3 353.09
2016	69.47	2.21	3 080.64	97.79	3 150.11
2017	128.39	4.59	2 668.75	95.41	2 797.14
2018	149.76	5.23	2 712.12	94.77	2 861.88
2019	83.68	3.18	2 549.09	96.82	2 632.77
2020	69.79	2.97	2 281.57	97.03	2 351.36
2021	114.78	7.88	1 341.32	92.12	1 456.10

数据来源：国研网"国际贸易研究及决策支持系统数据库"。

图4.2显示了浙江省与黑山的贸易发展的变动趋势，总体而言，浙江省与黑山的贸易发展和中国与黑山两国整体贸易演变的趋势基本一致，但浙江省与黑山贸易也表现出自身的特点，2010—2014年，浙江省对黑山出口贸易增长较快，在2014年达到峰值，之后缓慢下降，在2019年之后因受新冠肺炎疫情等影响，浙江省对黑山出口贸易下降较快，浙江省与黑山

的贸易进出口总额在 2014 年到达峰值，又在 2021 年跌至谷底。

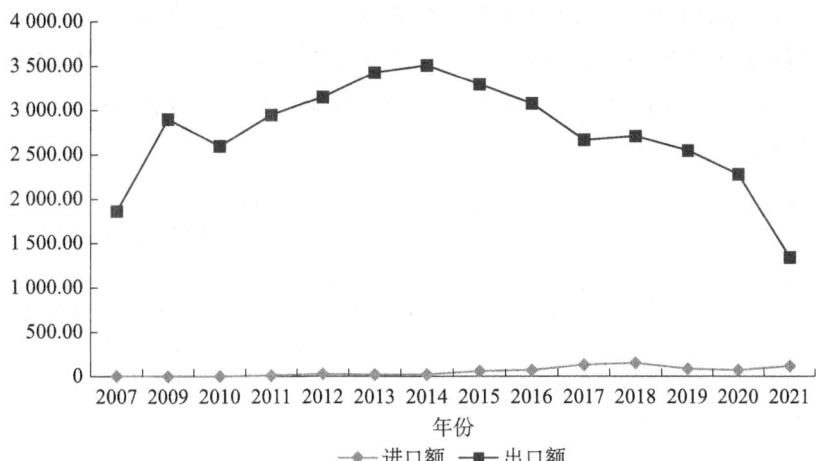

图 4.2　2007—2021 年浙江省与黑山贸易进出口规模分析（万美元）

资料来源：国研网"国际贸易研究及决策支持系统数据库"（2008 年数据缺失）。

（二）进出口增长

在 2012 年前，浙江省对黑山的进出口波动较大，如 2010 年，浙江省向黑山出口下降 10.39%，2011 年，出口增长 13.87%，这与贸易体量较小有关，相关企业的单笔业务就能影响两地区的贸易总量情况，见表 4.7。

表 4.7　　　　　2007—2011 年浙江省与黑山进出口贸易
年变化情况　　　　　　　单位：万美元，%

年份	浙江省自黑山进口额	浙江省自黑山进口额同比增长	浙江省向黑山出口额	浙江省与黑山出口额同比增长	浙江省与黑山进出口总额	浙江省与黑山进出口总额同比增长
2007 年	3.25	—	1 860.68	—	1 863.94	—
2008 年	—	—	—	—	—	—
2009 年	0.50	—	2 897.27	—	2 897.77	—
2010 年	0	-100.00	2 596.14	-10.39	2 596.14	-10.41
2011 年	8.72	—	2 947.42	13.53	2 956.13	13.87

数据来源：国研网"国际贸易研究及决策支持系统数据库"（2008 年数据缺失）。

表 4.8 和图 4.3 显示了 2012 年以后浙江省与黑山进出口贸易的增长情况。从进口来看，因浙江省自黑山进口额规模较小，各年增长率波动很大，浙江省从黑山进口增长率最高的年份是 2012 年，同比增长率达 224.34%，其次是 2015 年和 2017 年，增长率分别为 162.64% 和 84.81%，

进口额在2013年和2019年下降幅度较大。因浙江省对黑山出口在两地区贸易总额中占比很大，出口和进出口总额增长率趋同，相对于进口而言，出口和进出口额变动较为平缓。受新冠疫情等因素影响，2021年浙江省—黑山出口和进出口额下降幅度最大，其中，出口额下降41.21%，进出口额下降38.07%。

表4.8　　浙江省与黑山进出口贸易增长情况　　单位：万美元，%

年份	浙江省自黑山进口额	浙江省自黑山进口额同比增长	浙江省向黑山出口额	浙江省向黑山出口额同比增长	浙江省与黑山进出口总额	浙江省与黑山进出口总额同比增长
2012	28.28	224.34	3 153.25	6.98	3 181.53	7.62
2013	19.05	-32.63	3 431.41	8.82	3 450.46	8.45
2014	21.80	14.43	3 511.85	2.34	3 533.65	2.41
2015	57.26	162.64	3 295.83	-6.15	3 353.09	-5.11
2016	69.47	21.33	3 080.64	-6.53	3 150.11	-6.05
2017	128.39	84.81	2 668.75	-13.37	2 797.14	-11.21
2018	149.76	16.65	2 712.12	1.62	2 861.88	2.31
2019	83.68	-44.12	2 549.09	-6.01	2 632.77	-8.01
2020	69.79	-16.60	2 281.57	-10.49	2 351.36	-10.69
2021	114.78	64.48	1 341.32	-41.21	1 456.10	-38.07

数据来源：国研网"国际贸易研究及决策支持系统数据库"。

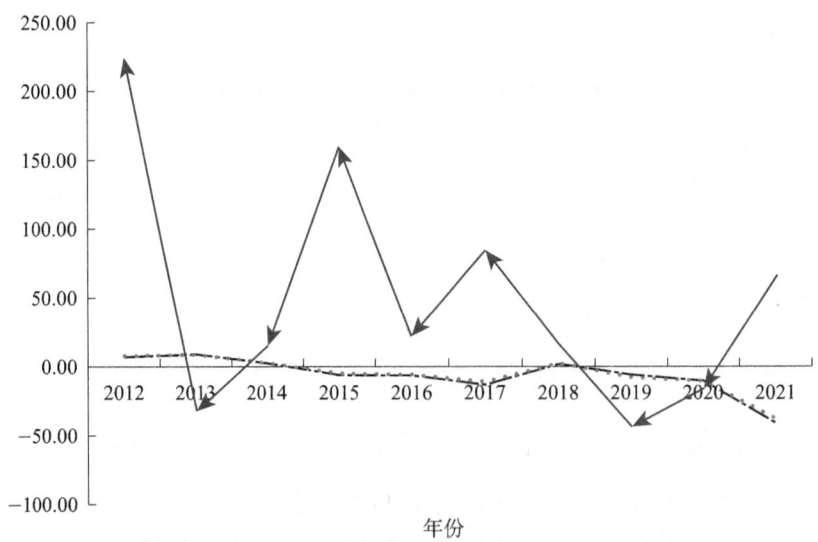

图4.3　2012—2021年浙江省与黑山进出口贸易增长率（%）

数据来源：国研网"国际贸易研究及决策支持系统数据库"。

第二节
浙江省与黑山贸易发展的地位

浙江省历年是我国对黑山商品贸易贡献度最高的省份之一,作为中国与黑山之间贸易往来的重要窗口,浙江省对黑山的进口额和出口额均排在全国前列。

一、浙江省与黑山进出口额在全国的比重

本小节整理了2007—2021年的中国、浙江省与黑山的进出口贸易金额数据,将浙江省与黑山的贸易进出口分析同中国与黑山的贸易进出口分析进行直观比较,对浙江省与黑山进出口额在全国所占比重进行分析。其中,2008年两国的双边贸易数据缺失,数据来源于国研网"国际贸易研究及决策支持系统"。

(一)进口额所占比重

表4.9为2007—2011年浙江省自黑山进口额在全国的占比。2012年以前,浙江省从黑山进口的进口贸易发展处于初期阶段,进口金额较少,在全国所占的比重也相对较小,2007年进口额仅3.25万美元,在全国自黑山进口额仅占2.94%,2009年占比更低,仅为0.68%,到了2011年,因浙江省自黑山进口额增长较大,在全国的占比升至0.72%。

表4.9　　　　2007—2011年浙江省自黑山进口额在全国的占比　　　　单位:万美元,%

年份	浙江省自黑山进口额	中国自黑山进口额	占比
2007	3.25	110.61	2.94
2008	—	—	—
2009	0.50	74.46	0.68
2010	0.00	306.42	0.00
2011	8.72	1 205.60	0.72

数据来源:国研网"国际贸易研究及决策支持系统数据库"(2008年数据缺失)。

表 4.10 为 2012—2021 年浙江省自黑山进口额在全国的占比。与 2012 年以前相比,浙江省从黑山的进口贸易额有了较大增长,在全国的所占比有了较大幅度的增长。2012 年,浙江省自黑山进口额占全国的 1.28%,在 2018 年,占比上涨到 3.59%,之后在 2019 年又下降到 2% 以下,2020 年新冠疫情后,占比进一步下降到了 1.22%,但 2021 年出现大幅反弹,占比升至 11.21%,为历年最高水平。

表 4.10　　2012—2021 年浙江省自黑山进口额在全国的占比　　单位:万美元,%

年份	浙江省自黑山进口额	中国自黑山进口额	占比
2012	28.28	2 201.46	1.28
2013	19.05	1 628.45	1.17
2014	21.80	5 421.17	0.40
2015	57.26	2 441.32	2.35
2016	69.47	3 274.77	2.12
2017	128.39	6 640.11	1.93
2018	149.76	4 173.61	3.59
2019	83.68	4 330.87	1.93
2020	69.79	5 738.41	1.22
2021	114.78	1 024.34	11.21

数据来源:国研网"国际贸易研究及决策支持系统数据库"。

(二) 出口额所占比重

表 4.11 为 2012 年以前浙江省对黑山的出口贸易额在全国的占比。浙江省向黑山出口的表现十分突出,在 2012 年以前,浙江省对黑山出口贸易额在全国的占比均在 30% 以上。

表 4.11　　2007—2011 年浙江省对黑山出口额在全国的占比　　单位:万美元,%

年份	浙江省对黑山出口额	中国对黑山出口额	占比
2007	1 860.68	4 840.34	38.44
2008	—	—	—
2009	2 897.27	7 692.83	37.66
2010	2 596.14	7 108.30	36.52
2011	2 947.42	8 996.85	32.76

数据来源:国研网"国际贸易研究及决策支持系统数据库"(2008 年数据缺失)。

表 4.12 为 2012—2021 年浙江省对黑山出口贸易额在全国的占比。与 2012 年以前相比,2012 年以后浙江省对黑山出口额在全国占比有所下降,这是因为浙江省对黑山出口起步较早,2012 年以后全国其他省份也加强了对黑山的贸易合作,在全国出口总额中的份额越来越大。浙江省对黑山出口在全国占比最高的年份是 2013 年,为 39.74%,接近该年全国对黑山出口贸易额的 40%,在 2014 年和 2015 年浙江省占比下降较快,2016 年回升至 28.20%,之后数年在 15%—23% 波动,2021 年,中国大多数省份对黑山出口出现较大的降幅,浙江省降幅高于各省平均水平,在全国份额降为 16.98%。

表 4.12　　　　2012—2021 年浙江省对黑山出口额在全国的占比　　　　单位:万美元,%

年份	浙江省对黑山出口额	中国对黑山出口额	占比
2012	3 153.25	14 574.27	21.64
2013	3 431.41	8 633.72	39.74
2014	3 511.85	15 701.70	22.37
2015	3 295.83	13 413.90	24.57
2016	3 080.64	10 924.56	28.20
2017	2 668.75	13 245.57	20.15
2018	2 712.12	17 809.68	15.23
2019	2 549.09	11 381.64	22.40
2020	2 281.57	11 315.82	20.16
2021	1 341.32	7 898.65	16.98

数据来源:国研网"国际贸易研究及决策支持系统数据库"。

(三) 进出口额所占比重

表 4.13 为 2012 年以前浙江省与黑山进出口额在全国的占比,浙江省对黑山贸易起步较早,在 2012 年以前,浙江省向黑山进出口的表现比较突出,多数年份浙江省对黑山进出口贸易总额在全国的占比在 35% 以上,该占比虽然每年都在下降,但 2011 年浙江省占比仍有 28.97%。

表 4.13　　　　2007—2011 年浙江省与黑山进出口额在全国的占比　　　　单位:万美元,%

年份	浙江省与黑山进出口额	中国与黑山进出口额	占比
2007	1 863.94	4 950.95	37.65
2008	—	—	—

续表

年份	浙江省与黑山进出口额	中国与黑山进出口额	占比
2009	2 897.77	7 767.29	37.31
2010	2 596.14	7 414.72	35.01
2011	2 956.13	10 202.45	28.97

数据来源：国研网"国际贸易研究及决策支持系统数据库"（2008 年数据缺失）。

表 4.14 为 2012 年以后浙江省与黑山进出口额在全国的占比变动情况。随着其他省份与黑山贸易合作的推进，浙江省对黑山贸易在全国占比进一步降低，但浙江省与黑山进出口贸易在全国的地位依然突出，占比最高的年份是 2013 年，为 33.62%，从 2017 年以后，浙江省在全国占比在 13%—17% 小幅变动，2021 年，浙江省对黑山进出口贸易额在全国占比 16.32%。

表 4.14　　2012—2021 年浙江省与黑山进出口额在全国的比重　　单位：万美元，%

年份	浙江省与黑山进出口额	中国与黑山进出口额	占比
2012	3 181.53	16 775.73	18.97
2013	3 450.46	10 262.17	33.62
2014	3 533.65	21 122.87	16.73
2015	3 353.09	15 855.22	21.15
2016	3 150.11	14 199.33	22.18
2017	2 797.14	19 885.68	14.07
2018	2 861.88	21 983.29	13.02
2019	2 632.77	15 712.51	16.76
2020	2 351.36	17 054.23	13.79
2021	1 456.10	8 922.99	16.32

数据来源：国研网"国际贸易研究及决策支持系统数据库"。

二、浙江省与其他重点省份对黑山进出口贸易的对比

本小节选取中国海关统计数据，对比主要省份对黑山贸易额变动情况，分析浙江省对黑山贸易的地位和发展特点。

（一）进出口贸易

浙江省、北京市、广东省、江苏省、山东省是中国对黑山进出口贸易的

主要省（市），历年这6个省（市）贡献了中国对黑山贸易额的50%以上。表4.15显示了2015—2021年主要省（市）对黑山的进出口额变动情况，在这一时期，浙江省历年来都是在各省中排前3位。但浙江省对黑进出口贸易额总体呈现下降的趋势，2015年，浙江省对黑山贸易总额为3 483.7万美元，经过2016年和2017年的下降，在2018年有小幅上涨，2019—2021年又出现持续下降的态势。山东省、江苏省在个别年份贸易额出现大起大落的情况，如山东省在2016—2018年进出口额大幅上升，江苏省在2018年进出口额大幅上升，主要原因是这2个省在那些年份有大宗物资进口。相对而言，浙江省、广东省对黑山进出口贸易额变动比较平稳。

表4.15　2015—2021年全国及主要省（市）对黑山进出口额　　单位：万美元

年份	全国	浙江省	北京市	广东省	江苏省	山东省	上海市
2015	15 842.2	3 483.7	3 225.6	1 467.6	2 476.2	2 026.5	1 189.2
2016	14 093.3	3 210.2	453.0	1 626.6	2 269.3	3 776.1	370.1
2017	19 885.7	2 797.1	1 778.5	1 537.5	3 595.4	6 785.2	700.1
2018	21 983.3	2 861.9	1 267.8	1 595.7	5 072.5	2 616.8	1 267.8
2019	15 712.9	2 632.8	1 133.5	1 929.8	2 249.7	1 762.5	333.9
2020	17 054.2	2 351.4	677.5	2 295.1	1 485.8	1 452.8	800.1
2021	10 736.0	1 828.1	980.6	1 627.1	923.1	1 954.6	726.9

数据来源：中国海关。

注：本章对商品类目的分析深入HS8位数编码，受数据可获性限制，对2012—2014年不做讨论。因数据来源不同，本章部分数据与第九章有较小差异。

表4.16显示了各省（市）对黑山进出口贸易额增长率变动情况。在新冠疫情期间，浙江省对黑山贸易在2020年和2021年下降幅度较大，其中2021年下降22.3%。从各省（市）对黑山贸易增长率波动情况来看，浙江省历年同比增长率虽然一直有起伏，但与其他省（市）相比，波动相对较小。

表4.16　　2016—2021年全国及主要省（市）对黑山
进出口额增长率　　　　　　　单位：%

年份	全国	浙江省	北京市	广东省	江苏省	山东省	上海市
2016	-11.0	-7.9	-0.5	10.8	-8.4	86.3	-68.9
2017	41.1	-12.9	292.6	-5.5	58.4	79.7	89.2
2018	10.5	2.3	-28.7	3.8	41.1	-61.4	81.1
2019	-28.5	-8	-10.6	20.9	-55.7	-32.7	-73.7

续表

年份	全国	浙江省	北京市	广东省	江苏省	山东省	上海市
2020	8.5	-10.7	-40.2	18.9	-33.9	-17.6	139.6
2021	-37.0	-22.3	44.7	-29.1	-37.9	34.5	-9.1

数据来源：中国海关。

表4.17显示了各省（市）对黑山进出口额占全国的占比情况，2015—2021年浙江省占比一直保持在13%—23%，进出口额占比最高年份是2016年，为22.8%，自2017年起，浙江省占比下降，新冠疫情前的2019年，浙江省占比为16.8%，2021年，占比为17%。其他重点省（市）的占比在近年来也有所下降，占比集中度下降说明重点省（市）之外的其他省（市）正在扩大对黑山贸易。浙江省在2015年、2019年和2020年对黑山贸易额占比在各省（市）中居第一，在2016年、2018年和2021年，在各省（市）中居第二。

表4.17　2015—2021年主要省（市）对黑山进出口额占比　　单位:%

年份	浙江省	北京市	广东省	江苏省	山东省	上海市
2015	22.0	20.4	9.3	15.6	12.8	2.6
2016	22.8	3.2	11.5	16.1	26.8	3.5
2017	14.1	8.9	7.7	18.1	34.1	5.8
2018	13.0	5.8	7.3	23.1	11.9	2.1
2019	16.8	7.2	12.3	14.3	11.2	4.7
2020	13.8	4.0	13.5	8.7	8.5	6.8
2021	17.0	9.1	15.2	8.6	18.2	2.6

数据来源：中国海关。

（二）进口贸易

浙江省在2015年和2019年的进口额在五省（市）中排在后两位；在2016—2018年和2020—2021年，均排在前两位，2020年浙江省是对黑山进口额最高的省份。因铝矿砂进口，我国新疆维吾尔自治区、福建省等省（市）在某些年份偶尔会出现进口额激增的情况，如新疆维吾尔自治区在2020年从黑山进口额为556.1万美元，福建省在2021年从黑山进口额达631.35万美元，但这两个地区在其他年份自黑山进口额均较低。与其他省（市）相比，浙江省每年进口规模相对稳定，大起大落情况相对要少，见表4.18。

表4.18　　2015—2021年全国及主要省（市）自黑山进口额　　单位：万美元

年份	全国	浙江省	北京市	广东省	江苏省	山东省	上海市
2015	2 427.4	57.2	154.9	6.2	395.9	1 367.7	41.9
2016	3 258.2	69.5	6.5	1.3	4.2	2 724.6	57.9
2017	6 640.1	128.4	38.2	5.7	10.6	5 557.5	367.3
2018	4 173.6	149.8	39.2	33.3	19.9	1 202.2	711.2
2019	4 331.2	83.7	129.6	3.3	539.6	648.0	38.7
2020	5 738.4	69.8	20.7	18.9	67.0	0.1	132.5
2021	1 133.2	143.5	38.4	28.7	207.8	4.3	36.9

数据来源：中国海关。

注：本章对商品类目的分析深入HS8位数编码，受数据可获性限制，对2012—2014年不做讨论。因数据来源不同，本章部分数据与第九章有较小差异。

表4.19显示了各主要省（市）历年自黑山进口额的增长情况。浙江省受新冠疫情影响，2020年自黑山进口下降了16.6%，2021年出现大幅反弹。同期其他省（市）也有类似走势，且大多省（市）波动幅度更高，如江苏省2020年进口下降87%，2021年增长210.1%，山东省2020年下降100%，2021年增长4 200%。

表4.19　　2016—2021年全国及主要省（市）自黑山进口额增长率　　单位：%

年份	全国	浙江省	北京市	江苏省	山东省	广东省	上海市
2016	34.2	21.5	-95.8	-98.9	99.2	-79.0	38.2
2017	103.8	84.7	487.7	152.4	104.0	338.5	534.4
2018	-37.1	16.7	2.6	87.7	-78.4	494.7	93.6
2019	3.8	-44.1	230.6	2611.6	-46.1	-90.3	-94.6
2020	32.5	-16.6	-84.0	-87.6	-100.0	472.7	242.4
2021	-80.3	105.6	85.5	210.1	4 200.0	51.9	-72.2

数据来源：中国海关。

表4.20显示了各省在全国自黑山进口贸易额中的占比情况，浙江省历年在全国进口额占比并不突出，除了2021年进口占比达到12.8%，其余年份均不超过4%，2019年和2021年，浙江省进口在全国比重仅为1.9%和1.2%。在六省（市）中，山东省占比较为突出，2015—2018年，山东省连续4年是全国对黑山进口贸易占比最高的省份，在2017年，占比高达83.7%，这与矿砂进口等业务相关。2020年，六省（市）合计进口在全国占比仅为5.4%，主要原因是当年新疆维吾尔自治区等其他省

（市）出现大宗铁矿砂等物资进口。从各省历年占比变动情况来看，浙江省占比相对稳定。

表 4.20 　　2015—2021 年主要省（市）自黑山进口额占比　　单位:%

年份	浙江省	北京市	江苏省	山东省	广东省	上海市
2015	2.4	6.4	16.3	56.3	0.3	1.7
2016	2.1	0.2	0.1	83.6	0.0	1.8
2017	1.9	0.6	0.2	83.7	0.1	5.5
2018	3.6	0.9	0.5	28.8	0.8	17.0
2019	1.9	3.0	12.5	15.0	0.1	0.9
2020	1.2	0.4	1.2	0.0	0.3	2.3
2021	12.7	3.4	18.3	0.4	2.5	3.3

数据来源：中国海关。

（三）出口贸易

表 4.21 显示了各主要省（市）历年对黑山出口额的变动情况。在六省（市）中，浙江省占据明显的优势，历年排名均居第一或第二。除了 2021 年，历年浙江省对黑山的出口额均在 2 000 万美元以上。浙江省对黑山的出口额有逐年下降趋势，2015 年，浙江省对黑山出口额为 3 426.5 万美元，到 2020 年，出口额下降至 2 281 万美元，新冠疫情暴发后，2021 年进一步下降至 1 684.6 万美元，2021 年，其他各省（市）对黑山的出口额大部分出现下降的情况，仅山东省出现增长。

表 4.21 　　2015—2021 年全国及主要省（市）对黑山出口额　　单位：万美元

年份	全国	浙江省	北京市	江苏省	广东省	上海市	山东省
2015	13 414.7	3 426.5	3 070.8	2 080.3	1 461.3	1 147.3	658.8
2016	10 835.0	3 140.7	446.5	2 265.1	1 625.4	312.2	1 051.5
2017	13 245.6	2 668.8	1 740.3	3 584.8	1 531.8	332.8	1 227.7
2018	17 809.7	2 712.1	1 989.5	5 052.7	1 561.8	556.6	1 414.6
2019	11 381.7	2 549.1	1 003.9	1 709.7	1 926.5	295.2	1 114.1
2020	11 315.8	2 281.6	656.8	1 418.8	2 276.2	667.6	1 452.7
2021	9 602.8	1 684.6	942.2	715.3	1 598.4	690.0	1 950.3

数据来源：中国海关。

表 4.22 显示了主要省（市）历年对黑山出口额的增长情况。浙江省对黑山出口贸易额在多数年份呈现下降态势，仅在 2018 年有 1.6% 的小幅

增长,与其他省(市)相比,浙江省历年出口波动幅度相对较小,这与浙江省的出口商品类别以及其贸易平台作用有关。2019年,浙江省出口出现最大降幅,同比增长率为-36.1%,2020年浙江省出口额降幅缩小至-0.6%,2021年降幅有所扩大。在六省(市)中,北京市的出口增长率波动较大,江苏省从2019年起连续3年对黑山出口大幅下降,上海市在2020年对黑山出口逆势大幅增长,增长率高达126.2%,这与上海市对黑山出口基数较小有关。山东省是六省(市)中贸易增长相对稳定的省份,6年间仅2019年出口下降,其余年份均保持增长。

表4.22　2016—2021年全国及主要省(市)对黑山出口额增长情况　　单位:%

年份	全国	浙江省	北京市	江苏省	广东省	上海市	山东省
2016	-19.2	-8.3	-85.5	8.9	11.2	-72.8	59.6
2017	22.2	-15.0	289.8	58.3	-5.8	6.6	16.8
2018	34.5	1.6	14.3	40.9	2.0	67.2	15.2
2019	-36.1	-6.0	-49.5	-66.2	23.4	-47.0	-21.2
2020	-0.6	-10.5	-34.6	-17.0	18.3	126.2	30.4
2021	-15.1	-26.2	43.5	-49.6	-29.8	3.4	34.3

数据来源:中国海关。

表4.23显示各省(市)对黑山出口额在全国的占比情况。2015年,浙江省对黑山出口额在全国占比为17.5%,2016年占比提高到29%,之后有所下降,近年来在17%—23%波动,2019年起,浙江省出口占比连续3年下降,从2019年的22.4%降至2021年的17.5%。2019年以后,上海市对黑山出口呈现增长趋势,从2019年的2.6%增长到2021年的7.2%,山东省在2021年占比较高,达20.3%。

表4.23　　2015—2021年主要省(市)对黑山出口额占比　　单位:%

年份	浙江省	北京市	江苏省	广东省	上海市	山东省
2015	17.5	15.7	10.6	7.5	5.9	4.9
2016	29.0	4.1	20.9	15.0	2.9	9.7
2017	20.2	13.1	27.1	11.6	2.5	9.3
2018	15.2	11.2	28.4	8.8	3.1	7.9
2019	22.4	8.8	15.0	16.9	2.6	9.8
2020	20.2	5.8	12.5	20.1	5.9	12.8
2021	17.5	9.8	7.5	16.7	7.2	20.3

数据来源:中国海关。

第三节
浙江省与黑山的贸易依存度

对外贸易依存度反映一国对国际市场的依赖程度，是衡量一国对外开放程度的重要指标。本节主要涉及国家外贸依存度与地区外贸依存度、出口贸易依存度与进口贸易依存度的分析。本节中对外贸易依存度的算法是：一国（地区）的进出口总额占该国（地区）国内生产总值的比重，其中，进口依存度为进口总额占GDP的比重，出口依存度为出口总额占GDP的比重。为解析浙江省与黑山之间的贸易合作水平，本节计算了中国与黑山的双向贸易依存度，以及浙江省与黑山的地区贸易依存度。

一、中国对黑山的外贸依存度

本部分采用国研网"国际贸易研究及决策支持系统"中所统计的中国与黑山在2007—2021年中的进出口贸易数据（其中2008年的数据缺失），以及国家统计局所统计的国内（地区）生产总值（GDP）数据，计算了中国对黑山的贸易依存度。

表4.24列出了2007—2021年中国对黑山的贸易依存度变动情况，2007年，中国对黑山的贸易依存度为0.00153%，至2012年到达一个峰值，为0.00204%；2013年，中国对黑山的贸易依存度急剧下降，为0.001112%；2014年，中国对黑山的贸易依存度又反弹至2012年的水平；2019年贸易依存度为0.00109%，到了2021年，中国对黑山的贸易依存度下降至0.0005%，为近15年来最低点。总体来看，由于黑山与中国的发展体量差距悬殊，中国对黑山的贸易依存度较低。图4.4显示了中国对黑山的贸易依存度波动情况。

表4.24　　　　　2007—2021年中国对黑山的贸易依存度

单位：万美元，亿元，%

年份	中国—黑山进出口额总额	中国GDP	中国对黑山的贸易依存度
2007	4 950.9	246 619	0.00153
2008	—	—	—
2009	7 767.3	335 353	0.00158

续表

年份	中国—黑山进出口额总额	中国 GDP	中国对黑山的贸易依存度
2010	7 414.7	397 983	0.00126
2011	10 202.5	471 564	0.00140
2012	16 775.7	519 322	0.00204
2013	10 262.2	568 845	0.00112
2014	21 122.9	636 463	0.00204
2015	15 855.2	676 708	0.00146
2016	14 199.3	744 127	0.00127
2017	19 885.7	827 122	0.00162
2018	21 983.3	900 309	0.00162
2019	15 712.5	990 865	0.00109
2020	17 054.2	1 015 986	0.00116
2021	8 923.0	1 143 670	0.00050

数据来源：根据国研网、中国国家统计局数据计算（2008年数据缺失）。

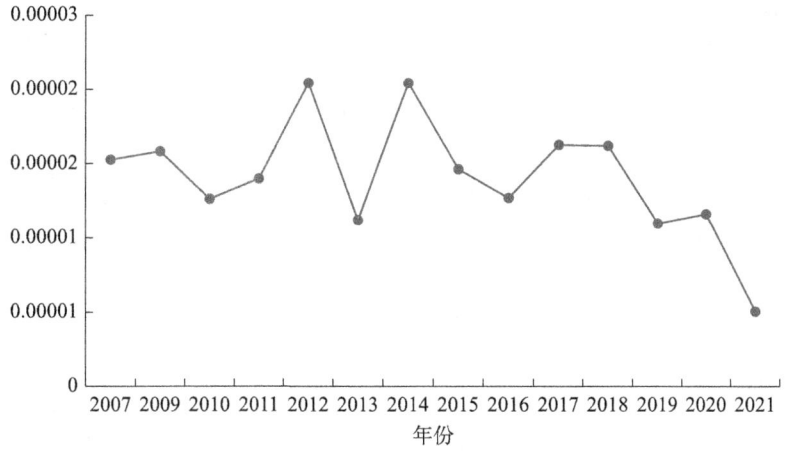

图 4.4　2007—2021 年中国对黑山的贸易依存度对比分析图（%）

数据来源：根据国研网、中国国家统计局数据计算（2008年数据缺失）。

二、黑山对中国的外贸依存度

本部分采用世界银行所统计的黑山国内生产总值（GDP）数据、国研网"国际贸易研究及决策支持系统"中所统计的中国与黑山在2007—2021年中的进出口贸易数据（其中2008年的数据缺失），近似计算了2012—2021年黑山对中国的贸易依存度。

(一) 黑山对中国的贸易依存度

中国是黑山的第二大贸易伙伴,黑山对中国的贸易依存度大于中国对黑山的贸易依存度,表 4.25 显示了历年黑山对中国的贸易依存度基本情况,在 2012 年以前,黑山对中国的贸易依存度处于 1.35%—2.3%,2011 年升至 2.25%。2012 年以后,黑山对中国贸易依存度大幅上升,在 2014 年达到高峰,为 4.6%,之后几年在 2.84%—4.09% 波动,2021 年,黑山对中国的贸易依存度急剧下降,从 2020 年的 3.58% 下降至 2021 年的 1.52%,出现了近 14 年来最大下降幅度。

表 4.25   2007—2021 年黑山对中国的贸易依存度

单位:亿美元,万美元,%

年份	黑山 GDP	黑山—中国进出口额	黑山对中国的贸易依存度
2007	36.81	4 950.9	1.35
2008	—	—	—
2009	41.60	7 767.3	1.87
2010	41.43	7 414.7	1.79
2011	45.44	10 202.5	2.25
2012	40.88	16 775.7	4.10
2013	44.66	10 262.1	2.30
2014	45.94	21 122.9	4.60
2015	40.55	15 855.2	3.91
2016	43.77	14 199.3	3.24
2017	48.57	19 885.7	4.09
2018	55.07	21 983.3	3.99
2019	55.42	15 712.5	2.84
2020	47.70	17 054.2	3.58
2021	58.61	8 923.0	1.52

数据来源:根据世界银行、国研网数据计算(2008 年数据缺失)。

图 4.5 显示了黑山对中国贸易依存度波动情况,2009—2011 年,黑山对中国的贸易依存度处于攀升的阶段,在 2012—2021 年,波动较大,最高点是 2014 年,在 2013 年、2016 年、2021 年出现阶段性波谷。

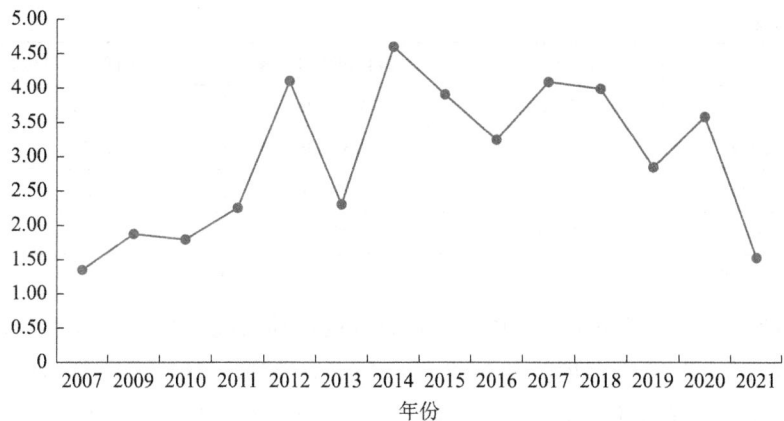

图 4.5 2007—2021 年来黑山对中国的贸易依存度波动情况（%）

数据来源：根据国研网、世界银行数据计算（2008 年数据缺失）。

（二）黑山对中国的出口依存度

表 4.26 显示了历年黑山对中国的出口依存度基本情况。2007 年，黑山对中国的出口依存度为 0.03%；之后小幅波动上升至 2011 年的 0.27%。2012 年黑山对中国的出口依存度继续升至 0.54%，2013 年下降至 0.36%，2014 年升至 1.18%，为 14 年来首次突破 1%；黑山对中国出口依存度最大值出现在 2017 年，为 1.37%；至 2021 年，黑山对中国的出口依存度大幅下降至 0.17%。

表 4.26　　　　　　　2007—2021 年黑山对中国的出口依存度

单位：亿美元，万美元，%

年份	黑山 GDP	中国自黑山进口额	黑山对中国的出口依存度
2007	36.81	110.6	0.03
2008	—	—	—
2009	41.60	74.5	0.02
2010	41.43	306.4	0.07
2011	45.44	1 205.6	0.27
2012	40.88	2 201.5	0.54
2013	44.66	1 628.4	0.36
2014	45.94	5 421.2	1.18
2015	40.55	2 441.3	0.60
2016	43.77	3 274.8	0.75
2017	48.57	6 640.1	1.37

续表

年份	黑山 GDP	中国自黑山进口额	黑山对中国的出口依存度
2018	55.07	4 173.6	0.76
2019	55.42	4 330.9	0.78
2020	47.70	5 738.4	1.20
2021	58.61	1 024.3	0.17

数据来源：根据国研网、世界银行数据计算（2008年数据缺失）。

图4.6显示了黑山对中国出口依存度的波动情况，2007—2011年，黑山对中国的出口依存度处于攀升的阶段，在2012—2021年，波动较大，在2014年、2017年、2020年出现阶段性峰值，新冠疫情后，黑山对中国的出口依存度降幅较大。

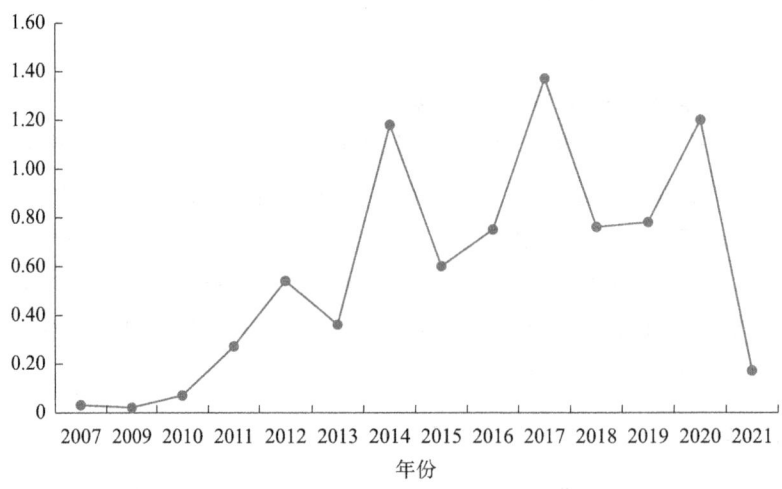

图4.6　2007—2021年黑山对中国的出口依存度波动情况（%）

数据来源：根据国研网、世界银行数据计算（2008年数据缺失）。

（三）黑山对中国的进口依存度

黑山对中国的进口依存度要大于黑山对中国的出口依存度，表4.27显示了历年黑山对中国的进口依存度基本情况。2012年以前，黑山对中国的进口依存度不足2%，但连续数年实现增长。2012年，黑山对中国的进口依存度为3.57%，是历史最高水平；在2018年出现历史第二高位，达到3.23%，2019年以后有所下降，2021年，黑山对中国的进口依存度降至低位，为1.35%。

表 4.27　　　　2007—2021 年黑山对中国的进口依存度

单位：亿美元，万美元，%

年份	黑山 GDP	黑山自中国进口额	黑山对中国的进口依存度
2007	36.81	4 840.3	1.31
2008	—	—	—
2009	41.60	7 692.8	1.85
2010	41.43	7 108.3	1.72
2011	45.44	8 996.9	1.98
2012	40.88	14 574.3	3.57
2013	44.66	8 633.7	1.93
2014	45.94	15 701.7	3.42
2015	40.55	13 413.9	3.31
2016	43.77	10 924.6	2.5
2017	48.57	13 245.6	2.73
2018	55.07	17 809.7	3.23
2019	55.42	11 381.6	2.05
2020	47.70	11 315.8	2.37
2021	58.61	7 898.7	1.35

数据来源：根据国研网、世界银行数据计算（2008 年数据缺失）。

图 4.7 显示了黑山对中国进口依存度的波动情况，2007—2011 年，黑山对中国的进口依存度处于攀升的阶段，在 2012—2021 年，波动较大，在 2014 年、2015 年、2018 年出现阶段性峰值，新冠疫情后，黑山对中国的进口依存度降幅较大，2021 年处于谷底，预计未来将出现大幅反弹。

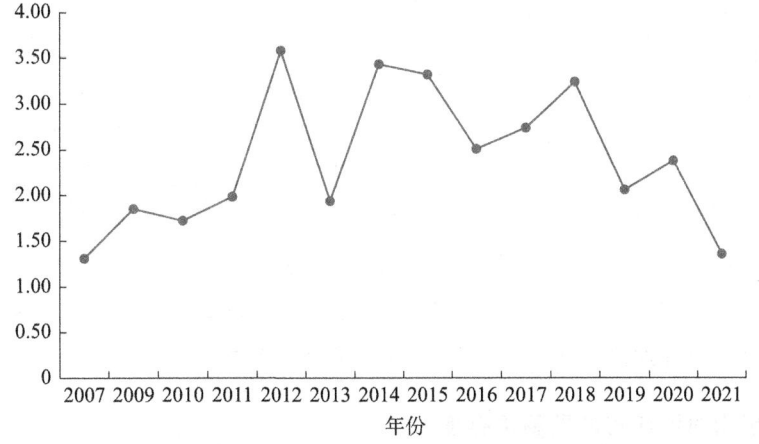

图 4.7　2007—2021 年黑山对中国的进口依存度波动情况（%）

数据来源：国研网、世界银行（2008 年数据缺失）。

三、浙江省对黑山的地区贸易依存度

本部分采用国研网"国际贸易研究及决策支持系统"中所统计的浙江省与黑山在2007—2021年中的进出口贸易数据（其中2008年的数据缺失），以及浙江省统计局所统计的国内（地区）生产总值（GDP）数据，近似计算浙江省对黑山的地区贸易依存度。

表4.28显示了2007—2021年浙江省对黑山的贸易依存度基本情况，2007年，浙江省对黑山的贸易依存度为0.0076%，在2009年升至近15年来最大值，达到近0.00867%。2012年，浙江省对黑山的贸易依存度为0.005 84%，之后逐年下降，2021年为0.001 28%，为近15年来最低。

表4.28　　　　2007—2021年浙江省对黑山的贸易依存度

单位：万美元，亿元，%

年份	浙江省—黑山进出口总额	浙江省GDP	浙江省—黑山的贸易依存度
2007	1 863.9	18 639.95	0.00760
2008	—	—	—
2009	2 897.8	22 833.74	0.00867
2010	2 596.1	27 399.85	0.00641
2011	2 956.1	31 854.80	0.00599
2012	3 181.5	34 382.39	0.00584
2013	3 450.5	37 334.64	0.00572
2014	3 533.6	40 023.48	0.00542
2015	3 353.1	43 507.72	0.00480
2016	3 150.1	47 254.04	0.00443
2017	2 797.1	52 403.13	0.00360
2018	2 861.9	58 002.84	0.00327
2019	2 632.8	62 462.00	0.00291
2020	2 351.4	64 689.06	0.00251
2021	1 456.1	73 515.76	0.00128

数据来源：根据国研网、浙江省统计局数据及历年平均汇率计算（2008年数据缺失）。

图4.8显示了2007—2021年浙江省对黑山外贸依存度的波动情况，2009年，浙江省对黑山的外贸依存度处于历史高位，之后逐年下降，大部分年份下降速度较为平缓，2021年下降幅度较大。

四、黑山对浙江省的贸易依存度

本部分主要采用国研网"国际贸易研究及决策支持系统"中所统计的

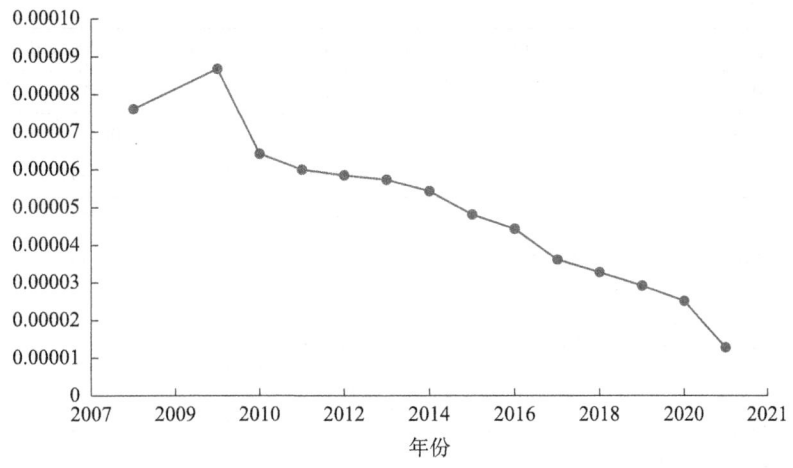

图 4.8 2007—2021 年浙江省对黑山的贸易依存度波动情况（%）

数据来源：根据国研网、浙江省统计局数据计算（2008 年数据缺失）。

中国及浙江省与黑山在 2007—2021 年中的进出口贸易数据（其中 2008 年的数据缺失），以及世界银行所统计的黑山国内生产总值（GDP）数据，近似计算了黑山对浙江省的地区贸易依存度。

（一）黑山对浙江省的地区贸易依存度

黑山对浙江省的贸易依存度大于浙江省对黑山的贸易依存度，表 4.29 显示了历年黑山对浙江省的贸易依存度基本情况，在 2012 年以前，黑山对中国的贸易依存度处于 0.5%—0.7%，2011 年为 0.651%。2012 年以后，黑山对中国的贸易依存度大幅上升，在 2015 年达到高峰，为 0.827%，之后有所下降，2021 年，黑山对浙江省的贸易依存度急剧下降，从 2020 年的 0.493% 下降至 0.248%，是 2012 年以来的最低水平。

表 4.29　　　　2007—2021 年黑山对浙江省的贸易依存度

单位：亿美元，万美元，%

年份	黑山 GDP	浙江—黑山外贸额	黑山对浙江的贸易依存度
2007	36.81	1 863.9	0.516
2008	—	—	—
2009	41.60	2 897.8	0.697
2010	41.43	2 596.1	0.627
2011	45.44	2 956.1	0.651

续表

年份	黑山 GDP	浙江—黑山外贸额	黑山对浙江的贸易依存度
2012	40.88	3 181.5	0.778
2013	44.66	3 450.5	0.773
2014	45.94	3 533.6	0.769
2015	40.55	3 353.1	0.827
2016	43.77	3 150.1	0.720
2017	48.57	2 797.1	0.576
2018	55.07	2 861.9	0.520
2019	55.42	2 632.8	0.475
2020	47.70	2 351.4	0.493
2021	58.61	1 456.1	0.248

数据来源：根据国研网、世界银行数据及历年平均汇率计算（2008年数据缺失）。

图4.9显示了黑山对浙江省贸易依存度的波动情况，2012年以后，黑山对浙江省贸易依存度先升后降，2015年达到顶峰之后，逐年下降，在2020年出现一个小反弹，但2021年又急剧下降，预计新冠疫情后将出现反弹。

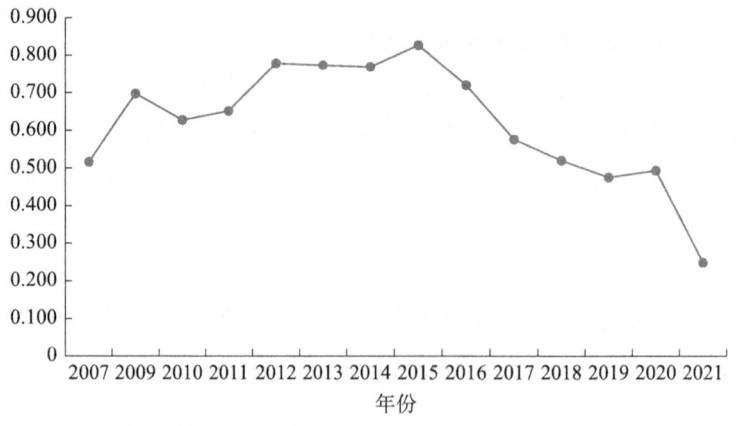

图4.9 2007—2021年黑山对浙江省贸易依存度波动情况（%）

数据来源：根据国研网、世界银行数据计算（2008年数据缺失）。

（二）黑山对浙江省的出口依存度

表4.30显示了历年黑山对浙江省的出口依存度。2012年以前，黑

山对浙江省的出口依存度较低，最高出现在 2011 年，为 0.0192‰。2012 年黑山对浙江省的出口依存度为 0.0692‰，2013—2018 年，黑山对浙江省的出口依存度逐年上升，2018 年达到最高点，为 0.2719‰，之后，黑山对浙江省的出口依存度开始下降；但 2020 年新冠疫情后，黑山对浙江省的出口依存度下降幅度较小，2021 年还出现一定幅度的回升，为 0.1958‰。

表 4.30　　　　2007—2021 年黑山对浙江省的出口依存度

单位：亿美元，万美元，‰

年份	黑山 GDP	浙江自黑山进口额	黑山对浙江的出口依存度
2007	36.81	3.25	0.0088
2008	—	—	—
2009	41.60	0.50	0.0012
2010	41.43	0.00	0
2011	45.44	8.72	0.0192
2012	40.88	28.28	0.0692
2013	44.66	19.05	0.0472
2014	45.94	21.80	0.0475
2015	40.55	57.26	0.1412
2016	43.77	69.47	0.1587
2017	48.57	128.39	0.2643
2018	55.07	149.76	0.2719
2019	55.42	83.68	0.1510
2020	47.70	69.79	0.1463
2021	58.61	114.78	0.1958

数据来源：根据国研网、世界银行数据计算（2008 年数据缺失）。

图 4.10 显示了黑山对浙江省出口依存度的波动情况，2012 年以前，黑山对浙江省出口依存度总体呈现小幅增长态势，2012 年以后，黑山对浙江省出口依存度攀升明显，期间有几次涨落，在 2017 年和 2018 年达到高位，分别为 0.2643‰ 和 0.2719‰，2019 年和 2020 年有所下降，2021 年又出现了较大提升。

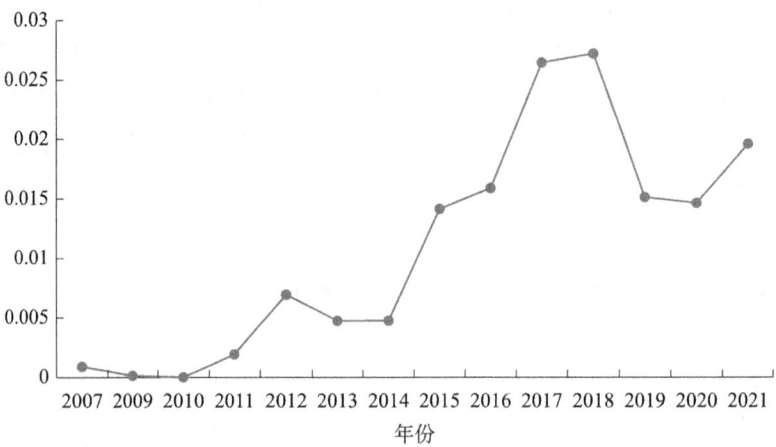

图 4.10　2007—2021 年黑山对浙江省的出口依存度波动情况（%）

数据来源：根据国研网、世界银行数据计算（2008 年数据缺失）。

（三）黑山对浙江省的进口依存度

表 4.31 显示了历年黑山对浙江省的进口依存度。2012 年以前，黑山对浙江省的进口依存度在 0.5%—0.7% 变动，并形成增长势头，2012 年黑山对浙江省的进口依存度为 0.771%，之后波动增长，2015 年，黑山对浙江省的进口依存度达到 0.813%，为该阶段最大值。2015 年之后，黑山对浙江省的外贸依存度开始逐年下降，从 2016 年的 0.704% 下降至 2019 年的 0.46%；2020 年，黑山对浙江省的进口依存度小幅回升，达到 0.478%，2021 年大幅下降至 0.229%。

表 4.31　2007—2021 年黑山对浙江省的进口依存度

单位：亿美元，万美元，%

年份	黑山 GDP	浙江省对黑山出口额	黑山对浙江省的进口依存度
2007	36.81	1 860.7	0.505
2008	—	—	—
2009	41.60	2 897.3	0.696
2010	41.43	2 596.1	0.627
2011	45.44	2 947.4	0.649
2012	40.88	3 153.2	0.771
2013	44.66	3 431.4	0.769
2014	45.94	3 511.8	0.764

续表

年份	黑山 GDP	浙江省对黑山出口额	黑山对浙江省的进口依存度
2015	40.55	3 295.8	0.813
2016	43.77	3 080.6	0.704
2017	48.57	2 668.8	0.549
2018	55.07	2 712.1	0.492
2019	55.42	2 549.1	0.46
2020	47.70	2 281.6	0.478
2021	58.61	1 341.3	0.229

数据来源：根据国研网、世界银行数据计算（2008 年数据缺失）。

图 4.11 显示了黑山对浙江省进口依存度的波动情况，2012 年以前，黑山对浙江省进口依存度总体上保持了增长的势头，2012 年以后，黑山对浙江省进口依存度保持平稳，到了 2015 年达到最高峰，然后逐年下降，在 2020 年出现小幅反弹，但是 2021 年又快速下降，预计新冠疫情后黑山对浙江省进口依存度会有较大提升。

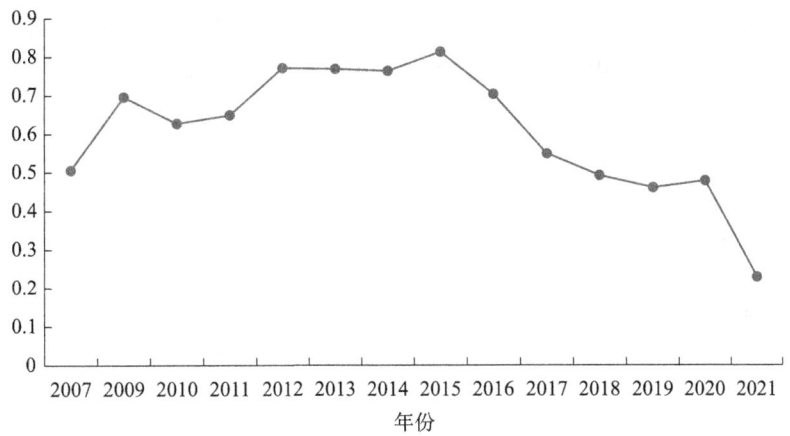

图 4.11　2007—2021 年黑山对浙江省的进口依存度波动情况（%）

数据来源：根据国研网、世界银行数据计算（2008 年数据缺失）。

第五章

浙江省与黑山的贸易商品

与其他省份相比,浙江省对黑山贸易的商品结构呈现自身的特点,浙江省从黑山进口的商品类别不多,以葡萄酒、木制品等为主,对黑山出口的商品则较为丰富,主要是五金、机械以及杂货、餐具等消费品。浙江省需要进一步优化进出口商品结构,内部挖潜,深入推进与黑山的贸易合作。

第一节
浙江省与黑山进出口贸易的商品大类结构

本节主要采用国研网"国际贸易研究及决策支持系统"中所统计的中国与黑山在2007—2021年的进出口贸易数据,以海关二位数编码为基础,讨论浙江省(中国)与黑山的进出口贸易中的商品结构,并分析浙江省的具体情况。

一、中国与黑山的进出口商品结构及其浙江省的地位

(一) 中国从黑山进口的商品

1. 2012年以前,中国从黑山进口的商品结构较为单一,最初以机器、

机械零部件等为主,后期矿砂、矿渣及矿灰等比例增加。表 5.1 显示了中国在 2009 年从黑山进口的主要商品类别,该年中国自黑山进口中,有 78% 是第 26 章商品(矿砂、矿渣及矿灰),进口额为 58.18 万美元,另有 17.8% 是第 22 章商品(饮料、酒及醋),进口额为 13.27 万美元,这两类商品的进口额占当年中国自黑山进口额约 96%,其他少量商品类别的年进口额都低于 1 万美元。

表 5.1　　　　　2009 年中国自黑山进口主要商品　　　　　单位:%,万美元

章	占比	金额	浙江省占比
中国自黑山全部进口	100.00	74.46	0.7
第 26 章　矿砂、矿渣及矿灰	78.13	58.18	0.0
第 22 章　饮料、酒及醋	17.82	13.27	0.0
第 63 章　其他纺织制品;成套物品;旧纺织品	1.18	0.88	0.0
第 62 章　非针织或非钩编的服装及衣着附件	0.83	0.62	81.6
第 40 章　橡胶及其制品	0.79	0.59	0.0
第 73 章　钢铁制品	0.51	0.38	0.0
第 84 章　核反应堆、锅炉、机械器具及零件	0.31	0.23	0.0
第 39 章　塑料及其制品	0.28	0.20	0.0
第 61 章　针织或钩编的服装及衣着附件	0.10	0.07	0.0
第 85 章　电机、电气、音像设备及其零附件	0.06	0.04	0.0

数据来源:国研网。

浙江省在 2009 年从黑山进口商品很少,只占全国的 0.7%,主要进口商品为第 62 章商品(非针织或非钩编的服装及衣着附件),当年全国从黑山进口了约 6 200 美元的该类商品,其中 81.6% 由浙江省进口。

2. 2012 年以后,中国从黑山进口的主要商品类别如表 5.2 所示,当年中国自黑山的进口总额为 2 145.83 万美元,其中 92.1% 为第 26 章商品(矿砂、矿渣及矿灰),该章商品进口额为 1 977.09 万美元。其次是第 22 章商品(饮料、酒及醋),占比为 6.5%,进口额为 138.94 万美元。第 44 章商品(木及木制品;木炭)占比为 1.1%,进口额为 24.45 万美元。其余零星商品,合计占比不足 1%。

表 5.2　　　　　2012 年中国自黑山进口主要商品　　　　　单位:%,万美元

章	占比	金额	浙江省占比
中国自黑山全部进口	100.0	2 145.83	1.3
第 26 章　矿砂、矿渣及矿灰	92.1	1 977.09	0.0

续表

章		占比	金额	浙江省占比
第22章	饮料、酒及醋	6.5	138.94	12.9
第44章	木及木制品；木炭	1.1	24.45	37.8
第39章	塑料及其制品	0.2	3.27	33.6
第84章	核反应堆、锅炉、机器、机械器具及零件	0.1	1.55	0.0
第73章	钢铁制品	0.0	0.48	0.0
第85章	电机、电气设备及其零件；录音机及放声机、电视图像、声音的录制和重放设备及其零件、附件	0.0	0.02	0.0
第49章	书籍、报纸、印刷图画及其他印刷品；手稿、打字稿及设计图纸	0.0	0.01	100

数据来源：国研网。

浙江省在2012年主要进口了第22章、第44章、第39章及少量第49章商品，在全国自黑山进口第22章（饮料、酒及醋）商品的贸易额中，浙江省占比为12.9%，浙江省在全国从黑山进口第44章（木及木制品；木炭）和第39章（塑料及其制品）商品的贸易额中，各占37.8%和33.6%。

表5.3显示了中国在2019年从黑山进口的主要商品。2019年中国自黑山的进口总额为4 331.20万美元，其中占比最大的商品类别是第26章商品（矿砂、矿渣及矿灰），占据了92.3%的进口额，进口额为3 999.20万美元。其次是第22章商品（饮料、酒及醋），占比为3.5%，进口额为151.32万美元。第84章商品（核反应堆、锅炉、机器、机械器具及零件）占比为2.1%，进口额为89.55万美元。其他商品类别的进口占比和金额较小，占比都不足1%。

表5.3　　　　2019年中国自黑山进口主要商品　　　　单位：%，万美元

章		占比	金额	浙江省占比
中国自黑山全部进口		100.0	4 331.20	1.9
第26章	矿砂、矿渣及矿灰	92.3	3 999.20	0.0
第22章	饮料、酒及醋	3.5	151.32	55.3
第84章	核反应堆、锅炉、机器、机械器具及零件	2.1	89.55	0.0
第90章	光学、照相、电影、计量、检验、医疗或外科用仪器及设备、精密仪器及设备；上述物品的零件、附件	0.9	36.97	0.0
第25章	盐；硫磺；泥土及石料；石膏料、石灰及水泥	0.6	27.90	0.0
第44章	木及木制品；木炭	0.3	13.93	0.1

续表

章	占比	金额	浙江省占比
第85章 电机、电气设备及其零件；录音机及放声机、电视图像、声音的录制和重放设备及其零件、附件	0.1	5.04	0.0
第7章 食用蔬菜、根及块茎	0.1	2.41	0.0
第39章 塑料及其制品	0.1	2.29	0.0
第98章 特殊交易品及未分类商品	0.0	1.00	0.2

数据来源：国研网。

浙江省在2019年主要进口了第22章及少量第44章和第98章商品，在全国自黑山进口第22章（饮料、酒及醋）商品的贸易额中，浙江省占比为55.3%。

表5.4显示了中国在2020年从黑山进口的主要商品。2020年中国自黑山的进口额为5 738.41万美元，其中第26章商品（矿砂、矿渣及矿灰）占比为94.8%，进口额达5 440.66万美元；其次是第22章商品（饮料、酒及醋），占比为2.3%，进口额为131.32万美元；第90章（光学、照相、电影、计量、检验、医疗或外科用仪器及设备、精密仪器及设备）以及第84章（核反应堆、锅炉、机器、机械器具及零件）商品也有少量进口，分别占比为1.1%和0.8%，其他商品类别的进口金额和占比较小，占比都不足0.5%。

表5.4　2020年中国自黑山进口主要商品　　单位：%，万美元

章	占比	金额	浙江省占比
中国自黑山全部进口	100.0	5 738.41	1.22
第26章 矿砂、矿渣及矿灰	94.8	5 440.66	0.0
第22章 饮料、酒及醋	2.3	131.32	48.7
第90章 光学、照相、电影、计量、检验、医疗或外科用仪器及设备、精密仪器及设备；上述物品的零件、附件	1.1	64.69	0.0
第84章 核反应堆、锅炉、机器、机械器具及零件	0.8	49.71	0.0
第25章 盐；硫磺；泥土及石料；石膏料、石灰及水泥	0.4	22.66	0.0
第44章 木及木制品；木炭	0.3	14.85	39.4
第24章 烟草、烟草及烟草代用品的制品	0.1	6.88	0.0
第85章 电机、电气设备及其零件；录音机及放声机、电视图像、声音的录制和重放设备及其零件、附件	0.0	2.41	0.0
第33章 精油及香膏；芳香料制品及化妆盥洗品	0.0	2.26	0.0
第39章 塑料及其制品	0.0	1.47	0.0

数据来源：国研网。

2020年，中国自黑山的进口总额比上年增长较多，主要是第26章（矿砂、矿渣及矿灰）的进口量增长较大，受新冠疫情影响，消费品和工业制品进口有所下降。

浙江省在2020年主要进口了第22章及少量第44章商品，在全国自黑山进口第22章（饮料、酒及醋）商品的贸易额中，浙江省占比为48.7%。

表5.5显示了中国在2021年从黑山进口的主要商品。2021年中国自黑山的进口总额为1 024.34万美元。其中，第26章商品（矿砂、矿渣及矿灰）是占比最大的品类，占据61.6%的进口额，进口额达到631.43万美元；其次是第22章商品（饮料、酒及醋），占比为12.3%，进口额为125.73万美元；第90章商品（光学、照相、电影、计量、检验、医疗或外科用仪器及设备、精密仪器及设备）、第44章商品（木及木制品；木炭）及第84章（核反应堆、锅炉、机器、机械器具及零件）分别占比为9.9%、7.1%和5.4%；其余商品分项占比都不足5%。

表5.5　　2021年中国自黑山进口主要商品　　单位:%，万美元

章	占比	金额	浙江占比
中国自黑山全部进口	100.0	1 024.34	11.2
第26章　矿砂、矿渣及矿灰	61.6	631.43	0.0
第22章　饮料、酒及醋	12.3	125.73	58.2
第90章　光学、照相、电影、计量、检验、医疗或外科用仪器及设备、精密仪器及设备；上述物品的零件、附件	9.9	101.58	0.0
第44章　木及木制品；木炭	7.1	73.09	56.5
第84章　核反应堆、锅炉、机器、机械器具及零件	5.4	55.47	0.0
第25章　盐；硫磺；泥土及石料；石膏料、石灰及水泥	2.2	22.41	0.0
第85章　电机、电气设备及其零件；录音机及放声机、电视图像、声音的录制和重放设备及其零件、附件	1.0	9.78	0.0
第39章　塑料及其制品	0.2	2.52	0.0
第62章　非针织或非钩编的服装及衣着附件	0.1	0.82	0.0
第98章　特殊交易品及未分类商品	0.1	0.74	0.8

数据来源：国研网。

浙江省在2021年主要进口了第22章、第44章及少量第98章商品，在全国自黑山进口第22章（饮料、酒及醋）和第44章（木及木制品、木

炭）商品的贸易额中，浙江省各占 58.2% 和 56.5%。

综合分析，2021 年中国自黑山进口主要商品的特点是矿砂、矿渣及矿灰仍然占据了较大比例，因该章商品进口下降，中国自黑山的进口总额相比于 2019 年和 2020 年出现了较大幅度的下降。

（二）中国向黑山出口的商品

1. 2009 年中国向黑山出口的商品类别如表 5.6 所示，2009 年中国对黑山的出口总额为 7 692.83 万美元。在各个品类中，第 85 章商品（电机、电气、音像设备及其零附件）是出口额最大的品类，在出口总额中占比为 18.5%；其次是第 39 章商品（塑料及其制品；橡胶及其制品），占比为 12.5%。第 84 章商品（核反应堆、锅炉、机械器具及零件）、第 64 章商品（鞋靴、护腿和类似品及其零件）、第 94 章商品（家具；寝具等；灯具；活动房）也有一定出口份额，占比分别为 9.0%、5.8%、5.7%；其余商品分项占比都不足 5%。

表 5.6　　　　2009 年中国对黑山出口主要商品　　　　单位：%，万美元

章		占比	金额	浙江省占比
中国对黑山全部出口		100.0	7 692.83	37.7
第 85 章	电机、电气、音像设备及其零附件	18.5	1 422.04	16.6
第 39 章	塑料及其制品；橡胶及其制品	12.5	959.31	24.3
第 84 章	核反应堆、锅炉、机械器具及零件	9.0	695.49	57.9
第 64 章	鞋靴、护腿和类似品及其零件	5.8	447.84	51.2
第 94 章	家具；寝具等；灯具；活动房	5.7	436.27	44.5
第 73 章	钢铁制品	3.7	286.41	62.2
第 63 章	其他纺织制品；成套物品；旧纺织品	3.6	276.34	25.0
第 68 章	矿物材料的制品	3.3	256.99	0.0
第 70 章	玻璃及其制品	2.7	210.98	46.3
第 61 章	针织或钩编的服装及衣着附件	2.7	209.10	87.5

数据来源：国研网。

在中国向黑山出口最多的两项商品，即第 85 章商品（电机、电气、音像设备及其零附件）及第 39 章商品（塑料及其制品；橡胶及其制品）项目下，浙江省出口占比分别为 16.6% 和 24.3%。在第 73 章商品（钢铁制品）和第 70 章商品（玻璃及其制品）品类中，浙江省在全国的出口占

比分别为 62.2% 和 46.3%。此外，在第 61 章商品（针织或钩编的服装及衣着附件）中，浙江省在全国的出口份额高达 87.5%。

综合分析，2009 年中国对黑山出口主要集中于电机、塑料橡胶制品等行业，浙江省在中国对黑山出口的主要商品中占比较大。

2. 2019 年中国向黑山出口的商品如表 5.7 所示，该年中国对黑山的出口总额为 11 322.70 万美元。在各个品类中，第 39 章商品（塑料及其制品）和第 85 章商品（电机、电气设备及其零件；录音机及放声机、电视图像、声音的录制和重放设备及其零件、附件）占据了较大的出口份额，分别占比为 20.5% 和 20.4%；其次是第 72 章商品（钢铁）及第 84 章商品（核反应堆、锅炉、机器、机械器具及零件），占比分别为 5.7% 和 5.6%；其余商品分项占比都不足 5%。

表 5.7　　2019 年中国对黑山出口的商品　　单位：%，万美元

章	占比	金额	浙江省占比
中国对黑山全部出口	100.0	11 381.64	22.4
第 39 章　塑料及其制品	20.4	2 318.69	19.2
第 85 章　电机、电气设备及其零件；录音机及放声机、电视图像、声音的录制和重放设备及其零件、附件	20.3	2 305.11	7.3
第 72 章　钢铁	5.7	648.53	0.6
第 84 章　核反应堆、锅炉、机器、机械器具及零件	5.5	630.52	27.4
第 73 章　钢铁制品	4.6	525.20	36.1
第 94 章　家具；寝具、褥垫、弹簧床垫、软坐垫及类似的填充制品；未列名灯具及照明装置；发光标志、发光铭牌及类似品；活动房屋	3.8	435.01	38.9
第 95 章　玩具、游戏品、运动用品及其零件、附件	3.2	367.02	50.7
第 29 章　有机化学品	3.1	355.95	24.0
第 69 章　陶瓷产品	3.1	353.52	42.7
第 40 章　橡胶及其制品	2.9	328.42	2.4

数据来源：国研网。

2019 年，中国向黑山出口的最多的是第 39 章商品（塑料及其制品；橡胶及其制品）及第 85 章商品（电机、电气设备及其零件；录音机及放声机、电视图像、声音的录制和重放设备及其零件、附件），但浙江省的这项商品向黑山出口的并不多，在全国分别只占 0.8% 和 4.2%，这是浙江省当年在全国出口总额的占比下降的主要原因。浙江省在某些品类的出

口中占据较大比例，如在第 94 章商品（家具；寝具、褥垫、弹簧床垫、软坐垫及类似的填充制品；未列名灯具及照明装置；发光标志、发光铭牌及类似品；活动房屋）和第 95 章商品（玩具、游戏品、运动用品及其零件、附件）项目下，浙江省的出口份额分别高达 67.7% 和 56.3%。

与 2012 年相比，2019 年中国对黑山的出口金额有了较大增长，从 4 331.20 万美元增加到 11 322.70 万美元。在品类上，塑料及其制品、电机、电气设备及其零件等品类的出口份额均有所上升。而钢铁、核反应堆、锅炉、机器、机械器具及零件等品类的出口份额有所下降。

综合分析，2019 年中国对黑山出口的主要商品集中在塑料制品、电机设备、钢铁、五金等领域。同时，浙江省在五金、家具、玩具等特定品类的出口份额明显增加。

表 5.8 显示了中国在 2020 年向黑山出口的主要商品。2020 年中国对黑山的出口总额为 10 715.97 万美元。在各个品类中，第 39 章商品（塑料及其制品）和第 85 章商品（电机、电气设备及其零件；录音机及放声机、电视图像、声音的录制和重放设备及其零件、附件）占据了较大的出口份额，分别占比为 16.6% 和 13.4%。其次是第 84 章商品（核反应堆、锅炉、机器、机械器具及零件）、第 87 章商品（车辆及其零件、附件）及第 72 章商品（钢铁），占比分别为 8.5%、8.1% 和 7.6%；其余商品分项占比都不足 5%。

表 5.8　　　　　2020 年中国对黑山出口的商品　　　　　单位：%，万美元

章	占比	金额	浙江省占比
中国对黑山全部出口	100.0	11 315.82	20.2
第 39 章　塑料及其制品	15.7	1 781.22	12.1
第 85 章　电机、电气设备及其零件；录音机及放声机、电视图像、声音的录制和重放设备及其零件、附件	12.7	1 440.87	12.6
第 84 章　核反应堆、锅炉、机器、机械器具及零件	8.0	910.34	22.7
第 87 章　车辆及其零件、附件，但铁道及电车道车辆除外	7.7	869.93	4.4
第 72 章　钢铁	7.2	815.30	2.9
第 94 章　家具；寝具、褥垫、弹簧床垫、软坐垫及类似的填充制品；未列名灯具及照明装置；发光标志、发光铭牌及类似品；活动房屋	5.3	563.99	27.8

续表

章	占比	金额	浙江省占比
第95章 玩具、游戏品、运动用品及其零件、附件	3.4	362.98	39.0
第40章 橡胶及其制品	3.2	342.73	2.6
第69章 陶瓷产品	3.1	333.08	36.6
第90章 光学、照相、电影、计量、检验、医疗或外科用仪器及设备、精密仪器及设备;上述物品的零件、附件	2.9	311.57	9.0

数据来源:国研网。

在中国向黑山出口的最大份额的两项商品,即第39章商品(塑料及其制品;橡胶及其制品)及第85章商品(电机、电气设备及其零件;录音机及放声机、电视图像、声音的录制和重放设备及其零件、附件)项目下,浙江省占比仅为1.8%和4.2%。浙江省在某些品类的出口中依然占据较大比例。在第94章商品(家具;寝具、褥垫、弹簧床垫、软坐垫及类似的填充制品;未列名灯具及照明装置;发光标志、发光铭牌及类似品;活动房屋)和第95章商品(玩具、游戏品、运动用品及其零件、附件)项下,浙江省的出口份额分别高达67.7%和56.3%。

与2019年相比,2020年中国对黑山的出口金额略有减少,从11 322.70万美元下降至10 715.97万美元。在品类上,塑料制品、电机及零件等品类的出口份额有所减少,而机械五金、车辆及零件等品类的出口份额有所增加。

综合分析,2020年中国对黑山出口的主要商品依然以塑料制品、电机设备、机械五金等领域为主。浙江省在家具、玩具等特定品类的出口份额仍然较高。

表5.9显示了中国在2021年向黑山出口的主要商品。2021年中国对黑山的出口总额为7 898.65万美元。在各个品类中,第72章商品(钢铁)和第39章商品(塑料及其制品)占据了较大的出口份额,占比分别为11.58%和10.90%。其次是第30章商品(药品)和第85章商品(电机、电气设备及其零件)等,占比分别为9.52%和9.47%。

表 5.9　　　　　2021 年中国对黑山出口的商品　　　　　单位：%，万美元

章	占比	金额	浙江省占比
中国对黑山全部出口	100.00	7 898.65	17.0
第 72 章　钢铁	11.58	914.83	4.4
第 39 章　塑料及其制品	10.90	860.97	6.2
第 30 章　药品	9.52	751.69	0.2
第 85 章　电机、电气设备及其零件；录音机及放声机、电视图像、声音的录制和重放设备及其零件、附件	9.47	747.84	16.2
第 84 章　核反应堆、锅炉、机器、机械器具及零件	8.59	678.14	15.4
第 73 章　钢铁制品	7.86	620.97	16.6
第 95 章　玩具、游戏品、运动用品及其零件、附件	5.22	412.47	48.1
第 87 章　车辆及其零件、附件，但铁道及电车道车辆除外	4.76	376.11	8.9
第 38 章　杂项化学产品	2.68	211.29	15.3
第 94 章　家具；寝具、褥垫、弹簧床垫、软坐垫及类似的填充制品；未列名灯具及照明装置；发光标志、发光铭牌及类似品；活动房屋	2.38	187.78	40.6

数据来源：国研网。

在中国向黑山出口的最大份额的两项商品，即第 72 章商品（钢铁）和第 39 章商品（塑料及其制品）项目下，浙江省占比为 29.1% 和 4.2%。浙江省在某些品类的出口中依然占据较大比例。在第 73 章商品（钢铁制品）和第 95 章商品（玩具、游戏品、运动用品及其零件、附件）项下，浙江省的出口份额分别为 67.7% 和 56.3%。

与 2020 年相比，2021 年中国对黑山的出口金额下降幅度较大，钢铁、塑料及其制品、药品等品类的出口份额有所增加，而电机、电气设备及其零件等品类的出口份额略有减少。

综合分析，2021 年中国对黑山出口的主要商品依然以钢铁、塑料制品和药品等类别为主。浙江省在钢铁制品和玩具等特定品类的出口份额仍然较高。

（三）中国与黑山进出口商品的主要类别

表 5.10 显示了中国与黑山双边贸易的主要商品类别结构。中国从黑山进口的主要商品是第四类（食品；饮料、酒及醋；烟草、烟草及烟草代用品的制品）、第五类（矿产品）等；中国向黑山出口的主要商品是第七

类（塑料及其制品；橡胶及其制品）、第十六类（机器、机械器具、电气设备及其零件；录音机及放声机、电视图像、声音的录制和重放设备及其零件、附件）和第十五类（贱金属及其制品）等。

表 5.10 中国与黑山主要贸易商品类别结构

代码	HS 编码全部大类商品	中国向黑山进口主要商品（章）	中国向黑山出口主要商品（章）
T01	第一类 活动物；动物产品	—	—
T02	第二类 植物产品	—	—
T03	第三类 动、植物油、脂及其分解产品；精制的食用油脂；动、植物蜡	—	—
T04	第四类 食品；饮料、酒及醋；烟草、烟草及烟草代用品的制品	第22章 饮料、酒及醋	
T05	第五类 矿产品	第25章 盐；硫磺；泥土及石料；石膏料、石灰及水泥 第26章 矿砂、矿渣及矿灰	—
T06	第六类 化学工业及其相关工业的产品	第30章 药品	第30章 药品 第38章 杂项化学产品
T07	第七类 塑料及其制品；橡胶及其制品	—	第39章 塑料及其制品 第40章 橡胶及其制品
T08	第八类 生皮、皮革、毛皮及其制品；鞍具及挽具；旅行用品、手提包及类似容器；动物肠线（蚕胶丝除外）制品	—	—
T09	第九类 木及木制品；木炭；软木及软木制品；稻草、秸秆、针茅或其他编结材料制品；篮筐及柳条编结品	第44章 木及木制品；木炭	
T10	第十类 木浆及其他纤维状纤维素浆；回收（废碎）纸或纸板；纸、纸板及其制品	—	—
T11	第十一类 纺织原料及纺织制品	—	
T12	第十二类 鞋、帽、伞、杖、鞭及其零件；已加工的羽毛及其制品；人造花；人发制品		
T13	第十三类 石料、石膏、水泥、石棉、云母及类似材料的制品；陶瓷产品；玻璃及其制品		第68章 矿物材料的制品 第70章 玻璃及其制品

续表

代码	HS 编码全部大类商品	中国向黑山进口主要商品（章）	中国向黑山出口主要商品（章）
T14	第十四类 天然或养殖珍珠、宝石或半宝石、贵金属、包贵金属及其制品；仿首饰；硬币	—	—
T15	第十五类 贱金属及其制品	—	第72章 钢铁 第73章 钢铁制品
T16	第十六类 机器、机械器具、电气设备及其零件；录音机及放声机、电视图像、声音的录制和重放设备及其零件、附件	第85章 电机、电气、音像设备及其零附件	第84章 核反应堆、锅炉、机械器具及零件 第85章 电机、电气、音像设备及其零附件
T17	第十七类 车辆、航空器、船舶及有关运输设备	—	第87章 车辆及其零件、附件，但铁道及电车道车辆除外
T18	第十八类 光学、照相、电影、计量、检验、医疗或外科用仪器及设备、精密仪器及设备；钟表；乐器；上述物品的零件、附件	第90章 光学、照相、电影、计量、检验、医疗或外科用仪器及设备、精密仪器及设备；上述物品的零件、附件	—
T19	第十九类 武器、弹药及其零件、附件	—	—
T20	第二十类 杂项制品	—	第94章 家具；寝具等；灯具；活动房 第95章 玩具、游戏品、运动用品及其零件、附件
T21	第二十一类 艺术品、收藏品及古物	—	—
T22	第二十二类 特殊交易品及未分类商品	—	—

资料来源：根据中国海关、中国国家统计局数据整理。

二、浙江省与黑山进出口贸易的商品结构

（一）浙江省从黑山进口的商品

1. 2012 年以前，浙江省从黑山进口的商品量较少。表 5.11 数据显示，在 2007 年，浙江省自黑山的进口额为 32 545 美元。进口商品主要集中在第 61 章商品（针织或钩编的服装及衣着附件），占浙江省自黑山进口

总额的 99.74%。除此之外，其他进口商品甚少，只有少量的第 96 章商品（杂项制品），占 0.14%；少量的第 73 章商品（钢铁制品），占 0.11%；以及少量的第 49 章商品（印刷品、手稿、打字稿及设计图纸），占 0.01%。

表 5.11　　　　2007 年浙江省自黑山进口主要商品　　　单位：美元，%

进口商品类别（名称代码）		进口额	占比
第 61 章	针织或钩编的服装及衣着附件	32 462	99.74
第 96 章	杂项制品	45	0.14
第 73 章	钢铁制品	36	0.11
第 49 章	印刷品；手稿、打字稿及设计图纸	2	0.01

数据来源：国研网。

表 5.12 数据显示，2009 年浙江省自黑山的进口额为 5 038 美元。当年浙江省只进口了第 62 章商品（非针织或非钩编的服装及衣着附件）这一类商品。

表 5.12　　　　2009 年浙江省从黑山进口的商品　　　单位：美元，%

进口商品类别（名称代码）		进口额	占比
第 62 章	非针织或非钩编的服装及衣着附件	5 038	100.00

数据来源：国研网。

2. 2012 以年后，浙江省从黑山进口的商品如表 5.13 所示，2012 年，浙江省对黑山的进口总额为 19.05 万美元，主要进口了第 22 章商品（饮料、酒及醋），在浙江省自黑山进口额中占比为 94.45%，金额为 17.99 万美元。其次是第 44 章商品（木及木制品；木炭），占比为 5.55%，金额为 1.06 万美元。

表 5.13　　　　2012 年浙江省从黑山进口的商品　　　单位：万美元，%

进口商品类别（名称代码）		进口额	占比
第 22 章	饮料、酒及醋	17.99	94.45
第 44 章	木及木制品；木炭	1.06	5.55

数据来源：国研网。

如表 5.14 所示，2017 年浙江省对黑山的进口总额大幅增加至 128.39 万美元。仍然以第 22 章商品（饮料、酒及醋）为主要进口商品，占比为 92.15%，金额为 118.31 万美元。第 44 章商品（木及木制品；木炭）占比为 5.45%，金额为 7.00 万美元。此外，浙江省也进口了第 24 章商品（烟草、烟草及烟草代用品的制品），占比为2.39%，金额为3.07万美元。

表5.14　　　　　　2017年浙江省从黑山进口的商品　　　　单位：万美元，%

进口商品类别（名称代码）	金额	占比
第22章　饮料、酒及醋	118.31	92.15
第44章　木及木制品；木炭	7.00	5.45
第24章　烟草、烟草及烟草代用品的制品	3.07	2.39

表5.15数据显示了2021年浙江省对黑山的进口贸易情况。当年，浙江省对黑山的进口总额为114.78万美元。在进口商品类别中，主要的进口商品是第22章商品（饮料、酒及醋），占比为63.78%，金额为73.20万美元；其次是第44章商品（木及木制品；木炭），占比为35.99%，金额为41.32万美元。除此之外，还有第15章商品（动、植物油、脂及其分解产品；精制的食用油脂；动、植物蜡），占比为0.23%，金额为0.26万美元。另外，浙江省还进口量极少量的第98章商品（特殊交易品及未分类商品），占比较小，仅为0.01%，金额为0.01万美元。

表5.15　　　　　　2021年浙江省从黑山进口的商品　　　　单位：美元，%

进口商品类别（名称代码）	进口额	占比
第22章　饮料、酒及醋	73.20	63.78
第44章　木及木制品；木炭	41.32	35.99
第15章　动、植物油、脂及其分解产品；精制的食用油脂；动、植物蜡	0.26	0.23
第98章　特殊交易品及未分类商品	0.01	0.01

数据来源：国研网。

从历年数据来看，浙江省从黑山进口最多的第22章商品（饮料、酒及醋），属于高需求弹性的消费品，2020年后，新冠疫情影响我国消费需求，旅游业和餐饮业遭受冲击较大，间接影响了相关商品的进口。

浙江省近年来对于第44章商品（木及木制品；木炭）的进口有较大增加，从2017年的7.00万美元增加到2021年的41.32万美元，占比从5.45%增加到35.99%。

（二）浙江省向黑山出口的商品

1. 2012年以前，浙江省向黑山出口的商品如表5.16所示，2007年浙江省对黑山的出口总额为1 860.68万美元，主要出口商品包括第62

章商品（非针织或非钩编的服装及衣着附件），金额为533.65万美元，占比28.68%；第64章商品（鞋靴、护腿和类似品及其零件），金额为265.91万美元，占比为14.29%；第84章商品（核反应堆、锅炉、机械器具及零件），金额为265.53万美元，占比为14.27%；第94章商品（家具；寝具等；灯具；活动房），金额为136.48万美元，占比为7.34%。其他主要出口商品还有第73章商品（钢铁制品）、第85章商品（电机、电气、音像设备及其零附件）、第61章商品（针织或钩编的服装及衣着附件）等。

表 5.16　　2007年浙江省向黑山出口的主要商品　　单位：万美元，%

商品类别（名称代码）		出口额	占比
第62章	非针织或非钩编的服装及衣着附件	533.65	28.68
第64章	鞋靴、护腿和类似品及其零件	265.91	14.29
第84章	核反应堆、锅炉、机械器具及零件	265.53	14.27
第94章	家具；寝具等；灯具；活动房	136.48	7.34
第73章	钢铁制品	104.09	5.59
第85章	电机、电气、音像设备及其零附件	92.44	4.97
第61章	针织或钩编的服装及衣着附件	85.92	4.62
第83章	贱金属杂项制品	51.08	2.75
第39章	塑料及其制品	45.61	2.45
第76章	铝及其制品	34.49	1.85

数据来源：国研网。

表5.17显示了2009年浙江省对黑山的出口商品情况。2009年浙江省对黑山的出口总额为2 897.27万美元。主要出口商品中，第84章商品（核反应堆、锅炉、机械器具及零件）以402.65万美元的金额占据最大比例，约为总出口额的13.90%；其次是第85章商品（电机、电气、音像设备及其零附件），金额为236.74万美元，占比为8.17%；第39章商品（塑料及其制品）和第64章商品（鞋靴、护腿和类似品及其零件）也占据较大的出口份额，分别为232.86万美元和229.14万美元，占比分别为8.04%和7.91%。其他主要商品包括第94章商品（家具；寝具等；灯具；活动房）、第61章商品（针织或钩编的服装及衣着附件）、第73章商品（钢铁制品）等。

表 5.17　　　　2009 年浙江省向黑山出口的主要商品　　　单位：万美元，%

商品类别（名称代码）	出口额	占比
第 84 章　核反应堆、锅炉、机械器具及零件	402.65	13.90
第 85 章　电机、电气、音像设备及其零附件	236.74	8.17
第 39 章　塑料及其制品	232.86	8.04
第 64 章　鞋靴、护腿和类似品及其零件	229.14	7.91
第 94 章　家具；寝具等；灯具；活动房	194.11	6.70
第 61 章　针织或钩编的服装及衣着附件	182.97	6.32
第 73 章　钢铁制品	178.06	6.15
第 96 章　杂项制品	135.30	4.67
第 82 章　贱金属器具、利口器、餐具及零件	109.86	3.79
第 70 章　玻璃及其制品	97.60	3.37

数据来源：国研网。

结合 2007 年与 2009 年浙江省向黑山出口的商品情况，浙江省向黑山出口的主要商品是五金机械、机电、塑料制品、纺织服装及鞋类等。这表明浙江省对黑山的出口结构可能受到了市场需求和国际贸易形势的影响。浙江省在 2007 年对黑山出口的商品品类，反映出浙江省当时在纺织服装、鞋类及五金零配件等传统优势产业的国际竞争力。

2. 2012 年以后，浙江省向黑山出口的商品如表 5.18 所示，当年浙江省对黑山的出口总额为 3 431.41 万美元。主要出口商品包括第 84 章商品（核反应堆、锅炉、机器、机械器具及零件），金额为 530.59 万美元，占比为 15.46%；第 38 章商品（杂项化学产品），金额为 286.05 万美元，占比为 8.34%；第 70 章商品（玻璃及其制品），金额为 231.20 万美元，占比为 6.74%；第 85 章商品（电机、电气设备及其零件）等也占据一定的出口份额。

表 5.18　　　　2012 年浙江省向黑山出口的商品　　　单位：万美元，%

商品类别（名称代码）	出口额	占比
第 84 章　核反应堆、锅炉、机器、机械器具及零件	530.59	15.46
第 38 章　杂项化学产品	286.05	8.34
第 70 章　玻璃及其制品	231.20	6.74
第 85 章　电机、电气设备及其零件；录音机及放声机、电视图像、声音的录制和重放设备及其零件、附件	217.51	6.34

续表

商品类别（名称代码）	出口额	占比
第94章 家具；寝具、褥垫、弹簧床垫、软坐垫及类似的填充制品；未列名灯具及照明装置；发光标志、发光铭牌及类似品	203.58	5.93
第73章 钢铁制品	188.70	5.50
第64章 鞋靴、护腿和类似品及其零件	155.99	4.55
第29章 有机化学品	150.89	4.40
第39章 塑料及其制品	150.76	4.39
第61章 针织或钩编的服装及衣着附件	126.58	3.69

数据来源：国研网。

表5.19显示了2017年浙江省对黑山的出口商品情况。2017年，浙江省对黑山的出口总额为2 668.75万美元。主要出口商品中，第84章商品（核反应堆、锅炉、机器、机械器具及零件）占比最大，出口额为402.53万美元，占比为15.08%；其次是第38章商品（杂项化学产品），出口额为181.70万美元，占比为6.81%；第69章商品（陶瓷产品）和第94章商品（家具等）和第73章（钢铁制品）也都占据5%以上的出口份额。

表5.19　　　　2017年浙江省向黑山出口的商品　　　　单位：万美元，%

商品类别（名称代码）	出口额	占比
第84章 核反应堆、锅炉、机器、机械器具及零件	402.53	15.08
第38章 杂项化学产品	181.70	6.81
第69章 陶瓷产品	160.80	6.03
第94章 家具；寝具、褥垫、弹簧床垫、软坐垫及类似的填充制品；未列名灯具及照明装置；发光标志、发光铭牌及类似品；活动房屋	160.28	6.01
第73章 钢铁制品	151.26	5.67
第85章 电机、电气设备及其零件；录音机及放声机、电视图像、声音的录制和重放设备及其零件、附件	133.20	4.99
第70章 玻璃及其制品	123.24	4.62
第64章 鞋靴、护腿和类似品及其零件	122.86	4.60
第95章 玩具、游戏品、运动用品及其零件、附件	117.26	4.39
第39章 塑料及其制品	115.05	4.31

数据来源：国研网。

对比分析2012年和2017年的出口数据，可以看出浙江省对黑山的出口总额有所下降，从3 431.41万美元减少到2 668.75万美元。在主要出口商品方面，第 84 章商品（核反应堆、锅炉、机器、机械器具及零件）在 2012 年和 2017 年仍然保持较大的出口份额，但出口金额有所下降。第 38 章商品（杂项化学产品）在 2012 年和 2017 年的出口份额也有所减少。与 2012 年以前相比，浙江省对黑山出口服装及鞋类产品逐渐减少，其他制成品出口占比提升，这是浙江省产业结构调整的体现。

表 5.20 显示了 2021 年浙江省对黑山的出口商品情况。2021 年，浙江省对黑山的出口总额为 1 341.32 万美元，在主要出口商品类别中，第 95 章商品（玩具、游戏品、运动用品及其零件、附件）占比最高，达到 14.78%；其次是第 85 章商品（电机、电气设备及其零件）、第 84 章商品（核反应堆、锅炉、机器、机械器具及零件），分别占比为 9.06% 和 7.77%；第 73 章商品（钢铁制品）、第 69 章商品（陶瓷产品）、第 94 章商品（家具；寝具、褥垫、弹簧床垫、软坐垫及类似的填充制品；未列名灯具及照明装置；发光标志、发光铭牌及类似品；活动房屋）等也居前列，分别占比为 7.7%、5.87% 和 5.68%；其他出口商品包括塑料制品、纺织品等，单项占比都不超过 5%。浙江省对黑山出口商品以消费品及工业制成品为主，2021 年的出口总额相较于 2019 年有所减少，这与新冠疫情以及全球经济环境变化有关。

表 5.20　　　　2021 年浙江省向黑山出口的商品　　　　单位：万美元，%

商品类别（名称代码）	出口额	占比
第 95 章　玩具、游戏品、运动用品及其零件、附件	198.29	14.78
第 85 章　电机、电气设备及其零件；录音机及放声机、电视图像、声音的录制和重放设备及其零件、附件	121.46	9.06
第 84 章　核反应堆、锅炉、机器、机械器具及零件	104.24	7.77
第 73 章　钢铁制品	103.31	7.70
第 69 章　陶瓷产品	78.70	5.87
第 94 章　家具；寝具、褥垫、弹簧床垫、软坐垫及类似的填充制品；未列名灯具及照明装置；发光标志、发光铭牌及类似品；活动房屋	76.18	5.68
第 39 章　塑料及其制品	53.28	3.97
第 60 章　针织物及钩编织物	51.16	3.81
第 72 章　钢铁	40.02	2.98
第 87 章　车辆及其零件、附件，但铁道及电车道车辆除外	33.32	2.48

数据来源：国研网。

（三）浙江省与黑山进出口商品的主要类别

表 5.21 显示了浙江省对黑山的出口商品情况。浙江省与黑山之间的贸易商品类别结构涵盖了多个大类商品，其中，浙江省从黑山进口的商品主要集中在第四类（食品、饮料、酒及醋）和第九类（木及木制品）商品，而浙江省对黑山出口的主要是涉及玩具、五金工具、机械零件等，浙江省从黑山进口品类较少，出口的品类相对丰富一些。

表 5.21　浙江省与黑山主要贸易商品类别结构

大类代码	HS 编码全部大类商品	浙江省从黑山进口的主要商品（章）	浙江省向黑山出口主要商品（章）
T01	第一类　活动物；动物产品	—	—
T02	第二类　植物产品	—	—
T03	第三类　动、植物油、脂及其分解产品；精制的食用油脂；动、植物蜡	—	—
T04	第四类　食品；饮料、酒及醋；烟草及烟草代用品的制品	第22章　饮料、酒及醋	
T05	第五类　矿产品		
T06	第六类　化学工业及其相关工业的产品	—	第30章　药品 第38章　杂项化学产品
T07	第七类　塑料及其制品；橡胶及其制品		第39章　塑料及其制品 第40章　橡胶及其制品
T08	第八类　生皮、皮革、毛皮及其制品；鞍具及挽具；旅行用品、手提包及类似容器；动物肠线（蚕胶丝除外）制品	—	—
T09	第九类　木及木制品；木炭；软木及软木制品；稻草、秸秆、针茅或其他编结材料制品；篮筐及柳条编结品	第44章　木及木制品；木炭	
T10	第十类　木浆及其他纤维状纤维素浆；回收（废碎）纸或纸板；纸、纸板及其制品	—	—
T11	第十一类　纺织原料及纺织制品	—	
T12	第十二类　鞋、帽、伞、杖、鞭及其零件；已加工的羽毛及其制品；人造花；人发制品		
T13	第十三类　石料、石膏、水泥、石棉、云母及类似材料的制品；陶瓷产品；玻璃及其制品	—	第68章　矿物材料的制品 第70章　玻璃及其制品

续表

大类代码	HS 编码全部大类商品	浙江省从黑山进口的主要商品（章）	浙江省向黑山出口主要商品（章）
T14	第十四类　天然或养殖珍珠、宝石或半宝石、贵金属、包贵金属及其制品；仿首饰；硬币	—	—
T15	第十五类　贱金属及其制品	—	第 72 章　钢铁 第 73 章　钢铁制品
T16	第十六类　机器、机械器具、电气设备及其零件；录音机及放声机、电视图像、声音的录制和重放设备及其零件、附件	—	第 84 章　核反应堆、锅炉、机械器具及零件 第 85 章　电机、电气、音像设备及其零附件
T17	第十七类　车辆、航空器、船舶及有关运输设备	—	第 87 章　车辆及其零件、附件，但铁道及电车道车辆除外
T18	第十八类　光学、照相、电影、计量、检验、医疗或外科用仪器及设备、精密仪器及设备；钟表；乐器；上述物品的零件、附件	—	—
T19	第十九类　武器、弹药及其零件、附件	—	—
T20	第二十类　杂项制品	—	第 95 章　玩具、游戏品、运动用品及其零件、附件
T21	第二十一类　艺术品、收藏品及古物	—	—
T22	第二十二类　特殊交易品及未分类商品	—	—

资料来源：根据中国海关、中国国家统计局数据整理。

第二节
浙江省从黑山进口的主要商品子目

本节深入商品大类内部，以 HS6—8 位数编码为基础，解析新冠疫情前及新冠疫情后的商品子目结构，综合呈现中国对黑山进口贸易的细类商品的演变发展情况。

一、中国对黑山进口贸易的主要商品和省份

表 5.22 显示了 2019 年中国自黑山进口的主要商品及相关省份。第 26 章商品（矿砂、矿渣及矿灰）是中国自黑山进口商品的最大宗物资，当年进口额为 3 658.95 万美元，在第 26 章项目内，中国主要进口的子目商品是铝矿砂及其精矿（HS26060000），占第 26 章商品进口额的 91.49%，主要进口省（市）是福建省与北京市；另一个子目是铅矿砂及其精矿（26070000），主要进口省（市）为内蒙古自治区与北京市。第 22 章（饮料、酒及醋）是当年中国自黑山进口的第二大商品，当年进口额为 151.32 万美元，在第 22 章项目内，中国主要进口的子目商品是葡萄酒（22042100），在第 22 章进口额中占比为 99.89%，第 22 章商品的主要进口省份是浙江省、北京市及上海市。

表 5.22　2019 年中国自黑山进口主要商品和省份　　　　单位:%，万美元

章	子目	占比（各章内部）	金额	主要进口省份
第 26 章　矿砂、矿渣及矿灰			3 999.20	
	26060000	铝矿砂及其精矿	91.49	3 658.95	福建省、北京市
	26070000	铅矿砂及其精矿	8.51	340.27	内蒙古自治区、北京市
第 22 章　饮料、酒及醋			151.32	
	22042100	装入≤2 升的容器的鲜葡萄酿造的酒	99.89	151.15	浙江省、北京市、上海市
	22042200	装入 2 升以上但不超过 10 升容器的鲜葡萄酿造的酒（未加香料）	0.11	0.17	浙江省
第 90 章　光学、照相、电影、计量、检验、医疗或外科用仪器及设备、精密仪器及设备；上述物品的零件、附件			36.97	
	90272011	气相色谱仪	82.34	30.44	江苏省
	90279000	检镜切片机；9027 所列仪器及装置的零附件	17.66	6.33	江苏省
第 44 章　木及木制品；木炭			13.93	
	44079200	水青冈木（山毛榉木）木材，经纵锯、纵切、刨切或旋切，厚>6mm	99.93	13.92	北京市、福建省

注：上表中第二列"子目"列包含 HS 编码与子目名称两部分。

续表

章	子目	占比 (各章内部)	金额	主要进口省份
44160090	木制大桶、琵琶桶、盆等木制箍桶及其零件	0.07	0.01	浙江省
第25章 盐；硫磺；泥土及石料；石膏料、石灰及水泥			27.9	
25151200	用锯或其他方法切割成矩形的大理石及石灰华	100	27.9	福建省
中国自黑山全部进口			4 331.2	

数据来源：国家统计局、中国海关。

表5.23显示了2020年中国进口黑山矿砂的细分类别及相关省份。第26章商品（矿砂、矿渣及矿灰）仍是中国自黑山进口商品的最大宗物资，当年进口额增长为5 440.66万美元，子目商品铝矿砂及其精矿（HS26060000），占了第26章商品进口额的92.45%，该子目商品的进口省（市）是河北省与新疆维吾尔自治区；另一个子目铅矿砂及其精矿（HS26070000），主要进口省（市）为内蒙古自治区与上海市。第22章（饮料、酒及醋）仍是当年中国自黑山进口的第二大商品，当年进口额为131.32万美元，与2019年相比有所下降，在第22章商品内部，中国主要进口的子目商品仍然是葡萄酒（HS22042100），在章占比为99.28%，第22章商品的主要进口省（市）仍然是浙江省、北京市及上海市。

表5.23 2020年中国自黑山进口重点商品和省份 单位:%，万美元

章	子目	章内占比	金额	主要进口省份
第26章 矿砂、矿渣及矿灰			5 440.66	
26060000	铝矿砂及其精矿	92.45	5 030.15	河北省、新疆维吾尔自治区
26070000	铅矿砂及其精矿	7.55	410.11	内蒙古自治区、上海市
第22章 饮料、酒及醋			131.32	
22042100	装入≤2升的容器的鲜葡萄酿造的酒	99.28	130.37	浙江省、北京市、上海市
22041000	葡萄汽酒	0.72	0.34	浙江省
第90章 光学、照相、电影、计量、检验、医疗或外科用仪器及设备、精密仪器及设备；上述物品的零件、附件			64.69	

续表

章	子目	章内占比	金额	主要进口省份
90272011	气相色谱仪	99.81	64.57	江苏省
90279000	检镜切片机；9027所列仪器及装置的零附件	0.19	0.11	江苏省
第44章 木及木制品；木炭			14.85	
44079200	水青冈木（山毛榉木）木材，经纵锯、纵切、刨切或旋切，厚>6mm	99.93	14.84	北京市、浙江省
第25章 盐；硫磺；泥土及石料；石膏料、石灰及水泥			22.66	
25151100	原状或粗加修整的大理石及石灰华	51.46	11.66	天津市
25151200	用锯或其他方法切割成矩形的大理石及石灰华	48.54	11	福建省
中国自黑山全部进口			5 738.41	

数据来源：国家统计局、中国海关。

综合2019年和2020年两年的数据，中国第26章矿砂商品的主要进口省（市）为河北省、福建省、山东省等铝业发达的省份；作为原材料，矿砂进口量受新冠疫情影响相对较小，因金属冶炼业的产业特点，各年铝矿砂、铅矿砂的主要进口省（市）会出现变动。浙江从黑山进口的商品品类集中于葡萄酒及相关木制品。

二、各子目类商品的主要进口省（市）

中国从黑山进口的商品子目主要有4个：铝矿砂、铅矿砂、葡萄酒、水青冈木，其中与浙江省相关的产品为葡萄酒与水青冈木。

（一）铝矿砂进口（HS26060000，铝矿砂及其精矿）

表5.24显示了历年中国进口黑山铝矿砂的规模情况。铝矿砂及其精矿（HS26060000）是中国从黑山进口的最大宗商品，在中黑贸易中居于关键性地位。从表中数据可知，除了2015年和2021年，中国在其他年份都从黑山大量进口铝矿砂，其中最大笔的进口发生在2017年，为

5 555.24万美元，占当年中国从全球进口该类商品的1.16%。中国是黑山出口铝矿砂的主要出口市场，在2015—2022年，有6年中国进口量在黑山铝矿砂出口总量占比超过60%，其中2020年占比高达81.16%。

表5.24　　　　　2015—2022年中国从黑山进口
　　　　　　　　铝矿砂的规模　　　　　单位：万美元，千公斤，%

年份	中国自黑山进口额	中国从黑山进口量	中国从全球进口量	黑山出口量	占中国进口该类商品的比重	占黑山该类商品出口比重
2015	847.10	115.34	55 321.20	188.89	0.21	61.06
2016	2 628.15	93.52	8 886.19	516.24	1.05	18.12
2017	5 555.24	795.56	68 490.43	1 025.95	1.16	77.54
2018	3 320.65	407.93	82 569.75	536.60	0.49	76.02
2019	3 658.93	447.68	100 607.34	646.74	0.44	69.22
2020	5 030.15	637.68	111 593.57	785.72	0.57	81.16
2021	631.43	80.94	107 282.45	312.19	0.08	25.93
2022	4 142.80	452.55	125 471.21	577.72	0.36	78.33

数据来源：UN Comtrade数据库。

表5.25显示了历年中国进口黑山铝矿砂的主要省（市）。福建省、山东省、河北省是进口黑山铝矿砂较多的省份，三省对铝矿砂的进口都不稳定，年度波动幅度较大。福建省在2018年、2021年、2022年有该项进口，2021年该省在全国铝矿砂进口总额中占比达99.98%；山东省在2015—2019年都有大宗铝矿砂进口，其中2015—2017年的进口量在全国占比100%，而在2020年和2021年没有此商品进口；河北省在2018—2020年进口了该类商品，在全国占比分别为33.45%、68.72%和88.94%，其他年份没有该类商品进口。

表5.25　　　　　2015—2022年黑山铝矿砂的主要进口省份　　　　单位：万美元，%

年份	福建省		山东省		河北省		三省合计	
	进口额	占比	进口额	占比	进口额	占比	进口额	占比
2015	—	—	847.1	100	0	0	847.1	100
2016	0	0	2 628.15	100	0	0	2 628.15	100
2017	0	0	5 555.24	100	0	0	5 555.24	100
2018	491.47	14.8	1 092.30	32.89	1 110.68	33.45	2 694.44	81.14
2019	0	0	645.44	17.64	2 514.32	68.72	3 159.76	86.36

续表

年份	福建省		山东省		河北省		三省合计	
2020	0	0	0	0	4 474.05	88.94	4 474.05	88.94
2021	631.31	99.98	0.11	0.02	0	0	631.43	100
2022	2 773.19	66.94	0	0	0	0	2 773.19	66.94

数据来源：中国海关。

（二）葡萄酒进口（HS22042100，装入≤2升的容器的鲜葡萄酿造的酒）

表 5.26 显示了历年中国进口黑山葡萄酒的规模情况。2015—2022 年，中国对黑山葡萄酒的进口额平均每年约为 160 万美元，在 2017 年和 2018 年超过了 200 万美元，新冠疫情后 2020 年下降到 130.7 万美元，2021 年和 2022 年有所回升，分别为 123.54 万美元和 114.9 万美元。从进口重量来看，中国自 2017 年以后从全球进口葡萄酒的重量逐年下降，但是从黑山进口葡萄酒的重量在不同年份有升有降，说明黑山葡萄酒在中国具有一定的市场潜力。在中国进口该类葡萄酒总重量中，黑山葡萄酒历年占比在 0.05%—0.14%，2021 年和 2022 年占比最高，分别为 0.12% 和 0.14%。在黑山该类葡萄酒出口总重量中，中国历年进口量占比在 3.75%—9.31%，占比最高年份是 2017 年，为 9.31%，2021 年和 2022 年占比分别为 5.82% 和 6.22%。

表 5.26　　　2015—2022 年中国进口黑山葡萄酒的规模

单位：万美元，千公吨，%

年份	中国从黑山进口额	中国从黑山进口额	中国从全球进口额	黑山出口额	占中国进口该类商品的比重	占黑山该类商品出口比重
2015	123.54	0.28	393.42	6.77	0.07	4.11
2016	114.91	0.24	478.78	6.44	0.05	3.75
2017	227.89	0.56	549.13	6.01	0.10	9.31
2018	233.29	0.50	506.70	5.74	0.10	8.68
2019	151.15	0.33	454.12	5.86	0.07	5.64
2020	130.37	0.28	310.49	5.34	0.09	5.28
2021	153.68	0.33	285.30	5.71	0.12	5.82
2022	149.33	0.30	215.90	4.84	0.14	6.22

数据来源：UN Comtrade 数据库。

表 5.27 显示了历年进口黑山葡萄酒的主要省份。浙江省、上海市、

北京市是全国进口黑山葡萄酒的主要省（市），三省（市）进口总额在全国占比每年都在88%以上，在2018年，三省占比高达99.79%。2015—2022年，浙江省是全国进口黑山葡萄酒最多的省份，其进口额在全国占比一直在增长。2015年，浙江省进口了52.61万美元的黑山葡萄酒，在全国占比为42.59%，2018年是浙江省进口黑山葡萄酒最多的年份，当年进口额为132.53万美元，在全国占比达56.81%，在2019年和2020年有所下降，2021年浙江省进口额又升至101.65万美元，在全国占比达66.14%，2022年浙江省进口有所下降，但在全国占比仍高达61.16%。

表5.27　　　2015—2022年黑山葡萄酒主要进口省（市）　　单位：万美元，%

年份	浙江省		上海市		北京市		三省（市）合计	
	进口额	占比	进口额	占比	进口额	占比	进口额	占比
2015	52.61	42.59	40.71	32.96	25.19	20.39	118.52	95.94
2016	58.35	50.78	44.38	38.62	3.42	2.97	106.15	92.37
2017	118.10	51.83	65.23	28.63	21.17	9.29	204.51	89.74
2018	132.53	56.81	80.99	34.72	19.28	8.26	232.80	99.79
2019	83.50	55.24	34.58	22.88	27.97	18.51	146.06	96.63
2020	63.42	48.64	32.02	24.56	19.29	14.80	114.73	88.00
2021	101.65	66.14	10.04	6.53	31.27	20.34	142.96	93.02
2022	91.33	61.16	17.07	11.43	25.41	17.01	133.81	89.61

数据来源：中国海关。

上海市进口黑山葡萄酒最多的年份是2018年，当年进口额为80.99万美元，在全国占比为34.72%，2018年以后，上海市进口黑山葡萄酒逐步减少，2021年受新冠疫情影响，进口额最低，仅进口了10.04万美元，在全国占比仅为6.53，2022年有所回升。北京市在新冠疫情前的2019年进口黑山葡萄酒27.97万美元，占全国进口总额的18.51%，2020年进口额下降，2021年有所回升，2021年，北京市进口额为31.27万美元，在全国占比为20.34%。

（三）铅矿砂进口（HS26070000，铅矿砂及其精矿）

表5.28显示了历年中国从黑山进口铅矿石的规模情况。中国是黑山铅矿砂最主要的进口国，2021年是中国进口黑山铅矿砂进口量最低的一年，其余年份大都在3千公吨以上，2022年进口8.46千公吨。但中国进

口黑山铅矿砂占中国从全球铅矿砂采购数量的占比很低，从来没有超过1%。中国进口黑山铅矿砂的主要省份是内蒙古自治区、上海市、河南省、山东省、北京市和广西壮族自治区，因产业特点，进口省（市）各年采购量变动较大。浙江省历年没有采购铅矿砂的记录。

表 5.28　　　2015—2022 年中国从黑山进口铅矿砂的规模

单位：万美元，千公吨，%

年份	中国从黑山进口额	中国从黑山进口额	中国从全球进口额	黑山出口额	占中国进口该类商品的比重	占黑山该类商品出口比重
2015	1 373.28	8.46	1 888.92	8.51	0.45	99.40
2016	470.75	2.97	937.43	4.17	0.32	71.15
2017	771.48	5.43	1 275.86	5.58	0.43	97.29
2018	430.78	3.97	1 224.60	3.99	0.32	99.42
2019	340.27	3.21	1 567.91	3.31	0.20	97.20
2020	410.50	3.87	1 309.31	3.89	0.30	99.61
2021	39.38	0.47	1 199.50	0.52	0.04	90.31
2022	1 373.28	8.46	1 012.97	9.76	0.84	86.67

数据来源：UN Comtrade 数据库。

（四）木材进口（HS44079200，水青冈木（山毛榉木）木材，经纵锯、纵切、刨切或旋切，厚 >6mm）

表 5.29 显示了历年中国从黑山进口木材（HS44079200）的规模情况。中国每年从黑山进口木材数额较小，且不稳定。2021 年和 2022 年进口额增加，分别为 94.68 万美元和 116.79 万美元。中国进口黑山量在中国进口木材总量中占比很少，最高是在 2021 年和 2022 年，占比分别为 0.38% 和 0.41%，在黑山木材出口中，中国贡献率在 2020 年较低，2021 年和 2022 年升至 9.45% 和 7.83%。

表 5.29　　　2015—2022 年中国从黑山进口木材的规模

单位：万美元，千公吨，%

年份	中国从黑山进口额	中国从黑山进口额	中国从全球进口额	黑山出口额	占中国进口该类商品的比重	占黑山该类商品出口比重
2015	4.45	0.09	390.53	22.64	0.02	0.41
2016	22.11	0.39	334.67	29.00	0.12	1.33

续表

年份	中国从黑山进口量	中国从黑山进口量	中国从全球进口量	黑山出口量	占中国进口该类商品的比重	占黑山该类商品出口比重
2017	38.22	0.66	553.28	35.50	0.12	1.85
2018	32.82	0.58	565.62	26.36	0.10	2.20
2019	13.92	0.27	508.42	19.85	0.05	1.35
2020	14.84	0.29	460.05	23.49	0.06	1.23
2021	94.68	2.22	580.61	23.45	0.38	9.45
2022	116.79	1.96	477.17	25.03	0.41	7.83

数据来源：UN Comtrade 数据库。

表 5.30 显示了历年从黑山进口木材（HS44079200）的主要省（市）。浙江省、北京市、上海市和广东省是全国进口黑山葡萄酒的主要省（市），四省（市）进口总额在全国占比每年都在 80% 以上。在 2021 年，四省（市）进口合计在全国占比达 90.42%。各省（市）进口木材并不稳定，浙江省是全国进口黑山木材最多的省份，2021 年，浙江省从黑山进口了 41.32 万美元的木材，在全国占比为 43.64%。

表 5.30　2015—2022 年从黑山进口木材的主要省（市）　单位：万美元，%

年份	浙江省		北京市		上海市		广东省		四省（市）合计	
	进口额	占比	进口额	占比	进口额	占比	进口额	占比	进口额	占比
2015	4.38	98.33								
2016										
2017	7.00	18.31	16.48	43.1	2.55	6.68	4.20	10.99	30.23	79.08
2018	9.22	28.08	15.88	48.37			5.49	16.71	30.58	93.16
2019	0.00	0	11.62	83.49			0.00	0	11.62	83.49
2020	5.86	39.46	1.14	7.71	5.09	34.32	1.24	8.36	13.33	89.85
2021	41.32	43.64	6.69	7.06	21.09	22.27	16.52	17.45	85.61	90.42
2022	24.06	20.6			62.53	53.54	10.49	8.99	97.08	83.13

数据来源：中国海关。

三、浙江省从黑山进口的主要商品

（一）浙江省对黑山进口商品的细分结构

根据表 5.31 中的数据统计，2 升以下装葡萄酒（HS22042100）是浙江省从黑山进口的最主要的产品，除了 2015 年和 2016 年，其余年份的进口额都超过了 100 万美元。除 2 升以下装葡萄酒以外，浙江省进口的其他产品并不多，主要是葡萄汽酒（HS22041000）、大瓶装葡萄酒（HS22042200）和木材（HS44079200），其中，葡萄汽酒的进口额很不稳定；大瓶装葡萄酒进口额比较低，每年进口额大多不足 2 000 美元；木材进口有些不稳定，但 2021 年和 2022 年增长较大，最高进口额出现在 2021 年，为 41.3 万美元。总体来说，葡萄酒是浙江进口比较稳定的黑山产品，其他产品的进口额都比较低，且没有明显的增长趋势。

表 5.31　　　　2015—2022 年浙江省自黑山主要进口商品　　　单位：美元，%

年份	葡萄汽酒 HS22041000		装入≤2 升的容器的鲜葡萄酿造的酒 HS22042100		装入 2 升以上但不超过 10 升容器的鲜葡萄酿造的酒（未加香料）HS22042200		水青冈木（山毛榉木）木材，经纵锯、纵切、刨切或旋切，厚>6mm，HS44079200		浙江省自黑山全部进口商品
	进口额	占比	进口额	占比	进口额	占比	进口额	占比	进口额
2015	0	0	526 110	92.00	0	0	0	0	571 841
2016	0	0	583 509	83.99	0	0	0	0	694 699
2017	1 959	0.15	1 181 027	91.99	152	0.01	69 986	5.45	1 283 868
2018	0	0	1 325 285	88.50	349	0.02	92 177	6.16	1 497 581
2019	0	0	835 014	99.79	1 700	2.03	0	0	836 796
2020	3 392	0.49	634 168	90.87	1 700	0.24	58 555	8.39	697 852
2021	0	0	1 016 502	70.84	1 125	0.08	413 157	28.79	1 434 928
2022	6 132	0.53	913 313	78.56	2 139	0.18	240 596	20.70	1 162 506

数据来源：中国海关。

（二）浙江省进口黑山葡萄酒的增长

1. 浙江省与全国进口黑山葡萄酒的增长情况

浙江省从黑山进口的商品主要是葡萄酒（HS22042100 装入≤2 升的容器的鲜葡萄酿造的酒）。表 5.32 显示了全国及浙江省进口黑山葡萄酒的增长情况。在 2015—2022 年，浙江省与全国的进口黑山葡萄酒的增长趋势基本同步，增长率最高的年份都在 2017 年，2019 年降幅最大，然后在 2021 年和 2022 年逐步回升，但浙江省增长率要高于全国，增长率达 60.29%，2021 年，浙江省与全国均实现增长，全国进口增长率为

17.88%，浙江省进口额增长60.29%，2022年全国和浙江省都下降，但浙江省下降幅度更大，为10.15%。图5.1显示了增长率的对比情况。

表5.32　2015—2022年全国及浙江省进口黑山葡萄酒增长情况

单位：万美元，%

年份	全国进口额	增长率	浙江省进口额	增长率
2015	123.54		52.61	
2016	114.91	-6.99	58.35	10.91
2017	227.89	98.32	118.10	102.40
2018	233.29	2.37	132.53	12.21
2019	151.15	-35.21	83.50	-36.99
2020	130.37	-13.75	63.42	-24.05
2021	153.68	17.88	101.65	60.29
2022	149.33	-2.83	91.33	-10.15

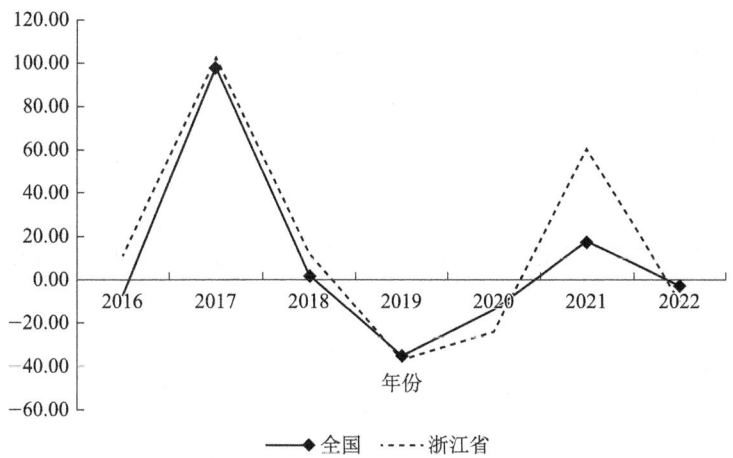

图5.1　全国及浙江省进口黑山葡萄酒历年增长率（%）

2. 浙江省进口与黑山出口的增长情况

表5.33说明了浙江省进口黑山葡萄酒与黑山向全球出口葡萄酒的情况对比。黑山葡萄酒的出口额总体比较稳定，2020年受新冠疫情影响，出现18.21%的负增长，2021年迅速回升，2022年又出现8.79%的下降。相较于黑山葡萄酒向全球的出口情况，浙江省进口黑山葡萄酒的波动性较大，见图5.2，2017年浙江省进口黑山葡萄酒曾出现102.4%的增长率，

之后迅速下降，2021年又出现60.29%的增长率，2022年迅速回落。

表5.33　　　浙江省进口与黑山出口黑山葡萄酒的增长情况　　单位:%，美元

年份	浙江省进口额	增长率	黑山出口额	增长率
2015	52.61		1 677.03	
2016	58.35	10.91	1 609.84	-4.01
2017	118.10	102.40	1 546.44	-3.94
2018	132.53	12.21	1 541.35	-0.33
2019	83.50	-36.99	1 503.37	-2.46
2020	63.42	-24.05	1 229.60	-18.21
2021	101.65	60.29	1 403.17	14.12
2022	91.33	-10.15	1 279.81	-8.79

数据来源：中国海关。

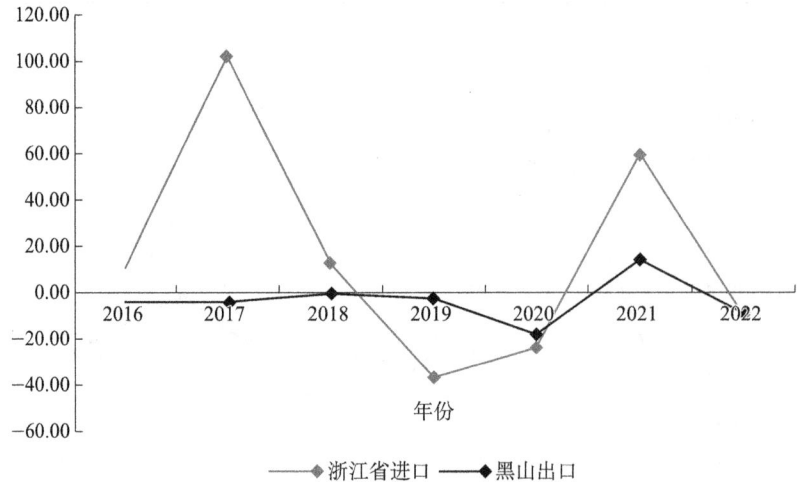

图5.2　浙江省从黑山进口与黑山向全球出口葡萄酒的增长率（%）

数据来源：中国海关、UN Comtrade数据库。

3. 浙江省自黑山进口葡萄酒与浙江省向全球进口葡萄酒的对比

浙江省历年自黑山所进口葡萄酒占自全球进口葡萄酒的比重较小，最高在2015年，占比1.35%，在新冠疫情前的2019年，占比仅为0.73%，2021年浙江省自黑山进口葡萄酒大幅增加，在浙江省葡萄酒进口总额中占10.9%，见表5.34。结合黑山出口葡萄酒的情况，浙江省与黑山共

和国之间在葡萄酒贸易合作中存在很大上升空间。

表 5.34　　　　黑山葡萄酒在浙江省进口葡萄酒中的比重　　单位：万美元，%

年份	浙江进口黑山葡萄酒	增长率	浙江自全球进口葡萄酒	增长率	比重
2015	52.61		9 129.98		1.35
2016	58.35	10.91	13 085.15	43.32	0.88
2017	118.10	102.40	18 704.10	42.94	1.22
2018	132.53	12.21	22 363.78	19.57	1.04
2019	83.50	-36.99	20 793.97	-7.02	0.73
2020	63.42	-24.05	17 636.75	-15.18	0.74
2021	101.65	60.29	14 103.76	-20.03	1.09

数据来源：中国海关。

图 5.3 说明了浙江省全部进口葡萄酒与进口黑山葡萄酒的增长对比。浙江省进口葡萄酒的波动性比较大，2016—2018 年出现连续增长，2019—2021 年连续下降，但相比黑山葡萄酒的波动性要小，但 2021 年浙江省进口黑山葡萄酒增长达 60.29%，同期，浙江省自全球进口葡萄酒则下降 20.3%。

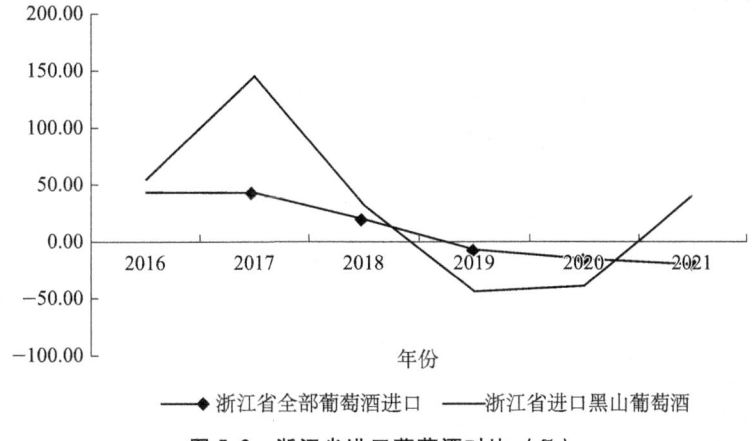

图 5.3　浙江省进口葡萄酒对比（%）

数据来源：中国海关。

第三节
浙江省对黑山出口的主要商品子目

浙江省对黑山出口的商品种类繁多,每年有700多种出口商品子目类别,占比相对分散,没有出现进口贸易那样集中于几类商品的情况,各年对黑山出口均有不同表现。

一、各年浙江省对黑山出口的主要商品子目

(一) 2015 年浙江省对黑山出口的主要商品子目

2015 年,浙江省对黑山出口的商品子目数有 797 个,出口总金额为 3 426.5 万美元。表 5.35 显示了在浙江省对黑山出口总额中占比 1% 以上的商品,在这些商品中,占比最大的是零售包装除草剂、未列名塑料制鞋面的鞋靴、化纤制针织或钩编的其他起绒织物、其他瓷制餐具等。

表 5.35　　2015 年浙江省对黑山出口的主要商品子目　　单位:万美元,%

商品编码	商品名称	出口额	占比
38089311	零售包装除草剂	524.12	15.3
64029929	未列名塑料制鞋面的鞋靴	117.66	3.43
60019200	化纤制针织或钩编的其他起绒织物	113.53	3.31
69111019	其他瓷制餐具	93.64	2.73
52082100	棉≥85%漂白平纹布,平米重≤100 克	77.74	2.27
64041900	其他橡胶或塑料外底,纺织材料鞋面的鞋靴	73.99	2.16
38089119	其他零售包装的杀虫剂	69.53	2.03
52114200	棉<85%与化纤纺色织劳动布,平米重>200 克	68.48	2
70133700	其他玻璃杯	67.22	1.96
39264000	塑料制小雕塑品及其他装饰品	62.57	1.83
84678900	其他液压及非电力动力装置手提式工具	44.78	1.31
42021290	以塑料或纺织材料作面的提箱、小手袋、公文箱、公文包、书包及类似容器	40.63	1.19
81041100	含镁量≥99.8%的未锻轧镁	39.65	1.16

续表

商品编码	商品名称	出口额	占比
48109200	涂布无机物的多层纸及纸板	39.07	1.14
29319019	其他含有磷原子的有机—无机化合物	38.33	1.12
70191200	玻璃纤维粗纱	35.43	1.03

数据来源：中国海关。

（二）2019 年浙江省对黑山出口的主要商品子目

2019 年，浙江省对黑山出口的商品子目数有 886 个，出口总金额为 2 549.1 万美元。表 5.36 显示了在浙江省对黑山出口总额中占比 1% 以上的商品，在这些商品中，占比最大的是粘数≥78 毫升/克的聚对苯二甲酸乙二酯切片、其他瓷制餐具等。其中粘数≥78 毫升/克的聚对苯二甲酸乙二酯切片占比达 13.24%。

表 5.36　　2019 年浙江省对黑山出口的主要商品子目　　单位：万美元，%

HS 编码	商品名称	出口额	占比
39076110	粘数≥78 毫升/克的聚对苯二甲酸乙二酯切片	337.60	13.24
69111019	其他瓷制餐具	124.23	4.87
73044190	未列名冷拔或冷轧的不锈钢无缝圆形截面管	70.49	2.77
95030089	未列名玩具及模型	68.87	2.7
60019200	化纤制针织或钩编的其他起绒织物	64.50	2.53
28046900	其他硅	51.05	2
52114200	棉<85%与化纤纺色织劳动布，平米重>200 克	45.71	1.79
70133700	其他玻璃杯	44.65	1.75
39264000	塑料制小雕塑品及其他装饰品	35.57	1.4
84151021	制冷量≤4 000 大卡/时的分体窗式、壁式、置于天花板或地板上的空气调节器	32.89	1.29
73083000	钢铁制门窗及其框架、门槛	30.97	1.22
95051000	圣诞节用品	27.43	1.08
55032000	聚酯短纤，未梳或未经其他纺前加工	27.10	1.06
94017900	其他金属框架坐具	26.07	1.02
44182000	木制门及其框架和门槛	25.72	1.01

（三）2020 年浙江省对黑山出口的主要商品子目

2020 年，浙江省对黑山出口的商品子目数有 886 个，出口总额为

2 281.6 万美元。表 5.37 显示了在浙江省对黑山出口总额中占比 1% 以上的商品,在这些商品中,占比最大的是粘数≥78 毫升/克的聚对苯二甲酸乙二酯切片、其他瓷制餐具、化纤制针织或钩编的其他起绒织物等。

表 5.37　　2020 年浙江省对黑山出口的主要商品子目　　单位:万美元,%

商品编码	商品名称	出口额	占比
39076110	粘数≥78 毫升/克的聚对苯二甲酸乙二酯切片	137.98	6.05
69111019	其他瓷制餐具	102.46	4.49
60019200	化纤制针织或钩编的其他起绒织物	62.34	2.73
38089319	非零售包装除草剂	55.18	2.42
48109200	涂布高岭土或其他无机物质的多层纸及纸板	44.90	1.97
95030089	未列名玩具及模型	43.07	1.89
73044190	未列名冷拔或冷轧的不锈钢无缝圆形截面管	42.71	1.87
84151021	制冷量≤4 000 大卡/时的分体窗式、壁式、置于天花板或地板上的空气调节器	41.29	1.81
64029929	未列名塑料制鞋面的鞋靴	38.00	1.67
85258013	非特种用途的其他类型电视摄像机	36.38	1.59
29313990	其他有机磷衍生物	33.69	1.48
39264000	塑料制小雕塑品及其他装饰品	28.94	1.27
44182000	木制门及其框架和门槛	28.57	1.25
95051000	圣诞节用品	26.68	1.17
70133700	其他玻璃杯	26.59	1.17
73239900	其他未搪瓷钢铁餐桌、厨房等家用器具及零件	26.58	1.16
72107010	厚度小于 1.5 毫米的涂漆或涂塑的铁或非合金钢平板轧材,宽≥600 毫米	23.48	1.03

(四) 2021 年浙江省对黑山出口的主要商品子目

2021 年,浙江省对黑山出口的商品子目数有 737 个,出口总金额为 1 684.6 万美元。表 5.38 显示了在浙江省对黑山出口总额中占比 1% 以上的商品,在这些商品中,占比最大的是其他瓷制餐具、圣诞节用品、未列名玩具及模型、粘数≥78 毫升/克的聚对苯二甲酸乙二酯切片等商品。

表 5.38　　2021 年浙江省对黑山出口的主要商品子目　　单位：万美元，%

商品编码	商品名称	出口额	占比
69111019	其他瓷制餐具	92.56	5.49
95051000	圣诞节用品	79.34	4.71
95030089	未列名玩具及模型	59.36	3.52
39076110	粘数≥78毫升/克的聚对苯二甲酸乙二酯切片	54.07	3.21
60053700	其他合成纤维制染色经编织物	33.02	1.96
55081000	合成纤维短纤缝纫线	27.71	1.64
64029929	未列名塑料制鞋面的鞋靴	27.54	1.63
81041100	含镁量≥99.8%的未锻轧镁	25.79	1.53
39264000	塑料制小雕塑品及其他装饰品	24.46	1.45
72104900	其他镀或涂锌普通钢铁板材	22.68	1.35
73044190	未列名冷拔或冷轧的不锈钢无缝圆形截面管	20.26	1.2
73044190	未列名冷拔或冷轧的不锈钢无缝圆形截面管	20.05	1.19
95030010	三轮车、踏板车和类似的带轮玩具；玩偶车	20.00	1.19
85258013	非特种用途的其他类型电视摄像机	17.98	1.07
84672990	其他手提式电动工具	17.70	1.05
60019200	化纤制针织或钩编的其他起绒织物	17.18	1.02
72107010	厚度小于1.5毫米的涂漆或涂塑的铁或非合金钢平板轧材，宽≥600毫米	17.02	1.01

二、浙江省对黑山主要出口商品

（一）粘数≥78 毫升/克的聚对苯二甲酸乙二酯切片（HS39076110）

　　PET 塑料原料是中国对黑山出口的重点商品，主要出口地区为江苏、浙江、福建等省份。表 5.39 显示了浙江省向黑山出口粘数≥78 毫升/克的聚对苯二甲酸乙二酯切片的基本情况，浙江省该产品的出口额的波动较大，2019 年出口额为 337.6 万美元，2021 年下降严重，仅出口了 54 万美元，但 2022 年大幅增长到了 545.64 万美元。中国浙江省整体占据中国出口该产品的比重较小，占比最高年份为 2019 年，为 17.44%。

表 5.39　　浙江省出口黑山 HS39076110 商品在全国的占比　　单位：万美元，%

年份	中国向黑山出口额	增长率	浙江省向黑山出口额	增长率	浙江省在全国占比
2015	0	—	0	—	0.00
2016	0	—	0	—	0.00

续表

年份	中国向黑山出口额	增长率	浙江省向黑山出口额	增长率	浙江省在全国占比
2017	905.46	—	0	—	0.00
2018	2 644.39	192.05	292.59	—	11.06
2019	1 935.39	-26.81	337.60	15.38	17.44
2020	1 575.87	-18.58	137.98	-59.13	8.76
2021	778.35	-50.61	54.07	-60.81	6.95
2022	6 269.71	705.52	545.64	909.15	8.70

数据来源：中国海关。

由表5.40中的数据可以看出，相对于浙江省向全球出口总量，黑山市场占比较小，历年都在1%以下，其中占比最高发生在2019年，为0.71%，占比最低发生在2021年，仅为0.11%。

表5.40　浙江省出口黑山HS39076110商品在浙江省的占比 单位：万美元，%

年份	浙江省向黑山出口额	增长率	浙江省向全球出口额	增长率	占比
2015	0	—	0	—	0.00
2016	0	—	0	—	0.00
2017	0	—	27 635.13	—	0.00
2018	292.59	—	51 631.05	86.83	0.57
2019	337.60	15.38	47 341.84	-8.31	0.71
2020	137.98	-59.13	21 928.97	-53.68	0.63
2021	54.07	-60.81	48 872.27	122.87	0.11
2022	545.64	909.15	99 202.40	102.98	0.55

数据来源：中国海关。

（二）其他瓷制餐具（HS69111019）

由表5.41数据可以看出，浙江省在对黑山出口瓷制餐具方面占据着明显优势。浙江省每年对黑山出口该类商品的金额在100万美元以上，历年来浙江省在全国对黑山出口该产品总额中占比都高达50%以上，最高占比年份为2016年，为62.8%，最低为2019年，占比54.1%。

表 5.41 浙江省出口黑山 HSG9111019 商品在全国的占比基本情况

单位：万美元，%

年份	中国向黑山出口额	增长率	浙江省向黑山出口额	增长率	浙江省在全国占比
2015	172.85	—	95.29	—	55.13
2016	190.11	9.98	119.49	25.39	62.85
2017	175.69	-7.59	101.29	-15.23	57.65
2018	177.36	0.95	108.59	7.21	61.23
2019	240.50	35.60	130.24	19.93	54.15
2020	175.12	-27.18	104.41	-19.83	59.62
2021	153.72	-12.22	92.56	-11.35	60.21
2022	142.99	-6.98	88.61	-4.27	61.97

数据来源：中国海关。

第四节 企业案例

宁波雅滋食品有限公司将黑山葡萄酒带入中国市场

宁波雅滋食品有限公司（以下简称"雅滋雅味"）成立于2003年，是中宁化集团成员企业之一。作为中宁化集团发展食品进出口业务的专业平台，"雅滋雅味"是一家具有近20年国际贸易经验，拥有专业全球采购团队及国内外上下游优势资源的供应链服务商及精选品牌代理商。雅滋雅味产品涉及国内外多个领域，形成高、中、低端完整体系，在全国实现多渠道销售模式。雅滋雅味开发"雅滋有礼"自营礼品品牌、"雅滋小厨"品质生活馆，利用产品源头优势，布局全国线下市场，提供企业福利方案、对口消费扶贫产品、高端礼品定制等服务。

2021年，雅滋雅味迈入发展新时期，在宁波市委市政府的大力支持下，由中宁化集团牵头成立中东欧商品采购联盟（以下简称"采购联盟"），雅滋雅味作为采购联盟执行会长兼秘书长单位，整合中东欧相关行业资源，成立采购联盟落地运营平台公司——浙江壹柒零零科技有限公司，打造线上 1 700 中东欧数字综合服务平台，提供供应链服务、供应链贸易与品牌孵化等功能，为中小微企业拓展中东欧市场提供全方位服务。

黑山是一个农业国家，注重水果、蔬菜、谷物等有机农业的发展。农业是黑山经济发展战略产业之一。未受污染的肥沃土壤和高品质清洁水资源是农业和食品加工业发展的基础。在黑山，葡萄酒酿制可追溯到公元前数世纪，罗马著名的皇帝马克·奥勒留曾经说："skadar 斯库台湖附近生产的葡萄酒给人注入了新的活力，喝了它可以益寿延年，治愈身体的创伤及心灵的悲伤。"这里的地中海式气候一年有 240 多个晴天。黑山得天独厚的天气和土壤条件种植出的葡萄酒中有本土独有、世界知名的品种。

黑山葡萄酒被中国大众认识的时间并不长，是从中国—中东欧机制开展之后才开始的。2012 年后，中国与黑山开展了深度合作，在交通、能源基础设施建设领域开展投资和工程项目，在项目合作过程中，中企发现了黑山特产——葡萄酒，最初是中方企业小规模采购，也有黑山企业把葡萄酒抵作部分货款，这些小批量的黑山葡萄酒到了国内后，对中国人来说是新鲜事物，因为当时国内进口葡萄酒多来自法国、意大利、澳大利亚等产地，但当人们品尝了这种酒，发现这它的品质和口感完全可以和其他产地的葡萄酒媲美，贸易公司开始进口黑山葡萄酒，黑山葡萄酒就这样进入了中国市场。

中宁化集团雅滋公司是我国进口黑山葡萄酒较早的，也是较为专业的企业。雅滋主营进口葡萄酒，产品主要来自"一带一路"和"中东欧"著名酒庄。雅滋和黑山最大的酒庄 13. JUL PLANTAZE 开展深度合作，签订合作协议。黑山 13. JUL PLANTAZE 酒庄拥有欧洲单体面积最大的葡萄园，种植面积 2310 公顷，酒庄酿制的葡萄酒先后获得德国 MUNDUS VINI 葡萄酒大奖赛金奖、奥地利葡萄酒挑战赛金奖和布鲁塞尔 MOND SELECTION 银奖等奖项，布鲁塞尔 OSKAR 国际协会还给予其 "20 世纪标志性产品"称号，1992 年 VRANAC 被米兰周报的专家小组 "2 MONDO" 评为欧洲最佳的葡萄酒之一。

黑山葡萄酒虽然品质较好，但产量不高，进入中国市场时间也不长，在中国市场知名度领域不敌西欧知名产地的葡萄酒。雅滋针对黑山葡萄酒在国内知名度不高的特点，采用在线上线下渠道同步推广该酒庄产品，充分利用宁波进口商品中心、黑山国家馆等平台，介绍黑山葡萄酒文化，将公司各类葡萄酒供应链整合，依托其的丰富的产品系列，形成集聚效应，从而使黑山葡萄酒的业务脱颖而出。

第六章

浙江省与黑山贸易潜力

本章研究采用显示性比较优势指数（RCA）和竞争优势指数（TC）分析浙江省与黑山的贸易竞争性，采用贸易互补性指数和产业内贸易指数分析浙江省与黑山的贸易互补性。研究使用浙江省与黑山 2012—2021 年的进出口贸易数据，贸易数据选取自瀚文资讯系列网站、UN Comtrade 数据库、EPS 数据库、国研网数据库，经整理而得，部分残缺值采用插值法补充。

第一节
浙江省与黑山的贸易竞争性

一、商品分类

根据世界海关组织（WCO）《商品名称及编码协调制度》，商品按照 T01-T22 分为 22 个大类，见表 6.1。由于数据可得性等原因，本节只对 T01-T21 类商品进行贸易竞争性和互补性分析。

表 6.1　　　　　　　　　HS 商品编码大类表

大类代码	名称
T01	活动物；动物产品
T02	植物产品
T03	动、植物油、脂及其分解产品；精制的食用油脂；动、植物蜡
T04	食品；饮料、酒及其醋；烟草、烟草及烟草代用品的制品
T05	矿产品
T06	化学工业及其相关工业的产品
T07	塑料及其制品；橡胶及其制品
T08	生皮、皮革、毛皮及其制品；鞍具及挽具；旅行用品、手提包及类似容器；动物肠线（蚕胶丝除外）制品
T09	木及木制品；木炭；软木及软木制品；稻草、秸秆、针茅或其他编结材料制品；篮筐及柳条编结品
T10	木浆及其他纤维状纤维素浆；回收（废碎）纸或纸板；纸、纸板及其制品
T11	纺织原料及纺织制品
T12	鞋、帽、伞、杖、鞭及其零件；已加工的羽毛及其制品；人造花；人发制品
T13	石料、石膏、水泥、石棉、云母及类似材料的制品；陶瓷产品；玻璃及其制品
T14	天然或养殖珍珠、宝石或半宝石、贵金属、包贵金属及其制品；仿首饰；硬币
T15	贱金属及其制品
T16	机器、机械器具、电气设备及其零件；录音机及放声机、电视图像、声音的录制和重放设备及其零件、附件
T17	车辆、航空器、船舶及有关运输设备
T18	光学、照相、电影、计量、检验、医疗或外科用仪器及设备、精密仪器及设备；钟表；乐器；上述物品的零件、附件
T19	武器、弹药及其零件、附件
T20	杂项制品
T21	艺术品、收藏品及古物
T22	特殊交易品及未分类商品

二、显示性比较优势指数分析

为了深入研究浙江与黑山的贸易竞争情况，本部分采用显示性比较优势指数（RCA）对两地的贸易竞争情况进行分析。显示性比较优势指数是衡量一国产品或产业在国际市场竞争力最具说服力的常用指标。可定量地描述一个国家内各个产业（产品组）相对出口的表现。通过 RCA 指数可以判定一国的哪些产业更具出口竞争力，从而揭示一国在国际贸易中的比较优势，该指数由美国经济学家贝拉·巴拉萨于 1965 年提出。一般意义上来讲，当 RCA＞2.5 时，说明该国具有极强的国际竞争力；当 1.25≤RCA≤2.5 时，说明该国具有较强的国际竞争力；当 0.8≤RCA≤1.25 时，说明该国具有中度的国际竞争力；当 RCA＜0.8 时，说明该国的国际竞争力较弱。显示性比较优势指数用公式表示为：

$$\text{RCA}_{ij} = \frac{X_{ij}/X_j}{X_{iw}/X_w}$$

其中 X_{ij} 表示 j 国对 i 产品的出口额，X_j 表示国家 j 的总出口额，X_{iw} 表示世界出口产品 i 的出口值，X_w 表示世界出口额。浙江省和黑山主要出口产品的 RCA 指数如表 6.1 所示。

在浙江省和黑山出口的主要产品中，贱金属指贱金属及其制品，包括钢铁、铜、镍、铝等金属及其制品，同时还包括部分其他产品；机械器具包括机器设备、核、电机、电器设备等；矿物产品包括水泥、石料、矿砂、矿燃料等；纺织品包括纺织工业使用的各种纺织原料（如蚕丝、羊毛、棉花、纤维等），各种纺织半成品或中间产品（如纱线、机织物等）和纺织制成品（如地毯、服装、毛巾、装饰品等）；杂项制品包括家具、照明灯具、玩具、运动品和其他杂项制品；化学产品包括无机化学品、有机化学品、药品、染料、精油、洗涤剂、炸药、影像用品等；食品饮料包括肉制品、糖、可可、谷物制品，蔬菜、水果制品、杂项食品、酒、饮料、饲料、烟草等。

对于浙江省，除了纺织品的显示性比较优势指数在 2012—2021 年呈现较明显的波动递减趋势，其他产品的显示性比较优势指数在此期间均没有太大的波动。值得一提的是，虽然纺织品的 RCA 指数近年来出现递减的趋势，但其数值始终远大于 2.5，且直到 2019 年才有比纺织品 RCA 指数高的产品出现，说明浙江省的纺织品出口竞争优势虽然在国际市场上逐渐减小，但始终保持着极强的竞争优势。从浙江省出口杂项制品的 RCA 指数计算结果来看，浙江省的杂项制品在国际上也有着极强的竞争优势，该产品的竞争优势甚至在 2019 年超过纺织品，成为浙江省最具竞争优势的出口产品。浙江省出口贱金属的 RCA 指数总体水平位于 1.25—2.5，说明浙江省的贱金属在国际市场上竞争力较强。数据显示，浙江省出口的机械器具具有中度的国际竞争力。此外，浙江省出口的矿物产品、化学产品和食品饮料在国际市场上的竞争优势都较弱，三者的 RCA 指数计算结果均小于 0.8。

对于黑山，其在贱金属和食品饮料的出口方面都具有极强的国际竞争力，但两者的 RCA 指数都呈现出波动递减的态势，且食品饮料的 RCA 指数在 2018 年首次低于 2.5，表明黑山出口食品饮料的国际竞争力在 2018 年由极强转变为了较强，并在之后的几年中都只有较强的国际竞争力。在矿物产品的出口方面，黑山起初只有中度的国际竞争力，但在之后的几年，其 RCA 指数迅速增加，国际竞争力也进一步扩大，拥有了较强的国际竞争力，RCA 指数更是在 2017 年达到了 2.3 的水平，虽然之后的几年其 RCA 指数开始波动递减，但黑山在矿物产品的出口上始终保持着较强的竞争优势。至于黑山出口的机械器具、纺织品、杂项制品以及化学产品在国际市场上的竞争优势都较弱。

两地对比来看，浙江省与黑山只在化学产品的出口上具有相似的竞争力，且竞争力都较弱，而在其他产品的出口上两地的竞争优势可谓是截然不同。浙江省制造业发达，纺织业更是浙江省经济发展的支柱型产业之一，因此浙江省出口的纺织品和杂项制品在全球市场上有着强劲的竞争力；反观黑山，旅游服务业是其重要的经济支柱，但黑山几乎没有制造业，所以在纺织制品和杂项制品的出口方面黑山的国际竞争力较弱。黑山地处巴尔干地区，环境优越，地理条件良好，拥有丰富的自然矿物资源，且当地生产的葡萄酒和饮料品质优良，口碑较好，因此，黑山出口的贱金属和食品饮料在国际上有着极强的竞争优势；浙江省则由于地处沿海，矿产资源相对我国中西部地区较为稀缺，省内钢铁产业发展重心是钢铁产品的加工，加工后的钢铁产品主要用于传统的机械制造行业，在国际市场中不具有较强的竞争优势，同时浙江省的食品、饮料制造业在国际竞争中缺乏核心竞争力，导致浙江在贱金属和食品饮料的出口方面竞争力较弱。

从长期来看，浙江省是以出口导向为主的地区，主要出口劳动密集型产品，包括工业制成品和机电产品等。现阶段浙江省出口增长速度快，规模大，贸易顺差大，存在出口商品过于集中，且劳动密集型产品比重过大；低水平扩张，出口商品技术含量低；出口商品自主品牌缺乏；出口量大，出口效益低下等问题。为了在国际贸易市场取得更大的竞争优势，浙江省首先需要加速推动外贸转型升级，优化外贸结构，优化产品结构；其次，要鼓励承接国际服务外包业务和技术出口；最后，要积极实施出口品牌发展战略，培育扶持具有较高国际知名度、出口效益好的商品。

表 6.2 2012—2021 年浙江省和黑山主要出口产品显示性比较优势指数表

RCA	出口产品	代码	2012	2013	2014	2015	2016	2017	2018	2019	2020	2021
浙江省	贱金属	T15	1.2	1.3	1.4	1.4	1.4	1.4	1.4	1.5	1.5	1.5
	机械器具	T16	1.0	1.0	0.9	0.9	0.9	0.9	0.9	0.9	0.9	1.0
	矿物产品	T05	0.1	0.1	0.1	0.1	0.1	0.1	0.1	0.1	0.1	0.1
	纺织品	T11	6.3	6.1	5.7	5.0	4.9	4.8	4.9	4.7	4.2	4.2
	杂项制品	T20	4.7	4.9	4.9	4.6	4.8	4.7	4.9	4.8	4.7	4.6
	化学产品	T06	0.7	0.6	0.6	0.6	0.6	0.6	0.6	0.6	0.6	0.6
	食品饮料	T04	0.3	0.3	0.2	0.2	0.2	0.2	0.2	0.2	0.2	0.2
黑山	贱金属	T15	6.7	4.7	4.4	5.2	4.3	4.3	4.2	4.0	3.6	3.9
	机械器具	T16	0.2	0.2	0.2	0.2	0.2	0.2	0.2	0.2	0.2	0.3
	矿物产品	T05	0.8	1.7	1.1	1.7	2.4	2.3	2.2	2.3	2.7	1.9
	纺织品	T11	0.1	0.1	0.1	0.1	0.1	0.1	0.1	0.1	0.1	0.2
	杂项制品	T20	0.2	0.2	0.2	0.2	0.2	0.2	0.2	0.2	0.4	0.3
	化学产品	T06	0.4	0.3	0.4	0.5	0.5	0.7	0.7	0.7	0.7	0.6
	食品饮料	T04	3.5	3.0	3.3	2.9	2.6	2.2	2.3	2.2	2.5	2.5

数据来源：新闻资讯《全球贸易观察》。

为了探究浙江省和黑山的贸易竞争情况与中国和黑山的贸易竞争情况的区别，本文以浙江省与黑山的主要出口产品为依据，计算了 2012—2021 年中国和黑山的出口产品显示性比较优势指数。如表 6.2 所示，选取浙江省和黑山两地区出口排名靠前的七类产品为主要出口商品。

浙江省和黑山的贸易竞争情况与中国和黑山的贸易竞争情况大致一致。在纺织品和杂项制品的出口上中国整体（包括浙江省）都有着极强的国际竞争力，同时在矿物产品、化学产品和食品饮料的出口方面，中国整体（包括浙江省）的国际竞争力都较弱。只有在贱金属和器械器具的出口方面，中国整体（包括浙江省）在国际市场上的竞争优势有本质的区别，浙江省的贱金属和机械器具在国际市场上分别具有较强和中度的竞争优势，而中国整体的贱金属和机械器具出口则在国际市场上分别有着中度和较强的竞争优势。浙江省的贱金属在国际市场上的竞争优势竟然比中国整体要高，而机械器具的国际竞争优势则不如整体水平。其中的主要原因是浙江省制造业相对发达，而出口的贱金属大多都是加工过的金属制品，浙江省的能源矿产、金属矿产探明储量较少，所以金属原矿以进口居多，但金属制品的出口量却巨大；至于机械器具，多年来都是中国出口的主要产品，2022年中国出口商品最多的是"工业制品"，其中排名第一的是机械及运输设备出口22.8万亿元，而浙江省的制造业近年来虽然快速发展升级，但无论是以前还是现在，浙江省的全省产业结构仍是以轻工业为主，这也就解释了为什么浙江省机械器具在国际市场上的竞争优势不如中国整体水平。

在纺织品和杂项制品的出口上浙江省和中国整体都有着较高的国际竞争力，但从RCA指数数值可以看出，浙江省在纺织品和杂项制品的出口竞争优势，已经超过了全国水平，浙江省的纺织品和杂项制品RCA指数分别在5.08和4.75左右的水平，而中国的纺织品和杂项制品RCA指数则分别在2.52和2.95左右的水平。浙江省在纺织服装行业的竞争优势与浙江省经济增长的路径特色密不可分，纺织服装业等轻工业品制造曾是改革开放初期的浙江省外向型经济的重点产业，之后作为传统支柱型产业得到长期高速发展，目前浙江省纺织服装业制造业集群密集、产业链齐全、面辅料及成衣市场发展成熟。

在矿物产品、化学产品和食品饮料的出口方面，中国整体（包括浙江省）的国际竞争力都较弱，且中国整体和浙江省的矿物产品和化学产品RCA指数大致处在相同的水平，浙江省在食品饮料的出口上国际竞争力稍弱于中国平均水平。

从浙江省和黑山的贸易竞争情况与中国和黑山的贸易竞争情况对比来看，在黑山出口贸易竞争力强的产品（贱金属等）上浙江省表现出弱于全国水平的贸易竞争力，而在黑山出口贸易竞争力较弱的产品（纺织品等）上，浙江省则表现出更强于全国水平的贸易竞争力。可见，中国和浙江省都与黑山的优势贸易竞争产品冲突不大，且浙江省在这方面表现得更为明显，如表6.3所示。

表 6.3　2012—2021 年中国和黑山主要出口产品显示性比较优势指数表

RCA	出口产品	代码	年份									
			2012	2013	2014	2015	2016	2017	2018	2019	2020	2021
中国	贱金属	T15	1.0	1.1	1.1	1.1	1.1	1.1	1.1	1.1	1.0	1.1
	机械器具	T16	1.8	1.8	1.7	1.6	1.6	1.6	1.6	1.6	1.5	1.6
	矿物产品	T05	0.1	0.1	0.1	0.1	0.1	0.2	0.2	0.2	0.2	0.1
	纺织品	T11	2.9	2.9	2.7	2.5	2.5	2.5	2.4	2.3	2.4	2.2
	杂项制品	T20	3.1	3.1	2.9	2.8	2.9	2.9	2.9	2.9	2.9	3.0
	化学产品	T06	0.5	0.5	0.5	0.5	0.5	0.5	0.5	0.5	0.5	0.6
	食品饮料	T04	0.5	0.4	0.4	0.4	0.4	0.4	0.4	0.4	0.3	0.3
黑山	贱金属	T15	6.7	4.7	4.4	5.2	4.3	4.3	4.2	4.0	3.6	3.9
	机械器具	T16	0.2	0.2	0.2	0.2	0.2	0.2	0.2	0.2	0.2	0.3
	矿物产品	T05	0.8	1.7	1.1	1.7	2.4	2.3	2.2	2.3	2.7	1.9
	纺织品	T11	0.1	0.1	0.1	0.1	0.1	0.1	0.1	0.1	0.1	0.1
	杂项制品	T20	0.2	0.2	0.2	0.2	0.2	0.2	0.2	0.2	0.2	0.3
	化学产品	T06	0.4	0.3	0.3	0.4	0.5	0.5	0.7	0.7	0.7	0.6
	食品饮料	T04	3.5	3.0	3.3	3.3	2.9	2.6	2.2	2.2	2.2	2.5

数据来源：新闻资讯《全球贸易观察》。

三、贸易竞争优势指数分析

贸易竞争优势指数也称作 TC 指数（Trade Competition Index），又叫作贸易竞争力指数，主要用于分析一个国家的某种产品相对于世界上同类型产品而言是否具有竞争优势。TC 指数是用一个国家或地区的进出口贸易差额与进出口贸易总额之比来衡量一个国家或地区的某种产品在国际市场上的竞争优势情况。贸易竞争优势指数用公式表示为：

$$TC = (X_{ij} - M_{ij})/(X_{ij} + M_{ij})$$

公式中的 X_{ij} 表示 i 国 j 类产品的出口总额，M_{ij} 表示 i 国 j 类产品的进口总额，公式表示 i 国 j 产品的净出口总额与 i 国 j 产品的进出口贸易总额。TC 指数的取值范围为 [-1, 1]，越靠近 -1 则意味着国际竞争力越弱，越靠近 1 则说明国际竞争力越强。当 TC 指数小于 0 时则说明该产品是缺乏国际竞争力的产品。根据公式测算 TC 指数可以将产品进行以下分类，如表 6.4 所示。

表 6.4　　　　　　　　　　TC 指数产品分类表

产品类别	TC 值取值范围
有极大竞争劣势产品	[-1, -0.6)
有较大竞争劣势产品	[-0.6, -0.3)
有微弱竞争劣势产品	[-0.3, 0)
有微弱竞争优势产品	[-0, 0.3)
有较强竞争优势产品	[0.3, 0.6)
有极强竞争优势产品	[0.6, 1]

表 6.5 反映出，浙江省出口产品的贸易竞争力情况，2012—2021 年浙江出口产品中第二类、第三类、第五类的 TC 指数平均值为负数，说明是缺乏国际竞争力的产品，且第二类（植物产品）、第三类（动、植物油、脂及其分解产品；精制的食用油脂；动、植物蜡）和第五类产品自 2012 年起 TC 指数一直为负值，远远低于其他发达国家，说明服务竞争水平低，具有明显的竞争劣势。具有微弱竞争优势的产品有 T01、T04、T06、T07、T09、T10，这些产品 10 年间偶尔出现负值，但总体而言 TC 值反映出其具有微弱竞争优势。T08、T11-T21 的 TC 指数均大于 0.3，且 T11、T12、T19、T20 的 TC 指数高达 0.9 以上，反映出浙江省的纺织原料及纺织制品、服装鞋帽、杂项制品等产品的出口额远远高于进口，即相对于世界上同类产品具有很强的竞争优势，这一结论与前一节计算 RCA 指数的结果相似，T11、T20 产品是具有极强出口优势的产品。由计算结果可知，不论是用贸易竞争优势还是显示性比较优势来衡量，浙江省的以上几类产品都具有极强的竞争优势。这与浙江省的产业结构密切相关，浙江省是一个服装纺织大省，2021 年全省纺织和服装行业规模以上工业企业实现工业总产值 10 003 亿元，营业收入 10 716 亿元，双双首破万亿大关，规模居于全国首位，纺织品服装出口额达到 822 亿美元，同样居于全国第一（浙江省统计局）。义乌作为浙江省对外贸易的一个重要出口城市，出口前五大类为纺织原料和纺织制品、杂项制品、塑料及制品，为浙江省的出口贸易作出了重大贡献。

表 6.5　　　　　2012—2021 年浙江省出口产品贸易竞争优势指数表

	大类代码	2012 年	2013 年	2014 年	2015 年	2016 年	2017 年	2018 年	2019 年	2020 年	2021 年	平均值
浙江省	T01	0.39	0.34	0.34	0.52	0.43	0.33	0.28	0.13	-0.16	-0.26	0.23
	T02	-0.25	-0.10	-0.13	-0.25	-0.30	-0.33	-0.31	-0.35	-0.39	-0.54	-0.30

续表

大类代码	2012年	2013年	2014年	2015年	2016年	2017年	2018年	2019年	2020年	2021年	平均值
T03	-0.93	-0.90	-0.87	-0.88	-0.90	-0.82	-0.84	-0.90	-0.89	-0.91	-0.88
T04	0.61	0.64	0.65	0.36	0.32	0.17	0.08	-0.01	-0.16	-0.20	0.25
T05	-0.60	-0.64	-0.73	-0.73	-0.80	-0.82	-0.79	-0.82	-0.80	-0.74	-0.75
T06	-0.19	-0.18	-0.04	0.06	0.09	0.01	-0.03	0.00	0.14	0.15	0.00
T07	0.03	0.14	0.25	0.33	0.34	0.26	0.28	0.30	0.32	0.43	0.27
T08	0.57	0.58	0.61	0.63	0.69	0.68	0.72	0.75	0.76	0.70	0.67
T09	0.14	0.12	-0.01	-0.01	0.01	-0.09	-0.07	-0.04	0.09	0.12	0.03
T10	-0.22	-0.02	0.09	0.16	0.21	0.12	0.11	0.30	0.25	0.28	0.13
T11	0.88	0.89	0.91	0.91	0.91	0.91	0.92	0.93	0.92	0.92	0.91
T12	0.99	0.99	1.00	0.99	0.99	0.99	0.98	0.98	0.98	0.99	0.99
T13	0.80	0.87	0.90	0.92	0.92	0.90	0.89	0.89	0.86	0.86	0.88
T14	0.49	0.51	0.45	0.61	0.72	0.34	-0.11	0.14	0.64	0.01	0.38
T15	0.15	0.27	0.40	0.46	0.49	0.37	0.30	0.36	0.24	0.19	0.32
T16	0.68	0.70	0.72	0.74	0.74	0.71	0.70	0.69	0.71	0.71	0.71
T17	0.96	0.95	0.95	0.94	0.92	0.89	0.82	0.83	0.85	0.89	0.89
T18	0.15	0.24	0.30	0.46	0.47	0.48	0.46	0.51	0.52	0.51	0.41
T19	1.00	1.00	1.00	0.99	1.00	0.99	1.00	0.99	1.00	1.00	1.00
T20	0.98	0.98	0.98	0.96	0.96	0.95	0.96	0.97	0.97	0.98	0.97
T21	-0.33	0.31	0.57	0.68	0.58	0.76	0.69	0.64	0.80	0.79	0.55

数据来源：新闻资讯《全球贸易观察》。

由表6.6可知，2012—2021年黑山各个产品的TC指数均为负值，说明黑山在近乎所有产品的对外贸易上都缺乏国际竞争力。除了少数产品，如第九类（木制品）、第十四类（珠宝首饰）、第十五类（贱金属）和第十九类（武器弹药）产品具有微弱的竞争劣势以外，黑山其他产品的出口贸易都具有极其明显的竞争劣势。不可否认的是，黑山是一个经济体量较小且以进口为主的国家，采用TC指数和RCA指数来反映黑山各类产品在国际市场上的竞争力情况的反映也有一定的局限性。

表6.6　2012—2021年黑山出口产品贸易竞争优势指数表

大类代码	2012年	2013年	2014年	2015年	2016年	2017年	2018年	2019年	2020年	2021年	平均值
T01	-0.94	-0.91	-0.61	-0.90	-0.89	-0.90	-0.91	-0.90	-0.86	-0.86	-0.87
T02	-0.76	-0.72	-0.74	-0.79	-0.81	-0.87	-0.82	-0.87	-0.83	-0.81	-0.80

续表

大类代码	2012年	2013年	2014年	2015年	2016年	2017年	2018年	2019年	2020年	2021年	平均值
T03	-0.67	-0.76	-0.65	-0.97	-0.98	-0.98	-0.98	-0.95	-0.97	-0.98	-0.89
T04	-0.69	-0.72	-0.72	-0.72	-0.75	-0.77	-0.80	-0.79	-0.77	-0.79	-0.75
T05	-0.72	-0.41	-0.62	-0.55	-0.46	-0.51	-0.49	-0.45	-0.37	-0.49	-0.51
T06	-0.89	-0.91	-0.87	-0.88	-0.84	-0.85	-0.79	-0.81	-0.80	-0.84	-0.85
T07	-0.96	-0.95	-0.96	-0.96	-0.94	-0.93	-0.95	-0.93	-0.92	-0.93	-0.94
T08	-0.15	-0.25	-0.32	-0.40	-0.47	-0.47	-0.56	-0.66	-0.59	-0.51	-0.44
T09	-0.19	-0.12	-0.03	0.12	0.04	0.01	-0.07	-0.07	0.00	0.05	-0.03
T10	-0.74	-0.74	-0.76	-0.73	-0.71	-0.74	-0.78	-0.80	-0.81	-0.76	-0.76
T11	-0.96	-0.97	-0.96	-0.97	-0.97	-0.98	-0.97	-0.96	-0.94	-0.94	-0.96
T12	-0.96	-0.95	-0.94	-0.97	-0.97	-0.98	-0.97	-0.98	-0.97	-0.97	-0.96
T13	-0.93	-0.85	-0.94	-0.96	-0.93	-0.88	-0.90	-0.92	-0.93	-0.89	-0.91
T14	0.24	-0.01	-0.62	-0.49	-0.05	-0.79	-0.19	-0.46	0.34	-0.61	-0.26
T15	0.20	0.00	-0.08	-0.03	-0.30	-0.29	-0.32	-0.35	-0.33	-0.24	-0.18
T16	-0.83	-0.84	-0.86	-0.87	-0.89	-0.90	-0.90	-0.88	-0.87	-0.81	-0.87
T17	-0.90	-0.89	-0.91	-0.86	-0.88	-0.78	-0.88	-0.85	-0.82	-0.87	-0.86
T18	-0.94	-0.97	-0.95	-0.95	-0.96	-0.92	-0.86	-0.90	-0.86	-0.86	-0.92
T19	-0.51	0.21	0.23	0.57	0.20	-0.03	-0.60	0.38	-0.08	-0.56	-0.02
T20	-0.97	-0.96	-0.97	-0.96	-0.96	-0.97	-0.97	-0.97	-0.93	-0.94	-0.96
T21	-0.16	-0.36	-0.57	-0.13	-0.86	-0.08	-0.91	-0.46	-0.50	-0.49	-0.45

数据来源：新闻资讯《全球贸易观察》。

第二节
浙江省与黑山的贸易互补性

一、贸易互补性指数分析

本节采用贸易互补性指数（TCI）对两地的贸易互补情况进行分析。贸易互补性指数（TCI）用公式表示为：

$$TCI_{kij} = RCA_{kxij} \times RCA_{kmij}$$

$$RCA_{kxij} = \frac{X_{kij}/X_{ij}}{X_{kiw}/X_{iw}}$$

$$RCA_{kmij} = \frac{M_{kji}/M_{ji}}{M_{kjw}/M_{jw}}$$

其中，TCI_{kij} 表示 i 国与 j 国关于 k 产品的贸易互补性指数。RCA_{kxij} 表示 i 国在对 j 国出口 k 产品方面的显性比较优势；RCA_{kmij} 表示 j 国在从 i 国进口 k 产品方面的显性比较优势。X_{kij} 表示 i 国向 j 国出口 k 产品的金额，X_{ij} 表示 i 国向 j 国出口所有产品的出口额。X_{kiw} 表示 i 国向世界出口 k 产品的金额，X_{iw} 表示 i 国向世界出口所有产品的金额。M_{kji} 表示 j 国向 i 国进口 k 产品的金额，M_{ji} 表示 j 国向 i 国进口的所有产品的进口额，M_{kjw} 表示 j 国从世界进口 k 类产品的金额，M_{jw} 表示 j 国从世界进口所有产品的进口额。

综合贸易互补性指数（CTCI）用公式表示为：

$$C_{ij} = \sum_{k} TCI_{kij} \times (X_{kiw}/X_{iw})$$

其中 C_{ij} 表示两国的综合贸易互补性指数，TCI_{kij} 表示 i 国和 j 国关于 k 类产品的贸易互补性指数，X_{kiw} 表示 I 国向世界出口 k 产品的出口额，X_{iw} 表示 i 国向世界出口所有产品的出口额。

为了测算浙江省与黑山之间的贸易互补性指数，根据海关 HS 编码将产品分为二十二类的分类标准，因为浙江省和黑山的地区贸易以浙江省出口黑山为主，所以在浙江省出口，黑山进口的 TCI 指数测算上，本节选取 2012—2021 年浙江省出口黑山贸易额排名靠前的十五类产品相关的贸易数据，分别是：（1）第十六类：机械器具；（2）第十一类：纺织品；（3）第二十类：杂项制品；（4）第十五类：贱金属；（5）第六类：化学产品；（6）第七类：塑料橡胶；（7）第十三类：石料玻璃；（8）第十二类：鞋帽制品；（9）第八类：皮革皮毛；（10）第十类：木浆纸品；（11）第十七类：运输设备；（12）第十八类：仪器仪表；（13）第九类：木制品；（14）第一类：活物；（15）第四类：食品饮料。而在黑山出口，浙江省进口的 TCI 指数测算上，本节选取 2012—2021 年黑山出口浙江省贸易额排名靠前的两类产品相关的贸易数据，分别是第四类的食品饮料和第九类的木制品（其他的产品 TCI 指数测算出来的数值只有少部分年数不为零）。根据上文中浙江省与黑山之间参与对外贸易的主要产品在 2012—2021 年的进出口数据，分别计算贸易互补性指数（TCI）以及综合贸易互补指数（CTCI），计算结果如表6.7所示。

表6.7　2012—2021年浙江省和黑山的TCI指数和CTCI指数

大类代码	HS编码	浙江省出口—黑山进口									
		2012年	2013年	2014年	2015年	2016年	2017年	2018年	2019年	2020年	2021年
TCI	T16	2.5	1.8	1.5	0.3	0.4	1.0	0.4	0.5	0.7	0.9
	T11	3.3	1.6	3.2	3.9	6.7	2.5	1.6	1.8	2.1	2.8
	T20	4.0	2.6	2.2	2.3	2.3	2.8	2.9	3.9	3.5	8.6
	T15	3.9	1.2	1.5	1.3	1.2	1.3	1.9	1.6	1.9	2.8
	T06	1.2	6.3	3.6	7.9	1.1	2.4	0.9	0.7	0.7	0.2
	T07	0.6	0.7	0.7	1.3	2.3	0.9	16.8	11.6	3.3	1.9
	T13	11.4	13.9	12.6	13.8	13.8	22.4	21.7	15.6	11.1	10.6
	T12	4.1	4.7	6.4	8.8	8.1	8.5	3.9	3.7	6.6	5.8
	T08	0.4	10.2	8.0	3.5	3.4	4.1	2.1	3.7	3.9	3.0
	T10	0.7	0.7	0.7	1.5	3.4	2.1	0.4	1.4	5.4	0.3
	T17	0.1	0.0	0.0	0.0	0.0	0.0	0.0	0.0	0.1	0.2
	T18	0.9	1.2	0.3	0.2	0.5	0.5	0.3	0.2	0.5	0.2
	T09	1.8	0.6	1.0	0.9	1.1	2.4	1.7	2.3	1.5	
	T01	0.1	0.7	0.5	0.0	0.5	0.2	0.1	0.0	0.0	0.1
	T04	0.0	0.0	0.0	0.0	0.0	0.0	0.0	0.0	0.1	0.1
CTCI		2.6	2.2	2.4	2.6	3.0	2.3	2.7	2.5	2.1	2.6

数据来源：新闻资讯《全球贸易观察》。

  因为浙江省和黑山的各产品贸易互补性指数（TCI）差异较大，无法进行系统的大类分析，因此我们按产品分类逐一进行研究分析。

  当浙江省为贸易出口地，黑山为贸易进口地时，机械器具的贸易互补性指数在2015年之前大于1，说明在此期间内黑山和浙江省在机械器具的进出口上具有较强的贸易互补性，但在2012—2014年贸易互补性指数逐年降低，互补关系逐渐减弱，而到了2015年及之后的几年，两地的机械器具贸易互补性指数不停波动且始终小于1，说明2015年以后当浙江省向黑山出口时，浙江省和黑山在机械器具上不具有贸易互补性。机械器具作为资本密集型产业的机械与运输设备产业组，是浙江省最重要的出口产业。在2010—2022年机械器具和纺织品一直是浙江省出口最多的产品，且黑山对机械器具的进口需求也较大，在2010—2022年黑山进口的产品中机械器具的进口额一直处于前三的水平,其中 2015—2021 年,机械器具是黑山进口最多的产品。但浙江省出口黑山的机械器具占黑山进口机械器具总额的比重却从 2012 年的 1.86% 一直降低到了 2022 年的 0.76%。可见,不仅浙江省出口黑山的机械器具占黑山进口机械器具总额的比重在不断降低,两地的贸易互补性指数也呈现出降低的大趋势,两地就机械器具的贸易方面联系逐渐减少,互补关系也正在减弱。虽然浙江省的制造业发展迅速,且正在从劳动密集型产业向资本和技术密集型产业过渡,尤其是装备制造业、高新技术产业正在逐步向高端化发展,产业结构也在不断优化升级,但浙江省的机械器具在国际市场上的竞争优势却并不显著,仅具有中度的国际竞争力。要想促进浙江省的制造业走向国际化、高端化,还需要不断优化产业结构,积极承接国际服务外包业务,扩大技术出口,提高产品知名度,并进一步推进产品质量和效益的提升,加快自主创新。

从纺织品来看,2012—2021 年两地的贸易互补性指数始终都大于 1。可见,当浙江省向黑山出口时,两地在纺织品上具有较强的贸易互补性。2012—2021 年两地的纺织品贸易互补性指数波动较大,在 2016 年达到最高的 6.71,在 2013 年则达到最低的 1.63,但在近 5 年两地的纺织品贸易互补性指数稳定在 2.16 左右的水平。总地来说,黑山和浙江省在纺织品的进出口上互补关系较强且渐趋稳定。这是因为浙江省纺织工业实力雄厚,拥有廉价的劳动力和完整的产业链以及产业集群优势,国际竞争力大,出口贸易结构逐渐优化;同时,纺织品是浙江省出口的主要产品之一,而黑山对纺织品的需求也较大。

从杂项制品来看,2012—2021 年浙江省和黑山的贸易互补性一直处于较高的水平,其 TCI 指数远大于 1。关于此期间内两地贸易互补性的变动情况,在前 9 年两地的 TCI 指数大致处于 2.94 的水平,但到了 2021 年其 TCI 指数迅速增加到了 8.63。

从贱金属来看,浙江省和黑山两地的贸易互补性也始终都处在较高的水平,TCI 指数大于 1 但未超过 4。同时,2012—2021 年两地的 TCI 指数波动并不算大,大致处于 1.84 的水平。

从化学产品来看,其 TCI 指数波动非常大,最高值为 2015 年的 7.87,最低值为 2021 年的 0.22。同时,在 2018 年之前,浙江省和黑山两地的化学产品贸易互补性处在较高的水平,但到了 2018 年及之后的几年两地则不存在贸易互补性。浙江省出口化学产品的贸易额较大,但在国际市场上浙江出口的化学产品却并没有太大的竞争优势,反而竞争优势较弱,所以黑山和浙江在化学产品上的贸易联系逐渐减少,也是情有可原的。

从塑料橡胶来看,其 TCI 指数的波动可谓异常地大,2018 年的最高值可达 16.77,但 2012 年的最低值仅为 0.63,相差了整整 16.14。大部分年份浙江省和黑山的塑料橡胶 TCI 指数都在 1 和 2 左右的水平,但在 2018 年和 2019 年其 TCI 指数数值竟高于 10。可见,两地的塑料橡胶贸易互补关系在这两年显著提升,其中有特定的短期原因存在(如政策的变动等)。

从石料玻璃来看,浙江省和黑山两地有着极强的贸易互补性,其 TCI 指数在 2012—2021 年始终高于 10,在 2017 年和 2018 年甚至高达 20 以上。这说明,当浙江省为出口地时,两地在石料玻璃的贸易上联系极其密切,互补关系极强。所以在今后的地区贸易中,浙江省可以大力发展从黑山进口石料玻璃的贸易,但由于黑山本身的经济体量较小,浙江省和黑山在该品类的地区贸易合作空间终究是较低的。

从鞋帽制品来看,浙江省和黑山也有着较强的贸易互补性,其 TCI 指数数值围绕着 6.07 左右的水平上下波动,最高为 2015 年的 8.83,最低则是 2019 年的 3.71。浙江省作为纺织服装的主要出口地区,每年的出口额都较高,2022 年浙江省出口的鞋帽制品出口额占全国的 18.02%,可以说是一个相当高的占比;同时,浙江省出口的鞋帽制品在国际市场上也有着极强的竞争优势,其中 2010—2022 年的 RCA 平均指数高达 4.42,同浙江省出口的纺织品 RCA 指数相当。而黑山进口的鞋帽制品中 4.37% 都来自浙江省,因此两地就鞋帽制品的贸易联系可谓是相当密切,互补关系极强,其 TCI 指数甚至比纺织品还要高许多。今后,浙江省和黑山可以就鞋帽制品的贸易进行深入的合作交流,在促进两地贸易合作的同时还能提高浙江省的纺织服装品在中东欧地区的品牌知名度,并进一步提高浙江省鞋帽制品在国际市场上的竞争力。

从皮革皮毛来看,2012 年浙江省和黑山在该产品上还不具有贸易互补性,但到了 2013 年浙江省和黑山就皮革皮毛的贸易互补性不仅实现了从无到有,还处在一个相当高的水平,其 TCI 指数更是高达 10.24。但在后面的几年,浙江省和黑山的贸易互补性又表现出了下降的趋势,继 2013 年 8.03 的 TCI 指数后,2014—2021 年浙江省和黑山的 TCI 指数平均只有

3.39 左右的水平，两地的贸易联系和互补关系正在逐渐减弱。浙江省出口以及黑山进口的皮革皮毛相对其他产品而言都是比较少的，并且浙江省出口到黑山的皮革皮毛占黑山进口皮革皮毛总额的 1.89%。总地来说，两地就皮革皮毛的贸易互补性是在 2013 年突增的，但在后来的几年两地的贸易联系和互补关系都逐渐减弱了。因为考虑到黑山本身经济体量较小而浙江省又是出口较多的地区，所以皮革皮毛的贸易两地可以发展但终究不是主流。

从木浆纸品来看，其 TCI 指数的波动也较大，且趋势是先上升后下降，再上升后又下降，在 2012—2021 年存在两个峰值，分别是 2016 年的 3.37 和 2020 年的 5.37，其波动的幅度较大，贸易互补性指数时常低于 1。除了 2016 年和 2020 年浙江省和黑山在木浆纸品的贸易上有着较强的贸易互补性，其他年份贸易互补性普遍偏低。从现有数据来看，木浆纸品的 TCI 指数大致存在 5 年的周期，尚需进一步分析具体原因，包括政策及重点企业战略调整等因素。

从运输设备、仪器仪表、活物和食品饮料方面来看，2012—2021 年浙江省和黑山在这 4 种产品的贸易上基本不具有贸易互补性，除了 2013 年仪器仪表的 TCI 指数略高于 1，其他所有产品在 2012—2021 年 TCI 指数都小于 1。值得一提的是，当浙江省向黑山出口食品饮料时，其 TCI 指数几乎趋近于 0，可见，当浙江省向黑山出口食品饮料时，双方几乎没有贸易联系和互补关系。黑山每年进口食品饮料的总额并不低，但是浙江省的食品饮料产业对外出口贸易并不发达，在国际市场上的竞争力较弱，甚至低于全国平均水平；出口食品饮料的出口额相比其他产品来说也较低，且因为浙江省和黑山距离较远，食品饮料运输成本较高，又没有品牌竞争优势，导致国际竞争力进一步削弱，对黑山的出口很少。所以当浙江省出口食品饮料时，两地没有贸易互补性。其他的 3 种产品由于 TCI 指数都小于 1，所以两地在运输设备、仪表仪器和活物的贸易上也不具备贸易互补性，而且这 3 种产品无论是浙江省的出口还是黑山的进口相比于其他产品都不算多。

从木制品来看，两地的贸易互补性指数先下降后升高，在 2014 年达到最低的 0.21，在 2018 年达到最高的 2.36。总体来说，木制品的 TCI 指数并不是非常高，但近 5 年来其 TCI 指数保持在 1.8 左右，浙江省和黑山在木制品上的贸易互补性在从无到有后,保持了较高的水平。浙江省的木制品出口额相较于其他产品并不算多,且出口的木制品大部分是家具,而在出口的家具中又以劳动密集型的中低档、低价格家具产品为主。黑山对木制品的进口需求也不大,且浙江省的木制品在国际市场上竞争力并不算强,所以两地木制品的贸易联系和互补关系虽然在逐渐增强并趋于稳定,但始终不是两地贸易往来的主要产品,发展前景也十分有限。

2012—2021 年浙江省和黑山的综合贸易互补性指数(CTCI)均大于 1,且一直保持在 2.52 左右的水平,波动较小,说明浙江省和黑山之间具有较强的贸易互补性。

如表 6.8 所示,当黑山为贸易出口地,浙江省为贸易进口地时,可以很明显地看到食品饮料的贸易互补性指数相当高,最高的时候甚至高达一千多,其原因是黑山出口浙江省的产品以食品饮料为主,且食品饮料的出口额占黑山出口浙江省贸易总额的很大一部分,2021 年黑山对浙江省的食品饮料出口额占两地贸易总额的 71%,在其他年份这个比重甚至更高。黑山的食品饮料在国际市场上的竞争力较大,且黑山出口浙江省和中国的食品饮料只有 HS 编码第 22 章的饮料、酒及醋,这中间又以酒为主。葡萄酒文化在黑山是非常浓厚和悠久的,早在 1970 年,黑山的独有葡萄品种 VRANAC(维拉纳)就在伦敦博览会上获得奖项,黑山的帕朗达宇酒庄是欧洲最大的葡萄酒生产商之一,拥有欧洲最大的单体葡萄园。黑山与浙江省的葡萄酒贸易合作相当密切,在全国进口黑山食品及饮料贸易额中,浙江省长期占一半以上,其中主要的进口产品就是葡萄酒。所以,黑山和浙江省在食品饮料的贸易上可谓是具有极强的贸易互补性,贸易联系极其密切,这为浙江省和黑山在食品饮料的贸易上进行深入合作打下了坚实的基础。

表 6.8 2012—2021 年浙江省和黑山的 TCI 指数和 CTCI 指数

大类代码	HS 编码	黑山出口省—浙江省进口									
		2012 年	2013 年	2014 年	2015 年	2016 年	2017 年	2018 年	2019 年	2020 年	2021 年
TCI	T04	740.7	1 829.8	1 122.2	572.6	470.1	645.1	665.4	622.5	427.1	315.1
	T09	137.3	3.3	20.7	1.9	8.8	1.2	2.0	0.0	5.0	67.2
CTCI		83.0	171.5	118.1	62.7	48.1	56.4	47.4	48.4	34.7	31.0

数据来源:新闻资讯《全球贸易观察》。

至于木制品方面，TCI 指数波动极大，在 2012 年高于 100，却又在 2019 年趋近于 0，但总体来说 TCI 指数基本都大于 1，说明黑山和浙江省在木制品的贸易上也具有较强的贸易互补性。

2012—2021 年黑山和浙江省的综合贸易互补性指数（CTCI）均远大于 1，说明当黑山为出口国时，黑山和浙江省之间具有极强的贸易互补性。这与黑山同浙江省在酒、饮料方面的贸易合作有着紧密的联系，也进一步印证了浙江省和黑山之间的良好贸易合作伙伴关系。

据黑山国家统计局统计，2022 年，黑山对外贸易额为 42.4 亿欧元，较上年增长 44.1%。其中，出口额为 7 亿欧元，增长 60.2%，进口额为 35.4 亿欧元，增长 41.3%。黑山主要出口商品为有色金属（1.7 亿欧元）、电力（1.7 亿欧元）、木材（4 320 万欧元）、金属矿砂（4 175 万欧元）、医药产品（3 312 万欧元）等；主要进口商品为石油及成品油（4 亿欧元）、公路车辆（2.3 亿欧元）、电力（2.1 亿欧元）、医药产品（1.5 亿欧元）、电气机械和器材（1.4 亿欧元）等。黑山前三大出口目的国为塞尔维亚、瑞士和波黑，前三大进口来源国为塞尔维亚、中国和希腊。2022 年，中国与黑山进出口贸易额为 3.4 亿欧元，较上年增长 36.9%。其中，中方出口额为 3.3 亿欧元，增长 34.8%；进口额为 1 285 万欧元，增长 126.1%。根据瀚闻资讯系列网站以及联合国商品贸易统计数据库的数据可知，2022 年浙江省出口黑山的贸易额占中国出口黑山贸易额的 26.06%，且浙江省出口黑山的贸易额较 2021 年同比增加 59.86%，进口黑山的贸易额也有非常显著的增长。可见，浙江省与黑山是彼此重要的贸易伙伴，两地的地区贸易合作发展迅速。

二、产业内贸易指数分析

产业内贸易指数是被用来衡量一个产业内部商品交易在总贸易中的比例的指标。经济学家巴拉萨于 1966 年首次提出产业内贸易的概念，格鲁拜尔和劳埃德于 1975 年出版了《产业内贸易：差别化产品国际贸易的理论与度量》，提出了 Grubel-Llyod 指数（简称 GL 指数），该指数是分析不同产品在国际贸易中的产业内贸易情况的常用方法。

本节旨在运用产业内贸易指数来检测浙江与黑山之间所有贸易产品的产业内贸易水平，并分析地区贸易的互补性情况。产业内贸易指数的计算公式如下：

$$GL = 1 - \left(\frac{|X_i - M_i|}{X_i + M_i} \right)$$

公式中 X_i 表示某国 i 类产品的出口额，M_i 表示某国 i 产品的进口额，本节中的 X_i 为浙江省向黑山出口 i 产品的贸易总额，M_i 表示浙江从黑山进口 i 产品的贸易总额。产业内贸易指数 GL 的范围是（0，1），越靠近 1 则表示浙江省与黑山 i 类产品的产业内贸易程度越高，即浙江省与黑山于 i 类产品的互补性越低；反之若 GL 是越接近 0，则表示浙江省与黑山之间关于 i 类产品的产业间贸易程度越低，浙江省与黑山 i 产品的互补性越高。产业内贸易指数以 0.5 为界限，当 GL 在（0.5，1）时说明产业内贸易是占优势的；若是 GL 在（0，0.5）则说明产业内贸易不占优势。根据 GL 指数将产品进行分类，产品类型如表 6.9 所示。

表 6.9　　　　　　　　GL 指数产品分类表

产品类型	GL 指数范围
产业内贸易具有优势产品	(0.5, 1]
产业内贸易具有劣势产品	[0, 0.5]

由表 6.10 可知，浙江省与黑山产业内贸易指数均小于 0.5，说明浙江省与黑山的贸易不具有产业内贸易优势，以产业间贸易为主，即在一定时间内，同一类型产业只存在进口或者只存在出口，浙江省与黑山的产品贸易流向是单向流动的。

表 6.10　　　2012—2021 年浙江省与黑山产业内贸易指数表①

大类代码		2012 年	2013 年	2014 年	2015 年	2016 年	2017 年	2018 年	2019 年	2020 年	2021 年	平均值
以浙江省为出口	T03										0.08	0.08
	T04	0.34	0.03	0.18	0.00	0.00	0.00	0.00	0.24	0.34	0.20	0.13
	T07	0.03										0.03
	T09	0.49	0.08	0.40	0.34	0.51	0.39	0.36	0.00	0.29	0.66	0.35

数据来源：新闻资讯《全球贸易观察》。

---

① 注：- 及其他未显示的商品表示数值为 0 或无有效计算结果，即只有单方面的贸易往来或双方都没有贸易往来的商品。

第三节
浙江省与黑山的贸易潜力

一、分国别贸易潜力测算

浙江省与黑山的贸易潜力属于潜力再造型。同时，因为14个中东欧国家本身存在着国家规模、经济自由化水平等方面的差异，因此，浙江省分别与14个中东欧国家之间的地区贸易也就存在明显差异。所以，本节需要分国别来测算浙江省与14个中东欧国家之间的贸易潜力状况。并通过对比浙江省与其他中东欧国家的地区贸易潜力状况，来深入挖掘浙江省与黑山的地区贸易潜力。

本节采用扩展的引力模型来估算两个国家或地区间的总体贸易潜力，用公式表示为：

$$\ln x_{ijt} = \beta_0 + \beta_1 \ln y_{it} + \beta_2 \ln y_{jt} + \beta_3 MRGDIS^*_{ij}$$
$$+ \beta_4 MRPDIS^*_{ijt} + \beta_5 MRFREE^*_{ijt} + \beta_6 MRBWTO^*_{ijt} + \varepsilon_{ijt}$$

其中，x_{ijt} 为 t 期从国家 i 出口到国家 j 的贸易量。y_{it} 为 t 期国家 i 的经济规模（GDP）。y_{jt} 为 t 期国家 j 的经济规模（GDP）。$MRGDIS_{ij}$、$MRPDIS_{ijt}$、$MRFREE_{ijt}$、$MRBWTO_{ijt}$ 分别为地理距离、政治距离、经济自由化和都是世界贸易组织成员的 Baier and Bergstrand（2009）型多边阻力项。β 系数反映了在 t 期，i 国、j 国的经济规模（GDP）每增加 1%，则从国家 i 出口到国家 j 的贸易量增加 β1%、β2%；当地理距离、政治距离、经济自由化和都是世界贸易组织成员的 Baier and Bergstrand（2009）型多边阻力项的数值每增加 1，则从国家 i 出口到国家 j 的贸易量增加 β3%、β4%、β5%、β6%。ε_{ijt} 为传统的均值为零的随机干扰项，且假设其独立同分布。参照 Shepherd（2016）的做法，本节将标准误差聚类到地理距离。

二、数据说明

本节数据来源于国际贸易研究及决策支持系统。该数据库涵盖了22

类、99 章、1 200 个四位码商品、7 800 多个八位码商品的海关统计数据，涉及 250 个区域和国家，包含全国 31 个省、自治区、直辖市以及 21 种贸易方式，可以通过对商品、伙伴国、地区、贸易方式、贸易流向、指标、时间七个维度交叉查询到所需要的庞大月度数据，为本章提供全方位立体化的贸易数据。因西藏自治区和青海省等的地区贸易数据小，且在有些年份没有做统计，本节删除这两个地区的数据。为了做横向和纵向两个维度的年度数据对比，本节选取 2009 年 1 月—2021 年 12 月的数据，并加总到年度数据，因此本节所采用的数据是 2009 年 1 月—2021 年 12 月全国 29 省、自治区、直辖市与 14 个中东欧国家在 22 类产品的进口、出口和进出口总额的贸易数据。

三、变量说明

1. 被解释变量：地区贸易额。用浙江省与中东欧国家的地区贸易额来衡量，以 lntrade 的形式进入计量模型。

2. 核心解释变量：分为五类：①地理距离和地理距离的多边贸易阻力项。地理距离用 CEPII Gravity 数据库中人口密集城市之间人口加权处理的距离来量化，以 lngdis 的形式进入计量模型。地理距离的多边贸易阻力项，用 Baier and Bergstrand（2009）的方法估算得到，以 MRGDIS 的形式进入计量模型。②政治距离和政治距离的多边贸易阻力项。政策距离用 CEPII Gravity 数据库中的联合国投票分歧得分（Diplo Disagreement）来量化，该指标经过标准化处理，其均值为 0，标准差为 1，以 lnpdis 的形式进入计量模型。政策距离的多边贸易阻力项，用 Baier and Bergstrand（2009）的方法估算得到，以 MRPDIS 的形式进入计量模型。③经济自由化和经济自由化的多边贸易阻力项。经济自由化的数据来源于美国传统基金会网站中经济自由化指数（Index of Economic Freedom），具体用中国相对于进口国的经济自由化指数来量化，以 lnfree 的形式进入计量模型。经济自由化的多边贸易阻力项，用 Baier and Bergstrand（2009）的方法估算得到，以 MRFREE 的形式进入计量模型。④都是世界贸易组织成员，数据来源于 CEPII Gravity 数据库。如果中国和进口国在某年都是世界贸易组织成员，则 bwto 等于 1，否则等于 0，以 bwto 的形式进入计量模型。Bwto 的多边贸易阻力项，同样是用 Baier and Bergstrand（2009）的方法估算得到，以 MRBWTO 的形式进入计量模型。⑤浙江省与进口国的国内生产总值。浙江省的国内生产总额数据来源于浙江省统计局，人民币汇率来源于中国国家统计局和中国商务部。进口国国内生产总值数据来源于 CEPII Gravity 数据库，分别以 lngdpi 和 lngdpj 的形式进入计量模型。表 6.11 是本章的变量说明。

表 6.11　　　　　　　　　　变量说明

变量类型	变量名称	变量形式	数据来源
被解释变量	地区贸易额	lntrade	CEPII BACI 数据库
解释变量	浙江省 GDP	lngdpi	浙江省统计局
	进口国 GDP	lngdpj	CEPII Gravity 数据库
	地理距离	lngdis	CEPII Gravity 数据库
	政治距离	lnpdis	CEPII Gravity 数据库
	经济自由化	lnfree	CEPII Gravity 数据库
	都是 WTO 成员	Bwto	CEPII Gravity 数据库
	广义地理距离多边贸易阻力	MRGDIS	Bonus Vetus OLS 估算所得
	广义政治距离多边贸易阻力	MRPGIS	Bonus Vetus OLS 估算所得
	广义经济自由化多边贸易阻力	MRFREE	Bonus Vetus OLS 估算所得
	广义都是 WTO 成员多边贸易阻力	MRBWTO	Bonus Vetus OLS 估算所得

从表 6.12 的变量统计性描述可以看出，无论是标准差、最小值和最大值，地理距离多边贸易阻力项的数值都最低，这初步说明浙江省与中东欧国家之间的贸易量受地理距离的影响有限。另外，广义地理距离、政治距离、经济自由化和都是 WTO 成员多边贸易阻力的数据均值都偏低，这些一定程度上表明浙江省与中东欧国家之间的贸易潜力有较大提升空间。

表 6.12　　　　　　　　　　变量的统计性描述

变量名称	观察值	均值	标准差	最小值	最大值
lntrade	168	0.864	1.635	-2.751	3.931
lngdpi	168	20.27	0.310	19.63	20.66
lngdpj	165	17.86	1.320	15.21	20.21
MRGDIS	168	$9.08e-08$	0.0002	-0.0006	0.0003
MRPGIS	168	$1.66e-09$	0.147	-0.933	0.342

续表

变量名称	观察值	均值	标准差	最小值	最大值
MRFREE	168	1.04e−08	0.0520	−0.150	0.124
MRBWTO	168	−1.66e−08	0.116	−0.750	0.250

在计量分析之前，先进行各个变量之间的相关性分析。从表 6.13 的 Spearman 秩相关系数矩阵可以看出，各个变量之间的秩相关系数都在 0.5 以下。进一步地，从方差膨胀因子（VIF）可以看出，6 个变量的 VIF 值都在 10 以内，最大值为广义经济自由化多边贸易阻力 VIF 值，数值也仅为 2。总之，6 个解释变量之间不存在严重的多重共线性问题，可以进行接下来的贸易潜力估计。

表 6.13　　　　变量之间的 Spearman 秩相关系数矩阵

	lngdpi	lngdpj	MRGDIS*	MRPGIS*	MRFREE*	MRBWTO*
lngdpi	1					
lngdpj	0.0567	1				
MRGDIS	−0.4651	0.0733	1			
MRPGIS	−0.4339	0.00620	0.4241	1		
MRFREE	0.5206	0.0795	−0.5614	−0.2248	1	
MRBWTO	0.174	−0.2196	−0.105	−0.0869	0.0110	1

在估计贸易潜力之前，先对结构引力模型公式进行回归估计，结果如表 6.14 所示。列（1）是 Baier and Bergstrand（2009）的"绝佳的传统最小二乘估计方法"（Bonus Vetus OLS）的估计结果。从各个变量的系数来看，出口国 GDP 对浙江省与进口国之间的地区贸易的影响显著为正，符合传统引力模型的基本观点，即出口国的规模越大，越有能力生产产品以供出口。进口国 GDP 对浙江省与进口国之间的地区贸易的影响同样显著为正，说明进口国的规模越大，越有能力进口更多的产品，也符合传统引力模型的结论。广义地理距离多边贸易阻力对浙江省与进口国之间的地区贸易的影响为负，但不具有统计学意义。广义政治距离多边贸易阻力对浙江省与进口国之间的地区贸易的影响为正，但不具有统计学意义。广义经济自由化多边贸易阻力对浙江省与进口国之间的地区贸易的影响为正，也不具有统计学意义。广义都是 WTO 成员多边贸易阻力对浙江省与进口国之间的地区贸易的影响为负，也不具有统计学意义。

表 6.14　　回归结果

	（1） BVOLS	（2） OLS
lngdpi	0.8397	0.6428
	(0.2496)	(0.2302)
lngdpj	1.0712	1.0337
	(0.0927)	(0.1106)
MRGDIS	-2.8e+02	
	(385.4310)	
MRPGIS	0.0642	
	(0.5358)	
MRFREE	0.2268	
	(1.6273)	
MRBWTO	-0.5208	
	(0.3586)	
lndist		4.1781
		(4.0669)
lnpoldist		0.0139
		(0.5452)
lnfree		1.9052
		(1.0825)
bothin		1.1358
		(0.4467)
常数项	-35.3098	-68.7821
	(4.9447)	(38.2349)
观察值	165	165
R2	0.7814	0.8350
R2_a	0.7731	0.8287
F 统计量	33.3036	36.0365

列（2）是最小二乘估计方法（OLS）的估计结果。从各个变量的系数来看，出口国 GDP 和进口国 GDP 对地区贸易的影响都为正，且都在 1% 的显著性水平下显著，也证实了 Bonus Vetus OLS 估计结果的稳健性。地理距离和政治距离对地区贸易距离的影响都为正，但都不具有统计学意义。经济自由化对地区贸易的影响为正，且在 10% 的显著性水平下显著，即中国与相对于进口国的经济自由化程度越高，浙江省与进口国之间的地区贸易额就越多。广义都是 WTO 成员多边贸易阻力对浙江省与进口国之

间的地区贸易的影响为正，且5%的显著性水平下显著，即贸易双方如果都是WTO成员，越有助于地区贸易的开展。

表6.15是采用Baier and Bergstrand（2009）的"绝住的传统最小二乘估计方法"（Bonus Vetus OLS）的估计结果。从14个国家样本数据的估计结果来看，6个解释变量中大多变量对地区贸易的作用方向与总样本的结果基本类似，且14个样本估计结果的拟合优度都较高，可以用来预测浙江省与14个中东欧国家的贸易潜力。

表6.15　细分国家样本的 Bonus Vetus OLS 估计结果

国家	lngdpi	lngdpj	MRGDIS	MRPGIS	MRFREE	MRBWTO	R2_a
黑山	-0.3348 (0.1266)	0.9112 (0.2465)	-1.2e+02 (58.5108)	-0.0506 (0.0642)	-0.5172 (0.3015)	0.2109 (0.0537)	0.3834
阿尔巴尼亚	1.6825 (0.0802)	-0.8096 (0.4126)	-92.8045 (179.4006)	0.0571 (0.4333)	0.9921 (0.3494)	0.0000 (.)	0.9679
波黑	1.3368 (0.8650)	3.3732 (1.5818)	-3.1e+02 (386.3082)	-0.2843 (0.8797)	4.0491 (5.6782)	0 (0)	0.8588
保加利亚	0.8202 (0.0739)	1.1058 (0.1454)	407.7764 (125.6662)	-0.0303 (0.2038)	-1.1502 (1.3444)	0 (0)	0.9732
克罗地亚	-0.0318 (0.2636)	2.6749 (1.3079)	-1.4e+02 (596.2774)	0.1038 (0.4074)	-2.6009 (3.2859)	0 (0)	0.4454
捷克	0.6591 (0.1951)	1.3237 (0.7317)	11.5377 (112.4165)	0.1767 (0.4881)	0.4944 (0.9053)	0 (0)	0.8579
希腊	2.3107 (0.0483)	2.9277 (0.0698)	-8.7e+02 (50.6483)	-0.3158 (0.0210)	0.2105 (0.4314)	0 (0)	0.9268
匈牙利	0.0780 (0.3482)	-0.2299 (0.9321)	372.0613 (398.1514)	0.8456 (0.1620)	6.3664 (3.6114)	0 (0)	0.9083
波兰	1.0196 (0.2149)	0.7438 (0.5876)	-96.3280 (124.6193)	0.1320 (0.0530)	0.6913 (0.6619)	0 (0)	0.9846
罗马尼亚	0.5162 (0.1472)	1.2306 (0.3671)	-1.3e+02 (81.9073)	0.3750 (0.2577)	-2.0047 (0.8179)	0 (0)	0.9896
塞尔维亚	0.4554 (0.2530)	1.6657 (0.3629)	-2.7e+02 (144.9888)	0.2300 (0.2762)	-0.4267 (0.8071)	0 (0)	0.7512
斯洛伐克	0.4889 (0.5469)	1.7039 (0.4024)	-3.4e+02 (59.8114)	0.6225 (0.4688)	-0.0757 (0.8169)	0 (0)	0.5041
斯洛文尼亚	1.5764 (0.2741)	1.7085 (0.2633)	96.7939 (328.5407)	0.2030 (0.4053)	2.3868 (0.9524)	0 (0)	0.8937
北马其顿	3.4777 (1.0289)	-4.7003 (2.2761)	1.3e+03 (1.3e+03)	0.5644 (0.9235)	15.0932 (7.1745)	0 (0)	0.8236

表6.16是2012年浙江省—中东欧国家合作机制运行以来，浙江省分别与14个中东欧国家的地区贸易效率现状。平均而言，浙江省分别与14个中东欧国家的地区贸易效率在0.8—1.2，都属于潜力开拓型。两地区贸

易效率值越高,其地区贸易潜力越小。其中,浙江省与波兰的地区贸易效率最低,为0.956,地区贸易潜力最大;浙江省与希腊的地区贸易效率最高,为1.16,地区贸易潜力最小。而浙江省与黑山的贸易效率为1.13,在浙江省与中东欧十四国的地区贸易潜力中排第13,这说明浙江省与黑山的综合贸易潜力较小。

表6.16　浙江省与黑山及其他中东欧国家的地区贸易效率

国家	2013年	2014年	2015年	2016年	2017年	2018年	2019年	2020年	均值
黑山	0.66	1.13	1.17	1.25	2.28	0.76	0.7	1.046^{6-9}	1.13^{2-13}
阿尔巴尼亚	1.8	0.76	2.03	1.18	1.37	0.51	0.54	0.35^{14-1}	1.0686^{4-11}
波黑	0.64	0.63	1.57	1	1.01	0.88	1.02	0.92^{11-4}	0.959^{12-3}
保加利亚	1.36	0.9	1.27	0.94	1.11	0.99	1.01	0.93^{10-5}	1.06^{6-9}
克罗地亚	0.95	0.64	1.03	1.01	1.22	1.08	0.95	0.79^{13-2}	0.958^{13-2}
捷克	0.96	0.97	1.03	0.96	1.02	0.97	0.98	1.048^{5-10}	0.992^{9-6}
希腊	1.22	0.92	0.8	0.99	0.74	1.36	1.44	1.79^{1-14}	1.16^{1-14}
匈牙利	1.01	0.99	0.89	1.01	1.2	1	0.8	1.022^{8-7}	0.989^{10-5}
波兰	0.92	0.94	0.91	0.95	0.93	0.91	0.96	1.13^{4-11}	0.956^{14-1}
罗马尼亚	1.16	—	—	—	1.23	1.06	1.1	1.016^{9-6}	1.11^{3-12}
塞尔维亚	1.33	0.75	0.9	1	0.78	0.79	1.17	1.43^{3-12}	1.02^{8-7}
斯洛伐克	1.32	0.73	1.22	0.9	1	0.76	0.98	0.86^{12-3}	0.97^{11-4}
斯洛文尼亚	0.89	0.88	0.86	1.2	1.26	1.19	0.97	1.02^{7-8}	1.03^{7-8}
北马其顿	1.11	0.82	1.45	0.84	0.9	0.7	1.18	1.54^{2-13}	1.0685^{5-9}

注:个别国家因数据缺失,本表主要汇报2012年以来的地区贸易效率。右上角第一个数字代表地区贸易效率的位次,"—"后的数字代表地区贸易潜力的位次。

2013—2020年,浙江省与黑山的贸易效率先上升后下降,且波动幅度较大,2017年该数值达到最高,为2.28,2013年数值最低,为0.66。浙江省与黑山的地区贸易潜力最大时,即2013年,在浙江省与中东欧十四国的地区贸易潜力中排第2位,而当浙江省与黑山的地区贸易潜力最小时,即2017年,排名为第14位。可见,浙江省与黑山的地区贸易潜力随年份波动非常大,因此,要想充分挖掘浙江省与黑山之间的地区贸易潜力,就需要对双方的贸易需求进行准确的把控,在需求的基础上加强双方的合作,促进双方贸易伙伴关系的良好发展。浙江省与黑山的地区贸易以浙江省出口黑山为主。其中,浙江省向世界出口的产品主要为纺织制品及原料、各种机械器具、运输设备以及杂项制品等,而浙江省向黑山出口的主要产品为纺织制品及原料、服装和鞋帽制品、石料玻璃、有色金属及金属制品、机械器具以及杂项制品等。从中，我们可知浙江省向黑山出口的主要产品基本都是浙江省向世界出口的优势产品，而黑山从浙江省进口的产品大都是本国需求较大且较依赖进口的产品。反观黑山，由于黑山的主要出口国为巴尔干地区的一些邻国或其他中东欧国家，因此，黑山对浙江省出口的产品并不多，主要为食品饮料和木制品，而食品饮料又是黑山极具出口竞争优势的产品，特别是葡萄酒一类的酒类产品。同时，中国已经渐渐成为黑山的三大进口来源国之一，且其中浙江省的占比最高，而黑山同浙江省的酒类产品贸易合作日益密切。这也就解释了为什么浙江省与黑山的两地区贸易效率如此高，而贸易潜力却比较低。

从近期来看，虽然受到新冠疫情的冲击，2020年浙江省与14个中东欧国家的地区贸易额依旧保持增长势头。2020年，阿尔巴尼亚是浙江省与14个中东欧国家当中地区贸易潜力最大的国家，地区贸易效率仅为0.35。其次是浙江省与克罗地亚的地区贸易潜力，浙江省与克罗地亚的地区贸易效率为0.79。再次是浙江省与斯洛伐克的地区贸易潜力，浙江省与斯洛伐克的地区贸易效率为0.86。之后依次是浙江省与波黑、保加利亚、罗马尼亚、匈牙利、斯洛文尼亚、黑山、捷克、波兰、塞尔维亚、北马其顿和希腊，其中，黑山排名倒数第六。因此，排除影响浙江省与阿尔巴尼亚和克罗地亚等两地区贸易发展的障碍，以充分挖掘浙江省与这两个国家的贸易潜力，进而增加浙江省与中东欧国家的地区贸易，以此带动浙江省与黑山的贸易往来，加强两地区贸易合作，是目前的一个着力点。

图6-1显示了浙江省分别与14个中东欧地区贸易效率演化趋势，浙江省除了与塞尔维亚和斯洛文尼亚的地区贸易效率呈上升趋势以外，与阿尔巴尼亚、波黑、保加利亚、克罗地亚、捷克、希腊、保加利亚、黑山、波兰、罗马尼亚、斯洛伐克和北马其顿等12个国家的地区贸易效率都呈现出下降趋势。从地区贸易效率的变化趋势幅度来看，除去浙江省与阿尔巴尼亚和波黑的地区贸易效率的下降幅度，其下降趋势系数分别为-0.1597和-0.1113，浙江省与黑山的地区贸易下降幅度排名第三，其下降趋势系数为-0.021。

从图6.2可以看出，2012年以来，在浙江省与中东欧合作机制的带动下，浙江省与14个中东欧国家的地区贸易效率有了较大变化。但相比于其他中东欧国家，浙江省与黑山的总体地区贸易效率却基本没有什么变化。由于黑山本国经济体量较小，又与浙江省的出口需求基本吻合，因

第六章 浙江省与黑山贸易潜力 | 171

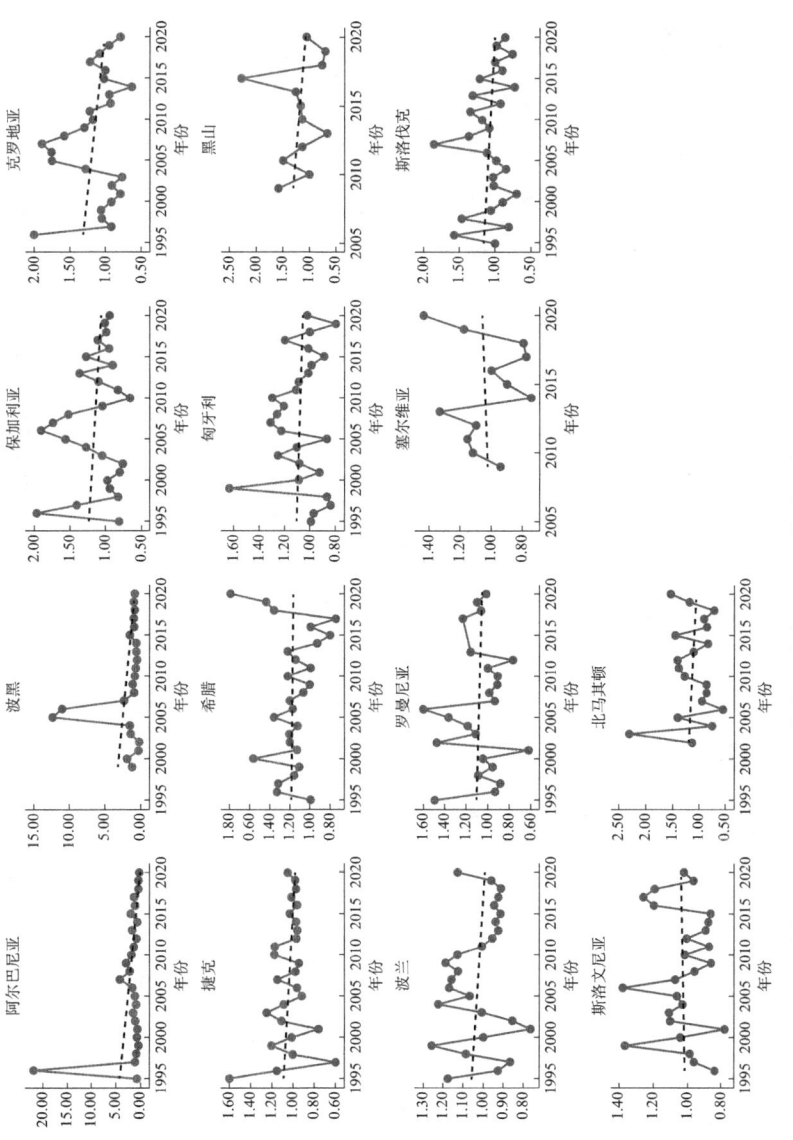

图6.1 1995—2020年浙江省与黑山及其他中东欧国家的地区贸易效率

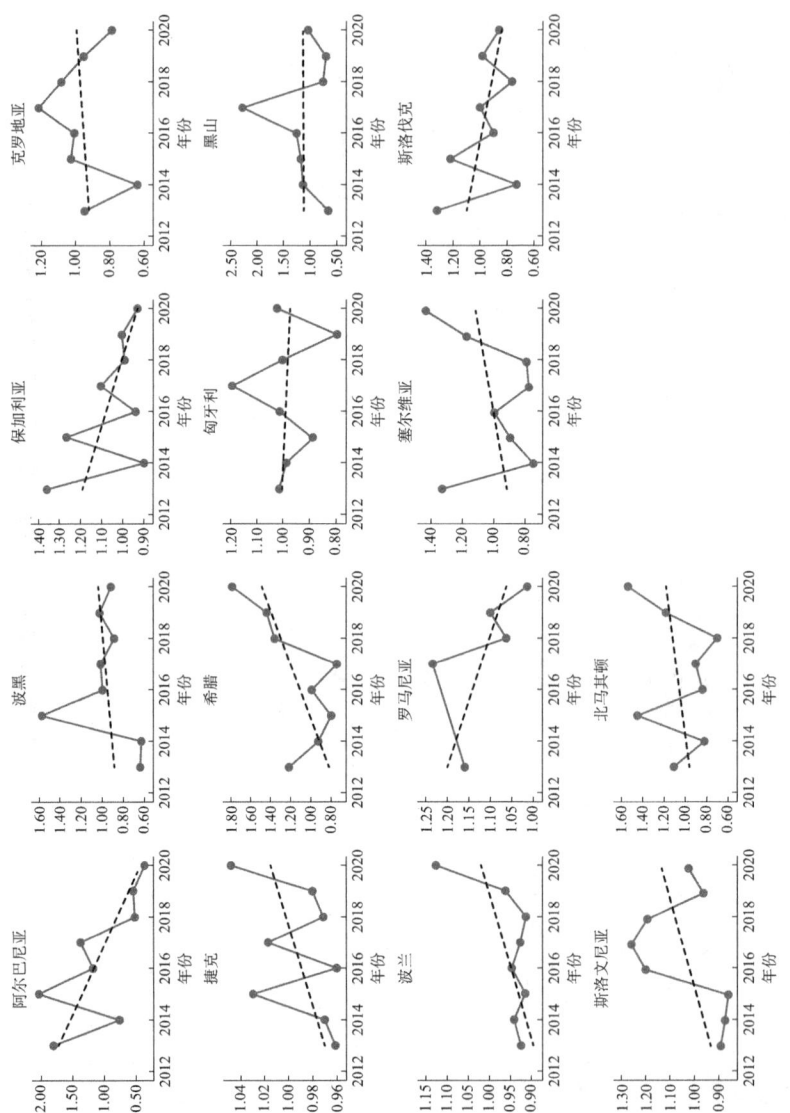

图 6.2 2012—2020 年浙江省与黑山及其他中东欧国家的地区贸易效率

此，两地之间的贸易潜力已经较多地开发。往后，浙江省与黑山的贸易合作可以往纵深发展，并寻求其他的贸易合作往来形式，加强两地之间的贸易合作伙伴关系。

将浙江省与黑山及其他中东地区贸易效率分解为出口贸易效率和进口贸易效率，可进一步查看贸易潜力的动态发展。首先来看出口贸易效率，如表 6.17 所示，2012 年以来，浙江省向克罗地亚、希腊、匈牙利、保加利亚和斯洛伐克等五国出口的贸易潜力属于潜力巨大型，浙江省向这五国出口的平均贸易效率值在 0.8 以内。因此，需要进一步排除浙江省向这五国出口贸易发展的阻碍因素，以挖掘浙江省向该五国的出口贸易潜力。而浙江省向黑山及其他剩余八国出口的贸易潜力属于潜力开拓型，浙江省向这九国出口的贸易效率在 0.8—1.2。

表 6.17　　浙江省向黑山及其他中东欧国家出口的贸易效率

国家	2013 年	2014 年	2015 年	2016 年	2017 年	2018 年	2019 年	2020 年	均值
黑山	0.88	0.76	1.24	0.8	0.95	0.78	0.57	0.75^{7-8}	0.84^{8-7}
阿尔巴尼亚	1.55	0.87	2.33	1.82	0.24	0.14	0.22	0.14^{14-1}	0.92^{4-11}
波黑	0.83	0.82	1.23	0.9	0.99	0.79	0.95	0.92^{2-13}	0.93^{3-12}
保加利亚	0.83	0.64	0.92	0.77	0.72	0.68	0.72	0.62^{10-5}	0.74^{11-4}
克罗地亚	1	0.48	0.76	0.55	0.58	0.46	0.54	0.53^{12-3}	0.61^{14-1}
捷克	0.88	0.92	1.02	0.97	0.66	0.77	0.81	0.87^{6-9}	0.86^{9-6}
希腊	0.56	0.58	0.56	0.62	0.63	0.67	0.77	0.65^{9-6}	0.63^{13-2}
匈牙利	0.96	0.82	0.72	0.74	0.5	0.52	0.45	0.57^{11-4}	0.66^{12-3}
波兰	0.88	0.94	0.94	1.08	0.79	0.79	0.76	0.88^{5-10}	0.89^{5-10}
罗马尼亚	0.74	—	—	—	0.9	0.87	0.94	0.91^{3-12}	0.87^{6-9}
塞尔维亚	0.94	1.03	0.98	0.98	0.88	0.79	0.89	1.19^{1-14}	0.96^{1-14}
斯洛伐克	1.19	0.62	1.37	0.97	0.75	0.46	0.56	0.45^{13-2}	0.80^{10-5}
斯洛文尼亚	0.78	0.77	0.78	0.84	0.81	1.03	0.8	0.89^{4-11}	0.83^{7-9-6}
北马其顿	1.19	0.99	1.16	1.19	0.81	0.76	0.73	0.70^{8-7}	0.94^{2-13}

2020 年，受到新冠疫情、世界经济不稳定性等因素的影响，浙江省向 14 个中东欧国家出口的贸易效率有所下降，出口贸易效率均值为 0.72，低于 2012 年以来样本均值 0.1。在此条件下，浙江省向黑山及阿尔巴尼亚、斯洛伐克、克罗地亚、匈牙利、保加利亚、希腊、北马其顿等八国出口的贸易潜力属于潜力巨大型，其出口贸易效率均小于 0.8。因此，需要

继续开拓促进浙江省向黑山及其他七国出口贸易的积极因素，强化浙江省与包括黑山在内的中东欧国家的出口贸易联系。浙江省向捷克、波兰、斯洛文尼亚、罗马尼亚、波黑和塞尔维亚等六国出口的贸易潜力为潜力开拓型。

图6.3显示了2012年以来浙江省分别向14个中东欧国家出口的贸易效率有显著的差异。与地区贸易效率不同，浙江省向黑山、阿尔巴尼亚、保加利亚、克罗地亚、捷克、匈牙利、波兰、斯洛伐克和北马其顿等九国出口的贸易效率显现出明显的下降趋势。浙江省向波黑、希腊、塞尔维亚和斯洛文尼亚等五国出口的贸易效率则呈现出差异较大的上升态势。从变化趋势幅度来看，浙江省向黑山出口的贸易效率的下降趋势幅度较大，但相比于其他中东欧国家，如阿尔巴尼亚、斯洛伐克、北马其顿、波黑等，浙江省向黑山出口的贸易效率的下降趋势幅度并不算特别突出。

进口贸易效率如表6.18所示，2012年以来，浙江省从中东欧国家进口的贸易效率总体高于向中东欧国家出口的贸易效率，进口贸易效率均值高达1.25，进口贸易潜力属于潜力再造型。而同期的出口贸易效率均值为0.82，出口贸易潜力属于潜力开拓型。这意味着，浙江省在发展与中东欧国家的贸易关系时，开拓出口贸易潜力是先行着力点。在进口贸易效率的国别差异上，浙江省从波黑、波兰、塞尔维亚、捷克、斯洛伐克和北马其顿等六国进口的贸易效率在0.8—1.2，进口贸易潜力属于潜力开拓型。而浙江省从黑山、阿尔巴尼亚、斯洛文尼亚、克罗地亚、匈牙利、罗马尼亚、保加利亚和希腊等八国进口的贸易潜力属于潜力再现型，浙江省从这八国进口的贸易效率都在1.2以上。也就是说，在进口贸易潜力方面，浙江省同黑山及其他七国的贸易潜力并不算大，其中黑山以1.41的贸易效率排名第二。由此可知，同其他中东欧国家相比，浙江省从黑山进口的贸易潜力比较小，从两地区的贸易实践也非常容易看出，浙江省几乎只从黑山进口饮料食品和木制品等，且这个数额及其占比相对固定。

2020年，在世界不确定性因素增加的大环境下，浙江省从14个中东欧国家进口的贸易效率不降反增，进口贸易效率达到1.41，高出2019年的进口贸易效率0.13，也高出2012年以来样本进口贸易效率均值0.016。在国别差异上，浙江省从阿尔巴尼亚进口的贸易潜力属于潜力巨大型，进口贸易效率为0.56。浙江省从波黑、克罗地亚、罗马尼亚和斯洛文尼亚等四国进口的贸易潜力属于潜力开拓型，其进口贸易效率处于0.8—1.2。而

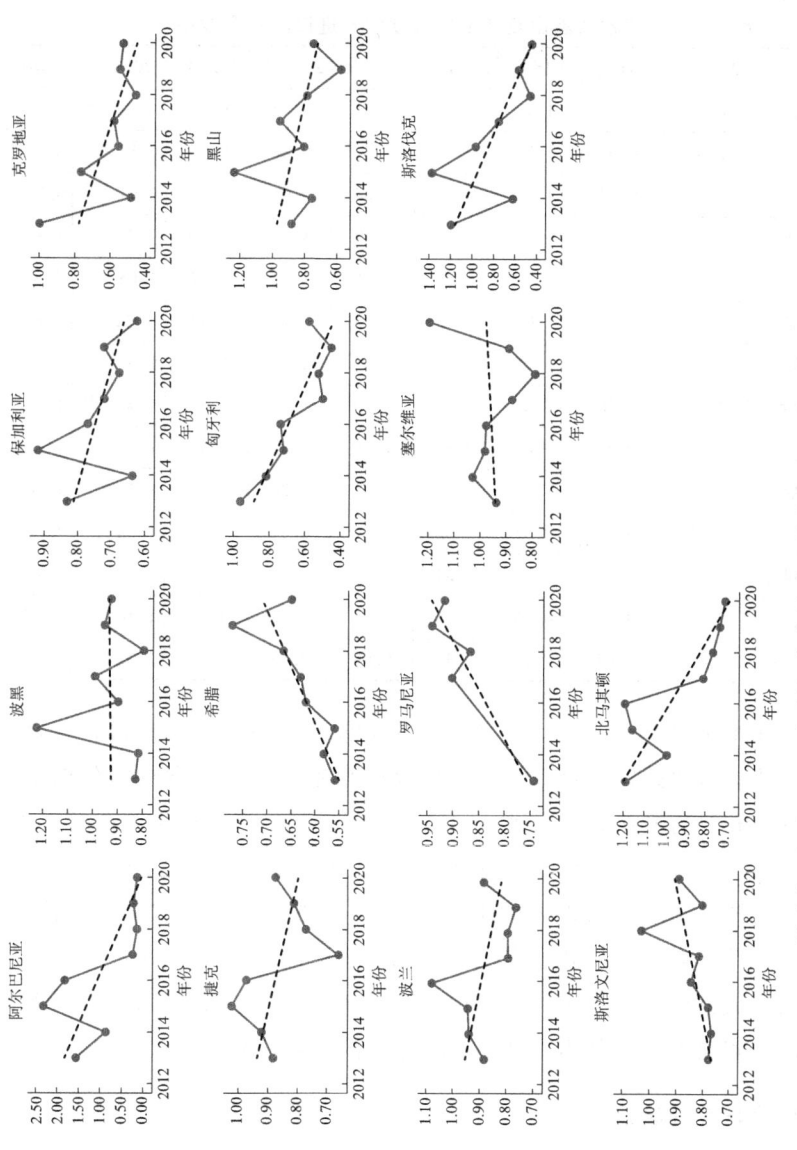

图 6.3 2012—2020 年浙江省向黑山及其他中东欧国家出口的贸易效率

浙江省从黑山、捷克、保加利亚、斯洛伐克、波兰、匈牙利、塞尔维亚、北马其顿和希腊等九国进口的贸易效率都大于1.2，进口贸易潜力属于潜力再造型，如表6.18所示。

表6.18　浙江省从黑山及其他中东欧国家进口的贸易效率

国家	2013年	2014年	2015年	2016年	2017年	2018年	2019年	2020年	均值
黑山	0.44	1.5	1.1	1.71	3.61	0.74	0.83	1.35^{6-9}	1.41^{2-13}
阿尔巴尼亚	2.05	0.64	1.73	0.53	2.5	0.88	0.86	0.56^{14-1}	1.22^{8-7}
波黑	0.45	0.44	1.92	1.1	1.04	0.97	1.1	0.91^{13-2}	0.99^{14-1}
保加利亚	1.88	1.16	1.61	1.12	1.49	1.3	1.29	1.24^{8-7}	1.39^{3-12}
克罗地亚	0.9	0.8	1.29	1.46	1.86	1.71	1.36	1.05^{12-3}	1.30^{6-9}
捷克	1.04	1.02	1.04	0.95	1.38	1.17	1.15	1.22^{9-6}	1.12^{11-4}
希腊	1.87	1.27	1.03	1.36	0.85	2.05	2.1	2.93^{1-14}	1.68^{1-14}
匈牙利	1.06	1.16	1.05	1.28	1.89	1.48	1.14	1.47^{4-11}	1.32^{5-10}
波兰	0.97	0.94	0.88	0.81	1.06	1.03	1.16	1.37^{5-10}	1.03^{13-2}
罗马尼亚	1.58				1.57	1.26	1.26	1.12^{11-4}	1.36^{4-11}
塞尔维亚	1.72	0.46	0.81	1.02	0.67	0.8	1.46	1.68^{3-12}	1.08^{12-3}
斯洛伐克	1.44	0.84	1.06	0.84	1.25	1.07	1.4	1.28^{7-8}	1.15^{10-5}
斯洛文尼亚	1.01	0.99	0.95	1.55	1.71	1.36	1.13	1.16^{10-5}	1.23^{7-8}
北马其顿	1.02	0.65	1.74	0.49	0.99	0.65	1.64	2.38^{2-13}	1.20^{9-6}

图6.4显示了2012年以来浙江省分别从14个中东欧进口的贸易效率演化趋势。与地区贸易效率和出口贸易效率不同，浙江省从阿尔巴尼亚、保加利亚和罗马尼亚等国家进口的贸易效率呈现出明显的下降趋势。浙江省从黑山、波黑、克罗地亚、捷克、希腊、匈牙利、波兰、塞尔维亚、斯洛伐克、斯洛文尼亚和北马其顿等11个国家进口的贸易效率总体体现出来的是上升趋势。从变化趋势来看，相比于希腊、北马其顿、阿尔巴尼亚、斯洛伐克等国，浙江省从黑山进口的贸易效率的上升趋势极不明显。这与浙江省同黑山的总体贸易效率的低变化趋势幅度相符。

四、结论与政策建议

黑山资源相对匮乏，农业发展程度非常有限。但是黑山的森林和水利资源丰富，森林覆盖面积54万公顷，约占黑山总面积39.43%。铝、煤等资源储藏相对丰富，约有铝矾土矿石3 600万公吨及3.5亿公吨褐煤。同

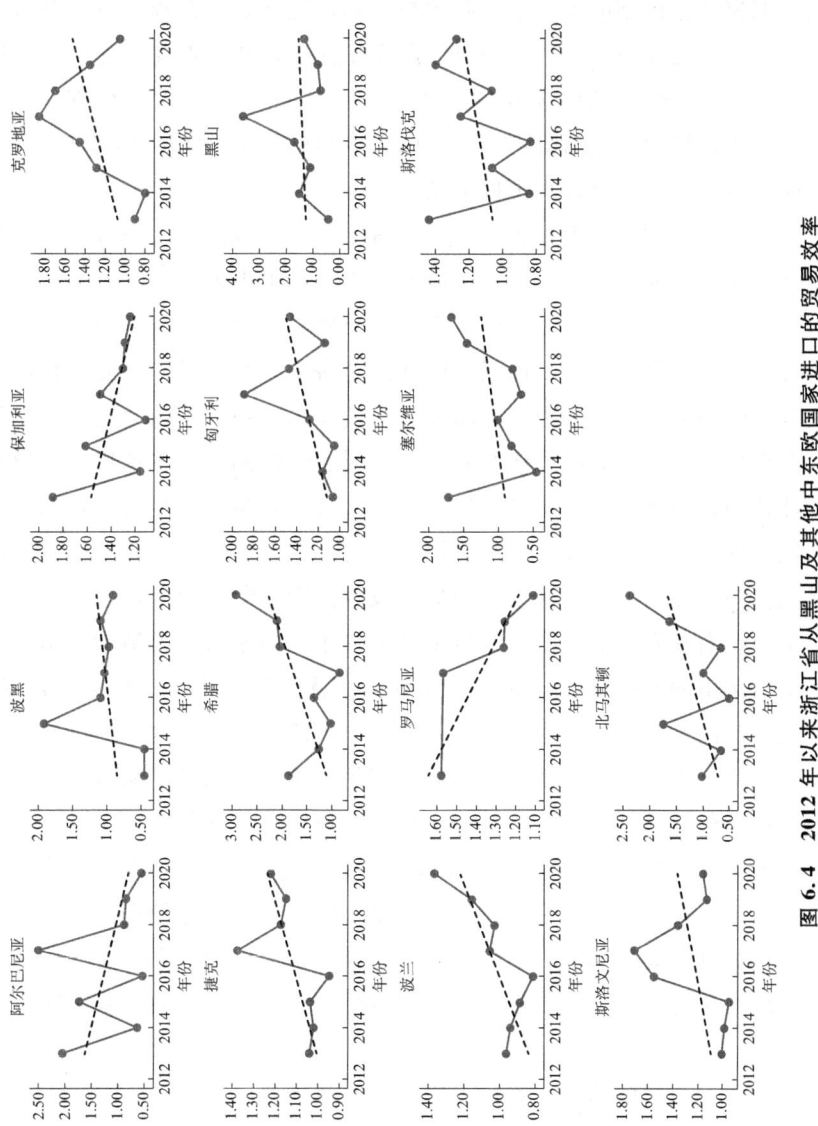

图 6.4 2012 年以来浙江省从黑山及其他中东欧国家进口的贸易效率

时，黑山制造业薄弱，大量的工业产品、农产品、能源及日用消费品依赖进口。也正因此，黑山拥有得天独厚的环境资源，旅游业更是黑山重要的经济支柱。黑山与中国建交17年来，在共建'一带一路'倡议和中国—中东欧国家合作机制的推动下，两国在基础设施建设、能源等重点领域合作成果显著。且在2022年中国已经是黑山前三大进口来源国之一，两国间的贸易往来密切，其中浙江省与黑山更是彼此重要的贸易伙伴，2022年浙江省出口黑山的贸易额已经占中国出口黑山总贸易额的26.06%。

根据本章内容，可以得出以下结论：

第一，浙江省与黑山是彼此重要的贸易伙伴，双方的贸易往来密切，贸易规模发展迅速，地区贸易主要以浙江省出口黑山为主。

第二，从国际贸易上看，浙江省在贱金属、纺织品、杂项制品的出口上有着较强的国际竞争力，而黑山则在贱金属、矿物产品、食品饮料的出口上有着较强的国际竞争力。当浙江省为贸易出口地，黑山为贸易进口地时，石料玻璃、杂项制品、纺织品、贱金属、鞋帽制品、皮革皮毛的贸易互补性较强，而当黑山为贸易出口地，浙江省为贸易进口地时，木制品和食品饮料的贸易互补性较强。两者结合来看，在地区贸易中互补性较强的产品大概率也是当地在国际贸易中拥有较强国际竞争力的产品。

第三，浙江省与黑山的总体贸易潜力较小，属于潜力再造型。由于浙江省出口黑山的产品大部分都是浙江省具有优势的、出口量极大的产品，加上这些产品迎合了黑山大部分进口的需求，所以黑山对这些产品的进口依赖性较强。黑山出口浙江省的为数不多的产品中，烟酒制品也是黑山独具国际竞争优势的产品之一，这就导致了两地区的贸易效率出奇地高。因此，两地区的贸易合作可以往纵深发展，并寻求其他的贸易合作往来形式，加强两地区之间的贸易合作伙伴关系。同时，应充分挖掘浙江省与中东欧其他具有较高贸易潜力的国家的贸易潜力，进而增加浙江省与中东欧国家的地区贸易，以此带动浙江省与黑山的贸易往来，加强两地区贸易合作。

通过以上得出的结论，本章提炼出以下政策建议：

第一，拓展贸易品种：浙江省和黑山可以进一步拓展贸易品种，尝试引入更多具有互补性的产品。浙江省可以提升对黑山矿物产品、食品饮料等领域的进口，而黑山可以进一步发展对浙江省的木制品、食品饮料等产品的出口。

第二，加强贸易合作伙伴关系：双方应加强沟通，建立更紧密的贸易合作伙伴关系。通过定期举办贸易洽谈会、经贸交流活动等方式，促进企业之间的合作，提高贸易效率和规模。

第三，利用"一带一路"倡议和中国—中东欧国家合作机制：两国可以充分利用"一带一路"倡议和中国—中东欧国家合作机制，加大基础设施建设、能源等领域的合作，这将为双方贸易提供更多机会和便利条件。

第四，寻求其他贸易合作伙伴：浙江省可以寻求与中东欧其他具有较高贸易潜力的国家开展贸易合作，以进一步增加地区贸易规模和效益，这将为浙江省与黑山的贸易往来提供更多机会和动力。

第七章

浙江省与黑山的投资合作及潜力

第一节
黑山的国际投资发展情况

黑山是全球吸引外国直接投资增长最为迅速的国家之一，其经济增长也高度依赖国际资本。根据 UNCTAD 统计，2021 年黑山 FDI 存量估计为 63 亿美元，约占其 GDP 的 109.4%，人均投资水平在欧洲名列前茅。在黑山，吸引外国直接投资的行业主要是旅游、能源、房地产、电信、银行业等。

一、黑山的外国直接投资（FDI）的规模及增长情况

（一）黑山的外国直接投资流量

1. FDI 流入规模

黑山的外国直接投资流入常年保持在较高的水平，2012—2021 年的大多数年份，黑山的 FDI 流入量在 4 亿—7 亿美元之间波动，如表 7.1 和图 7.1 所示。2012 年的 FDI 流入约为 4.5 亿美元，在 2013 年和 2014 年连续两年实现 FDI 流入增长，其中 2014 年达到约 7 亿美元，2015 年出现了 67.6%

的下降，FDI 降至 2.26 亿美元。2016 年实现大幅度增长，FDI 流入增长率达到 146.7%，增长至 5.59 亿美元，之后两年小幅下降，到了 2019 年出现了 27.8%的增长率，2020 年，黑山的外国直接投资流入量未受新冠疫情影响，达到了 6.9 亿美元，实现增长 31.3%，但 2021 年又下降 25.4%，FDI 流入额为 6.2 亿美元。总体而言，黑山的外国直接投资流入波动性较大，主要原因有两个：一是由于黑山经济体量小；二是因为外国对于黑山的投资重点集中于大型工程项目，投资额由工程本身特点所决定。

表 7.1　　　　　　　2012—2021 年黑山外国直接投资流入

单位：百万美元，%

年份	FDI 流入	增长率
2012	447.5	-27.8
2013	497.7	11.2
2014	699.4	40.5
2015	226.4	-67.6
2016	558.6	146.7
2017	489.8	-12.3
2018	416.4	-14.9
2019	532.3	27.8
2020	698.9	31.3
2021	619.8	-25.4

数据来源：UNCTAD。

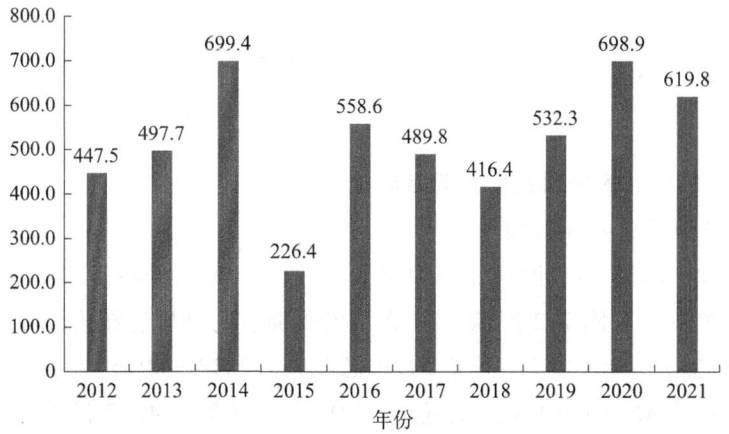

图 7.1　2012—2021 年黑山外国直接投资流入量（百万美元）

2. FDI 流出规模

2012—2021 年黑山外国直接投资流出总量较少，其中 2012 年 FDI 流出 26.7 百万美元；2013 年流出 17.3 百万美元，相较上一年降低了 35%；2014 年 FDI 流出增长了 58.4%，对外投资额为 27.4 百万美元；2015 年下降 55.3%，为 12.3 百万美元；2016 年出现了撤资，实际 FDI 为 -184.9 百万美元；2017 年增长了 106.2%，FDI 流出 11.4 百万美元；2018 年是黑山对外投资额最高的一年，增长率为 853.7%，FDI 流出达 109 百万美元；2019 年和 2020 年黑山 FDI 流出连续两年下降，2020 年出现部分撤资；2021 年 FDI 流出增长了 312.9%，为 11 百万美元，如表 7.2 所示。

表 7.2　　2012—2021 年黑山外国直接投资流出

单位：百万美元，%

年份	FDI 流出	增长率
2012	26.7	55.9
2013	17.3	-35.0
2014	27.4	58.4
2015	12.3	-55.3
2016	-184.9	-1 606.1
2017	11.4	106.2
2018	109.0	853.7
2019	75.5	-30.7
2020	-5.2	-106.8
2021	11.0	312.9

数据来源：UNCTAD。

（二）黑山的外国直接投资存量

1. FDI 流入存量规模

2012—2021 年，黑山的 FDI 流入存量在 45 亿—59 亿美元之间波动，如表 7.3 和图 7.2 所示，2012 年黑山拥有的外国直接投资流入存量为 47 亿美元，2013 年上升至 51.9 亿美元，2014—2016 年连续小幅下降，2016 年降至近 10 年的最低点，FDI 流入存量为 45.7 亿美元。在新冠疫情期间，黑山的 FDI 流入存量没有受到明显影响，2020 年 FDI 存量规模为58.2亿美元。截至2021年黑山的FDI流入存量达到5.36亿美元。

表7.3　　　　2012—2021年黑山外国直接投资流入存量

单位：百万美元，%

年份	FDI流入	增长率
2012	4 706.6	11.8
2013	5 192.1	10.3
2014	4 897.3	-5.7
2015	4 881.0	-0.3
2016	4 572.0	-6.3
2017	5 388.5	17.8
2018	5 354.6	-0.6
2019	5 414.3	1.1
2020	5 819.0	7.5
2021	5 359.8	-7.9

数据来源：UNCTAD。

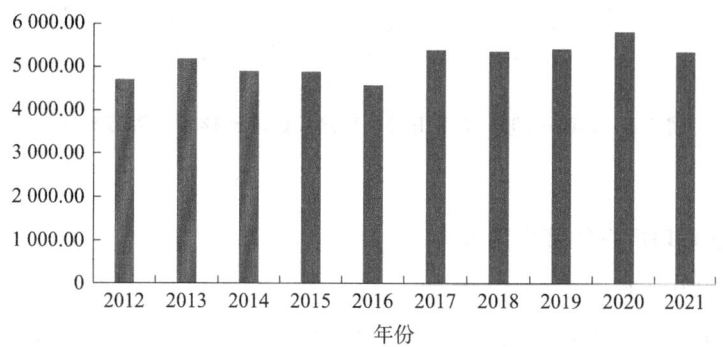

图7.2　2012—2021年黑山外国直接投资流入存量（百万美元）

2. FDI流出存量规模

由于2015年及其之前并没有相关数据的披露，因此黑山的对外直接投资流出存量是从2016年开始记录的。除了2020年，黑山FDI流出存量在其他年份呈现增长态势，2016年黑山的FDI流出存量为6.29千万美元，在2017年和2019年都有较大幅度的增长，但在2020年出现了9.5%的降幅，2021年快速反弹，截至2021年，黑山FDI的流出存量1.39亿美元，如表7.4和图7.3所示。

表 7.4　　2016—2021 年黑山对外直接投资流出存量

单位：百万美元,%

年份	FDI 流出	增长率
2016	62.9	/
2017	76.1	21.1
2018	85.6	12.4
2019	112.0	30.8
2020	101.3	-9.5
2021	139.0	37.2

数据来源：UNCTAD。

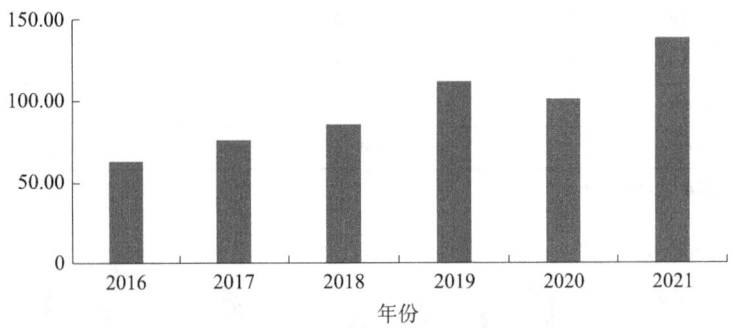

图 7.3　2016—2021 年黑山对外直接投资流出存量（百万美元）

（三）FDI 在经济中的占比

1. FDI 依赖度

表 7.5 和图 7.4 显示了 2012—2021 年黑山及其比对国对 FDI 的依存度，比对国家为巴尔干主要国家及同为欧盟候选国的土耳其，在欧盟扩大时期，这些国家的 FDI 流入都大于流出，都是 FDI 净流入国。黑山在 2012—2022 年平均每年的外国直接投资占 GDP 的比重高达 10.9%，远高于其他的对比国，其中 2015 年最高，占比达到了 17.2%，而 2016 年占比最低，为 5.2%。对外直接投资依存度的波动较大，这与黑山经济体量相对较小、投资的项目特点等因素有直接关联。黑山是全球投资的热点国家，广泛接受了欧盟、北美等地区涌来的投资，对其经济发展起到了较大的拉动作用。

第七章　浙江省与黑山的投资合作及潜力 | 185

表 7.5　　　2012—2021 年黑山及其他国家对 FDI 依存度　　　单位:%

年份	黑山	波黑	北马其顿	阿尔巴尼亚	塞尔维亚	土耳其
2012	15.2	2.3	1.5	6.9	3.0	1.6
2013	10.0	1.7	3.1	9.9	4.2	1.4
2014	10.8	2.9	2.4	8.4	4.2	1.4
2015	17.2	2.3	2.4	8.3	5.9	2.2
2016	5.2	1.8	3.5	9.3	5.8	1.6
2017	11.5	2.8	1.8	8.8	6.5	1.3
2018	8.9	2.9	5.7	8.5	8.1	1.6
2019	7.5	2.2	3.5	8.4	8.3	1.3
2020	11.1	2.2	1.9	7.3	6.5	1.1
2021	11.9	2.6	4.0	6.9	7.3	1.6

数据来源：欧洲统计局。

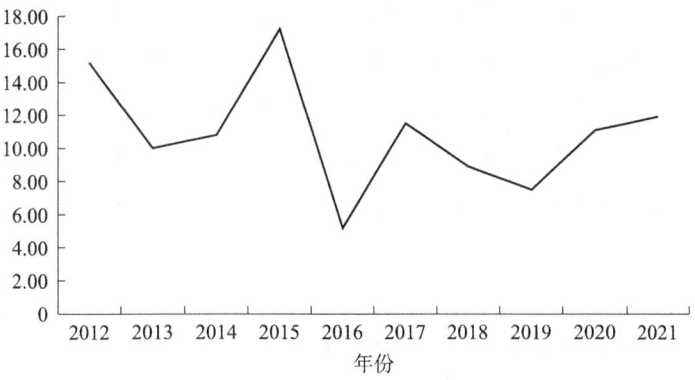

图 7.4　黑山经济对 FDI 的依存度（%）

2. FDI 流出在 GDP 的占比

表 7.6 显示了 2012—2021 年黑山及其比对国 FDI 流出在 GDP 的占比情况，黑山与其他国家的 FDI 流出量都不高，FDI 流出占 GDP 的比重大都在 1% 以内，这在发展中国家属于正常水平。

表 7.6　2012—2021 年黑山及其他国家 FDI 流出在 GDP 中的占比情况

单位:%

年份	黑山	波黑	北马其顿	阿尔巴尼亚	塞尔维亚	土耳其
2012	0.7	0.3	−0.3	0.2	0.8	0.5
2013	0.4	0.5	0.3	0.3	0.7	0.4

续表

年份	黑山	波黑	北马其顿	阿尔巴尼亚	塞尔维亚	土耳其
2014	0.6	0.1	0.1	0.3	0.7	0.8
2015	0.3	0.6	0.2	0.3	0.9	0.6
2016	-4.2	0.0	0.2	0.5	0.6	0.4
2017	0.2	0.5	0.0	0.2	0.3	0.3
2018	2.0	0.1	0.1	0.5	0.7	0.5
2019	1.4	0.1	0.3	0.8	0.6	0.4
2020	-0.1	0.3	0.4	0.6	0.2	0.5
2021	0.2	0.3	0.7	0.4	0.4	0.8

数据来源：欧洲统计局。

二、黑山外国直接投资的类别及情况

外国直接投资的主要方式有两种，一种是跨国并购（M&A），即通过跨国兼并或收购方式来购买东道国的企业。第二种是绿地投资，也就是新建投资，即在东道国新建企业，进行独资或合资经营。在国际资本市场，黑山以东道国的身份吸引外国直接投资，对外投资只是零散发生于某些年份，规模也相对较小。在黑山，外国直接投资以绿地投资为主要方式。

（一）黑山的跨国并购（M&A）情况

表 7.7 显示了黑山企业作为出售方，被跨国公司并购的情况。因经济规模较小，黑山的跨境并购发生数和出售总额都比较小，并非每年都有发生。

1. 黑山跨国并购情况——作为出售方

表 7.7　　　2012—2021 年黑山作为出售方的跨国并购情况

单位：百万美元，个

年份	M&A 出售额	M&A 出售发生数
2012	—	—
2013	—	—
2014	—	1
2015	29.0	3

续表

年份	M&A 出售额	M&A 出售发生数
2016	—	2
2017	2.2	1
2018	—	1
2019	—	-1
2020		
2021	8.4	1

数据来源：UNCTAD。

2. 黑山的跨国并购情况——作为收购方

表 7.8 显示了黑山企业作为收购方的跨国并购情况。跨国并购只是零星发生，并购金额较低，2012—2021 年只出现过 3 笔对外国企业的并购项目，最大对外并购业务出现在 2018 年，金额为 4.3 百万美元。

表 7.8　　2012—2021 年黑山作为收购方的跨国并购情况

单位：百万美元，个

年份	M&A 并购额	M&A 并购发生数
2012	—	—
2013	—	—
2014	0.9	1
2015	—	—
2016	—	—
2017	—	1
2018	4.3	1
2019	—	—
2020	-3.0	
2021	—	—

数据来源：UNCTAD。

（二）在黑山的绿地投资的情况

1. 引进绿地投资

相对于零星发生的跨境并购活动，黑山吸引绿地投资规模较大，每年都有新建项目产生。表 7.9 中展示了 2012—2021 年黑山吸引绿地投资的规模及其数量，这 10 年，黑山作为东道国，引进绿地投资项目平均每年

6.9 项，平均每年吸引约 6.62 亿美元的投资额。2012 年，黑山引进投资项目 7 个，绿地投资额 3.70 亿美元，之后连续增长，2014 年投资项目数 8 个，投资额达 11.36 亿美元；2018 年是黑山引进绿地投资规模最大的一年，当年引进了 18 个投资项目，投资额约 20.09 亿美元。2021 年，黑山引进绿地投资 1.04 亿美元，与前些年份相比，降幅较大，这与新冠疫情后国际资本市场低迷有关。

表 7.9　　2012—2021 年黑山吸引绿地投资规模及数量

单位：百万美元，个

年份	投资额	投资项目数
2012	370	7
2013	852	9
2014	1 136	8
2015	43	4
2016	614	3
2017	49	2
2018	2 009	18
2019	572	10
2020	872	5
2021	104	3

数据来源：UNCTAD。

2. 对外绿地投资

表 7.10 中展示了 2012—2021 年黑山对外进行绿地投资的规模及其数量，黑山企业对外进行绿地投资并不多见，在 2013 和 2016 年黑山作为投资国，曾对外开展绿地投资项目各一项，金额分别为 2.1 千万美元和 200 万美元。

表 7.10　　2012—2021 年黑山对外绿地投资规模及数量

单位：百万美元，个

年份	投资额	投资项目数
2012	—	—
2013	21	1
2014	—	—
2015	—	—

续表

年份	投资额	投资项目数
2016	2	1
2017	—	—
2018	—	—
2019	—	—
2020	—	—
2021	2	1

三、黑山吸引 FDI 来源国结构

对黑山的国际投资有资源导向型特点。黑山 FDI 的主要来源国是俄罗斯、意大利、瑞士等国。表 7-11 显示了 2012-2022 年黑山 FDI 的前五位来源国是：俄罗斯、匈牙利、阿塞拜疆、意大利、塞尔维亚，除此之外荷兰、奥地利、阿联酋、土耳其、斯洛文尼亚和德国也对黑山的 FDI 具有较大投入。表 7.11 显示了 2012—2021 年黑山 FDI 来源国的投资情况，俄罗斯是黑山 FDI 流入的最大来源国，其投资占到了黑山 FDI 流入总额的二成以上。

表 7.11　2012—2022 年黑山 FDI 来源国投资占比　　单位:%

国家	俄罗斯	意大利	瑞士	塞尔维亚	荷兰	奥地利	阿联酋	土耳其	斯洛文尼亚	德国	其他
占比	20.9	10.0	9.4	9.4	7.5	7.2	6.7	5.5	5.1	5.0	13.0

数据来源：Montenegrin Investment Agency。

表 7.12 和图 7.5 显示了主要投资来源国各年在黑山的投资额。2021 年，对黑山 FDI 的前五位来源国是：俄罗斯、匈牙利、阿塞拜疆、意大利、塞尔维亚，除此之外荷兰、奥地利、阿联酋、土耳其、斯洛文尼亚和德国也对黑山的 FDI 有较大投入。俄罗斯在 2012—2021 年，除了 2016 和 2017 年以外，一直是对黑山直接投资的最大来源国，历年投资相对稳定，保持在 5 亿—7 亿美元的水平之间。意大利是对黑山进行直接投资的第二大来源国，在 2019 年之前，投资额与俄罗斯比较接近，但在 2019 年以后，意大利对黑山的投资额有所缩小，2019—2021 年，每年投资 3 亿多美元。2021 年，匈牙利对黑山投资 4.48 亿美元，超过意大利成为黑山第二大投资国。2020 年后，阿塞拜疆对黑山投资数据公开，该国每年投资额超过 4 亿美元，是黑山重要的投资来源国。

表 7.12　　2012—2021 年主要投资国对黑山直接投资额

单位：百万美元

国家/年份	2012	2013	2014	2015	2016	2017	2018	2019	2020	2021
俄罗斯	619	673	644	594	512	578	589	619	656	691
意大利	572	662	604	565	634	715	563	324	364	384
匈牙利	239	340	283	251	C	95	C	C	308	448
瑞士	137	113	105	151	149	176	190	211	229	245
塞尔维亚	319	295	273	230	253	285	290	328	333	319
荷兰	209	250	227	153	145	96	148	99	172	22
奥地利	128	167	174	149	148	163	148	172	192	187
阿联酋	34	44	48	302	335	432	271	286	310	293
土耳其	23	33	32	30	30	39	62	80	89	82
斯洛文尼亚	130	160	205	171	179	233	197	199	221	208
德国	34	44	48	302	335	432	271	286	310	293
阿塞拜疆	1	0	C	C	C	C	C	C	464	405

数据来源：CDIS①。

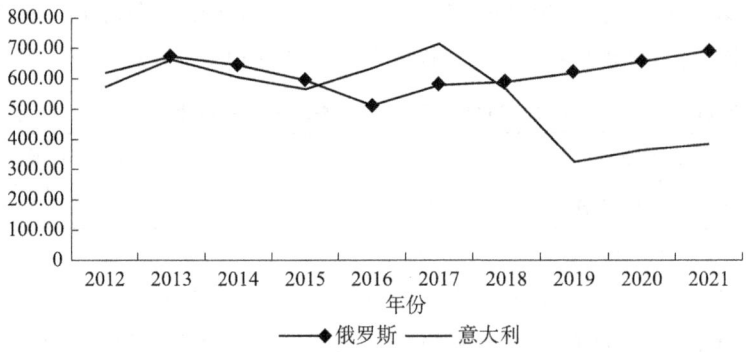

图 7.5　2012—2021 年俄罗斯与意大利对黑山直接投资额（百万美元）

四、黑山的主权信用评级情况

表 7.13 列出了历年标准普尔与穆迪对黑山的主权信用评级。标准普尔的评级最高为 AAA，最低为 D，穆迪评级最高为 Aaa，最低为 C。评级根据信用风险水平分为两大类：针对较低信用风险水平的投资级和针对较高信用风险水平的投机级。对于标准普尔来说，投资级别的发行/发行人的评级为

---

① 本表数据，均以黑山为报告国。表格中 C 表示为数据未获得。

BBB-及以上,而 BB+及以下的则被归类为投机级别。穆迪将 Baa3 及以上的评级视为投资级别的发行/发行人,而 Ba1 及以下的评级则属于投机级别类别。前景展望表明评级在一到两年内可能变动的方向:积极意味着评级可能会提高,消极意味着评级可能会降低,稳定意味着评级不太可能改变。

根据标准普尔的评价结果,黑山的主权信用在 2007 年和 2008 年达到投资级别,其余年份未到投资级别。根据穆迪的评价结果,历年黑山的主权信用等级均未达到投资级别。黑山近年来吸引投资规模较大,主要的驱动力来自于区域关系及其资源型投资前景驱动。

表 7.13　　　　　　　　历年黑山的主权信用评级

标准普尔			穆迪		
评级时间	评级	前景预期	评级时间	评级	前景预期
2004 年 12 月	BB	稳定	2008 年 3 月	Ba2	稳定
2005 年 11 月	BB	稳定	2008 年 12 月	Ba2	消极
2005 年 12 月	BB	积极	2009 年 4 月	Ba3	消极
2007 年 3 月	BB+	稳定	2011 年 3 月	Ba3	稳定
2008 年 4 月	BB+	消极	2014 年 10 月	Ba3	消极
2010 年 3 月	BB	消极	2016 年 5 月	B1	消极
2012 年 6 月	BB-	稳定	2017 年 9 月	B1	稳定
2013 年 11 月	BB-	消极	2018 年 9 月	B1	积极
2014 年 11 月	B+	稳定	2019 年 2 月	B1	积极
2016 年 5 月	B+	消极	2020 年 3 月	B1	稳定
2017 年 1 月	B+	稳定	2022 年 9 月	B1	稳定
2020 年 5 月	B+	消极			
2021 年 3 月	B	稳定			

第二节
中国与黑山双边投资发展

2012 年中国—中东欧合作机制开展以来,在合作共赢的基础上,中国对黑山投资增长迅速,中国投资不干扰排斥其他国家的投资,有利于助推黑山加入欧盟的进程、增加黑山人民的就业机会、提升黑山人民的生活水平,也有利于提升国际社会对黑山发展前景的信心,受到黑山的各界欢迎。

一、中国对黑山的直接投资

(一) 中国对黑山 FDI 的流量规模

中国从 2017 年以后开始加大对黑山直接投资的力度,2017 年中国对黑山直接投资额为 1 665 万美元,占当年中国对外直接投资总额的 0.091‰,2020 年,中国对黑山直接投资额创纪录达 6 725 万美元,年增长率达 196.78%,占当年中国对外直接投资总额的 0.438‰,如表 7.14 所示。

表 7.14　　2012—2021 年中国对黑山直接投资流量情况表　　单位:百万美元

年份	投资额	年增长率(%)	中国对外直接投资合计	在中国对外直接投资占比(‰)
2017	16.65	—	182 880.30	0.091
2018	12.72	-23.6	143 037.31	0.089
2019	22.66	78.14	136 907.56	0.166
2020	67.25	196.78	153 710.26	0.438
2021	59.09	-12.13	178 819.32	0.330

数据来源:2021 年度中国对外直接投资统计公报。

(二) 中国对黑山 FDI 的存量规模

如表 7.15 所示,中国对黑山的对外直接投资存量在中国对外直接投资存量的东道国排名从 2016 年开始有了较大的提升,2015 年黑山在中国对外直接投资存量东道国排名为 184 位,到了 2017 年上升到 148 位,2021 年为 116 位。截至 2021 年,中国对黑山的直接投资存量达到 2.06 亿美元,在中国对外直接投资的占比为 0.07‰。随着双方的合作深化,中国与黑山的投资合作还将加强。

表 7.15　　2012—2021 年各年末中国对黑山直接投资存量情况

单位：百万美元，位

年份	投资额	年增长率（%）	在中国对外直接投资占比（‰）	在中国对外直接投资存量东道国排名
2012	0.32	0	0.00	176
2013	0.32	0	0.00	182
2014	0.32	0	0.00	183
2015	0.32	0	0.00	184
2016	4.43	1 284.3	0.00	172
2017	39.45	790.5	0.02	148
2018	62.86	59.3	0.03	147
2019	85.09	35.3	0.04	140
2020	153.08	79.9	0.06	131
2021	206.01	34.6	0.07	116

数据来源：2021 年度中国对外直接投资统计公报。

二、黑山对中国 FDI 的依存度

如表 7.16 所示，2017 年以后，黑山经济对来自于中国直接投资的依存度有了实质性的提升。2017 年，黑山经济对中国 FDI 的依存度为 0.34%，到了 2020 年提升到了 1.41%，2021 年虽有所下降但仍达到 1.01%。

表 7.16　　2017—2021 年黑山对中国 FDI 的依存度

单位：百万美元，亿美元，%

年份	中国对黑山 FDI	黑山 GDP	依存度
2017	16.65	48.57	0.34
2018	12.72	55.07	0.23
2019	22.66	55.42	0.41
2020	67.25	47.70	1.41
2021	59.09	58.61	1.01

数据来源：2021 年度中国对外直接投资统计公报。

三、黑山对中国的投资发展

根据国际货币基金组织统计（以中国为报告国），黑山在 2012—2021 年在中国的投资存量较少，投资方式全部是股权投资，仅在 2015 年和 2018 年年末出现过来自于黑山的 FDI 存量，分别为 1 200 万美元和 100 万美元，截至 2021 年年末，中国境内没有来自于黑山的 FDI 存量，如表 7.17 所示。

表 7.17　2012—2021 年各年末黑山对中国直接投资存量情况

单位：百万美元

年份	FDI 流入存量
2012	—
2013	0
2014	0
2015	12
2016	0
2017	0
2018	1
2019	0
2020	0
2021	0

数据来源：IMF。

四、中国与黑山已有的工程承包项目

2012 年以来，本着共商共建、务实均衡、开放包容、创新进取的原则，中国与黑山的投资合作取得了多项成果。中资企业投资主要集中在油气开采和服务、制造业、建筑业、信息技术产业以及服务业等领域。中方承建的黑山南北高速公路优先段已于 2022 年开通使用，中国企业与黑山成功签约了铁路、公路和地铁等建设项目。中国对黑山工程承包项目要求承包商具有较强的专业施工技术和综合开发能力，所需建设资金大，往往与投融资相结合。莫祖拉风电站，由上海电力（马耳他）控股有限公司和马耳他政府联合投资。黑山南北高速公路优先段，由中国进出口银行提供融资支持，如表 7.18 所示。

表 7.18　中国对黑山近年来工程承包项目

时间	项目名称	承建公司	内容
2015 年正式开工	黑山南北高速公路优先段（斯莫科瓦茨至马泰舍沃路段）	中国路桥集团	是项目的一期工程，全长约 41 千米，桥隧比高达 60%，合同额约 8 亿欧元。项目已于 2022 年顺利通车

续表

时间	项目名称	承建公司	内容
2015 年中标	"Kolasin—Kos" 段铁路修复改造	中国铁路建设股份有限公司旗下中土集团	处理铁路路基、修补挡土墙以及调整回流导线等
2017 年开工，2020 年投入试运营	莫祖拉风电站	中国国家电力投资集团所属上海电力（马耳他）控股有限公司	以清洁能源满足乌尔齐尼市全市的电力需求
2023 年中标	普列夫利亚燃煤电厂环保改造	中国东方电气集团总包，中国电建河北工程公司合作	锅炉尾部增设 SCR 装置，锅炉原尾部省煤器及空预器改造等
2023 年商务合同签约、开工	黑山 M2 公路与城市供水系统改扩建项目	中国山东高速集团	黑山 M2 公路改造项目全长 16 千米，将把现有双向两车道改扩建为双向四车道，并新增人行道和隔离带；改造城市供水系统，把供水管网的流量增加至原先一倍以上

五、中国与黑山双向投资发展阶段及趋势

自黑山 2006 年独立，中国与黑山的双边投资发展已经历了两个阶段，未来将进入到全面深化合作阶段。黑山经济规模小，经济增长高度依赖旅游、能源等少数行业，但由于历史原因，黑山的基础设施建设比较落后，难以满足国内支柱产业的发展需要，是其经济腾飞的障碍，因此中国与黑山大规模的投资合作，从黑山基础设施、能源矿产开发等领域开始，未来随着黑山经济的增长和双边合作的深入，将扩展到更多领域。

第一阶段（2006—2015 年）是中国与黑山开展投资合作的准备期。在 2015 年之前，中国与黑山的经贸合作以双边贸易为主要内容，双边投资尚未有实质性发展，投资有偶发性、规模小的特点。黑山的国际投资主要来自俄罗斯、欧盟以及临近国家，但是中国与黑山的贸易伙伴关系深厚，双方都有巨大的动力推进投资合作，这一时期双方在多个层面进行友好协商并取得诸多共识，对下一步合作奠定了坚实的基础。

第二阶段（2016 年至今）是中国与黑山投资合作的快速发展期。2017 年，黑山投资发展基金加入中国国家开发银行设立的中国—中东欧银联体，2018 年，中国国家开发银行与黑山投资发展基金签署了 1900 万欧元"一带一路"合作贷款协议。这一阶段的双边合作以中国向黑山投资为主，主要领域是基础设施和矿产开发，具体包括铝矿、交通基础设施建

设、电力开发等，这些项目规模大、技术要求高、涉及面广，因此，国有企业是中国对黑山开展直接投资的主导力量。

中国向黑山的直接投资尚有较大的市场可以开拓，未来随着黑山基础设施建设逐步完善，在"14+1"和"一带一路"多边合作平台的机制推动下，中黑双边合作领域将进一步拓展外延和内涵，投资合作将向农业、电信等更多产业发展，两国民营企业及中小企业将进一步开展经贸接触，可以预见在商品和服务贸易、教科文等众多领域将有更多的投资进展。随着中国与黑山之间友好合作的推进，中国和黑山的双向投资额有望继续增加。

第三节 浙江省对黑山的投资前景

黑山与浙江省两地区双向投资尚处于准备期，2012—2021 年，浙江省没有对黑山的投资记录，2019 年浙江省有一笔来自黑山的 7 万美元的合同外资记录，但没有实际使用外资记录。随着中国与黑山经贸合作的深化，浙江省与黑山双向投资的潜力将被激发。

一、浙江省对外投资基本情况

浙江省是我国对外直接投资大省，2021 年浙江省对外直接投资流量为 133.7 亿美元，占全国地方企业对外直接投资流量 15.2%，仅次于广东省，在各省市中位列第二；截至 2021 年年末，浙江省非金融类对外直接投资存量为 823.1 亿美元，在全国各省市中排名第四位，在全国地方企业非金融类直接投资中占比 9.7%；浙江省内投资者在境外设立非金融类企业数 4 529 家，占全国总数的 10.1%，位列全国第三[①]。

二、浙江省对黑山的投资领域及前景

（一）工程承包项目

黑山在过去的 10 年中，投资机会主要出现在旅游、电信、矿山、能

---

① 2021 年度中国对外直接投资统计公报。

源、交通基础建设等领域。浙江省未来对黑山的投资合作将在以下领域展开。目前，中国对黑山的投资集中于能源及交通基础建设领域的工程承包建设项目，未来还应向更多的领域拓展，这些工程项目技术复杂度高、工程涉及面广，国有企业是投标的主力军。未来，浙江省对外承包工程企业可加大"走出去"力度，主动把握黑山建设机遇，参与项目投标。浙江省制造业发达，产业链齐全，在电子、电气、五金零部件、机械设备、车辆制造、化工、材料等领域都有较强的竞争力，相关制造企业可作为分包商，参与到黑山的工程承包项目中去，民营和中小企业也将有机会在相关领域中发挥积极作用。

（二）旅游及农业领域的投资合作

黑山旅游资源丰富，旅游业是政府近年来重点发展的支柱产业，而葡萄酒等农产品生产逐步与文旅相结合，一些新的商业机会开始显现。中国近年来是全球出境旅游人口增长最快的国家之一，浙江省作为我国商贸旅游大省，未来将进一步发挥中国—黑山经贸合作排头兵的作用，在传统旅游服务的基础之上，发挥浙江省优势，探索中国与黑山文旅深度合作方式，推进数字化与文旅结合等创新模式。

（三）商务服务及批零行业的投资合作

租赁和商务服务业、批发和零售业是中国对外直接投资规模最大的2个行业，截至2021年末，2个产业分别占中国对外直接投资存量的40%和13.3%，这2个行业也是浙江省具有竞争优势的行业。浙江省拥有多个中东欧特色商贸平台，广大经营者和侨胞在批发及零售服务领域已有深厚的基础，未来浙江省将沿着已有的商贸合作路径，逐步探索创新模式，实现更深层次的产业合作和投资合作。

第三篇

浙江省与黑山的产业合作潜力

第八章

浙江省与黑山采矿及冶炼业合作展望

黑山地域面积小，矿储总量虽有限，其采矿业的重要性主要体现在区域经济合作中。黑山的矿山开采主要包括铝土矿、工业矿物和褐煤的开采和加工，金属冶炼主要包括氧化铝精炼、原铝冶炼和炼钢。

第一节
黑山的矿产资源及相关法律

从矿藏地质构造来看，黑山矿区与塞尔维亚第纳尔矿区相连，第纳尔矿区的特点是矿产资源丰富、品种繁多，矿藏规模相对较小，富含喀斯特型红铝土矿。

一、黑山的矿产资源

黑山现代的地质勘探主要是在 1946—1986 年开展，已发现 28 种矿产资源，其中有 23 种矿产具有开采价值，目前已开采的矿产大约有 15 种。黑山的金属矿产资源主要是红铝土矿、铅和锌等，非金属矿产资源主要是石材和煤等，具体见表 8.1。

表 8.1　　　　　　　　　黑山主要的矿产资源储量

矿物原料	探明储量①	资源量
红铝土矿	35 Mt	60 Mt
铅锌	34.2 Mt	30 Mt
铜	5.3 Mt	2 Mt
建筑石材	6 Mm³	60 Mm³
技术石料	60 Mm³	较大
砖泥	6.4 Mt	500 Mt
水泥石灰	90 Mt	尚无估测
白铝土矿	5.6 Mt	10 Mt
白云石	80 Mt	大
重晶石	0.4 Mt	尚无估测
膨润土	2.4 Mt	1.4 Mt
石英砂	—	7 Mt
燧石	1.2 Mt	1.5 Mt
煤	251.2 Mt	100 Mt

数据来源：黑山地质研究所②。

（一）金属矿物

1. 红铝土矿

红铝土矿是黑山最重要的金属矿藏，主要分布于黑山中部，在南部地区也有一些储量。黑山已探明的不同品质的铝土矿地质储量约为 3.5 千万公吨，资源量约为 6 千万公吨。在黑山已探明 30 个矿床和 150 个矿点，分布于三叠纪、侏罗纪和早期古近纪这三个地质层。目前已探明最大的喀斯特型红铝土矿位于尼克希奇市，该地区的主要矿山有：利夫罗维迪一区和二区、扎格拉德、库茨科布尔多、久拉科夫道、比奥基斯坦，以及斯蒂托沃一区和二区。

扎格拉德、库茨科布尔多和斯蒂托沃二区是露天矿，矿层比较浅。比奥基斯坦矿层埋藏较深，采用地下采矿方法。

---

① 本表中的计量单位，Mt 为百万公吨、Mm³ 为百万立方米。
② 本数据引自 Slobodan Radusinović, et. The primary and secondary mineral resources of Montenegro and their mapping into the European data model [J]. Journal of the Croatian Geological Survey and the Croatian Geological Society. 2022（75）：335 – 348.

2. 铅锌

黑山铅锌矿主要位于东北部山区，主要的两个矿区是苏尔佳斯帝吉娜矿和布尔斯科沃矿，苏尔佳斯帝吉娜矿位于柳比斯尼亚山区，布尔斯科沃矿位于别拉什卡山区。在苏尔佳斯帝吉娜矿区，铅锌矿的探明储量（经济储量）为1 841.6万公吨，估测资源量为1 000万—4 000万公吨。布尔斯科沃矿的铅锌探明储量（经济储量）为1 579.6万公吨。除了这两个矿以外，在维斯托和圣卡瑞卡山区还有一些小的铅锌矿。

（二）非金属矿物

1. 建筑和装饰用石材

建筑和装饰用石材是黑山最重要的非金属矿物原料，黑山石材主要应用于生产建筑内外部覆层板、石材配件、路缘石和其他建筑元件。主要矿区有两个：比耶罗洛帕弗里奇（Bjelopavlici）地区，已探明经济储量约为4百万立方米；沿海地区，已探明储量2百万立方米。主要石材矿点有：马尔贾特，克鲁特，维索西卡，拉杜耶夫克鲁什、齐夫斯科拉兹多列，布兰科夫克鲁希、托斯普德、多洛维等。黑山装饰用建筑石材主要是博基特和石灰华。

2. 技术建筑用石料

黑山的技术建筑石料主要是碳酸盐岩，已探明26个技术类石料矿，其中火山成因矿一个。黑山目前有约23个采石场用于生产混凝土、沥青和其他用途的石料。水泥石灰矿位于普列夫利亚（Pljevlja）附近的Potrelica地区，已探明储量为9 000万公吨。黑山有火山岩探明储量，但开采不足，市场上的火山岩石料比较缺乏。黑山已探明优质白云石储量8 000万公吨，但也尚未开发。

3. 能源矿产

黑山目前拥有煤、石油和天然气储量。目前煤已经被开采，石油和天然气的开采潜力仍处于研究和前景评估阶段，具体见第五章。

二、黑山的矿产开发相关法律

1. 资产方面的法律

（1）国家资产法（"黑山政府公报"，第21/09号）。根据黑山国家资产法，矿产资源作为公共财富归国家所有，矿产利用须以法律规定的条件和方式开展。

（2）采矿法（"黑山政府公报"，第 65/08、74/10 号）。根据黑山采矿法，矿产资源包括有机矿产和无机矿产以及人造（二级）矿物原材料，前者为分布于各大矿床的固态、液态或气态矿物，后者通过技术手段形成。

2. 矿产资源勘探和开发权方面的法律

（1）特许权法（"黑山政府公报"，第 8/09 号）。特许权是使用自然资源、公共产品等归国家所有的公共利益商品的权力，获取该项权利需支付特许权费。特许权可以用于矿产资源的勘探或开采，或勘探和开采。

（2）地质探索法（"黑山政府公报"，第 28/93、27/94、42/94 号，26/07，"黑山政府公报"，第 28/11 号）。

（3）采矿法（"黑山政府公报"，第 65/08、74/10 号）。开采可由拥有相关许可证的公司根据特许权协议进行。

（4）碳氢化合物勘探和生产法（"黑山政府公报"，第 41/10 和 62/13 号）。

（5）水资源法（"黑山政府公报"，第 27/07 号）。

3. 评估环境影响方面的法律

环境影响评估法（"黑山政府公报"，第 80/05 号）。该法决定评估环境影响的需求、确定环境影响研究的范围和内容、批准决定。

第二节
黑山采矿业的发展

一、黑山的采矿业规模

表 8.2 和图 8.1 显示了 2012 年以后黑山采矿业的规模和发展情况，近年来随着开采技术的提高和市场需求的增加，黑山矿业的产量显著增加，2012 年，采矿业增加值为 3.46 千万欧元，2019 年和 2020 年都超过 6 千万欧元，2021 年增加值有所下降，约为 5.31 千万欧元。相对于 GDP 变动，黑山采矿业增长率的波动性较大，2017 年增长率高达 40.76%，2021

年，黑山旅游业在新冠疫情后复苏，GDP 出现反弹，但采矿增长率下降 19.71%。

表 8.2　　2012—2021 年黑山采矿业规模及增长（按欧元现价）

单位：千欧元，%

年份	采矿业增加值	增长率	GDP	增长率
2012	34 601	-3.60	3 181 477	-2.55
2013	35 986	4.00	3 362 481	5.69
2014	39 785	10.56	3 457 922	2.84
2015	41 521	4.36	3 654 512	5.69
2016	42 229	1.71	3 945 212	7.95
2017	59 443	40.76	4 299 091	8.97
2018	50 434	-15.16	4 663 130	8.47
2019	61 760	22.46	4 950 717	6.17
2020	66 112	7.05	4 185 553	-15.46
2021	53 081	-19.71	4 955 116	18.39

数据来源：黑山国家统计局。

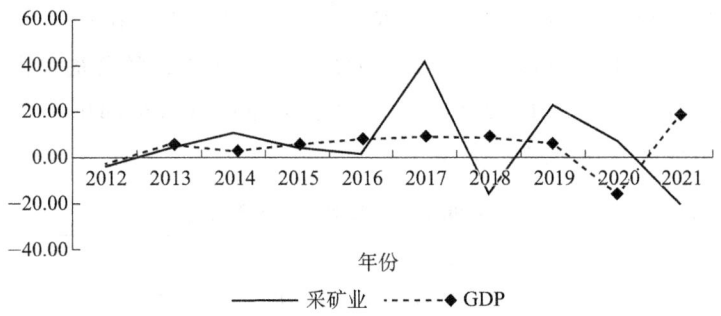

图 8.1　黑山采矿业增长率（%）

数据来源：黑山国家统计局。

二、黑山矿业的产品结构

黑山的主要矿产品是铝、铝土矿、铅、锌以及褐煤等，近年来每年总产量在 200 万公吨以上，铝、铝土和褐煤是黑山最重要的矿产品，铅与锌产量相对来说较少。表 8.3 显示了 2012—2021 年黑山各类矿业的产量，褐煤是产量最大的矿产，铅和锌产量较小。除了市场需求，黑山矿业产量受入欧盟进程、环保及产业政策等因素的影响。

表 8.3　　　　　　　　2012—2021 黑山各类矿业产量　　　　　　单位：公吨

年份	褐煤	铝土	铝	铅	锌	总量
2012	1 785 999	0	74 813	1 500	4 600	1 882 912
2013	1 692 535	61 154	47 951	1 700	4 600	1 817 940
2014	1 655 045	155 153	42 767	1 800	7 200	1 861 965
2015	1 772 900	50 369	42 499	1 800	7 000	1 847 938
2016	1 397 500	667 259	38 915	2 100	8 100	2 114 274
2017	1 474 800	927 847	39 379	3 050	8 820	2 453 896
2018	1 595 900	468 164	40 163	3 100	10 670	2 117 997
2019	1 605 200	774 725	36 552	3 480	9 520	2 429 277
2020	1 665 449	791 813	37 208	640	10 130	2 505 240
2021	1 548 612	526 760	45 214	0	9 360	2 129 946

数据来源：世界采矿大会国际组委会。

表 8.4 显示了 2012—2021 年黑山各类矿业产量（按重量计算）占总产量的比重。褐煤产量是黑山产量最高的矿产品，在 2015 年之前，一般要在总产量中占比 90% 以上，2016 年后，随着清洁能源相关政策的推进，褐煤产量占比有了较大的下降，2021 年，褐煤占黑山矿产品总产量的 72.71%。铝土是产量占比排位第二的矿产，近年来，随着褐煤占比的下降，铝土占比逐渐上升，2019—2020 年，铝土产量占全部矿产量的 30%以上，2021 年有所下降，为 24.7%。

表 8.4　　　　　　　　2012—2021 黑山各类矿业产量占比　　　　　　单位：%

年份	铝	铝土	铅	锌	褐煤
2012	3.97	0.00	0.08	0.24	94.85
2013	2.64	3.36	0.09	0.25	93.10
2014	2.30	8.33	0.10	0.39	88.89
2015	2.30	2.73	0.10	0.38	95.94
2016	1.84	31.56	0.10	0.38	66.10
2017	1.60	37.81	0.12	0.36	60.10
2018	1.90	22.10	0.15	0.50	75.35
2019	1.50	31.89	0.14	0.39	66.08
2020	1.49	31.61	0.03	0.40	66.48
2021	2.12	24.73	0.00	0.44	72.71

数据来源：世界采矿大会国际组委会。

三、采矿业在黑山经济中的地位

黑山独立之初的 2006 年,采矿业曾在 GDP 中占比 3.78%,之后逐渐下降,2012 年以后,在黑山 GDP 占比在 1%—1.6% 之间波动。表 8.5 和图 8.2 显示了 2012—2021 年黑山采矿业的增加值在 GDP 中的占比情况,2012 年采矿业在 GDP 中占比为 1.09%,之后小幅波动,在 2017 年和 2020 年分别出现较大增幅,占比分别为 1.38% 和 1.58%,2021 年又有所下降,为 1.07%。

表 8.5　　2012—2021 年黑山采矿业增加值在 GDP 的占比(按欧元现价)

单位:千欧元,%

年份	采矿业增加值	GDP	采矿业在 GDP 占比
2012	34 601	3 181 477	1.09
2013	35 986	3 362 481	1.07
2014	39 785	3 457 922	1.15
2015	41 521	3 654 512	1.14
2016	42 229	3 945 212	1.07
2017	59 443	4 299 091	1.38
2018	50 434	4 663 130	1.08
2019	61 760	4 950 717	1.25
2020	66 112	4 185 553	1.58
2021	53 081	4 955 116	1.07

数据来源:黑山国家统计局。

图 8.2　2012—2021 年黑山采矿业在 GDP 的占比(%)

四、黑山矿业生产在全球的地位

(一) 矿业产量在全球的比重

1. 矿物总产量在全球的比重

表8.6显示了黑山在2012—2021年矿物产量在全球的占比情况。在2016年以前,黑山矿物总产量在全球占比为0.011%,2016年之后黑山矿物总产量增长到200万公吨以上,在全球占比也有所提升,各年在0.012%—0.015%之间变动,相对于黑山的小规模经济体量,其矿产产量是比较高的。

表8.6　　　　黑山矿物总产量在全球比重　　　　单位:公吨,%

年份	黑山矿物总产量	全球矿物总产量	占比
2012	1 882 912	16 841 063 613	0.011
2013	1 817 940	17 025 395 555	0.011
2014	1 861 965	17 175 374 466	0.011
2015	1 847 938	17 214 951 933	0.011
2016	2 114 274	16 786 834 319	0.013
2017	2 453 896	17 260 884 452	0.014
2018	2 117 997	17 831 513 408	0.012
2019	2 429 277	18 017 622 411	0.013
2020	2 505 240	17 227 970 703	0.015
2021	2 129 946	17 896 899 617	0.012

数据来源:世界采矿大会国际组委会黑山。

2. 主要矿产类别产量全球的地位

(1) 有色金属

表8.7显示了自2016—2021年黑山有色金属总产量在全球的比重,黑山每年有色金属产量在5万公吨上下浮动,在全球中占比在0.046%—0.51%之间。

表8.7　　　　黑山有色金属总产量在全球比重　　　　单位:公吨,%

年份	黑山有色金属总产量	全球有色金属总产量	占比
2016	49 115	97 016 514	0.051
2017	50 739	98 592 750	0.051

续表

年份	黑山有色金属总产量	全球有色金属总产量	占比
2018	52 613	103 409 977	0.051
2019	49 552	102 815 267	0.048
2020	47 978	104 563 805	0.046
2021	54 574	107 665 438	0.051

数据来源：世界采矿大会国际组委会。

（2）矿物燃料

表 8.8 展示了 2016—2021 年黑山矿物燃料产量在全球占比情况，黑山历年矿物燃料年均产量都在百万公吨以上，在全球占比约为 0.01%。

表 8.8　黑山工业矿物燃料产量在全球比重

单位：公吨,%

年份	黑山矿物燃料产量	全球矿物燃料总产量	占比
2016	1 397 500	14 395 634 888	0.0097
2017	1 474 800	14 806 182 843	0.0100
2018	1 595 900	15 333 481 009	0.0104
2019	1 605 200	15 504 305 583	0.0104
2020	1 665 449	14 774 452 791	0.0113
2021	1 548 612	15 296 261 104	0.0101

数据来源：世界采矿大会国际组委会。

（二）矿业产值在全球的地位

1. 矿业总产值（不含钻石）在全球的占比

表 8.9 显示 2017—2021 年黑山矿业总产值在全球的比重，黑山矿物总产值近年来呈现较大波动，2017 年矿物总产值约为 9 278.5 亿美元，在全球占比 0.0053%，2021 年矿物总产值降为约 5 267.6 亿美元，在全球占比下降到 0.0029%。

表 8.9　黑山矿物（包含铝土矿）总产值在全球比重

单位：百万美元,%

年份	黑山矿物总产值	全球总产值	占比
2017	927 847	17 503 813 487	0.0053
2018	468 164	18 020 356 712	0.0026

续表

年份	黑山矿物总产值	全球总产值	占比
2019	774 725	18 286 889 669	0.0042
2020	791 813	17 588 999 686	0.0045
2021	526 760	18 276 750 490	0.0029

数据来源：世界采矿大会国际组委会。

2. 主要矿产类别产值在全球的占比

（1）有色金属

表8.10 显示2017—2021年黑山有色金属总产值在全球的比重，2016年黑山的有色金属产值为8.3千万美元，2017—2018年有较大的增长，但2019—2020年连续下降，2020年产值为8.8千万美元，在全球占比为0.000084%。

表8.10　　　　黑山有色金属总产值在全球比重　　　　单位：百万美元，%

年份	黑山产值	全球产值	黑山占比
2016	83	96 879 927	0.000086
2017	109	98 017 035	0.000111
2018	119	102 931 749	0.000116
2019	97	102 813 096	0.000094
2020	88	104 410 432	0.000084

数据来源：世界采矿大会国际组委会。

（2）工业矿物燃料

表8.11展示了黑山工业矿物燃料产值及全球比重，相较于其他矿物及金属，黑山与全球工业矿物燃料产值对比差距巨大，在全球约为千万亿美元市值的市场中，黑山产值仅为千万美元，占比约为0.0000002%。可见全球范围内工业矿物燃料较为常见。

表8.11　　　　黑山工业矿物燃料产值在全球比重　　　　单位：百万美元，%

年份	黑山产值	全球产值	黑山占比
2016	31	14 376 281 100	0.000000216
2017	32	14 792 425 927	0.000000216
2018	35	15 321 288 057	0.000000228
2019	35	15 503 286 744	0.000000226
2020	40	14 756 755 425	0.000000271

数据来源：世界采矿大会国际组委会。

（三）主要矿产品产量在全球排名

1. 重点矿产品

表 8.12 显示了黑山重点矿物产量，包括铝、褐煤、铝土在全球的排名情况，铝土排名最靠前，历年在全球前 18—21 位之间波动；其次是褐煤，在全球排名 25—28 位；铝产量 2016 年全球排名第 38 位，2020 年和 2021 年位次上升到第 25 位。

表 8.12　　　　黑山主要矿物产量在全球的排名

年份	铝	铝土（原矿石）	褐煤
2016	38 位	19 位	27 位
2017	39 位	18 位	28 位
2018	42 位	21 位	26 位
2019	39 位	21 位	25 位
2020	25 位	18 位	26 位
2021	25 位	20 位	26 位

数据来源：世界采矿大会国际组委会。

2. 其他主要矿产品

（1）铅

表 8.13 显示了 2016—2020 年黑山铅产量在全球的占比及排名情况，黑山的铅产量在全球排名为 37—43 位，2020 年在全球占比为 0.01%，在全球排名 43 位。

表 8.13　　　　黑山铅产量在全球的份额　　　　单位：公吨,%

年份	全球排名	产量	全球占比
2016	37 位	2 100	0.04
2017	40 位	2 540	0.05
2018	40 位	2 770	0.06
2019	40 位	3 480	0.07
2020	43 位	640	0.01

数据来源：世界采矿人会国际组委会。

(2) 锌

表 8.14 显示了 2016—2021 年黑山锌产量在全球的占比及排名情况，黑山的锌产量在全球排名为 41—44 位，在全球占比为 0.06%—0.08%，2021 年，黑山锌产量为 9 360 公吨，在全球排名第 41 位，占比为 0.07%。

表 8.14　　　　黑山锌产量在全球的份额　　　　单位：公吨，%

年份	全球排名	产量	全球占比
2016	41 位	8 100	0.06
2017	44 位	8 820	0.07
2018	43 位	9 680	0.08
2019	42 位	9 520	0.07
2020	44 位	10 130	0.08
2021	41 位	9 360	0.07

数据来源：世界采矿大会国际组委会。

第三节
黑山铝业的发展

铝业是黑山的传统支柱产业，铝及铝土矿的出口额或出口量都远超其他产品。黑山铝土矿出口主要面向中国、捷克、波黑等国家和地区，中国是黑山最大的铝土矿市场。

一、黑山铝产量在全球的地位

（一）铝

表 8.15 显示了 2016—2021 年黑山铝产量在全球的份额及排名，近几年黑山铝产量在全球占比均为 0.07% 左右，全球排名在 35—42 位，2021 年，黑山铝产量在全球排名第 35 位。

表 8.15　　　　黑山铝产量在全球的份额　　　　单位：公吨,%

年份	全球排名	产量	全球占比
2016	38 位	38 915	0.07
2017	39 位	39 379	0.07
2018	42 位	40 163	0.06
2019	39 位	36 552	0.06
2020	37 位	37 208	0.06
2021	35 位	45 214	0.07

数据来源：世界采矿大会国际组委会。

（二）铝土

表 8.16 显示了 2016—2021 年黑山铝土产量在全球的份额以及排名，黑山铝土产量丰富，在全球占比在 0.14%—0.30%，2021 年，黑山铝土产量 52.7 万公吨，在全球占比为 0.14%，在全球排名第 20 位。

表 8.16　　　　黑山铝土产量在全球的份额　　　　单位：公吨,%

年份	全球排名	产量	全球占比
2016	19 位	667 259	0.23
2017	18 位	927 847	0.30
2018	21 位	468 164	0.14
2019	21 位	774 725	0.21
2020	18 位	791 813	0.21
2021	20 位	526 760	0.14

数据来源：世界采矿大会国际组委会。

二、黑山铝矿砂和铝出口

（一）铝矿砂出口（HS260600）

表 8.17 显示了 2012—2021 年黑山铝矿砂出口情况。2012 年铝矿砂出口量和出口额为 2.64 万公吨和 63.2 万美元，逐年攀升到 2017 年达到顶峰，当年出口量突破百万公吨，出口额达到 3 793.8 万美元；2021 年铝矿砂出口量和出口额较低，分别为 31.2 万公吨和 1 161.5 万美元。

表 8.17　　黑山历年铝矿砂及精矿出口情况（HS2606）

单位：公吨,%，千美元

年份	重量	增长率	出口额	增长率
2012	26 354.30	—	632.00	—
2013	100 290.60	280.55	3 089.20	388.8
2014	68 377.70	-31.82	2 244.20	-27.35
2015	188 893.20	176.25	7 863.90	250.41
2016	516 238.50	173.3	18 061.00	129.67
2017	1 025 949.50	98.74	37 937.80	110.05
2018	536 602.40	-47.7	17 919.00	-52.77
2019	646 740.70	20.53	20 662.10	15.31
2020	785 724.20	21.49	22 231.03	7.59
2021	312 188.50	-60.27	11 615.40	-47.75

数据来源：UN Comtrade 数据库。

如图 8.3 所示，从增长情况来看，2014 年黑山铝矿砂出口出现大幅下降，之后逐渐回升，从 2015 年起又逐年下降，2018 年又出现大幅下降，2019 年和 2020 年有所回升，2021 年黑山铝出口量下降 60.27%，铝出口额下降 47.75%。

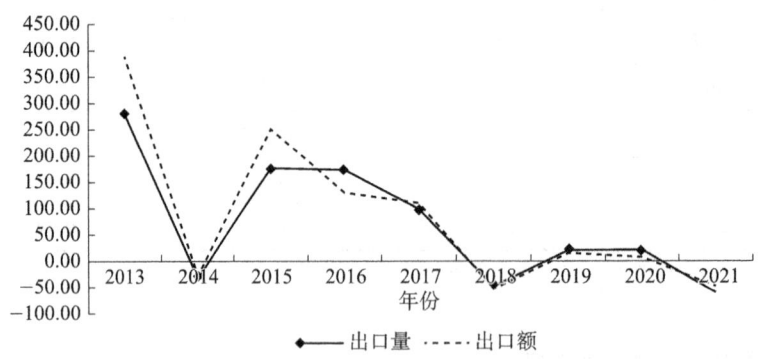

图 8.3　2012—2021 年黑山铝矿砂出口增长率（%）

表 8.18、表 8.19 和表 8.20 分别显示了 2012 年、2019 年及 2021 年黑山铝矿砂主要出口目的国。2012 年，中国还不是黑山铝矿砂主要买家；2019 年，中国成为黑山最大的铝矿砂进口国；2021 年，黑山铝矿砂出口的主要目的地有：希腊、波斯尼亚和黑塞哥维那、波兰、中国香港和塞尔维亚。

表 8.18　　　　2012 年黑山铝矿砂及精矿主要出口目的国

单位：千美元，公吨

出口目的国	出口额	出口量
捷克共和国	256.5	8 681.9
波黑	233.7	10 105.5
塞尔维亚	84.2	5 331.4
斯洛伐克	34.1	1 474.2
匈牙利	23.5	761.2
合计	632.0	26 354.3

数据来源：UN Comtrade 数据库。

表 8.19　　　　2019 年黑山铝矿砂及精矿主要出口目的国

单位：千美元，公吨

出口目的国	出口额	出口量
中国	16 896.7	513 902.0
波黑	2 887.1	105 683.0
波兰	426.9	12 721.9
希腊	227.6	6 999.2
捷克	197.1	7 049.0
合计	20 662.1	646 741.0

数据来源：UN Comtrade 数据库。

表 8.20　　　　2021 年黑山铝矿砂及精矿主要出口目的国

单位：千美元，公吨

出口目的国	出口额	出口量
希腊	8 437	205 606 000
波黑	1 837	63 376 300
波兰	457	12 864 500
中国香港	411	14 183 600
塞尔维亚	367	12 705 100
合计	11 615	312 188 000

数据来源：UN Comtrade 数据库。

(二) 铝及铝制品出口额（HS76）

表 8.21 显示了 2012—2021 年黑山铝及铝制品的出口情况，其中出口额高的年份依次是 2012 年、2013 年和 2021 年。黑山在 2019 和 2020 年铝

出口分别下降了17.18%和10.58%，2021年增长率达54.76%，出口额为1.04亿美元。

表8.21　　　　黑山历年铝及铝制品出口情况 HS76　　　　单位：千美元，%

年份	出口额	增长率
2012	169 628.2	—
2013	109 965.7	-35.17
2014	98 669.4	-10.27
2015	79 383.3	-19.55
2016	72 786.1	-8.31
2017	84 985.6	16.76
2018	91 003.6	7.08
2019	75 367.6	-17.18
2020	67 393.2	-10.58
2021	104 296.6	54.76

数据来源：UN Comtrade 数据库。

表8.22、表8.23和表8.24分别展示了2012年、2019年和2021年黑山铝以及铝制品的主要出口目的国。黑山铝的主要出口市场是欧盟及巴尔干国家，中国从黑山进口铝及铝制品较少，2021年的进口额约为270万美元。

表8.22　　　　2012年黑山铝及铝制品主要出口目的国　　　　单位：千美元

排序	出口目的国	出口额
1	克罗地亚	102 991.1
2	匈牙利	22 735.0
3	斯洛文尼亚	17 035.6
4	波黑	12 981.3
5	塞尔维亚	4 937.3
6	希腊	3 795.2
7	罗马尼亚	2 726.1
8	意大利	2 163.0
9	俄罗斯联邦	210.1

续表

排序	出口目的国	出口额
10	奥地利	17.2
11	阿尔巴尼亚	12.4
12	荷兰	11.1
	合计	169 628.2

数据来源：UN Comtrade 数据库。

表 8.23　　2019 年黑山铝及铝制品主要出口目的国　　单位：千美元

排序	出口目的国	出口额
1	匈牙利	50 082.6
2	塞尔维亚	12 790.5
3	斯洛文尼亚	6 148.4
4	希腊	1 832.5
5	图基耶	1 704.4
6	阿尔巴尼亚	1 626.8
7	意大利	569.7
8	保加利亚	224.6
9	德国	87.0
10	瑞士	54.5
11	波黑	51.0
12	捷克	47.6
	合计	75 367.6

数据来源：UN Comtrade 数据库。

表 8.24　　2021 年黑山铝及铝制品主要出口国　　单位：千美元

排序	出口目的国	出口额
1	瑞士	44 125.0
2	意大利	14 398.5
3	阿尔巴尼亚	8 831.9
4	匈牙利	6 523.1
5	塞尔维亚	5 173.9
6	土耳其	4 392.1
7	卢森堡	4 215.8
8	斯洛文尼亚	4 018.0

续表

排序	出口目的国	出口额
9	希腊	3 330.9
10	中国	2 699.9
11	中国香港特别行政区	1 361.1
12	波黑	1 117.2
	合计	104 296.6

数据来源：UN Comtrade 数据库。

三、黑山主要的铝矿和铝业企业

黑山最大的铝土矿企业是 Rudnici Boksita AD Niksic（简称 RBN），最大的炼铝企业是 Kombinat Aluminijuma Podgorica（简称 KAP）。铝土矿与铝业是高耗能产业，历史上黑山铝业受政府电价补贴，铝厂曾是国有企业。黑山加入欧盟的重要内容是市场体系改革和碳排放降低，在市场体系方面，欧盟规则要求市场私有化改革、禁止政府直接补贴私营企业；在碳排放方面，欧盟自 2011 年起提出减碳政策，要求 2030 年要比 1990 年碳排放水平下降至少 40%。随着黑山加入欧盟进程的推进，黑山逐步取消对铝企的电价优惠，铝业生产成本快速提升。

1. 铝土矿企业：Rudnici Boksita AD Niksic（RBN）

RBN 位于黑山中西部尼克希奇市，位于首都波德戈里察西北 55 千米处，该公司矿业生产始于 1960 年，拥有 5 座矿山，铝土矿储量达 1.35 亿公吨，是黑山最大的铝土矿企业。

2. 炼铝企业：Kombinat Aluminijuma Podgorica（KAP）

KAP 是黑山最大的金属冶炼企业，也是唯一的铝冶炼厂。KAP 曾经是俄罗斯铝业公司 Central European 在黑山建立的合资企业，从 1971 年开始量产，曾经是黑山的工业支柱企业和最大的出口企业。2013 年 KAP 因亏损超过 4 亿美元宣布倒闭，所有权移交政府，2014 年黑山政府以 2 850 万欧元将其出售给黑山矿业集团 Uniprom D.O.O.。

KAP 是黑山消耗电力最大的企业，历史上长期获得国家能源及税收补贴。在 2021 年之前，KAP 与黑山电力企业 EPCG 签订的电价为 45 欧元/兆瓦时，而合同到期之后，EPCG 对 2022 年的电价要求上升至 120 欧元/兆瓦时，导致 KAP 停产。

KAP 的母公司 Uniprom 集团拥有 4 个板块的业务：

（1） Uniprom D.O.O.——铝生产；

（2） Uniprom Metali D.O.O.——铝土矿开采；

（3） Uniprom Energy——天然气和液化天然气分销；

（4） Uniprom Hotel——酒店业。

第四节
黑山钢铁业的发展

黑山的钢铁企业主要集中在尼克希奇、波德戈里察和巴尔港等地区，是这些城市的支柱产业，黑山也有一些小型的钢铁制造商和加工厂，主要服务于本地市场。

一、进出口

如表 8.25 所示，从黑山历年钢铁进出口额看到，2021 年和 2022 年，黑山钢铁出口额相较于前几年减少将近 50%，由 2020 年的 12 765 千欧元降至 2021 年的 6 732 千欧元。相较于出口额，黑山的钢铁进口额没有如此明显的波动幅度。2020 年，受全球经济形势不景气影响，进出口额稍微有点下滑，但目前也正呈现复苏趋势。

表 8.25　　　　　历年钢铁进出口额（SITC67）　　　　单位：千欧元

年份	进口额	出口额
2015	41 279	21 036
2016	48 907	14 306
2017	67 813	17 851
2018	85 796	18 870
2019	83 787	18 460
2020	55 923	12 765
2021	76 014	6 732
2022	81 555	6 309

数据来源：黑山国家统计局。

二、主要企业：Toscelik Niksic

该钢铁公司是大型钢铁企业，位于尼克希奇，成立于 1956 年，原名是 Zeljezara Niksic AD，2012 年被土耳其钢铁企业 Tosyali Holding 以 1 510 万欧元收购，更名为 Toscelik Niksic 并进行投资改造。公司主要生产合金钢、非合金钢、滚柱轴承钢、工具钢和耐热钢等。2021 年初，公司因新冠疫情原因订单减少而停产，2022 年开始与黑山国家能源公司 Elektroprivreda Crne Gore（EPCG）开始出售谈判，2023 年，双方已经完成谈判，Toscelik Niksic 的所有资产都已出售给 EPCG。

第五节
浙江省与黑山采矿及冶炼业合作展望

黑山资源型工业部门普遍存在技术过时、加工水平低等问题，产业在国内和国际市场上竞争力不足，附加值较低。为了提升工业发展和竞争力，黑山制定了相关的工业政策，明确了优先事项，鼓励企业提升效率、推进创新，同时向国际资本开放，由此产生国际合作机会。

一、黑山在矿业领域开展的重点合作项目

1. 比奥基斯坦铝土矿恢复开采项目

比奥基斯坦铝土矿由黑山铝土企业 Uniprom Metali D. O. O. 所有，该矿在 2016 年之前长期停产，2016 年 Uniprom Metali D. O. O. 与波兰公司布美他尼签订协议，恢复比奥基斯坦矿的铝土开采作业，布美他尼获得 27 年的开采期。

2. 布尔斯科沃锌矿收购项目

布尔斯科沃矿位于黑山东北部的莫伊科瓦茨市，距首都波德戈里察约 100 千米，该矿历史悠久，采矿作业最早记录于 13 世纪，现代采矿勘探始于 1950 年，1976 年投入运营，1991 年关闭。2018 年，该矿由总部设于瑞士的塔拉资源公司收购，项目投资约 1.8 亿欧元。塔拉资源公司于 2019 年对该

矿完成了初步经济评估，于2021年完成了可行性研究，目前该矿正处于建设中，建成以后将成为欧洲最大的锌矿之一，预计产量约为：锌精矿45 000公吨、铅精矿13 000公吨、铜精矿3 000公吨、银100万盎司。

二、浙江省与黑山在采矿及冶炼业的合作展望

中国是世界最大的矿产品生产国、消费国和贸易国，金属矿业是中国对外投资合作的重要领域，据不完全统计，截至2022年，中国主要企业境外投资新能源矿产资源开发项目多达140个，累计投资超过1 000亿美元。依照《全国矿产资源规划（2016—2020年）》，列入我国战略性矿产品种共有24种金属矿产，涵盖了黑山的优势矿产资源种类。中国与黑山在资源型工业领域具有合作空间，开展产业协作符合两国共同利益。

在金属矿业的经贸合作领域，浙江省拥有诸多优势资源。浙江省民间资本国际化起步较早，浙商是投资海外矿产的先行者，早在21世纪初，浙企就开始了海外寻矿之路，2008年全球金融危机之后，浙江省资本开始加速"走出去"，活跃于乌兹别克的金矿、铀矿，蒙古国的铁矿、萤石矿，老挝、柬埔寨、缅甸等地的金矿、铁矿和钾盐矿，以及南美等地的矿山。目前，东南亚印尼，非洲刚果（金）、津巴布韦，南美洲阿根廷是浙江省资本较集中的矿产投资地。浙江省在矿产金属领域拥有特色国际合作平台，宁波大宗商品交易所有限公司（简称甬商所）是由宁波市人民政府批准，并经中国证监会（国务院部际联席会议）备案的综合性现货商品交易所，该交易所以塑料、化工原料、有色金属、稀贵金属、钢材等五大品种为特色，是华东地区乃至全国有重要影响力的多商品交易中心和定价中心。结合浙江省自身优势与黑山产业特点，浙江省企业可与国内相关企业协同合作，在黑山矿业金属领域开展相关的贸易与投资活动，实现多方共赢。

第九章

浙江省与黑山的能源合作展望

能源电力行业是黑山共和国最具发展前景的行业之一，黑山凭借资源禀赋和区位优势，未来有望成为巴尔干半岛的能源电力枢纽，同时该行业也是黑山加入欧盟进程的焦点之一，相关要求主要涉及可再生能源利用以及电力市场转型等，因此黑山的能源及电力业成为合作的重点领域。

第一节
黑山能源业基本情况

历史上，黑山电力主要依靠火力发电，褐煤是最重要的电力投入资源，黑山近年来能源发展政策导向要求降低煤使用量、提高可再生资源的利用水平。黑山拥有丰富的水能、风能和太阳能等可再生资源，目前水能已成为最主要的发电资源，太阳能、风能发电项目也在开展。黑山的石油和天然气资源长期处于勘探阶段，尚未得到开发。

一、黑山能源类矿产资源

(一) 化石资源

1. 煤炭

黑山煤炭储量比较丰富,但品种以褐煤为主,污染较大、发电效率不高。黑山具有经济意义的煤矿主要位于普列夫利亚和贝拉内这两个城市。普列夫利亚位于黑山北部,所产的煤属于向棕黑色褐煤过渡的软棕色煤;贝拉内位于黑山东北部,所产的煤属于硬哑光棕色煤或褐煤。

截至 2007 年底,普列夫利亚已探明的煤炭总储量约为 2.15 亿公吨,毛策(普列夫利亚的一个村)的煤炭储量约占 55%。贝拉内煤田的煤炭质量明显高于普列夫利亚,储量约为 3 800 万公吨。

2. 石油与天然气

黑山从 1949 年开始石油和天然气的陆地勘探,1970 年开始海上勘探。截至目前,黑山在陆地上进行了 17 口 900—5 309 米长度的勘探井的勘探任务,在水下进行了 4 口 3 700—4 750 米长度的深井的勘探任务。这些勘探钻井显示了黑山海上沥青、石油和天然气的储藏状况,黑山还完成了约 11 000 千米的 2D 地震剖面和 300 千米的 3D 地震剖面。陆地和近海勘探结果表明,黑山具有油气矿床形成的客观条件。在亚得里亚海区域,阿尔巴尼亚、意大利和克罗地亚都已发现石油和天然气,黑山未来发现油气储量的潜力很大。黑山《能源发展战略 (2014—2030 年)》中估计,到 2030 年,黑山沿亚得里亚海地区可发现 70 亿桶石油和 4 250 亿立方米天然气。截至目前,黑山尚未对石油和天然气的潜在资源进行开发。

(二) 可再生资源

1. 水力

黑山水力资源丰富,但尚未得到很好的开发利用,现有水力发电仅利用了约 20% 的水能资源。如表 9.1 所示,莫拉查河、皮瓦河、塔拉河的可利用水能资源最为丰富。莫拉查河和塔拉河的水力资源几乎没有得到开发利用;皮瓦河的水力资源则已利用了 50% 以上;泽塔河的水能资源利用率最高,达到 93%;林姆河、赛霍蒂纳河以及伊巴尔河的水能资源,尚未得到开发利用。

表 9.1　　　　　　　　　黑山的水力发电潜力　　　　　单位：兆瓦，吉瓦时

河流	容量	可利用的资源	已利用的资源
莫拉查河	737	1 524	0.15
泽塔河	330	1 058	985.35
皮瓦河	702	1 613	870.5
塔拉河	541	1 603	3.5
林姆河	280	936	—
赛霍蒂纳河	56	161	—
伊巴尔河	27	55	—
其他	1	2	1.6
总计	2 675	6 952	1 861

数据来源：ENERGY SECTOR OF MONTENEGRO STRATEGIC GOALS①。

2. 太阳能

黑山每年日照达 240 天以上，夏天平均日照时间长达 13 小时，适合发展太阳能发电。太阳辐射最高的地区位于黑山南部的巴尔和乌尔齐尼以及位于东南部的首都波德戈里察及周边地区。

3. 风能

黑山属于中等风能潜力地区。黑山大部分地区的风速低于 5 米/秒，这是中东欧地区的典型风速，但是在黑山西部的尼克希奇周边地区的风速能达到 5.5—6.5 米/秒，沿亚得里亚海有些地区的风速可达 7—8 米/秒，由于这两个地区输电线路和道路网络相对发达，是建设风电场的合适地点。黑山多山，有些山区风力很强，但是由于地貌复杂，技术上尚不适合开发。

二、黑山能源利用与发展趋势

（一）能源强度

能源强度是指单位国内生产总值消耗的能源量，即单位 GDP 能耗，反映一个国家利用能源的效率，能源强度低意味着单位 GDP 所需能源少。如表 9.2 所示，2012 年，黑山的能源强度是 1.4 千瓦时/美元，在中东欧

---

① Miroslav MARKOVIĆ, ENERGY SECTOR OF MONTENEGRO STRATEGIC GOALS [R]. Workshop on WATER-FOOD-ENERGY-ECOSYSTEMS NEXUS ASSESSMENT IN THE SAVA RIVER BASIN. 2014. March 4 - 6.

国家中属于中等水平,从 2014 年后,黑山的能源强度有实质性下降,在 2014—2018 年间,保持在 1.09—1.27 千瓦时/美元的水平,能源强度最低值出现在 2017 年,为 1.09 千瓦时/美元。10 年间,中东欧国家能源强度普遍下降,目前黑山的能源强度在中东欧国家属于较低水平,但黑山工业企业设施普遍陈旧,居民使用电加热器取暖的情况比较普遍,因此其能源强度与欧洲经合组织国家相比仍然较高。

表 9.2　　2012—2018 年中东欧国家能源强度　　单位:千瓦时/美元

年份	黑山	阿尔巴尼亚	波黑	保加利亚	克罗地亚	捷克	希腊
2012	1.40	1.07	2.04	1.89	1.12	1.80	1.40
2013	1.45	1.33	2.03	1.73	1.24	1.77	1.36
2014	1.27	1.15	1.94	1.83	1.25	1.69	1.27
2015	1.25	1.12	1.89	1.87	1.16	1.59	1.29
2016	1.21	1.27	1.88	1.72	1.18	1.53	1.27
2017	1.09	1.13	1.81	1.70	1.15	1.55	1.31
2018	1.15	1.24	1.77	1.66	1.16	1.50	1.30

年份	匈牙利	北马其顿	波兰	罗马尼亚	塞尔维亚	斯洛伐克	斯洛文尼亚
2012	1.23	1.35	1.34	1.16	2.12	1.55	1.58
2013	1.14	1.25	1.32	1.04	2.06	1.56	1.58
2014	1.10	1.12	1.23	1.05	1.87	1.42	1.57
2015	1.12	1.13	1.20	1.01	2.05	1.38	1.39
2016	1.12	1.15	1.22	1.11	2.04	1.35	1.44
2017	1.13	1.09	1.21	1.05	2.05	1.38	1.39
2018	1.08	1.06	1.16	1.03	1.97	1.31	1.36

数据来源:Our World in Data。

黑山近年来大力推进节能减排,其能源强度虽然持续下降,但仍高于欧盟二十八国平均水平较多,能源电力领域仍处于转型和发展期。表 9.3 显示了黑山与一些欧盟国家及中国在能源强度方面的对比,英国、法国、意大利这几个欧盟国家的能源强度处于相对稳定状态,2017 年黑山能源强度为 1.09 千瓦时/美元,已经接近了法国的水平,但仍比英国和意大利要高。与中国相比,除了 2017 年,黑山各年的能源强度均低于中国。黑山能源发展战略(至 2030 年)估计指示性投资需求为 41.9 亿欧元,其中计划在 2021 年之前交付 30.8 亿欧元，其中相当一部分是分配给可再生能源（RES）利用和能源效率提高领域的项目。

表 9.3　　2012—2018 年黑山与一些国家能源强度对比

单位：千瓦时/美元

年份	黑山	法国	英国	意大利	中国
2012	1.4	1.2	1.1	0.9	2.3
2013	1.45	1.2	1	0.9	2.2
2014	1.27	1.1	0.9	0.9	2.1
2015	1.25	1.1	0.9	0.9	2.1
2016	1.21	1.1	0.9	0.9	2
2017	1.09	1.1	0.9	0.9	1
2018	1.15	1.1	0.9	0.9	2.1

数据来源：Our World in Data。

（二）一次能源消费

一次能源，指以原始状态存在于自然界，不经过加工转换就能直接利用的能量资源，如原煤、原油、天然气、核能、太阳能、水能、风能、地热能等。2012 年，黑山一次能源消费为 13.5 太瓦时，2021 年下降到 11.9 千瓦时，与其他中东欧国家相比，黑山的一次能源消费呈现出明显的下降趋势。同期，中东欧国家中阿尔巴尼亚等 8 个国家的一次能源消费出现上升，黑山、捷克、希腊、北马其顿、罗马尼亚等 5 个国家则出现下降，黑山的下降幅度仅次于希腊，如表 9.4 所示。黑山一次能源消费下降幅度与一些欧盟国家相比，也比较明显，其下降幅度高于法国、意大利，但低于英国，如表 9.5 所示。

表 9.4　　2012—2021 年中东欧国家一次能源消费

单位：太瓦时

年份	黑山	阿尔巴尼亚	波黑	保加利亚	克罗地亚	捷克	希腊
2012	13.5	30.8	72.1	213.7	87.6	499.4	349.3
2013	14.5	38.7	73.2	198.1	96.1	490.2	328.3
2014	13.0	34.1	70.9	211.6	96.0	479.9	307.9
2015	13.3	34.1	71.0	224.7	91.0	470.7	311.7

续表

年份	黑山	阿尔巴尼亚	波黑	保加利亚	克罗地亚	捷克	希腊
2016	13.3	39.8	72.6	213.1	94.7	464.4	307.0
2017	12.4	36.9	72.0	218.2	94.8	490.6	322.2
2018	13.8	42.0	73.2	218.8	98.2	489.0	324.1
2019	12.9	33.3	69.5	211.5	95.8	477.9	316.9
2020	11.3	32.0	64.6	195.4	91.4	442.6	276.9
2021	11.9	40.3	75.3	221.8	98.3	466.5	302.5

年份	匈牙利	北马其顿	波兰	罗马尼亚	塞尔维亚	斯洛伐克	斯洛文尼亚
2012	251.1	31.6	1 139.2	393.0	191.0	189.9	81.8
2013	238.0	30.2	1 141.9	366.6	190.3	194.6	80.9
2014	238.3	28.0	1 100.9	380.5	169.5	181.1	83.0
2015	251.0	29.5	1 112.3	382.5	187.7	183.0	74.8
2016	255.5	30.6	1 160.7	382.6	192.3	184.7	80.0
2017	269.3	29.4	1 205.9	389.0	196.8	194.3	80.8
2018	271.2	29.4	1 219.6	396.4	196.9	191.3	82.5
2019	274.9	31.1	1 184.7	387.3	196.9	184.8	80.1
2020	270.3	27.1	1 134.2	369.4	192.9	181.1	77.4
2021	284.0	28.3	1 225.9	387.3	201.7	195.2	76.7

数据来源：Our World in Data。

表 9.5　2012—2021 年黑山与一些国家一次能源消费对比

单位：太瓦时

年份	黑山	法国	英国	意大利
2012	13.5	2 881.1	2 379.6	1 943.9
2013	14.5	2 908.4	2 371.6	1 858.6
2014	13.0	2 785.7	2 240.1	1 762.3
2015	13.3	2 803.1	2 275.7	1 814.8
2016	13.3	2 754.9	2 251.8	1 821.9
2017	12.4	2 734.7	2 252.7	1 843.1
2018	13.8	2 785.4	2 243.5	1 853.6
2019	12.9	2 725.8	2 196.6	1 819.6
2020	11.3	2 454.3	1 973.3	1 651.9
2021	11.9	2 611.2	1 999.4	1 760.8

数据来源：Our World in Data。

（三）碳排放系数

碳排放系数是指每单位能源所排放的二氧化碳的数量。黑山以水力发电为主，每单位能源碳排量在中东欧地区居于较低水平，仅高于阿尔巴尼亚。2012—2021 年黑山每单位能源碳排放量在 0.15—0.22 千克/千瓦时之间波动，显著低于除阿尔巴尼亚以外的其他中东欧国家，且波动幅度较小，唯一一次高峰出现在 2020 年，达到 0.22 千克/千瓦时，2021 年黑山的碳排放系数为 0.15 千克/千瓦时，如表 9.6 所示。

表 9.6 　　2012—2021 年黑山与一些国家每单位能源碳排放量

单位：千克/千瓦时

年份	黑山	阿尔巴尼亚	波黑	保加利亚	克罗地亚	捷克	希腊
2012	0.16	0.16	0.31	0.23	0.22	0.22	0.26
2013	0.15	0.14	0.30	0.22	0.19	0.22	0.25
2014	0.16	0.18	0.27	0.21	0.18	0.22	0.26
2015	0.17	0.14	0.26	0.21	0.20	0.22	0.24
2016	0.15	0.12	0.30	0.21	0.19	0.23	0.23
2017	0.17	0.15	0.31	0.21	0.20	0.22	0.23
2018	0.17	0.12	0.30	0.20	0.18	0.22	0.22
2019	0.19	0.15	0.30	0.20	0.19	0.21	0.21
2020	0.22	0.15	0.32	0.19	0.18	0.21	0.20
2021	0.15	0.11	0.18	0.19	0.18	0.21	0.19

年份	匈牙利	北马其顿	波兰	罗马尼亚	塞尔维亚	斯洛伐克	斯洛文尼亚
2012	0.19	0.28	0.29	0.23	0.23	0.19	0.19
2013	0.18	0.26	0.28	0.22	0.23	0.18	0.19
2014	0.18	0.27	0.28	0.21	0.22	0.19	0.16
2015	0.19	0.24	0.28	0.20	0.23	0.19	0.18
2016	0.18	0.23	0.28	0.20	0.23	0.19	0.18
2017	0.18	0.25	0.28	0.21	0.23	0.19	0.18
2018	0.18	0.24	0.28	0.20	0.23	0.19	0.18
2019	0.18	0.26	0.27	0.20	0.23	0.19	0.18
2020	0.17	0.25	0.27	0.20	0.23	0.17	0.17
2021	0.17	0.24	0.27	0.20	0.15	0.18	0.16

数据来源：Our World in Data。

与法国、英国、意大利、中国等国家相比,黑山的能源碳排放系数与英国相差不大,在多数年份低于意大利,但明显高于法国,黑山的能源碳排放系数大大低于中国,如表 9.7 所示。

表 9.7　　　2012—2021 年黑山与一些国家碳排量对比

单位:千克/千瓦时

年份	黑山	法国	英国	意大利	中国
2012	0.16	0.12	0.21	0.21	0.3
2013	0.15	0.12	0.2	0.2	0.29
2014	0.16	0.12	0.2	0.2	0.29
2015	0.17	0.12	0.19	0.2	0.28
2016	0.15	0.12	0.18	0.2	0.28
2017	0.17	0.12	0.17	0.19	0.27
2018	0.17	0.12	0.17	0.19	0.27
2019	0.19	0.12	0.17	0.19	0.27
2020	0.22	0.11	0.17	0.18	0.26
2021	0.15	0.12	0.17	0.19	0.26

数据来源:Our World in Data。

三、影响黑山能源电力领域的区域性规则及协议

黑山是《联合国气候变化框架公约》和《京都议定书》缔约国,又是《巴黎协定》签署国,除了这些国际协议以外,黑山能源电力的发展深受欧盟框架的影响,根据"2018 年欧盟扩大政策通报",欧盟关于能源电力市场有两个重要发展方向,即跨境电力市场交易和可再生能源发展,直接影响黑山能源电力产业的转型方向,黑山能源电力市场还受巴尔干、东南欧等区域协议的约束,这些区域性规则和协议深刻影响了黑山能源电力政策和法律的制定以及市场制度的转型。

1. 能源宪章条约(Energy Charter Treaty)

《能源宪章条约》于 1991 年 12 月在荷兰海牙订立,该条约内容涉及国际能源贸易、投资的原则,成员国主要是欧洲和亚洲国家,包含欧盟多数国家、欧洲原子能共同体成员国等,中国、美国等国为观察员国,黑山是该条约的成员国。

2. 能源共同体条约(Energy Community Treaty)

欧盟于 2005 年 10 月与缔约国签署了《能源共同体条约》,建立欧洲

能源共同体，目标是将欧盟能源市场扩展到东南欧和黑海地区，该共同体有8个缔约国，包括阿尔巴尼亚、波黑、黑山、北马其顿、摩尔多瓦、塞尔维亚、乌克兰等国家。能源共同体条约内容涵盖天然气、电力、供应安全、可再生能源、石油、能源效率、环境和市场竞争等，相关法律框架及气候减排政策深刻影响黑山的能源电力业布局。

3. 柏林进程（Berlin Process）

柏林进程对黑山的能源政策、立法、基础设施和市场产生影响。德国于2014年8月倡导举办高级别西巴尔干经济论坛，讨论西巴尔干各国改革、地区合作和发展问题，并形成西巴尔干区域合作机制。"柏林进程"的历次首脑会议通过了多项宣言，其中2020年通过的《绿色议程宣言》涉及气候变化、环境保护等内容，与欧盟相关政策保持一致。

4. 中欧与东南欧能源互通小组（CESEC）

该倡议由欧盟2015年建立，目的是加速实现中欧和东南欧天然气和电力市场的一体化。倡议涵盖九个欧盟成员国（奥地利、保加利亚、克罗地亚、希腊、匈牙利、意大利、罗马尼亚、斯洛伐克和斯洛文尼亚）和能源共同体的8个缔约国，总体目标是创建区域电力市场，实现能源互通。

四、黑山能源与电力相关法律与政策

黑山能源政策的优先事项之一是可持续能源发展，与欧盟能源政策保持一致。根据《能源法》和《黑山到2030年能源发展战略》，以及《到2020年使用可再生能源国家行动计划》，黑山主要实行以下能源政策。

1. 能源定价政策

黑山能源价格政策在过去10年中经历了重大改革，黑山已根据《能源法》设立独立监管机构、取消交叉补贴、明确电价结构。黑山政府于2011年根据《能源法》第20条规定，通过了《关于确定可再生能源和高效热电联产激励电价机制的法令》。2016年前，黑山电力公司EPCG作为国有企业，供电零售电价受政府管制，2016年以后，EPCG开始市场化定价改革，政府为小型用户用电价格设定提供过渡期。

2. 能源和能源效率政策

黑山能源政策由经济部负责制定，以欧盟能源政策的原则以及《能源共同体条约》等文件中的规定为政策制定基础，同时结合其他国际及区域协议的相关规则。黑山经济部能源效率局负责能源效率政策和法律的制定和实施。

黑山承诺将欧盟在能源效率领域的关键法规转化为国家立法,其中包括:关于生态设计的指令(2009/125/EC)、关于能源效率的指令(2012/27/EC)、关于建筑物能源性能的指令(2010/31/EC)、关于影响能源消耗的产品标签的指令(2010/30/EU)及相关实施法规。

黑山已通过了《能源法》和《能源有效利用法》来规范能源效率,这2项法规都与欧盟法规相适应。《能源法》于2016年1月通过,该法规范能源供应方的能源效率;《能源有效利用法》于2014年12月通过,该法规范最终消费方面的能源效率。

《黑山到2030年的能源政策》于2011年3月通过,该政策在能源供应安全、发展竞争性能源市场和可持续能源发展这3个领域制定各项关键战略目标,确定了可再生能源使用的长期目标。《黑山2030年能源发展战略》于2014年7月通过,该战略规定了能源政策目标的实现方法和具体措施。

3. 可再生能源领域的政策

电力行业是黑山可再生能源政策的重点实施领域。欧盟可再生能源政策发端于1997年的《可再生能源白皮书》,此后欧盟陆续发布2001/77/EC、2003/30/EC等可再生能源指令,到2009年6月欧盟发布可再生能源指令2009/28/EC,基本上已形成相对完备的可再生能源发展法律框架。欧盟委员会要求成员国将可再生能源指令转化为国家立法,并制订相应的国家可再生能源行动计划和支持政策。黑山作为入盟候选国,其电力行业是受到排放限额和可再生能源发展计划影响的重点行业。

发展可再生能源是黑山能源政策和战略的重点优先事项之一。黑山《能源法》中的相关规定与欧盟指令2009/28/EC以及"可再生能源使用国家行动计划"(NAPOIE)相符合。黑山可再生能源发展计划包括:保证以激励价格从特权生产商处购买电力12年;优先将生产的电力输送到输电或配电系统;对小水电厂的费用免除。

根据能源共同体部长理事会的决定,到2020年黑山可再生能源要占最终能源消费总量的33%。2014年黑山发布《国家可再生能源利用能源行动计划》,为实现可再生能源目标提供了详细的方案。根据欧盟统计局的数据显示,黑山已经实现了这一目标。

4. 能源领域环境保护和气候变化政策

黑山可持续发展和旅游部（MORT）是制定环境保护和减缓气候变化政策的机构，环境保护局和监察事务局负责实施保障。黑山于2016年通过了《欧盟法律在环境和气候变化领域的转换、实施和应用国家战略》以及《2016—2020年行动计划》，以实现逐步全面转换欧盟法律。2017年10月，黑山议会批准了《巴黎协定》，确认黑山减少碳排放的意愿。

1990年，黑山温室气体排放水平为523.9万公吨，黑山在向《联合国气候变化框架公约》提交的"国家自主贡献预期"（INDC）文件中承诺，到2030年，与1990年基准年相比，温室气体排放要减少30%，降至366.7万公吨以下的水平。《2030年国家气候变化战略》为实现国家自主贡献目标提供了战略指导。

在欧盟碳市场，从2013年开始，电力部门以及生产、传输和储存二氧化碳的部门全部通过拍卖获得配额，但利用废气发电的企业和部分中东欧国家除外。黑山于2020年启动了碳排放交易和配额拍卖，成为西巴尔干地区第一个这样做的国家。

第二节
黑山的电力市场基本情况

一、黑山的电力生产

（一）发电规模

黑山总发电量近年来整体处于增长阶段，因水能发电比重大，各年发电量有一定的波动。如表9.8所示，2012—2021年，黑山每年平均总发电量约为3.3太瓦时，2017年黑山总发电量最低，为2.48太瓦时，2013年最高，达到3.94亿千瓦时。黑山每年的人均发电量为5 217.88千瓦时，这一数据同样呈现出波动上升的趋势，人均发电量在2017年最低，为3 921.3千瓦时，之后快速增长，2021年达6 004.6千瓦时。

表 9.8　　　　　　　　2012—2021 年黑山发电量

单位：太瓦时，千瓦时

年份	总发电量	人均发电量
2012	2.85	4 502.0
2013	3.94	6 215.0
2014	3.17	4 997.6
2015	3	4 732.1
2016	3.14	4 958.4
2017	2.48	3 921.3
2018	3.8	6 017.8
2019	3.43	5 441.0
2020	3.39	5 389.0
2021	3.77	6 004.6

数据来源：Our World in Data。

黑山的人均发电在中东欧国家中居于前列，如表 9.9 所示，2018 以后，黑山人均发电量在中东欧国家中排位第四，仅低于捷克、斯洛文尼亚、保加利亚。各年波动较大，有明显的大小年之分，人均发电量最高值出现在 2013 年，达 6 215.0 千瓦时，2017 年最低，仅有 3 921.3 千瓦时，两者的差值达到了 2 000 千瓦时以上，这与黑山主要采用水能发电以及电力市场转型有很大关系。

表 9.9　　　2012—2021 年黑山与一些国家人均发电量对比　　　单位：千瓦时

年份	黑山	捷克	斯洛文尼亚	保加利亚	斯洛伐克	波黑	希腊
2012	4 502.0	8 239.9	7 514.4	6 207.0	5 220.7	3 657.8	5 541.0
2013	6 215.0	8 173.4	7 624.1	5 791.8	5 252.3	4 633.0	5 233.4
2014	4 997.6	8 083.0	8 265.4	6 364.5	4 989.3	4 340.4	4 635.0
2015	4 732.1	7 841.3	7 112.4	6 662.8	4 892.7	4 247.6	4 796.1
2016	4 958.4	7 790.0	7 765.5	6 149.6	4 912.4	4 880.8	5 061.5
2017	3 921.3	8 145.2	7 648.7	6 255.5	5 017.1	4 494.2	5 160.8
2018	6 017.8	8 245.2	7 654.6	6 538.9	4 878.1	5 364.5	5 007.9
2019	5 441.0	8 140.0	7 520.5	6 210.5	5 168.7	4 960.2	4 594.3
2020	5 389.0	7 610.9	7 975.8	5 762.9	5 224.7	4 737.2	4 581.3
2021	6 004.6	7 966.1	7 355.8	6 869.1	5 444.6	5 313.4	5 232.0

续表

年份	塞尔维亚	波兰	克罗地亚	罗马尼亚	匈牙利	阿尔巴尼亚	北马其顿
2012	4 767.3	4 184.5	2 444.8	2 919.0	3 489.2	1 618.2	2 981.7
2013	5 184.6	4 245.6	3 237.5	2 917.8	3 057.2	2 386.5	2 896.9
2014	4 432.7	4 105.0	3 137.3	3 260.2	2 974.3	1 622.7	2 555.5
2015	4 999.0	4 260.1	2 644.1	3 311.6	3 076.9	2 026.0	2 680.3
2016	5 152.6	4 310.4	2 987.9	3 262.5	3 240.9	2 672.6	2 668.0
2017	4 881.5	4 410.0	2 812.2	3 246.4	3 353.8	1 555.9	2 651.5
2018	4 932.9	4 399.9	3 256.8	3 286.6	3 266.0	2 944.0	2 654.4
2019	4 980.4	4 235.5	3 065.6	3 031.1	3 498.8	1 799.0	2 776.5
2020	5 059.8	4 089.2	3 231.7	3 231.7	3 567.0	1 852.2	2 529.5
2021	5 143.4	4 666.7	3 724.0	3 724.0	3 703.5	3 138.7	2 619.7

数据来源：Our World in Data。

（二）发电资源结构

1. 电力生产结构（按能源类别）

褐煤发电污染大，发电效率不足，在黑山总发电量中占比逐渐下降。2021 年，黑山有 58.2% 的电力生产来自于水力和风力等可再生资源，如表 9.10 所示，目前太阳能和风电资源尚未得到很好的开发，黑山没有核电厂。黑山拥有丰富的水力资源，水能是其主要利用的可再生资源。在过去 10 年中，黑山满足国内电力需求的能力因水文情况而异，2013 年和 2018 年是多雨年份，黑山国内电力生产可以满足国内需求，而在 2012 年和 2017 年等枯水年，黑山需要进口较多的电力。

黑山太阳能和风力发电正处于起步期，这两类能源在黑山电力结构中的份额低于欧洲平均水平，2021 年，太阳能和风力发电仅占黑山总发电量的 0.07% 和 0.06%。近年来，黑山可再生能源投资的政策力度加大，在建的新能源电场数量明显增加，太阳能与风能行业存在较大的国际合作机遇。

表 9.10　　　　2021 年黑山利用各类能源发电占比　　　　单位：吉瓦时,%

能源类型	发电量	占比
煤	1 444.1	41.8
水力	2 010.1	58.1
太阳能	2.5	0.07

续表

能源类型	发电量	占比
风能	2.1	0.06
国内总发电量	3 458.8	—

数据来源：黑山国家统计局。

2. 可再生资源发电

黑山的可再生能源主要是水力、风能和太阳能。表 9.11 显示了各中东欧国家可再生能源发电量占国内总发电量的比重，黑山因具有水力发电优势，在中东欧国家中，成为可再生资源发电比重最高的国家之一，2021年可再生资源发电比重为 61.8%，仅低于阿尔巴尼亚和克罗地亚，远高于其他国家水平。与黑山相比，阿尔巴尼亚和克罗地亚国内发电量相对较低，电力需求大量依靠进口弥补，因此，黑山的可再生能源发电水平在中东欧国家首屈一指。

表 9.11　2012—2021 年各中东欧国家可再生能源发电比重　单位：%

年份	黑山	阿尔巴尼亚	波黑	保加利亚	克罗地亚	捷克	匈牙利
2012	51.9	100	31	11.3	49.7	9.3	7.6
2013	63.5	100	42.7	16.1	66.5	10.8	9.2
2014	55.2	100	38	15.8	74	10.8	10.8
2015	49.7	100	36.7	18	66.8	11.4	10.6
2016	58.6	100	33.1	15.8	66.2	11.4	10.2
2017	45.2	100	24.5	13.6	60.4	11.2	10.6
2018	59.2	100	35.5	20.2	72.2	10.9	11.8
2019	56.3	100	37.9	17.1	66	11.8	13.7
2020	52.2	100	31.2	18.6	64.6	13	15.9
2021	61.8	100	41.3	21.8	69.6	12.2	19.2

年份	斯洛文尼亚	北马其顿	波兰	斯洛伐克	塞尔维亚	希腊	
2012	27.8	16.6	10.4	19.4	25.7	16.7	
2013	32.3	26.1	10.4	22.4	26.1	25.1	
2014	38.5	24	12.5	23.1	33	24.2	
2015	29.4	35.9	13.8	22.8	26.9	28.7	
2016	31.2	36.8	13.8	24.9	28.1	27.4	
2017	27.7	23	14.2	24	25.5	25	
2018	32.4	34.9	12.8	21.9	29.7	30.3	

续表

年份	斯洛文尼亚	北马其顿	波兰	斯洛伐克	塞尔维亚	希腊
2019	31.7	22.8	15.6	23.6	28.5	33.1
2020	33	27.7	18	24	27.4	36.4
2021	34.9	29.6	17.1	22.8	33.6	40.5

数据来源：Our World in Data。

黑山的可再生能源利用比例也远高于欧盟平均水平，如表9.12所示，在2012—2021年，欧盟各国可再生能源发电比重都在提升，黑山的可再生能源发电比重提升幅度低于意大利、英国、德国和法国，但可再生能源发电比重要高于这些欧盟国家。黑山可再生能源利用率并不高，还有大量潜力有待继续发掘，水力潜力尚未充分发挥，风能和太阳能发电刚起步不久，其能源电力领域未来投资潜力巨大。

表9.12　2012—2021年黑山与欧盟主要国家可再生能源发电对比　　单位：%

年份	黑山	意大利	英国	德国	法国
2012	51.9	31.1	11.4	23.1	15.0
2013	63.5	39.0	15.0	24.1	17.2
2014	55.2	43.5	19.2	26.2	16.6
2015	49.7	38.8	24.6	29.5	16.0
2016	58.6	37.6	24.7	29.5	17.7
2017	45.2	35.4	29.5	33.5	16.7
2018	59.2	39.8	33.3	35.1	19.7
2019	56.3	39.8	37.5	40.1	20.0
2020	52.2	42.0	42.9	44.3	23.8
2021	61.8	40.6	39.8	39.7	22.2

数据来源：Our World in Data。

如表9.13所示，黑山虽然风能资源比较丰富，但风能利用起步较晚，直至2017年才有风能厂投产，当年累计装机容量为72千瓦，2019年出现提升，容量升至118千瓦。

表9.13　　2017—2021年黑山风电累计装机容量　　单位：千瓦

年份	累计装机容量
2017	72
2018	72
2019	118

续表

年份	累计装机容量
2020	118
2021	118

数据来源：Our World in Data。

黑山光伏发电从2006年开始起步，自2013年装机容量为1.11千瓦，之后开始出现实质性增长，2021年，光伏发电装机容量为6.53千瓦，整体规模尚较小，具有国际投资合作潜力，如表9.14所示。

表9.14　　　　2013—2021年黑山光伏发电装机容量　　　　单位：千瓦

年份	装机容量
2013	1.11
2014	2.15
2015	2.72
2016	3.12
2017	3.39
2018	4.46
2019	5.34
2020	6.05
2021	6.53

数据来源：Our World in Data。

二、黑山的电力需求

（一）电力需求规模

如表9.15所示，历史上黑山因矿产、铝、钢铁等工业比重高，能源利用效率低等原因，电力消费量较大，年消费量基本在4太瓦时以上，2006年，电力消费量高达4.82太瓦时，随着黑山国内产业结构及能源战略的调整，国内电力需求逐渐下降，到2012年，电力消耗量已降为4.06太瓦时，黑山电力消耗从2013年起逐渐稳定，在3.4—3.68太瓦时之间小幅变动，2021年，电力消耗量为3.6太瓦时。

表9.15　　　　2006—2021年黑山电力消费量　　　　单位：太瓦时

年份	电力需求量
2006	4.82
2007	4.73

续表

年份	电力需求量
2008	4.61
2009	3.81
2010	4.02
2011	4.21
2012	4.06
2013	3.6
2014	3.43
2015	3.52
2016	3.44
2017	3.6
2018	3.6
2019	3.68
2020	3.47
2021	3.6

数据来源：Our World in Data。

(二) 电力需求结构

如表 9.16 所示，2021 年，黑山有 22.8% 的电力由工业部门消耗，家庭、商业和公共管理等部门消耗了 76.9%，在工业部门中，电力消耗最大的产业是有色金属业（主要是铝业），消耗了总电力的 19.15%。

铝业是黑山传统支柱工业，KAP 铝厂历史上曾消耗全国电力的 40%。随着市场化改革，KAP 铝厂的电力需求随着其经营情况、以及与电力公司电价协议而变化。自 2011 年以后，KAP 对电力的需求显著下降，但仍占全国用电量的 17%—19%。自 2021 年 12 月以后，该工厂以最低水平运营，用电量比以前少了很多。

表 9.16　　　　　2021 年黑山电力消耗结构　　　　　单位：吉瓦时，%

部门	消耗电力	占比
工业	678.4	22.8
黑色冶金	8.7	0.3
有色金属	570.2	19.15

续表

部门	消耗电力	占比
化学工业	3.7	0.12
非金属矿产	8.1	0.27
矿石和石材的开采	7.4	0.25
食品、饮料和烟草	39.7	1.3
纺织品和皮革	0.3	0.01
纸张、纸浆和印刷	3.8	0.13
机械和工具	5.0	1.7
其他行业	31.5	1.1
交通	10.8	0.36
铁路	10.8	0.36
道路交通	(0)	
空中交通和运输		
国内航行（船舶）		
其他交通		
家庭、贸易、公共管理等	2 288.5	76.9
家庭	1 336.4	44.9
农业	15.0	0.5
其他行业	937.1	31.5

数据来源：黑山国家统计局。

三、黑山的电力进出口

在 2009 年之前，黑山国内电力生产远不能满足需求，长期需要进口大量电力，随着电力市场改革、电厂设备改造以及电厂建设的推进，在 2012—2021 年，黑山电力生产已能满足国内大部分用电需求，多数年份仅需有小额电力净进口，少数年份出现净出口。

（一）黑山电力平衡表

如表 9.17 所示，2020 年，在电力供应方面，黑山国内生产电力 3.49 太瓦时，进口电力 1.2 太瓦时；在电力消费方面，黑山消费电力 3.25 太瓦时，出口电力 0.943 太瓦时；黑山是电力的净进口国。

表 9.17　　　　　　　　2020 年黑山电力平衡表　　　　　单位：太瓦时，千瓦时

供需项目	黑山总量	黑山人均
自身消费	3.25	5 243.38
生产	3.49	5 631.0
进口	1.2	1 931.5
出口	0.943	1 522.9

数据来源：Our World in Data。

（二）黑山的电力进出口

表 9.18 显示了黑山在 2014—2021 年的电力净进出口情况，黑山在大部分年份电力入超，但净进口量不大，2017 年因枯水严重，进口电力相对较多，2018 年和 2021 年实现了净出口。

表 9.18　　　　　　2014—2021 年黑山净进出口电量　　　　　单位：吉瓦时

年份	净进口	净出口
2014	261.3	—
2015	522.9	—
2016	303.9	—
2017	1 120.2	—
2018	—	196
2019	252.6	—
2020	79	—
2021	—	171

数据来源：黑山国家统计局。

因黑山水力发电占比高，受河流枯水和丰水影响，水能发电存在间歇性和波动性问题，因此黑山电力生产的稳定性不高，供需经常不平衡，需要在一年中的某个时期出口电力，另一时期又需要进口电力，因此，黑山对区域电力互通具有实质性需求。据 OECD 公布的数据，2021 年，黑山电力出口额为 7 540 万美元，在世界电力出口国中排在第 58 位，电力是黑山当年第三大出口产品，黑山电力出口的主要目的地是塞尔维亚（2 200 万美元）、波黑（1 660 万美元）、瑞士（1 430 万美元）、捷克（1 220 万美元）和斯洛文尼亚（952 万美元）；当年黑山电力进口额为 13 300 万美元，在世界电力进口国中排在第 55 位，电力是黑山第

二大进口产品,黑山主要电力进口来源国是波黑(6 280 万美元)、塞尔维亚(2 640 万美元)、瑞士(1 380 万美元)、斯洛文尼亚(1 180 万美元)和捷克(1 130 万美元)。

第三节
黑山电力产业合作

黑山电力市场由供应系统和输电系统组成,长期由国有企业运营,黑山独立后,其电力市场进入新的发展阶段,发展内容以电力市场改革、更新老旧设备、实现脱碳减排目标等为主。

一、黑山的电力供应系统

(一) 供电公司

Elektroprivreda Crne Gore(简称 EPCG)是黑山国有电力公司,总部位于尼克希奇,EPCG 原为垂直一体化的国有垄断公司,近年来通过改革转型,已将输电网络、市场运营职能拆分出去,保留能源发电和供电为主营业务。黑山共有三家大电厂,佩鲁奇卡水电厂、普列夫利亚煤电厂、皮瓦水电厂,这三家电厂均由 EPCG 运营,黑山绝大部分的电力都由这三家电厂提供。

(二) 电力建设与发展阶段

黑山电力建设分为三个阶段。第一阶段是在 20 世纪 30—50 年代,当时建造了一批水电站和燃煤电厂,包括:帕果水电厂(1937)、瑞吉卡莫赛维卡水电厂(1950)、斯拉普泽特水电厂(1952)、瑞杰卡科诺杰维卡水电厂(1952)、格拉瓦泽特水电厂(1955)等;第二阶段是 20 世纪 60—80 年代,主要是 3 家大型电厂,佩鲁奇卡水电厂(1960)、皮瓦水电厂(1976)、普列夫利亚煤电厂(1982),这 3 家电厂构成了黑山目前电力生产的主要力量,但它们都面临着设备陈旧和生产效率低下等问题;2006 年黑山独立后,电厂建设进入新的发展阶段,主要内容是大规模的设备改造、可再生能源电厂建造以及产业转型等。

（三）主要发电厂

黑山境内以山脉和丘陵为主要地形，只有沿海地区有狭长的平原，人口总量小而分散，在相当一部分地区建设大型电厂的成本很高，因此中小型电厂也有很大的生存空间，黑山大中小电厂并存。黑山近年来开发了一些新的能源项目，包括克尔诺沃风电站、莫祖拉风电站等，如表9.19所示。

表9.19　　　　　　　　黑山主要的发电厂　　　　　　　　单位：兆瓦，吉瓦时

电厂	发电种类	地点	装机容量	年发电量	建立年份	所属公司
佩鲁奇卡水电站	水力	尼克希奇	307	930	1960	EPCG
皮瓦水电站	水力	皮瓦河	342	760	1975	EPCG
普列夫利亚煤电厂	燃煤	普列夫利亚	225	1 150	1982	EPCG
克尔诺沃风电站	风力	尼克希奇	72	200（预计）	2017	法国阿库奥能源公司、马斯达尔公司
莫祖拉风电站	风力	莫祖拉山区	46	112	2019	马耳他黑山风力发电公司（由上海电力控股）、马耳他能源

1. 普列夫利亚煤电厂

普列夫利亚电厂是黑山第一座凝汽式发电厂，使用褐煤发电，大部分燃料来自当地的两个露天矿。该电厂于1982年并网发电，原装机容量为210兆瓦，2009年设备改造扩容后，装机容量为225兆瓦。电厂所在地海拔高度为760米，烟囱高度250米，烟囱出口海拔超过1 000米。电厂的冷却水来自"Otilovici"蓄水池，位于切霍蒂纳河畔，蓄水量达1 800万立方米。普列夫利亚电厂计划建造第二期项目，中国机械设备工程有限公司、中国电建湖北省电力勘察设计院曾提交过工程标书。

2. 皮瓦水电站

皮瓦电厂于1976年投产，年生产电力860吉瓦时，有3台涡轮机和发电机，每台的发电能力为114兆瓦，总装机容量为342兆瓦。姆拉蒂涅大坝是皮瓦河峡谷中的一座混凝土拱坝，大坝长268米，地基深入地下38米，坝高220米，是欧洲最高的大坝之一，该大坝于1975年完工，大

坝建造后形成了皮瓦湖，湖域面积达 12.5 平方千米，是黑山第二大湖。皮瓦水电厂面临设备老旧问题，其发展目标是设备改造、延长寿命、提高总发电量等。EPCG 曾于 2005 年启动了 Piva 水力发电厂（HPP）现代化改造项目，当时有来自瑞士、塞尔维亚、奥地利和德国等多家公司参与合作。

3. 佩鲁奇卡水电站

佩鲁奇卡水电站位于尼克希奇，是黑山最古老的大型水电厂，于 1960 年投产。该电站依上泽塔河的水库而建，电厂集水区面积为 850 平方千米，可用水量 2.25 亿立方米。水电厂装机容量为 307 兆瓦，年产能约为 1 300 吉瓦时。该发电厂最高发电纪录诞生于 2010 年，发电量约为 1 434.9 亿瓦时。EPCG 从 1992 年开始对佩鲁奇卡水电站进行现代化改造，计划分两个阶段进行，第二阶段改造项目计划于 2018—2022 年实施。

4. 克尔诺沃风电站

克尔诺沃陆上风电场装机容量为 72 兆瓦，是黑山的第一个风电场，也是该地区最大的风电场之一。克尔诺沃风电站由克尔诺沃绿色能源公司投资建设，该公司是法国阿库奥能源公司的子公司。该风电站于 2017 年建成投产，2018 年 12 月，阿联酋马斯达尔公司收购了克尔诺沃绿色能源公司 49% 的股份。克尔诺沃风电站由 26 台 GE 风力涡轮机组成，这些涡轮机安装在海拔约 1 500 米处，平均风速在每秒 5.5—6.5 米。自 2017 年 11 月投产以来，克尔诺沃风电场现在为大约 45 000 户家庭供电，据估计，每年可产生 200 吉瓦时的电力。①

5. 莫祖拉风电站

莫祖拉电站是一座位于乌尔齐尼的陆上风电站，装机容量为 46 兆瓦，于 2019 年 11 月建成使用，该项目可产生 112 吉瓦时的电力，提供清洁能源，每年抵消 80 742 吨二氧化碳排放。莫祖拉风电站是上海电力股份有限公司携手马耳他能源有限公司投资开发的新能源项目，上海电力股份有限公司和马耳他能源有限公司分别拥有该项目 90% 和 10% 的所有权，马耳他黑山风力发电公司由上海电力控股。

---

① https://masdar.ae/Masdar-Clean-Energy/Projects/Krnovo-Wind-Farm.

二、黑山的输配电系统及区域电力联通

(一) 黑山的配电系统

黑山电力传输系统股份公司（CGES）是黑山唯一的配电公司，总部位于首都波德戈里察，成立于2016年6月，负责输电网络的系统控制、维护和开发，向黑山的370 000名消费者及企业输电。黑山第一家配电站于1957年投入运行，从此黑山开始了输电系统运营，在黑山电力市场改革前，输电系统曾是电力系统的组成部分，CGES原属于黑山国有电力企业EPCG，为与欧盟体系接轨，2009年输电业务从EPCG分离出去并进行了股份制改造，目前黑山政府在CGES持有55%的股份，其余股东包括意大利国家电网、塞尔维亚EMS输电公司、自然人等，CGES股票在黑山证券交易所"A"股上市。黑山电力系统的运营则由国家调度中心（NDC）管理。

CGES输电网拥有59条输电线路，总长约1512千米；共有25座400千伏、20千伏和110千伏电压等级的变电站；共有55台变压器，总变电容量为4 166.5千伏安。CGES于2020年的CGES网络累计输送电量8 845.93吉瓦时。

(二) 黑山的输配电系统与区域合作

黑山近年来在区域电力市场的贸易地位显著提升，有意愿成为西巴尔干电力贸易枢纽。黑山电力传输系统股份公司（CGES）是欧洲电力传输系统运营商联盟、地中海输电系统运营商、能源社区和塞尔维亚-马其顿-黑山SMM控制模块等组织的成员，在区域电力交易市场的作用逐渐提高。

近年来，CGES在黑山全国范围内推进输电系统投资计划，与意大利实现输电联通是该公司历史上最大的项目，黑山输电网络与意大利和塞尔维亚实现连接，不仅能够整合黑山输电系统，提高输电可靠性，为黑山境内未来发电的发展创造条件，消除沿海地区发展可能出现的瓶颈，而且还将使黑山成为该地区重要的电力节点，稳固地融入未来的区域电力市场①。

东南欧协调拍卖办公室：该办公室成立于2014年，总部设在黑山首

---

① https://www.cges.me/en/projects? start=9.

都波德戈里察，由黑山、克罗地亚、波斯尼亚和黑塞哥维那、阿尔巴尼亚、希腊、土耳其和科索沃等7个国家的输电公司组建而成，负责区域性电力市场的跨境输电容量分配。截至2023年8月，东南欧协调拍卖办公室拥有超过190多名注册拍卖参与者。

贝尔格莱德安全协调中心：2015年4月，黑山、塞尔维亚和波斯尼亚和黑塞哥维那的输电系统运营商共同建立了贝尔格莱德安全协调中心成立合同，同年8月该中心开始运营，服务于该地区输电系统。

SMM控制块：黑山、塞尔维亚和马其顿的电力输送系统运营商根据欧洲大陆互联的运营规则，建立了塞尔维亚—马其顿—黑山SMM控制模块，以降低联通成本、提高效率和质量。塞尔维亚输电运营商EMS充当该控制模块的协调员。SMM控制模块隶属于欧洲大陆南部互联互通协调中心，由瑞士输电系统运营商Swissgrid执行此功能。

欧洲传输系统运营商联盟：该联盟是由欧洲多个国家的输电系统运营商组成，旨在促进欧洲内部市场里天然气的建成和跨境贸易，以及欧洲天然气输送网络的发展。CGES是该联盟的成员。

能源社区：能源社区是一个处理能源政策的国际组织。该组织于2005年10月根据一项国际条约在希腊雅典成立。该条约于2006年7月生效，一方面吸引了欧盟，另一方面吸引了东南欧和黑海地区的国家。

地中海电力输电系统运营商协会：该协会于2012年4月19日在罗马成立，拥有21个成员单位，CGES是该协会的成员。该协会负责运营包括黑山在内的19个地中海国家的高压输电网络，成员单位所运营的输电网络服务约5亿消费者，总负荷需求约1 600太瓦时，覆盖面积约850万平方公里。该协会作为技术平台，利用多边合作作为区域发展战略，促进地中海电力系统的一体化和地中海能源市场的创建。

意大利—黑山海底光缆项目：该项目在意大利维拉诺瓦和黑山拉斯特瓦之间建造高压直流输电海底电缆（容量为600兆瓦）以及直流换流站。作为欧洲一条能源新通道，黑山—意大利海底电缆连接了意大利、黑山、塞尔维亚、波斯尼亚和罗马尼亚的电力系统，实现了跨巴尔干电力走廊与欧盟电网的连接。

跨巴尔干走廊：是欧盟西巴尔干经济和投资计划的项目之一。该项目的内容是建立区域电网，通过400千伏架空线或海底电缆将波斯尼亚和黑塞哥维那、黑山和塞尔维亚的输电系统与克罗地亚、匈牙利、罗马尼亚和意大利连接起来。

三、黑山的能源国际合作的领域和特点

黑山经济基础薄弱，能源资源相对丰富，区位优势明显，电力市场潜力大，在向欧盟体系靠拢的进程中，黑山也需要加速扩大其电力市场装机规模并优化电力结构，而电力项目所需资金大、技术难度高，处于改革发展期的黑山能源电力市场对国际合作产生较大的需求。

（一）合作的领域

1. 可再生能源开发

黑山拥有可再生能源生产的资源条件，由水能、风能和太阳能发电的巨大潜力。目前，黑山北部的普列夫利亚火力发电厂（225兆瓦）以及奇卡佩鲁（307兆瓦）和皮瓦（363兆瓦）的两座大型水电站满足了黑山的绝大部分电力需求。然而，该国仅利用其水电潜力的一小部分。

截止到2021年，黑山已建太阳能项目（含新开工项目）包括：布里斯卡戈拉太阳能光伏园、维尔杰波多太阳能发电站、斯拉诺浮动太阳能发电厂，黑山还计划在黑山西部开发一些小型项目，这些项目正处于研究阶段。黑山还将继续开发风电场、陆上风电场、光伏电站、生物发电等可再生能源开发与利用的项目。

2. 与更多邻国实现电网互通

在巴尔干半岛，黑山正在与塞尔维亚、波斯尼亚和黑塞哥维那等国推进输电联通；在欧洲能源市场一体化方面，黑山与意大利隔海相望，已参与了欧洲输电系统电力运营商网络（ENTSO-E）等互通协议，与意大利建立了输电连接项目（意大利-黑山海底电缆项目），未来有望成为意大利和巴尔干电网连接的枢纽，并进一步融入区域电力市场一体化。

3. 原有发电与输电设施的更新、改造与扩容

黑山的发电设施老化问题严重，其3座大型电站中，普列夫利亚煤电站建于1982年，其他2座水电站分别建造于1960年和1975年，大量设备超期服役，此外，这些电站常年超过5 500的利用小时，一定程度上加速了机组折旧和磨损。普列夫利亚煤电站还面临减排、脱硫等环保生态领域的改造。黑山将加速在毛策地区勘探煤储量，以满足新的煤电厂的能源需求。黑山还在继续勘探贝拉内的煤炭储量，以满足贝拉内火力发电的需

求。同时，降低煤炭消耗。

黑山电网线损及运行效率问题，尽管近年随着电网建设的投入增大，黑山电网运行状况有所好转，但其线损仍超过全球平均水平，线路老化、设备耗能高、技术落后、维修能力不足、配电网络电压等级繁多等问题都亟须改善。

4. 新建发电厂

黑山多山多水，除传统能源以外，有许多尚未被充分开发的可再生能源，如风能和太阳能等。在地理位置方面，黑山与意大利隔海相望，在欧洲电力互通网络中具有区位优势。黑山具备发展水电、光伏和风电的有利条件。黑山要满足国内电力需求、实现区域电力枢纽的目标、提升可再生资源利用率，都需要规划新建电站和配套电网，并需要国际合作来解决在资金、技术等问题。

5. 亚得里亚海海底潜在石油和天然气储量的勘探工作

基于地质勘探结果，黑山深水海岸的碳氢化合物沉积条件说明黑山具有石油和天然气储备的可能性，2013年年底，黑山邀请国际石油和天然气公司竞标勘探其近海海岸的能源储备，并与多个跨国公司签署了特许权协议，未来黑山还将继续探索开采可能性。

（二）黑山能源电力市场特点

1. 国有化程度高，但市场开放速度快

黑山电力市场历史上由国有企业垄断，电力部门受到国家的严格控制，并由政府决定投资。向欧盟要求看齐，黑山电力体制改革正在不断推行中，自2015年1月起，电力消费者都可以选择自己的电力供应商，能源监管机构（REGAGEN）向发电厂颁发电力市场运营许可证。

2. 能源电力项目的环境评估不确定性因素多

黑山能源项目受当地可持续和低碳目标约束，项目论证周期长，一些水电项目易受环保组织质疑。如科马尔尼察发电厂的建设于1972年首次被提及，在20世纪80年代中期政府对科马尔尼察河流域的能源利用进行了进一步的研究。2012年，黑山政府通过了科马尔尼察河多功能水库详细规划草案，作为黑山到2025年能源发展战略（EDS 2025）的一部分，并开始了一些准备工作（河两岸的廊道和钻孔）。2012年起，黑山的一些环保组织提出环境问题，2013年，EPCG停止了该项目的建设。此后，该项目一直处于环评、论证状态，期间黑山政府与包括中国在内的多个国家开展过项目合作协商。

3. 能源电力项目工程复杂、难度高

能源电力项目本身复杂程度高，黑山平原少山地多的地貌特点，更是大大提高了此类工程的施工难度、工程周期和项目成本，对各施工工序技术控制有很高的要求。大型项目需要吸引多方投资。

四、黑山能源电力业已建、在建、在研的国际合作项目

1. 科马尔尼察水电站评估项目

该项目的研究评估合同于2018年签署，项目额130万欧元，内容是对科马尔尼察水电站进行可行性研究和环境影响评估。评估计划于2022年中期完成。根据初步数据，科马尔尼察水电站项目价值在2.6亿—2.9亿欧元，装机容量为155兆瓦，年发电量约为210吉瓦。

2. 克尔诺沃风电场

克尔诺沃是黑山的第一座风电场，项目投资1.2亿欧元，装机容量为72兆瓦，由奥地利艾维康能源公司和法国阿库奥能源公司建设，融资方为欧洲复兴开发银行、德国开发银行和法国经合促进公司（Proparco）①。

3. 莫祖拉风电站

莫祖拉位于黑山巴尔和乌尔齐尼之间的海岸线上。莫祖拉风电站装机容量为46兆瓦。该项目的土地租赁协议签订于2010年，当时的租赁方为Fersa Energias Renovables，之后项目被转让给马耳他能源公司②。该项目由中国电投上海电力控股。

4. 布拉吉奇风电站

该项目由德国风能巨头WPD投资1亿欧元，2020年8月签署了为期30年的国有土地长期租赁合同。该风电项目的规划装机容量为101兆瓦。

5. 歌沃德风电站

该项目由黑山电力公司EPCG和奥地利艾维康控股公司（Ivicom）共同开发。装机容量为54.6兆瓦，项目资金为8 000万欧元，预计年生产电

---

① https://www.bankar.me.
② Dejana Durđević. UTILISATION OF WIND ENERGY POTENTIAL IN MONTENEGRO [J]. Researches Reviews of the Department of Geography, Tourism and Hotel Management. 2017 (46).

力 145 吉瓦时。根据欧洲复兴开发银行的规定，资格预审招标目前正在进行中。

6. 布里斯卡戈拉太阳能光伏园

Briska Gora 太阳能光伏园是地面太阳能项目，规划面积超过 662 万平方米。该项目投资方为黑山电力公司 EPCG、芬兰富腾公司和印度斯特林威尔逊公司。2018 年 12 月各方签署了建设国有土地长期租赁合同，合同期限为 30 年，预计成本 2 亿欧元。项目内容是规划、建设和运营一座装机容量为 250 兆瓦的太阳能发电厂，该项目正在进行中。

7. 维尔杰波多太阳能发电站

黑山电力公司 EPGG 在首都波德戈里察市规划建设 Velje Brdo 太阳能发电站，占地约 69 公顷，预计建设 151844 个太阳能模块，装机容量为 50MW，项目总造价约 2 亿欧元。项目规划公司是德国海莱森公司，该项目尚处于规划阶段。

8. 意大利国家电网—黑山海底电缆项目

该项目的成本约为 11 亿欧元，项目由意大利国家电网运营，黑山系统运营商 CGES 占互连线总容量 20% 的份额，该项目被欧盟委员会列为共同利益项目（PCI），作为跨欧洲网络优先电力基础设施支持计划（TEN）的一部分，项目可行性研究于 2008 年由欧盟委员会与欧洲复兴开发银行（EBRD）共同资助，欧洲复兴开发银行为黑山成本效益分析提供了资金。

第四节
浙江省与黑山能源电力合作展望

中国共产党十八大以来，应对国际能源形势的变化，中国加强国际能源合作顶层设计，为推动全球能源可持续发展贡献力量。2021 年，中国国家主席习近平承诺中国"不再新建境外煤电项目"，因此，中国将大力支持发展中国家能源绿色低碳发展。黑山能源及电力市场的工程难度高、论证时期长，大型国有企业是对黑山开展国际能源合作的主体，目前中国在黑山推进国际能源合作主要集中于电力领域。

浙江省作为中国经济大省、能源消费大省，能源电力产业链齐全，新能源发展程度高、应用范围广。近年来，浙江省已积累了在多个国家开展国际能源合作的经验，虽然尚未在黑山开展合作项目，但未来的合作潜力十分巨大。

一、中国开展能源国际合作的政策及经验

（一）中国开展能源电力国际合作的政策和举措

2014年6月，国务院办公厅印发《能源发展战略行动计划（2014—2020年）》（以下简称《行动计划》），明确了中国能源发展的总体任务是：增强能源自主保障能力；推进能源消费革命；优化能源结构；拓展能源国际合作；推进能源科技创新。该《行动计划》提出，要统筹利用国内国际两种资源、两个市场，坚持投资与贸易并举、陆海通道并举，加快制定利用海外能源资源中长期规划，着力拓展进口通道，着力建设丝绸之路经济带、21世纪海上丝绸之路、孟中印缅经济走廊和中巴经济走廊，积极支持能源技术、装备和工程队伍"走出去"。

2016年12月，国家发展改革委、国家能源局印发《能源生产和消费革命战略（2016—2030年）》，提出要按照立足长远、总体谋划、多元合作、互利共赢的方针，加强能源宽领域、多层次、全产业链合作，构筑连接我国与世界的能源合作网，打造能源合作的利益共同体和命运共同体。

2017年5月，国家发展改革委和国家能源局发布《推动丝绸之路经济带和21世纪海上丝绸之路能源合作愿景与行动》，提出将依托多双边能源合作机制，促进"一带一路"能源合作向更深更广发展。

2021年2月9日，中华人民共和国以视频方式主持召开中国—中东欧国家领导人峰会，与会各方确定2021年为"中国—中东欧国家合作绿色发展和环境保护年"。中国国家主席习近平在峰会上指出，要推动"绿色发展"，以2021年"中国—中东欧国家合作绿色发展和环境保护年"为契机，深化绿色经济、清洁能源等领域合作交流，为进一步深化中国—中东欧国家生态环境合作提供了方向指引，注入了强大动力。

（二）中国企业与黑山在能源电力领域的合作经验

1. 黑山莫祖拉风电站项目

黑山莫祖拉风电站是中国对黑山承建的第一个电力工程项目，由中国国家电力投资集团所属上海电力控股有限公司与马耳他能源有限公司合作开发。2014年12月，上海电力股份有限公司与马耳他政府签署协议，开展能源合作，双方首先选择了莫祖拉风电项目。结合各自优势，上海电力（马耳他）控股有限公司与马耳他能源有限公司各展所长——马耳他方面负责协调与黑山政府之间的合作关系，上海电力主要负责融资和技术问题。

远景能源有限公司总部位于上海，是莫祖拉风电项目的涡轮供应商，莫祖拉风电站位于黑山南部乌尔奇尼市莫祖拉山脊，属于低风速山地风场，远景能源结合风场特点，采用全球应用成熟的大叶轮低风速风机和EnOS平台智能物联技术，为项目提供了23台2.0兆瓦低风速智能涡轮风机。

莫祖拉风电项目于2017年11月开工，2019年4月25日投入试运营，2019年11月14日进入质保期，2021年11月13日出质保日，全场机组可利用率99.41%，平均年利用小时数2 770.6，比合同要求等效满发小时数超出15%，累计发电2.549亿千瓦时。该项目计划每年为黑山带来125吉瓦时的清洁能源，约占黑山电力的5%，减少10万吨温室气体排放，主要用于满足巴尔和乌尔齐尼两座城市的用电需求，改善当地电网稳定性，解决乌尔齐尼市及周边地区经常在旅游旺季断电的问题，对黑山政府履行加入欧盟发展绿色能源义务的承诺也具有重要意义[①]。

莫祖拉风电站在施工阶段创造了500个当地就业岗位，之后很多人成为风电站雇员，项目为员工提供专业的技能培训，莫祖拉风电站树立了中国企业在"一带一路"沿线巴尔干地区的品牌形象，已成为两国人民互相了解的窗口。黑山经济部长德拉吉察·塞库利奇表示："莫祖拉风电站为黑山沿海地区实现稳定供电提供了保障，风电给我们带来实实在在的福利"。莫祖拉风电公司工程师表示："莫祖拉风电场的建设和投产与黑山共

[①] "让旺季缺电成为历史"——中国能源企业助力黑山清洁能源建设．中国能源报社官方百家号．2021-11-19.

和国奉行的绿色发展理念十分契合,不仅为当地提供了稳定的能源供应,也带动了当地的经济和就业,让黑山人民对中国企业和中国文化有了更多的了解"①。

2. 黑山普列夫利亚煤电厂环保改造工程

黑山普列夫利亚煤电厂环保改造项目是黑山的重要基础设施建设项目之一。项目建成后,将有力助推电厂实现清洁高效绿色利用,满足欧洲的排放指标要求,将有助于黑山能源自主和电网稳定,为黑山经济社会发展做出积极贡献。中国东方电气集团承担了该项目的工程总承包任务。

2020年6月,黑山电力公司EPGG与以中国东方电气集团为代表的联合体在尼克希奇签署普列夫利亚电厂环保改造项目总包合同,该联合体由东方电气集团以及黑山当地3家企业组成,合同金额约5400万欧元。②2022年4月,东方国际黑山普列夫利亚煤电厂环保改造一期、二期工程开工仪式在黑山电厂现场举行,工程总工期36个月,预计2025年建成投产。③

中国东方电气集团创立于1958年,是中央管理的涉及国家安全和国民经济命脉的国有重要骨干企业,肩负保障国家能源安全的重大责任,为我国提供了大约1/3的能源装备,是全球最大的能源装备制造企业集团之一。东方电气集团近年来积极参与共建"一带一路",为全球80多个国家和地区提供成套设备和工程承包业务,主要市场涵盖东南亚、南亚、中亚、中东、欧洲、非洲、南美等地区,出口能源装备规模超过8 000万千瓦,从1994年起连续入选ENR全球250家最大国际工程承包商之列。

2023年,中国电建河北工程公司收到东方电气集团的中标通知,中标黑山普列夫利亚煤电厂环保改造工程,建设内容包括锅炉尾部增设SCR装置,锅炉原尾部省煤器及空预器改造等。中国电建集团河北工程有限公司是中国电力建设集团有限公司的全资子公司,已承担了近百项大型电力建设工程,在电力建设领域屡获殊荣。

3. 成都云祺科技为黑山输电公司CEDIS提供备份解决方案

成都云祺科技有限公司成立于2015年,是国内首家虚拟机备份厂商,

---

① 叶琦. 中企参与的黑山莫祖拉风电站项目投入试运营,当地居民表示——"风电给我们带来实实在在的福利". 人民日报. 2019-07-02.
② 中企助力黑山燃煤电厂环保改造. 新华社官方账号. 2020年6月10日.
③ 黑山普利电厂环保改造项目二期工程签约并开工建设. 攻防国际微讯公众号. 2022年月10日.

首创国内的瞬时恢复技术专利,拥有国际水平的私有云灾难恢复技术。该公司所研发的云祺容灾备份系统已在政府、军队、医院、教育、金融、研究所、设计院、军工、大型企业、国有企业等 30 多个行业,以及全球美国、法国、意大利、巴西、泰国等 100 多个国家及地区部署应用,拥有 1 万多份成功案例,为全球 160 万多台虚拟机提供有效数据安全备份保护。

在与成都云祺合作之前,黑山输电公司 CEDIS 将生产和电力分配设施的安装数据存储在虚拟机上,而虚拟机有代理备份方案在备份速度和恢复程度方面都有缺陷,有代理备份的维护费用不断增加,而备份性能却在下降。CEDIS 的 IT 团队带着无代理备份解决方案的诉求找到了云祺,在经过一系列测试后最终选择了云祺。CEDIS 的 IT 团队工作人员在使用云祺的无代理备份功能后,无需在他们的虚拟机内部额外安装其他软件,即可进行备份工作,最大限度屏蔽了虚拟机内部细节,同时为日常运维成本降低几十倍甚至数百倍。此功能在海量虚拟机场景下优势尤为明显,解决了他们以前有代理备份技术下的高成本管理和软件兼容性问题。[①]

二、浙江省开展与黑山能源电力国际合作的政策和平台基础

2004 年 8 月 10 日,习近平同志在《浙江日报》"之江新语"专栏发表《在更大的空间内实现更大发展》,文中指出:浙江土地面积小、自然资源相对贫乏,要有效解决我省发展中的资源要素问题,在新一轮竞争中占据主动,不能仅仅局限在十万一千八百平方公里区域面积上做文章,必须跳出浙江发展浙江,在大力引进各种要素的同时打到省外去、国外去,利用外部资源、外部市场实现更大的发展。

2005 年 3 月 16 日,习近平同志在《浙江日报》"之江新语"专栏发表《突出选商引资》指出,"浙江省要积极实施走出去战略,以境外资源开发和跨国并购为重点,开展多种形式的境外投资,在国外建立研发中心、营销网络、生产加工和资源基地,提高我省企业的国际化经营水平。我省是资源小省,利用两个市场、两种资源,在境外建立能源原材料基地,是长远的战略选择,符合国家战略安全的需要。我省从国外进口矿产资源已经有了良好开端,要进一步谋划,捷足先登"。

《浙江省企业境外投资指南(2019 年)》于 2019 年 7 月由浙江省发改

---

① https://www.vinchin.com/company/vinchin-success-case-detail.html? id = 125.

委发布。指南提出，重点推进"一带一路"沿线国家基础设施互联互通，包括以"BOT、PPP 和 EPC、F + EPC 等形式，参与电力、市政工程、环保、通信等各类基础设施项目建设"；稳妥参与能源资源勘探和开发，包括"清洁煤电、气电、风电、光伏发电、海洋潮流能发电、电网等电力资源合作开发"；但跨境水资源开发利用属于境外投资敏感行业，适用核准管理。

2014 年，浙江省在全国率先创建国家清洁能源示范省，是首批 5 个国家清洁能源示范省（区）中唯一的东部省份；后又成为全国首个通过环保部验收的生态省。浙江省作为国家首个清洁能源示范省，更应积极推动能源清洁低碳转型，坚持可再生能源开发，积极推动能源、产业结构低碳转型升级，为全国实现碳达峰、碳中和目标做出浙江省的贡献。

2016 年，浙江省在全国率先提出了光伏"百万屋顶"计划，2016 年 9 月，浙江省政府办公厅印发了《浙江省人民政府关于推进浙江省百万家庭屋顶光伏工程建设的实施意见》。

2020 年 3 月，国务院对浙江省政府和商务部提交的《关于支持中国（浙江）自由贸易试验区油气全产业链开放发展若干措施》（以下简称《若干措施》）做出批示，批示提出《若干措施》实施要以习近平新时代中国特色社会主义思想为指导，全面贯彻党的十九大和十九届二中全会、三中全会、四中全会精神，按照党中央、国务院决策部署，坚持稳中求进工作总基调，坚持新发展理念，坚持高质量发展，以供给侧结构性改革为主线，加强改革系统集成、协同高效，推动油气全产业链开放发展，以开放促改革、促发展、促创新，把浙江省自贸试验区建设成为新时代改革开放新高地。2020 年 7 月，浙江省人民政府为贯彻落实国务院批复，正式发布了《浙江省人民政府关于支持中国（浙江）自由贸易试验区油气全产业链开放发展的实施意见》。

《浙江省能源发展"十四五"规划》（以下简称《规划》）于 2022 年 5 月发布，《规划》指出，全力支持风电、光伏、储能、氢能等能源装备产业可持续发展，鼓励企业从单纯设备制造商向综合服务商转型。发挥浙江省光伏产业链齐全优势，补齐风电产业链短板。推动安全高效、绿色环保的新型电化学储能产业发展，构建退役动力电池回收及储能再利用产业链。《规划》还提出，浙江省要扩大国际能源合作，高水平"引进来"、高质量"走出去"。

浙江省发改委在《浙江省光伏产业高质量发展行动方案》中指出，形成光伏制造规范公告企业30家以上、年营收超百亿元企业6—8家。打造国家级光伏产业基地，支持秀洲、海宁、义乌、宁海、衢江、开化等地做优做强光伏产业集群，力争打造3个年产值超500亿产业集群。

三、浙江省开展能源电力国际合作的产业基础

（一）浙江省能源电力产业基本情况

浙江省是中国能源消费大省，能源电力生产种类齐全，新能源发展程度高，浙江省在2014年率先开始了清洁能源示范省创建工作。根据浙江省能源局数据，截至2020年年底，全省可再生能源装机容量达到3 114万千瓦，其中光伏1 517万千瓦（分布式1 070万千瓦），常规水电713万千瓦，抽水蓄能458万千瓦，生物质发电240万千瓦（垃圾发电210万千瓦），风电186万千瓦（海上风电45万千瓦），可再生能源装机占比达到30.7%。

光伏产业是浙江省重点培育的新型战略性产业，浙江省也是我国分布式光伏市场的发源地之一。根据浙江省能源局数据，截至2020年年底，全省累计建成光伏发电装机1 517万千瓦，比2015年增长827%，其中分布式光伏装机1 070万千瓦，装机规模连续多年位居全国第一。浙江省已构建了以嘉兴、金华为核心，联动杭州、宁波、湖州、衢州等地协同发展的光伏产业集群，拥有从多晶硅原料、硅片、电池、组件、原辅材料生产到系统开发应用的完整产业链体系。2020年全省光伏全产业链产值突破1 200亿元。浙江省光伏组件产能仅次于江苏省，是全国第二大光伏组件制造省份，年产量在4 000万千瓦左右，拥有光伏辅材企业120余家，位居全国第一。浙江省光伏和电力组建产业体系已较为完整，近年来产业发展居于全国领先地位，拥有正泰集团、东南网架、陆笑集团、东方日升、晶科能源等一批国内龙头企业，这些企业大多已开展全球布局。

（二）企业案例

正泰集团布局本土化生产和海外市场

正泰集团创建于1984年，总部位于温州市，前身是乐青县求精开关厂，目前已成为国际化的智慧能源解决方案提供商，连续20余年上榜中

国企业500强，以构建"绿色能源、智能电气、智慧低碳"三大板块和"发电、储电、输电、变电、配电、售电、用电"全产业链一体化发展模式。2006年正泰集团进入光伏行业，2007年投入LPCVD、PECVD、MOCVD高端设备研发生产，2012年收购上海新华控制集团，2014年收购德国康能公司光伏组件厂。目前，正泰集团的制造基地布局遍布温州、上海、酒泉、嘉兴、盐城、咸阳、武汉、沈阳、济南等国内城市，已在泰国、越南、新加坡、马来西亚、柬埔寨、埃及、阿尔及利亚、乌干达等国家实现本土化制造，通过与当地伙伴密切合作，持续实现全球业务稳定增长。正泰在新加坡、马来西亚、越南等地，正泰的制造基地以低压电器柜等相关产品服务当地现代电力系统；在越南、哈萨克斯坦，两大海外仓牢固海外"根据地"，进一步拓展渠道和完善区域售后服务。

经过30年发展，正泰海外业务不断壮大，业务领域也在逐渐多元化，2020年7月，正泰集团对海外业务进行了重组，正式成立正泰国际，作为集团全产业链海外发展平台。正泰国际以意大利为试点，推出"国际蓝海行动"，即在主要海外市场的子公司，出让部分股权，吸引优质合作伙伴及骨干员工入股组成合资公司，建立命运共同体，2020年和2021年正泰意大利业务的销售收入实现逆势增长46%、110%。其他国家子公司的创新项目也很快在正泰国际内部推广。比如，正泰柬埔寨团队根据本土市场客户需求打造的"离网光伏小系统"产品，在柬埔寨市场验证并取得成功后，正泰国际其他子公司在东南亚岛国、以及非洲等市场也挖掘出该产品的较大需求。随着正泰国际深入的市场越来越多，对客户需求越来越了解，对供应链的整合能力越来越强，由"海外市场研发向全球服务"的模式也愈发成熟。①据正泰集团轮值总裁栾广富介绍，正泰集团已在海外成立30多个实体运行子公司，实施本土化、属地化的运行。这些子公司里，超过80%位于"一带一路"沿线国家，海外本土化员工比例超过60%。

四、浙江省开展国际能源电力合作的经验

近年来，浙江省在电网互联互通、可再生能源开发以及技术创新与绿色发展等方面与"一带一路"国家开展积极合作，为推动地区能源供应安全、经济增长及可持续发展发挥了作用，也为下一步与中东欧国家的开展

---

① 正泰国际．激活组织活力，构建去中心化海外创新网络．金台咨讯．

更加紧密的区域间合作提供了基础。以下为浙江省开展的国际能源电力合作主要项目（不完全统计）。

1. 浙江省电力建设公司承建越南瓮安电厂一期工程

越南瓮安电厂一期工程项目位于越南中北部河静省东南沿海，距首都河内距离约 400 千米。越南瓮安电厂一期工程建设 2 台 600 兆瓦燃煤机组，建成后将成为越南第一家 600 兆瓦级燃煤电厂，2015 年 5 月两台机都已移交商业运行。越南瓮安电厂业主为越南油气总公司（PVN），一期工程项目总承包为越南南机械安装总公利拉马，浙江省电建为锅炉岛内的 BOP 分包商[①]。

浙江省电力建设有限公司成立于 1992 年，位于浙江省宁波市，是浙江省能源集团有限公司的全资子公司。

2. 浙江省华云设计为尼泊尔提供配网降损规划咨询项目

尼泊尔电力局约有 290 万用户，由于长期缺乏配电网系统规划，配电系统电能损耗高，电网系统综合线损率约 24.4%，高线损率影响了尼泊尔电力公司的经济效益和民众的用电质量。浙江省华云电力工程设计咨询有限公司以优质的投标文件力压来自法国、印度、西班牙、爱尔兰、韩国的 5 家公司，成功竞标尼泊尔配电网降损规划咨询项目。项目合同于 2018 年签订，这是亚洲公司第一次获得尼泊尔电力局的咨询类项目。

浙江省华云电力工程设计咨询有限公司是国网浙江省电力有限公司下属设计咨询企业，该公司团队深入调研，与当地政府和社区密切合作，收集电网资料，结合浙江省电力配电网建设、运行和管理经验，技术上优化了网架设计、规划了降损项目建设方案，制定了防窃电技术措施，明确了设备优选原则、信息互联标准，管理上制定了线损管理制度和手册，建立了标准工艺、管控体系等综合降损解决方案，获得了尼泊尔电力局的高度认同[②]。

3. 中国能建浙江火电承建承接多项电厂总承包河检修维护国际工程

中国能源建设集团浙江火电建设有限公司（简称：中国能建浙江火电）成立于 1958 年，是中国能源建设集团有限公司的骨干成员企业。公司在中国电力建设史上参与创造了多项第一：承建的中国大陆第一座核电

[①] 越南瓮安电厂一期工程. 浙江省对外贸易公共服务平台. http://www.zjmade.cn/ecloud/plat/cooperation/detail/1653.html，2016 – 09 – 13.

[②] 浙江新闻. 浙江省电力助推尼泊尔配电网高质量运行. http://www.zjol.com.cn.

站——秦山核电站成为新中国自力更生、和平利用核能的典范；承建的全国首台百万千瓦超超临界火电机组——华能玉环电厂一号机组实现了我国电站建设能力从60万千瓦迈向百万千瓦等级的成功跨越；承建的全球首台AP1000核电机组——三门核电常规岛工程，标志着世界核电建设迈进了AP1000的新里程。在国际合作领域，该公司从1994年开始进入国际工程合作市场，截至2022年，该公司已承建了印尼、埃及、乌兹别克斯坦、越南、土耳其、孟加拉、老挝、缅甸等电力工程以及钢结构制造、电厂运维检工作。主要已承建及签约项目包括：印尼金鹰集团自备电厂、印尼芝拉扎电厂二期扩建工程并提供运营维护、巨港电厂、吉利普多电厂、埃及阿布吉尔电站2×650兆瓦燃油/气电站CP-118标段EPC总承包工程、埃及卡夫拉谢赫GIS变电站工程A包EPC项目、埃及纳赫达赫220千伏变电站A包EPC项目、埃及康翁波500兆瓦光伏EPC+O&M电站项目、越南沿海电厂、萨德发66千伏AIS变电站EPC总承包项目、孟加拉波拉电站、土耳其卡拉毕加燃煤电站等。部分项目简介如下：

埃及卡夫拉谢赫GIS变电站工程A包EPC项目：中国能建浙江火电于2019年1月中标，该项目主要承建500千伏GIS变电站的设计、制造、现场运输、建筑安装、调试、投入运行以及部分设备的供货，2019年5月，该工程举行合同交底，标志着埃及500千伏GIS变电站EPC项目正式启动。

印尼芝拉扎电站：项目位于印度尼西亚爪哇省中爪哇县南部的芝拉扎县，是"一带一路"落地印度尼西亚的首批项目之一，也是印度尼西亚最大的私人投资电站，电效率在爪哇岛燃煤电厂中名列前茅，并曾于2017年被《印度尼西亚电力》杂志评为印尼最佳私营电厂。电站一期有2台300兆瓦机组，二期有1台660兆瓦，三期有1台1 000兆瓦机组，总容量达2 260兆瓦。芝拉扎电厂二期扩建工程建设规模为1台66万千瓦超临界燃煤机组，由PT Sumber Segara Primadaya（S2P）公司投资，中国能建浙江火电承担了该机组的土建、主体安装及整体调试工作，中国能建浙江火电运维有限公司负责主机运行和维护工作。

埃及纳赫达赫220千伏GIS变电站项目：项目位于埃及首都开罗纳赫达赫区域，是埃及国家电力传输公司（EETC）发展能源保障重点项目之一，也是对开罗首条电气化轻轨供电的重要变电站之一。该期项目计划建设220千伏变压器3台，单台容量175兆千伏；66千伏变压器3台，单台容量40兆千伏；220千伏线路4回，66千伏线路8回，11千伏线路24回。中国能建浙江火电承担了A包EPC工程范围的设计、制造、运输、清关、安装、土建、厂内调试、测试、投入运行、培训等（除主变采购和通信以外）所有工作，工程于2019年10月开工建设并于2022年7月成功并网。

埃及康翁波500兆瓦光伏电站项目：该项目是中国能建浙江火电在埃及签约的首个新能源项目，项目位于埃及阿斯旺市西北约60千米，项目业主为非洲中东亚洲能公司旗下的子公司阿拜多斯太阳能公司。该项目2020年3月立项，2022年11月签约，计划2023年一季度开工，整体工期19个月。工程范围包含光伏电站的设计、采购、施工、运行及维护，是目前埃及乃至非洲地区单体最大的光伏项目，建成后将有效提高埃及新能源发电占比，优化当地电力供应结构，降低对燃气能源的依赖，促进当地社会经济低碳、绿色、可持续发展。

隆基绿能埃及项目230兆瓦组件供货合同：2023年5月，中国能建浙江火电与隆基绿能签署了埃及230兆瓦组件供货合同。该项目位于埃及开罗以南约805千米、阿斯旺西北约78千米的康翁波市，装机容量为200兆瓦，直流设计容量为230兆瓦，同时配套建设1座220千伏等级升压站。项目由非洲中东亚洲能公司开发，由中国电力工程顾问集团国际工程有限公司和浙江火电联合承建。隆基将为该项目提供高效可靠的PERC双面组件，并在年内交付。预计项目建成后，将满足13万用户家庭的电力需求，每年可抵消33.6万吨的二氧化碳，为埃及能源结构转型和经济社会发展提供新动力。①

4. 浙江省能源集团所开展的国际合作项目

浙江省能源集团有限公司成立于2001年，总部位于中国杭州，主要从事电源建设、电力热力生产、石油煤炭天然气开发贸易流通、能源科技、能源服务和能源金融等业务，是浙江省能源产业发展、科技创新及国际合作的主力军。

2021年6月，浙能集团与俄罗斯诺瓦泰克股份公司签署液化天然气（LNG）购销框架协议。根据该协议，浙能集团将向诺瓦泰克采购来自俄

---

① 同心助力"一带一路"沿线国家能源转型！浙江火电和隆基绿能签署埃及康翁波项目合作协议. http://www.sohu.com.

罗斯北极－2项目的LNG，供应期限为15年，每年至多100万吨，交付方式为到岸交付至浙江能源在中国的LNG接收站。

2023年8月，浙能集团与墨西哥太平洋公司（MPL）在杭州签署了LNG购销协议协议。双方将开展为期20年、年供应量100万吨的LNG长期购销，从美国二叠纪油气田（WAHA）购买天然气，通过管道运输至液化厂进行液化出口，采用离岸形式运输。

2023年5月，浙能集团旗下天然气集团及其控股企业与英国石油公司（BP）签署合资经营合同，共同成立一家液化天然气贸易公司，通过槽车运输方式销售LNG。这是BP与浙能天然气的首次合作，该合资公司是BP在中国的第3家槽车LNG贸易与销售公司。

浙江省能源集团实控企业中来股份与阿联酋阿布扎比未来能源公司马斯达下属的Source Trading Company Limited（简称STC），于2023年5月达成了为STC乌兹别克斯坦项目供货1GW光伏组件的协议，项目全部采用中来JW系列n型TOPCon高效组件，助推"中国制造"走向中亚。该项目是中亚最大的n型光伏项目，投运后每年将为乌兹别克斯坦100万个家庭输送清洁电力，每年减少100万吨二氧化碳排放量，项目计划在2023年底前并网运行。中来股份，总部坐落于江苏省常熟，成立于2008年，2014年上市，该公司在n型光伏组件领域耕耘多年推出的JW系列高效组件融入自主研发的POPAID专利技术，在组件功率、效率和安全性能等方面表现优异，并在亚洲、欧洲、澳洲及中东等地区的新能源项目建设中得到广泛应用[①]。2023年2月中来股份成为浙能集团下属浙能电力的控股子公司。

5. 正泰集团在全球开展多个电力项目投资、参与或运维业务

正泰新能源已在埃及、印度、泰国、越南、土耳其等国家投资和开发大型太阳能电站项目，在海外开发和建设电站超过一个吉瓦，光伏电站超过100座。正泰公司参与了柬埔寨的达岱河水电站项目，该项目能够满足柬埔寨近1/4的电力需求，并显著提升了柬埔寨的电力基础设施水平。正泰于2019年在埃及投资建设的本班太阳能产业园项目，2020年6月，该产业园全面投产，曾经的沙漠变成重要的清洁能源基地，本班光伏产业园

---

① 谈慧洁，江欣. 浙能集团实控企业中来股份为中亚最大n型光伏项目交付首批组件. 新华财经. 2023－06－13.

也成为世界最大光伏产业园之一,该项目图片被印在埃及当地钱币上,成为"国家名片"。

正泰新能源在荷兰已开发建设多座光伏电站。2017年12月,位于荷兰格罗宁根省的芬丹15.5MW光伏电站顺利完工且并网,成为当年荷兰最大的光伏并网项目。荷兰贝丘格罗宁根103MW项目于2019年开工建设,2020年成功并网,是荷兰第一个连接到国家电网的太阳能电站,也是当时荷兰规模最大的光伏电站,电站安装了约315 000块正泰自主研发生产的太阳能电池组件。

五、浙江省与黑山在能源与电力领域开展合作展望

浙江省与黑山尽管尚未在能源电力领域开展合作,但在全球能源清洁低碳发展大趋势和两国能源转型的背景下,浙江省应通过高质量"走出去",积极谋求与黑山开展地区能源合作。

黑山拥有较为丰富的可再生能源资源,而浙江省在能源开发领域产业基础扎实,未来,省内企业应关注黑山风电、光伏等项目的开发,在能源加工生产、能源装备制造、能源组件供应、储能、智能电网和能源转换等领域不断探索并提供解决方案,争取开展两地区合作。

第十章

浙江省与黑山旅游业合作

第一节

黑山的旅游资源

黑山虽领土狭小，但旅游资源丰富，拥有5个国家公园、6个自然公园、2个海洋保护区、3个拉姆萨尔湿地和众多的湖泊，是地中海沿岸最具吸引力的旅游目的地之一，在这里游客能够领略森林、山脉、河流和湖泊等多样化的自然地貌，黑山文化历史悠久，有5个联合国教科文组织世界遗产，在这里，旅游业与航海、保健、农业、生态、山地、体育、娱乐、文化、宗教等元素结合紧密。

一、旅游资源

黑山拥有杜米托尔山、洛夫琴山、比奥格勒山、普罗克莱蒂耶山、斯库台湖等景色壮美的国家公园，杜米托尔山、塔拉河谷和科托尔老城等被联合国教科文列为世界文化遗产，布德瓦和乌尔齐尼等海滨城市风情独特。

（一）亚德里亚海沿岸

1. 科托尔湾及城镇

科托尔湾位于黑山西南部，由一些小湾组成，水域细长，沿岸群山围绕，山脉陡峭崎岖，海湾蜿蜒曲折，形成独特的景观，科托尔湾沿岸分布着风情各异的城镇，这些城镇大都背山面海，历史悠久，主要旅游城镇有科托尔市、新海尔采格市、佩拉斯特镇、卢斯蒂卡半岛小镇等。科尔托湾的夏季最为繁忙，6—8月是旅游和度假旺季。

科托尔市位于科托尔湾深处的陡峭山脉之下，建城历史有1500余年，是亚得里亚海沿岸保存中世纪古城原貌最完整的城市之一，被联合国教科文组织列入世界遗产名录。科托尔颇具威尼斯风情，城内有10余座教堂和修道院，主要有圣尼古拉斯塞尔维亚东正教堂（建于1909年）、圣卢克教堂（建于1195年）、圣安妮教堂（建于12世纪末）、多米尼加修道院（建于16世纪）、圣玛丽教堂（建于1221年）、圣马可教堂（建于13—14世纪）等，最著名的教堂是建于1166年的圣特里芬大教堂，用以纪念并献给科托尔的守护神圣特里芬，教堂的雕刻繁复精美，气势恢宏。科托尔古城墙延绵长达4.5千米，修建于垂直的峭壁之上，沿着城墙前往科托尔的山顶堡垒，可以欣赏到古城全貌和峡湾的壮丽景色。

新海尔采格市位于科托尔湾入口，与克罗地亚和波黑接壤，建城于1382年，老城内保留着许多中世纪古堡和遗迹，小城内种植着许多花卉，每年举办花卉节和其他旅游节日活动，附近的科托尔蓝洞景色别具一格，阳光透过海水反射于岸边洞穴，形成蓝洞奇观。

佩拉斯特镇位于科托尔湾，距离科托尔市10千米，在历史上是重要军事据点和商贸城镇，曾属于威尼斯共和国。整个镇建在沿着海岸线的一条狭长的斜坡上，镇内有大量中世纪城堡和教堂，圣尼古拉斯教堂的钟楼高55米，直插云霄，是亚得里亚海东岸最高的教堂，教堂内外部有华丽的壁画和雕塑。佩拉斯特城堡坐落在一座岩石山丘上，登上城堡可以俯瞰小镇全景和海湾风光。佩拉斯特近海处有2座风景独特的小岛，其中圣乔治岛是天然岛屿，圣母岩岛是由人工在海岩上堆积石块建成的，圣母岩岛上有一座圣母教堂，建于1630年。佩拉斯特湾边上的圣乔尔捷、戈斯帕和什克尔皮耶拉小岛也是著名的旅游圣地。

洛夫琴山是黑山的文化象征，山中岩石远观呈黑色，黑山国名由此而来，洛夫琴山在黑山人心中意义非凡，是庄严神圣的象征。在山中的耶泽尔斯基峰顶建有黑山历史上重要的统治者佩塔尔二世·彼得罗维奇·涅戈什（1813—1851年）的陵墓，他也是黑山和塞尔维亚文学史上最重要的人物之一，以民族史诗闻名于世，其作品《山地花环》是黑山被翻译成其他语言次数最多的图书。洛夫琴山国家公园内树木繁茂，野生动植物繁多，是户外休闲和山地探险的好去处。附近的村镇是彼得罗维奇王朝的发源地，村内农庄的自制奶酪和意大利熏火腿独具风味。

2. 布德瓦及附近海岸与城镇（布德瓦里维埃拉）

里维埃拉是指地中海沿岸由城镇、高山与大海交会形成的景观区域。布德瓦里维埃拉位于黑山中部海岸线，以布德瓦为主要城市，有许多优质海滩和古老小镇。布德瓦的海岸线长达21千米，有10余座风景秀丽的海滩，这些海滩背靠壮丽的山脉，面朝湛蓝色的亚得里亚海。莫格伦海滩距离布德瓦老城最近；斯洛文尼亚海滩面积较大；贾兹海滩位于布德瓦的西边，《孤独星球》曾将其评为欧洲顶级沙滩。

布德瓦市有2500年的历史，位于亚得里亚海畔，以美丽的沙滩、丰富的夜生活和独具特色的地中海式建筑而闻名，也因此成为亚得里亚海岸边最古老的定居点。布德瓦城堡（Citadela）位于布德瓦老城的最南端，内设博物馆和图书馆，珍藏着宝贵的典籍和地图。位于城堡北侧的圣伊凡教堂，属天主教，建于17世纪，其高耸的塔楼是布德瓦老城的地标。圣三一教堂地处圣伊凡教堂西侧，属东正教，建于1804年。城堡西侧海边的海角圣玛利亚教堂，是布德瓦最古老的教堂，历史可以追溯840年，采用了拜占庭风格。

圣斯特凡岛位于布德瓦东南6千米处，小岛通过一条狭长浅滩与布德瓦陆地相连，被列为联合国世界文化遗产。岛上村落始于15世纪，岛内教堂和古迹随处可见，石头房屋配着红色陶瓦顶，与蔚蓝色的大海互相映衬，英国浪漫诗人拜伦赞叹圣斯特凡岛为"陆地与海洋最美的相遇"，该岛现在由总部位于新加坡的安缦集团承租运营。

3. 巴尔

巴尔是黑山最大的港口城市和著名的避暑胜地，位于黑山南部，毗临亚得里亚海巴尔湾。附近橄榄园与葡萄酒庄密布。巴尔老城建于山坡上，由建于中世纪的城墙环绕，老城里有保留相对完好或重修的石街、石塔、钟楼、教堂和清真寺，还有各类古希腊、古罗马、拜占庭、威尼斯和土耳其等风格的建筑遗迹,展示了不同历史时期的风貌。城边有1棵橄榄树,已经有2000多年的树龄了。

4. 乌尔齐尼

乌尔齐尼位于黑山最南端,靠近阿尔巴尼亚边境,是亚德里亚海沿岸古老的海港城市,乌尔齐尼在历史上是重要的军事前哨,城市建筑受到不同文化的影响,古迹繁多,由于该城长期受奥斯曼帝国统治,城市建设颇具中东风情。在16—17世纪海盗盛行时期,乌尔齐尼是亚德里亚海盗的大本营,城内建有奴隶市场,据传说,著名小说《唐·吉诃德》的作者西班牙作家米格尔·德·塞万提斯曾被困在这个城镇当了5年的奴隶。该城主要景点是教堂、清真寺、城堡、宫殿、塔楼和海滩。乌尔齐尼是欧洲著名的度假疗养圣地,城市周围土地肥沃,平地较多,散布着古老的橄榄树林、果树园和葡萄酒庄,附近有很多海滩,海水湛蓝清澈,海边娱乐项目繁多,深海捕鱼和潜水是很受游客欢迎的活动。乌尔齐尼的长滩(Velika Plaza)长达12千米,是欧洲最长的海滩之一,海滩的广阔腹地大部分未开发,未来投资前景广阔。

(二) 中部

黑山中部包括首都波德戈里察、古都采蒂涅等城市,斯库台湖国家公园和比奥格拉德卡山国家公园等自然奇观也位于这个区域。

1. 采蒂涅

采蒂涅建于15世纪,是黑山文化的摇篮,在1878—1918年曾是黑山古王国的首都,博物馆和画廊众多,主要有蓝宫、采蒂涅修道院和国家博物馆等。蓝宫在历史上曾是黑山王储的住所,现为黑山总统的官邸。采蒂涅修道院曾是主教(神权君主)的驻地,因存有2件基督教圣物及其他多件珍品而闻名,是采蒂涅最重要的文化景观。国家博物馆是黑山旧王宫所在地,建筑金碧辉煌,装饰奢华,馆内收藏物展示了从黑山的历史发展、文化变迁和艺术成就等。涅戈什博物馆建于1838年,于1950年重修,是佩塔尔二世·彼得罗维奇·涅戈什的故居。距采蒂涅几千米处,有一处黑山最大的天然喀斯特溶洞——利帕洞,吸引着喜爱冒险的游客。

2. 波德戈里察

波德戈里察是黑山共和国的首都。第二次世界大战期间毁于战火,仅存土耳其钟楼、一处清真寺和几处房屋,后重建为一座新城。基督救世主大教堂是一座东正教堂，外观宏伟而简洁，转角处有大理石的浮雕，内部布满了金碧辉煌的壁画。莫拉查河上的千禧桥建于 2005 年，是该市的一个较新的地标式景点。波德戈里察体育场于 1925 年修建，是黑山国家足球队及黑山足球甲级联赛布杜克诺斯特足球俱乐部的主场，可容纳 12 000 人。波德戈里察是黑山许多文化机构的驻地，黑山国家剧院、波德戈理察博物馆和一些画廊集聚于此，城市的文化气息虽不及采蒂涅，但也有不少文化活动在此举行。

3. 斯库台湖国家公园

斯库台湖是巴尔干地区最大的淡水湖和鸟类栖息地，横跨黑山和阿尔巴尼亚，有 2/3 在黑山。该湖位于泽塔山谷，群山环绕，距离亚得里亚海有 7 千米，黑山旧王室的夏宫建造于此。斯库台湖拥有 281 种鸟类，是重要的候鸟的重要栖息地，被国际鸟盟（IBA）和《国际湿地公约》（RAMSAR）列入国际重要湿地名单。

游客可乘观光船游览湿地公园，沿途经过岛屿、村庄与海滩，陆上建有修道院、古堡和农庄。斯库台湖区作为 13 世纪古斯拉夫泽塔王国遗址，被联合国教科文组织列为世界文化遗产，这里也是古战场所在地。斯库台湖西岸有里耶卡茨尔诺耶维恰镇，名字源于镇内一条穿镇而过的河流，小镇位于斯库台湖的西岸，离采蒂涅市 16 千米，以渔业为主要产业，历史上曾经是一个很大的商业中心，拥有黑山最大的集市。

4. 比奥格拉德斯卡山国家公园

该公园是黑山最小的国家公园，也是欧洲仅存的 3 个大型原始雨林之一，公园的主要树种为山毛榉、冷杉、白蜡木，奥格拉德湖坐落在这片原始森林之中。在这里，大片原始丛林、冰川、高山、湖泊相得益彰，野生动物繁多，形成独特的景观。公园内流行的活动有登山、滑雪、露营、徒步旅行、四驱车和山地自行车等。

（三）北部山区

杜米托尔国家公园位于黑山西北部，面积 350 平方千米，内有杜米托尔峰（海拔 2 252 米）、黑山最高峰博博托夫库克山（2 523 米）和塔拉河峡谷。杜米托尔国家公园动植物繁多，其中有不少珍稀品种，塔拉河峡谷的黑松林是欧洲最后几处原始黑松林之一，1980 年杜米托尔国家公园被联合国教科文组织世界遗产委员会作为自然遗产列入世界遗产名录。杜米托尔国家公园由冰川形成,迪纳拉阿尔卑斯山、森林、河流、冰川、湖泊点缀着这片区域,景色壮观,公园内还有多处中世纪历史遗迹。公园里有徒步旅行、登山、滑雪、钓鱼、露营和山地自行车等多种项目可供游客体验。

塔拉峡谷长 82 千米,最大深度达 1 330 米,号称欧洲最深峡谷。塔拉河峡谷大桥高达 150 米,全长 366 米,是一座钢筋混凝土公路桥,始建于 1940 年,在第二次世界大战期间曾被炸毁,1946 年重建通车。塔拉河峡谷大桥是世界著名大桥,1969 年上映的前南斯拉夫电影《桥》曾经风靡中国,故事情节就围绕这座大桥展开。《桥》中的插曲《啊!朋友,再见!》是当时中国民众最喜爱的歌曲之一,时至今日,每当这首怀旧歌曲奏响,依旧能勾起那一代人的难忘回忆。塔拉峡谷周围是茂密的森林,两岸是险峻的高山,河水清澈湍急,游客在这里可以体验白水漂流、吉普车探险、高空滑索、攀岩等活动。

二、主要旅游目的城市

黑山主要旅游目的城市是布德瓦、乌尔齐尼、新海尔采格、巴尔、科托尔、蒂瓦特、波德戈里察等,历年去黑山的游客中有超过九成前往这七个城市。布德瓦是黑山接待游客最多的城市,2021 年,该市接待游客量达 55.7 万人次,占全国游客数的 33.3%,如表 10.1 所示;接待过夜游客数 279.4 万人次,占全国总数的 28.3%,如表 10.2 所示。黑山的第二大旅游城市是乌尔齐尼,同年该市接待游客数和接待过夜游客数分别占全国的 16.1% 和 13.5%。

表 10.1　　　　　　2021 年黑山主要旅游目的城市　　　　单位:人次,%

区域(城市)	外国游客	国内游客	全部游客	各市占比
黑山全国	1 553 558	117 321	1 670 879	100.0
布德瓦	522 934	33 613	556 547	33.3
乌尔齐尼	260 404	8 739	269 143	16.1
新海尔采格	238 544	15 130	253 674	15.2
巴尔	145 416	6 999	152 415	9.1
科托尔	129 194	3 848	133 042	8.0
蒂瓦特	104 253	4 728	108 981	6.5
波德戈里察	83 674	12 049	95 723	5.7

数据来源:UNWTO。

表 10.2　　2021 年黑山主要旅游目的城市　　单位：人次，%

区域（城市）	外国游客过夜数	国内游客过夜数	全部游客过夜数	各市占比
黑山全国	9 423 803	448 770	9 872 573	100.0
布德瓦	2 688 528	105 605	2 794 133	28.3
乌尔齐尼	1 297 125	39 519	1 336 644	13.5
新海尔采格	2 062 831	131 733	2 194 564	22.2
巴尔	1 333 030	27 611	1 360 641	13.8
科托尔	669 394	11 334	680 728	6.9
蒂瓦特	966 322	15 674	981 996	9.9
波德戈里察	169 678	26 934	196 612	2.0

数据来源：UNWTO。

第二节
黑山的旅游业发展

黑山作为历史悠久、自然风光独特的国家，一直以来吸引着欧洲和俄罗斯等国的游客前来观光。2006 年公投独立以后，旅游业逐渐成为黑山的主要经济来源，黑山旅游业也在不断发展，黑山政府将旅游业视为优先发展的战略部门，基础设施等硬件投入增加，新的个性化旅游产品不断推出，很多旅游产品与当地文化、美食、特产相结合，游客来源越来越多元化，黑山成为全球热门旅游目的地之一。

一、国际旅游业规模

国际旅游业在黑山经济中发挥着关键作用，黑山国际旅游收入在 GDP 中占比一般在 20% 以上，2019 年这一比重高达 23%；黑山国际旅游收入在 2018 年和 2019 年达到历史高位，每年都超过 10 亿欧元，2020 年因新冠疫情遭受重创，国际旅游收入下降 86.15%，仅占当年 GDP 的 3.77%，但之后迅速反弹，2021 年，国际旅游收入增长 380.13%，在 GDP 中的占比升至 15.29%，如表 10.3 和图 10.1 所示。

表 10.3　　　　　2012—2021 年黑山国际旅游收入　　　　单位：百万欧元，%

年份	国际旅游收入	国际旅游收入增长率	GDP	国际旅游占 GDP 比
2012	668.11	—	3 181.48	21.00
2013	699.73	4.73	3 362.48	20.81
2014	722.01	3.18	3 457.92	20.88
2015	853.69	18.24	3 654.51	23.36
2016	883.37	3.48	3 954.21	22.34
2017	982.77	11.25	4 299.09	22.86
2018	1 036.61	5.48	4 663.13	22.23
2019	1 139.66	9.94	4 950.72	23.02
2020	157.80	-86.15	4 185.55	3.77
2021	757.64	380.13	4 955.12	15.29

数据来源：黑山国家统计局。

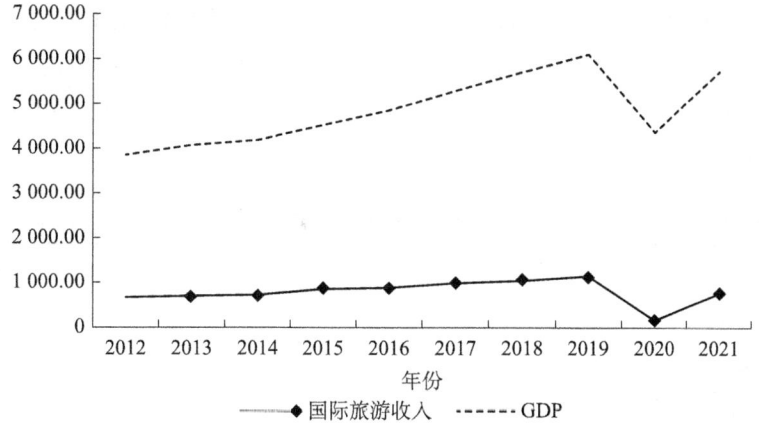

图 10.1　2012—2021 年黑山国际旅游收入变动情况（百万欧元）

数据来源：黑山国家统计局。

旅游业作为黑山的支柱性产业之一，从业人数在总就业人数中占比历年平均约为 8.3%。2012—2019 年，旅游业从业人数在大多数年份都在增加，2012 年，旅游业从业人数为 1.3 万人，2019 年这一数字增长到 1.84 万人，占总就业人数的 9.06%，如表 10.4 所示。

表 10.4　　　　　2012—2019 年旅游业从业人员情况　　　　单位：千人，%

年份	旅游业从业人数	黑山总就业人数	占比
2012	13	166	7.83

续表

年份	旅游业从业人数	黑山总就业人数	占比
2013	14	171	8.18
2014	14	173	8.09
2015	14.4	175	8.23
2016	14.7	178	8.26
2017	15	182	8.24
2018	16	190	8.42
2019	18.4	203	9.06

数据来源：UNWTO、黑山国家统计局。

在新冠疫情前的正常年份，黑山游客人数增长稳定。2017年游客人数首次超过200万人次，之后在2018年和2019年增长迅速，其中2019年接待游客人数达265万人次，过夜游客数超过了1 445万人次，但旅游业在新冠疫情期间遭受严重打击，2020年接待游客数跌至44.4万人次，下降了83%，2021年迅速回升，当年游客数和过夜游客数分别为218.4万人次和1 242.9万人次，分别增长276.2%和242.9%，如见表10.5和图10.2所示。

表10.5　　　　　黑山游客及过夜游客数　　　　单位：万人次,%

年份	游客数	增长率	过夜游客数	增长率
2012	144.0	—	915.1	—
2013	149.2	3.7	941.2	2.9
2014	151.7	1.7	955.4	1.5
2015	171.3	12.9	1 105.5	15.7
2016	181.4	5.9	1 125.0	1.8
2017	200.0	10.3	1 195.3	6.3
2018	220.5	10.3	1 293.0	8.2
2019	265.5	20.4	1 445.6	11.8
2020	44.4	-83.3	258.7	-82.1
2021	167.1	276.2	887.3	242.9
2022	218.4	30.7	1 242.9	40.1

数据来源：黑山国家统计局。

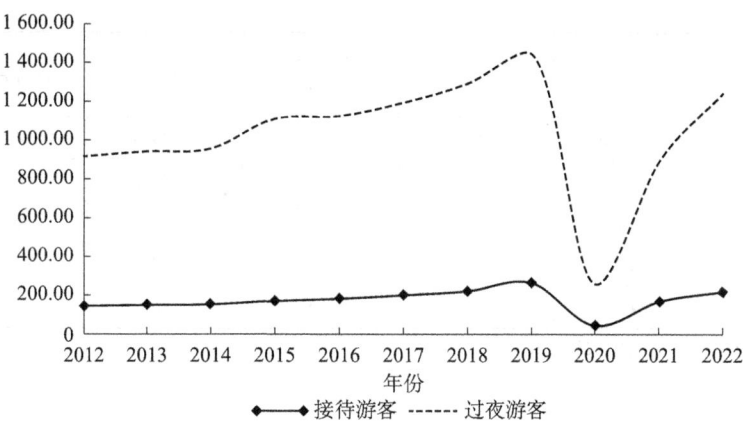

图 10.2　2012—2022 年黑山游客以及游客过夜数变动情况（万人次）

数据来源：黑山国家统计局。

二、游客来源

1. 过夜游客数

如表 10.6 所示，据黑山统计局数据，黑山过夜游客的主要来源是国外游客，各年占比平均为 93% 左右，2012 年，过夜游客数为 915.1 万人次，其中国外占比 89%，为 814 万人次，到了 2019 年，国外过夜游客数为 1 393.3 万人次，占游客过夜总数的 96.4%。受新冠疫情影响，2020 年的国外过夜游客数减少了 84%，降至近 10 年最低点，仅有 222.6 万人次。2021 年，黑山旅游业回暖，外国过夜游客数增长为 847.3 万人次，到 2022 年大致恢复到 2017 年的水平，但仍低于 2019 年的峰值，如图 10.3 所示。

表 10.6　　　　2012—2022 年黑山过夜游客数来源情况　　　　单位：万人次，%

年份	合计	国内	过夜游客数国内占比	国外	国外占比
2012	915.1	100.8	11.0	814.3	89.0
2013	941.2	99.8	10.6	841.4	89.4
2014	955.4	95.8	10.0	859.6	90.0
2015	1 105.5	74.8	6.8	1 030.7	93.2
2016	1 125.0	72.2	6.4	1 052.8	93.6
2017	1 195.3	48.3	4.0	1 147.0	96.0

续表

年份	合计	国内	过夜游客数国内占比	国外	国外占比
2018	1 293.0	48.6	3.8	1 244.4	96.2
2019	1 445.6	52.3	3.6	1 393.3	96.4
2020	258.7	36.1	14.0	222.6	86.0
2021	887.3	40.0	4.5	847.3	95.5
2022	1 242.9	56.1	4.5	1 186.8	95.5

数据来源：黑山国家统计局。

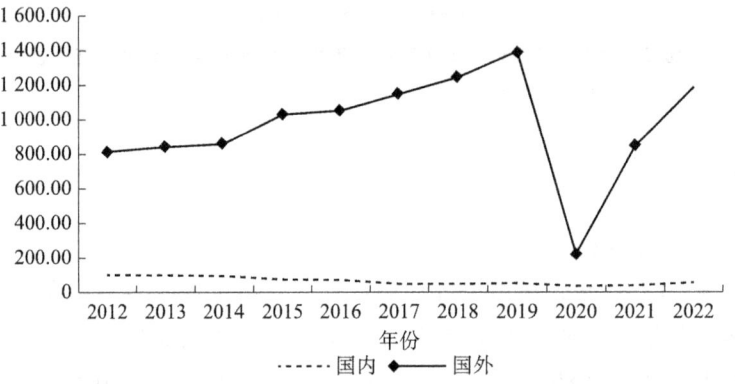

图 10.3　2012—2022 年黑山国内与国外过夜游客数变动情况（万人次）

数据来源：黑山国家统计局。

2. 外国游客地区来源

如表 10.7 和表 10.8 所示，根据 UNWTO 数据显示，赴黑山的外国游客主要来自欧洲、美洲、东亚及太平洋地区。欧洲是黑山最主要的游客来源地区，欧洲游客在黑山外国游客人数中的历年平均占比达 96%，2012 年，赴黑山旅游的欧洲游客数为 122.7 万人，2019 年增长至 2 331.5 万人，受新冠疫情影响，2020 年欧洲游客人数下降至 33.87 万人，2021 年之后迅速回升。

表 10.7　2012—2021 年黑山外国游客地区来源　　单位：千人

年份	欧洲	美洲	东亚及太平洋地区	非洲	南亚	中东	其他地区	外国游客合计
2012	1 227	13	6	—	—	—	18	1 264
2013	1 282	13	7	—	—	—	22	1 324

续表

年份	欧洲	美洲	东亚及太平洋地区	非洲	南亚	中东	其他地区	外国游客合计
2014	1 302	20	25	1	1	—	1	1 350
2015	1 496.3	26.3	26.3	1.9	1	—	8.1	1 559.9
2016	1 591.7	30.2	35.3	2.3	1.1	—	1.5	1 662.1
2017	1 774.1	37.5	59.6	3.2	1.4	—	1.5	1 877.3
2018	1 940.3	44.7	83.9	3.7	2.3	—	1.8	2 076.7
2019	2 331.5	54.4	114.6	4.1	2.4	—	2.6	2 509.6
2020	3 38.7	5.3	5.8	0.7	0.1	—	0.2	350.8
2021	1 492.5	28.2	24.9	3.8	2	1.3	0.8	1 553.5

数据来源：UNWTO。

表 10.8　2012—2021 年黑山外国游客的主要地区来源占比　　单位：%

年份	欧洲	美洲	东亚及太平洋地区
2012	97.1	1	0.5
2013	96.8	1	0.5
2014	96.4	1.5	1.9
2015	95.9	1.7	1.7
2016	95.8	1.8	2.1
2017	94.5	2	3.2
2018	93.4	2.2	4
2019	92.9	2.2	4.6
2020	96.6	1.5	1.7
2021	96.1	1.8	1.6

数据来源：UNWTO。

3. 过夜游客主要来源国

表 10.9 显示了 2012—2021 年黑山外国过夜游客来源情况。塞尔维亚、俄罗斯、波斯尼亚和黑塞哥维那、乌克兰、德国、阿尔巴尼亚等国是黑山接待外国游客的主要客源国，其中塞尔维亚、俄罗斯、波黑占比最高，每年这 3 个国家的游客占黑山外国过夜游客总数约 6 成以上。2019 年以前，俄罗斯游客数约占黑山外国过夜游客总数的 30%，是黑山最重要的旅游贸易伙伴国，但 2020 年后俄罗斯游客占比下降较快。塞尔维亚目前是黑山外国过夜游客数最大的客源国，2017—2022 年，塞尔维亚在黑山外国过夜游客数的贡献率达 27% 左右。

表 10.9　　2012—2021 年黑山外国过夜游客来源国占比　　单位:%

年份	塞尔维亚	俄罗斯	波斯尼亚和黑塞哥维那	乌克兰	德国	阿尔巴尼亚
2017	29.7	30.3	11.8	4.4	2.2	1.7
2018	28.9	30.1	11.3	4.7	2.3	1.7
2019	25.2	28.9	10.5	3.8	3.2	1.7
2020	20.2	17.7	15.2	8.5	3.1	6.7
2021	32.6	12.1	14.4	9.2	4.0	1.5
2022	25.5	16.4	9.9	4.9	5.9	1.2

数据来源:黑山国家统计局。

三、旅游目的地

表 10.10 显示了游客在黑山选择过夜的情况。在 2021 年,94.7% 游客选择赴海滨度假胜地,2.1% 的游客选择山地度假胜地,还有 2% 和 1.2% 的游客去了首都和其他旅游目的地。海滨度假圣地对黑山游客的吸引力最高。

表 10.10　　2021—2022 年黑山游客过夜地结构占比　　单位:%

年份	海滨度假胜地	山地度假胜地	首都	其他旅游胜地
2021	94.7	2.1	2.0	1.2
2022	93.8	2.0	2.9	1.3

数据来源:UNWTO 旅游数据。

四、旅游消费开支

从旅游消费开支结构来看,游客在黑山的旅行开支占总旅游开支的比重约为 95%,客运开支占比较少,主要原因是黑山游客主体来自临近的欧洲国家,此外,黑山旅游景点项目特点导致旅行成本相对较高,如表 10.11 所示。

表 10.11　　2012—2021 年黑山游客开支结构　　单位:百万美元,%

年份	旅游开支总额	旅行开支		客运开支	
		开支额	占比	开支额	占比
2012	860	809	94	51	6
2013	929	880	95	49	5
2014	959	908	95	51	5
2015	947	903	95	44	5

续表

年份	旅游开支总额	旅行开支		客运开支	
		开支额	占比	开支额	占比
2016	978	933	95	45	5
2017	1 110	1 067	96	43	4
2018	1 224	1 171	96	53	4
2019	1 276	1 224	96	52	4
2020	180	166	92	14	8
2021	902	894	99	8	1

数据来源：UNWTO。

五、黑山的乡村旅游

黑山农村地区有丰富的自然景观、历史遗产和文化特色，吸引人口来体验乡村生活、感受田园风光。近年来，黑山大力发展乡村旅游产品，以满足游客渴望健康的生活方式、享受自然和传统美食的需求，各农庄、酒庄、橄榄园根据自身特点，采用农家款待方式，为游客提供体验当地特色食品和传统习俗的服务。

如表 10.12 所示，黑山的乡村旅游产品主要包括：农业旅游、户外活动和文化旅游，其中农业旅游主要围绕农场参观展开，各类户外活动项目以体验自然为目的，而文化旅游以体察感受人文历史为特点。据黑山经济商会报告显示，游客主要的旅游目标依次是休闲度假（49.3%）、体验自然（34.3%）、运动探险（23.1%）。[1]

表 10.12　　　　黑山的优势乡村旅游产品

类别			产品
1	农业旅游	1.1	在农场和牧场住宿
		1.2	在农场或牧场住宿或参观，通过品尝特色物产和美食间接体验农场生活
		1.3	在农场或牧场住宿或参观，通过农业展示直接体验农场生活
		1.4	在农场住宿或访问，与主人一起参与农业活动

---

[1] MONTENEGRO INVESTMENT AND BUSINESS OPPORTUNITIES Fifth Edition. Chamber of Economy of Montenegro. 2021.

续表

类别		产品	
2	户外活动	2.1	自行车旅行/山地自行车旅行
		2.2	远足/登山
		2.3	生态旅游
		2.4	冒险活动/极限运动（峡谷，滑翔伞，攀登，漂流）
3	文化旅游	3.1	葡萄酒旅游、美食旅游、产品品鉴
		3.2	参观历史遗迹和当地博物馆
		3.3	延主题路线，探访文化和历史遗产

数据来源：黑山国家旅游局。

六、黑山旅游硬件设施及发展

黑山的旅游业带动了旅游地产的发展，黑山可持续发展和旅游部公布的数据显示，2019 年，黑山共有 360 家酒店，共 410 191 张床位。其中 25 家为五星级酒店，占酒店总数的 6%；179 家为四星级酒店，占比 39%；一到三星级的酒店占比 55%。随着黑山风光知名度的提升，黑山游客来源得以拓展，游客对于高品质酒店的需求逐渐增加。自 2006 年黑山独立以来，黑山政府十分重视旅游投资，吸引了大量外国资本来开发酒店和度假村，旅游硬件发展较快。

表 10.13　　2012—2021 黑山旅游设施发展　　单位：个，间，张，%

年份	酒店数	房间数	床位	床位占用率
2012	293	15 508	35 557	16.91
2013	293	15 548	34 935	17.21
2014	287	15 137	34 560	16.43
2015	287	15 137	34 560	16.43
2016	314	16 234	37 293	18.47
2017	336	16 717	39 183	24.19
2018	345	16 939	39 697	26.07
2019	360	18 111	41 091	26.25

七、旅游竞争力

根据世界经济论坛发布的旅游（含旅行）业发展指数，2021 年黑山旅游业发展指数为 3.90 分，在报告所涉及的 117 个国家中，排名第 67

位。黑山旅游业优先顺序得分较高,在全球排名第22位,说明旅游业在黑山国民经济的地位很高。因黑山国土面积小,自然资源、文化资源虽然丰富,但总量不大,得分不高。黑山旅游业在需求驱动、需求压力方面得分较低,主要原因是黑山旅游有明显的旅游旺季和淡季的划分,需求波动较大,旅游业在部分时段承载能力相对较弱。

第三节
浙江省与黑山旅游服务贸易发展

黑山作为小众旅游目的地,近年来对中国游客的吸引力上升,相关旅游产品推介活动也开始增多,主要游客来自于北京市、上海市、浙江省、江苏省等地,大部分游客将黑山作为其欧洲深度游中的一站。黑山于2010年在上海世博会设立黑山展馆,当时吸引了130万名参观者。2017年,黑山政府针对中国游客推出签证便利化政策,此后,中国赴黑山游客大幅增长。

一、中黑旅游贸易发展

2012年以后,中黑旅游潜力开始发挥,从2014年起,黑山统计局将中国游客数据单列,此前中国数据被合并列入"亚洲其他国家"一项中。表10.14显示了2014—2021年赴黑山的中国游客数量变化情况。2014年,赴黑山的中国游客数只有0.79万人,2017年中国赴黑山游客数出现113.64%的涨幅,达到了2.35万人次,之后持续增长,到了2019年,中国游客数升至7.48万人次,在黑山游客总数中占比2.8%;新冠疫情期间,中国赴黑山游客数大幅下降。图10.4显示了中国游客和过夜游客数的变化情况。2022年,中国赴黑山游客数出现回升,为8 200人次。

表10.14　　　2014—2021年中国游客赴黑山数量情况

单位:万人次,%,人次

年份	中国游客数	中国游客数增长率	在黑山游客总数占比	中国入住游客数	中国入住游客数增长率
2014	0.79	—	0.5	7 932	

续表

年份	中国游客数	中国游客数增长率	在黑山游客总数占比	中国入住游客数	中国入住游客数增长率
2015	1.34	69.62	0.8	13 362	68.46
2016	1.1	-17.91	0.6	10 895	-18.46
2017	2.35	113.64	1.1	22 967	110.8
2018	4.27	81.7	1.9	41 338	79.99
2019	7.48	75.18	2.8	71 594	73.19
2020	0.30	-95.99	0.9	2 791	-96.1
2021	0.20	-33.33	0.1	1 632	-41.53

数据来源：黑山国家统计局。

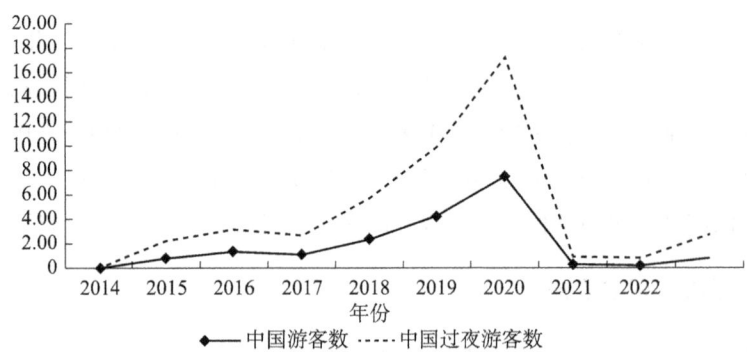

图 10.4 中国赴黑山游客数与过夜游客数（万人次）

数据来源：黑山国家统计局。

如表 10.15 所示，2014 年中国赴黑山过夜游客数只有 1.44 万人次，到了 2019 年，这一指标升至 8.97 万人次，中国游客在黑山游客过夜总数中占比 0.7%。受新冠疫情影响，2020 年与 2021 年过夜游客数下降较大，2021 年中国过夜游客数为 3 469 人次，在黑山游客过夜总数中占 0.1%。

表 10.15 2014—2021 中国游客赴黑山过夜数 单位：人次，%

年份	中国游客赴黑山过夜数	增长率	占黑山游客过夜总数比例
2014	14 432	—	0.2
2015	18 170	25.9	0.2
2016	15 727	-13.45	0.1

续表

年份	中国游客赴黑山过夜数	增长率	占黑山游客过夜总数比例
2017	31 496	100.27	0.3
2018	53 435	69.66	0.4
2019	89 639	67.75	0.7
2020	5 149	-94.26	0.3
2021	3 469	-32.63	0.1

数据来源：黑山国家统计局。

二、浙江省国际旅游业发展

（一）旅行社数量

浙江省是我国出入境旅游重点省份，截至2021年12月，浙江省旅游社数量为3 014家，在全国旅行社总户数中占比7.1%，在全国各省级单位中排名第四，如表10.16所示。

表10.16 截至2021年底全国排名前十的省（市）旅行社数量　　单位：家,%

排名	省（市）	截至2020年年底	截至2021年年底	2021年各地占比
1	广东省	3 390	3 592	8.47
2	北京市	3 194	3 222	7.59
3	江苏省	3 057	3 155	7.44
4	浙江省	2 885	3 014	7.1
5	山东省	2 676	2 734	6.44
6	上海市	1 808	1 865	4.4
7	安徽省	1 522	1 557	3.67
8	河北省	1 531	1 552	3.66
9	辽宁省	1 530	1 547	3.65
10	湖南省	1 315	1 468	3.46
—	全国合计	40 682	42 432	100

数据来源：中国文化和旅游部。

（二）出入境旅游规模

在新冠疫情之前，浙江省入境旅游持续增长，据浙江省文化和旅游厅发布的抽样调查测算数据，2019年，全省共接待游客7.3亿人次，实现旅游总收入10 911亿元,实现国际旅游(外汇)收入26.7亿美元。全省接待入境过夜游客467.1万人次,其中接待外国人329.8万人次,接待入境过夜游客人均花费571.2美元,入境过夜游客平均停留时间2.48天。浙江省接待外国过夜游客的主要来源地区中,亚洲游客157.5万人次,欧洲游客68.5万人次,美洲游客53.2万人次。当年,浙江省旅行社接待入境游客64.1万人次,旅行社外联入境游客38.7万人次。在出境旅游方面,2019年全省旅行社组织出境游客306.5万人次,其中出国游累计组团人数287.7万人次。

受新冠疫情影响,2020年与2021年浙江省出入境旅游规模受到冲击。2020年,全省累计接待入境过夜游客38.3万人次,实现国际旅游(外汇)收入1.6亿美元。出境游方面,全省旅行社组织出境游客12.8万人次,其中出国游累计组团人数12.3万人次。

(三)国内旅游规模

在新冠疫情前的2019年,浙江省旅行社组织接待国内旅游规模在全国各省(市)中排名第3,新冠疫情期间,浙江省接待国内游客量在全国占比提高,2021年,浙江省旅行社组织接待国内游客规模在全国排名第1,如表10.17所示。

表10.17　　2021年度全国排名前十的省(市)旅行社组织接待国内旅游

单位:人次,天

排名	省(市)	组织人次数	接待人次数	组织人天数	接待人天数
1	浙江省	11 046 122	12 934 127	24 951 790	22 175 804
2	江苏省	8 968 434	10 187 850	18 357 990	16 127 086
3	广东省	8 554 210	4 799 227	19 756 430	9 992 317
4	湖南省	6 794 702	6 168 659	15 719 417	13 859 291
5	重庆省	6 279 268	4 977 560	22 594 257	7 681 205
6	上海市	5 010 923	3 483 890	12 709 534	6 365 241
7	湖北省	4 971 997	8 204 140	11 027 280	12 775 380
8	北京市	3 010 669	1 609 069	8 253 087	3 830 441
9	江西省	2 851 850	1 755 938	5 407 791	3 703 732
10	福建省	2 746 950	3 165 543	5 700 342	6 696 355
—	全国合计	78 575 829	92 911 281	195 729 849	199 936 635

数据来源:中国文化和旅游部。

(四) 主要客源市场与出境旅游市场

浙江省接待外国过夜游客的主要来源市场是亚洲和欧洲，在新冠疫情前的 2019 年，浙江省接待外国过夜游客按各大洲的分布情况是：亚洲游客 157.3 万人次，欧洲游客 68.5 万人次，美洲游客 53.2 万人次，非洲游客 13.5 万人次，大洋洲游客 11.2 万人次。浙江省接待外国过夜游客的主要客源国是韩国、美国、日本、马来西亚、印度、德国、英国等国。浙江省出境游市场主要是亚洲、美洲及欧洲国家。

黑山不是浙江省国际旅游业的主要客源国及出境目的国，部分原因是黑山人口较少，难以在排名类的统计报告中显现，但浙江省国际旅游业基础扎实，黑山旅游资源丰富，两地区具有开展旅游合作的潜力。根据马蜂窝旅游网与中国旅游研究院发布的《"一带一路"：中国出境自由行大数据报告 2019》，黑山在 2019 年上半年旅游热度同比涨幅榜中排名第一，热度涨幅高达 161%。

第四节
浙江省与黑山旅游产业合作的推进

黑山目前是世界上国际旅游收入增长最快的国家之一，旅游业是黑山最具活力的行业，近年来，黑山的高端酒店、会议中心、度假村、高尔夫球场、高档购物中心、娱乐设施等方面的建设规模不断扩大。在新冠疫情爆发之前，中黑两国的旅游合作呈上升趋势，浙江省是赴黑山旅游的中国游客的主要来源省份之一。

一、黑山旅游相关政策

（一）总体战略

《2022—2025 年黑山国家旅游发展战略》是当前黑山旅游业发展的总括性文件，黑山政府于 2022 年通过此战略及相关的《2022 年行动计划》。根据该战略方针和相关旅游发展路线图，黑山将削弱季节性影响，缩小区域性差异,突出旅游业在各项政策中的优先性,加强旅游投资,以实现"到 2025 年,使黑山成为享誉全球的旅游目的地"的总体目标。《2022 年行动计划》包含 16 项措施及 76 项活动,总预算 2 700 万欧元。

(二) 部门战略

1. 黑山产业政策 2019—2023 年
2. 森林与林业发展战略 2014—2023 年(国家森林战略)
3. 黑山能源发展战略(至 2030 年)
4. 交通发展战略 2019—2035 年
5. 黑山农业及农村发展战略 2015—2020 年

(三) 专题战略

1. 科学研究活动战略 2017—2021 年
2. 黑山文化旅游发展计划 2019—2021 年
3. 黑山健康旅游发展计划 2021—2023 年
4. 黑山乡村旅游发展计划 2019—2021 年

(四) 其他相关计划

欧洲绿色交易投资计划 2021—2030 年

二、中国和黑山推进旅游合作回顾

在 2010 年上海世博会上,黑山曾以单独展馆形式参加,并且成功吸引数量可观的游客。2017 年 4 月 15 日起,黑山对中国游客推出签证便利化政策,凭黑山法人实体开具的邀请函,可免签进入、过境黑山并停留不超过 30 天;持普通(因私)护照的中国公民,凭相关证明,以旅游团组方式集体出行,可免签进入、过境黑山并停留不超过 30 天。2017 年 5 月,中国政府与黑山政府签署政府间"一带一路"合作谅解备忘录。此后,黑山旅游热度升高,中国公民赴黑山旅游人数增长较快。

2018 年 11 月 29 日,黑山共和国驻华大使达尔科·帕约维奇作客中国网《"一带一路"大使访谈》节目,他提到:"旅游业是黑山的支柱产业,我们每年都接待来自世界各地的游客,也希望能有更多中国游客到黑山旅游。"

7月13日是黑山共和国的国庆日,中国网《"一带一路"发展访谈》节目专访了国际人士、黑山卢什蒂察开发股份公司高级市场主管斯拉维察·米利奇,她向中国网民介绍了文化和旅游交流在促进两国民心相通中的作用,她认为旅游是把两国连接起来的自然纽带,虽然中国与黑山有很大的差异,但是两国有很多共同之处,两国人民都是非常自豪的民族,有丰富的文化和强烈的民族认同,两国在很多事务上都能找到共同基础。

三、浙江省和黑山旅游合作的推进

1. 《宁波市旅游国际化行动方案》

2018年12月5日,宁波市人民政府办公厅印发《宁波市旅游国际化行动方案》,方案提出,要把宁波打造成海上丝路文化旅游名城、中国与中东欧国家旅游合作交流门户、国际知名商务会奖旅游高地,要使"海丝古港·微笑宁波"的旅游国际化形象更加鲜明,基本建成具有较高知名度和美誉度的"国际性休闲旅游目的地"。

2. 宁波"百团千人游中东欧"大型惠民活动

2015年6月,宁波市政府为推进宁波市和中东欧国家之间的经贸文化旅游往来,组织了一系列旅游双向促进活动。2015中国(宁波)—中东欧国家旅游合作交流会启动了"宁波百团千人游中东欧"活动。掀起了宁波市民前往中东欧的旅游热潮,该活动涵盖了中东欧各国与宁波结对的友好合作城市。

3. 开通新线路、提高入境便利化水平

2015年宁波市政府设立1 000万元专项资金,鼓励旅游企业开辟中东欧新线路,扶助企业利用中东欧展会推介宁波,加大宁波在中东欧的宣传推广力度。2016年6月,在第二届中国—中东欧国家投资贸易博览会期间,宁波机场开通了直飞匈牙利布达佩斯的客运包机航班,2017年和2021年开通了直飞捷克布拉格、匈牙利布达佩斯的货运航线,成为长三角地区赴中东欧国家客源进出的集聚地和主要旅游进出口岸。

4. 中东欧国家旅游合作交流会

中国(宁波)—中东欧国家旅游合作交流会是中国—中东欧国家投资贸易博览会人文交流板块的重要组成部分。在2015年6月举办的交流会上,有黑山、斯洛文尼亚、波兰、匈牙利、克罗地亚、斯洛伐克、拉脱维亚、保加利亚、捷克、阿尔巴尼亚、塞尔维亚等11个中东欧国家推介当地的美丽风光。在 2020 年举办的交流会上，中国与中东欧国度互相推介旅游资源，共签约 26 个国际化旅游项目，总额近 800 亿元。

5. 中国（宁波）—中东欧国家旅游合作交流周

2015 年以后，宁波连续组织开展中国（宁波）—中东欧国家旅游合作交流周活动，积极开展与中东欧各国的旅游合作。在 2017 年交流周上，举办了"听宁波讲故事"—中东欧国家旅游推介冷餐会，吸引了四海宾客。

6. 浙东南中东欧双向旅游推广联盟

2018 年 6 月，在中国（宁波）—中东欧旅游合作交流会上，浙东南中东欧双向旅游推广联盟成立。宁波、温州、绍兴、台州、舟山五城市携手合作，共同开展与中东欧国家的旅游合作。加入推广联盟的有宁波的国旅、飞扬、中青旅、省中旅宁波分社、康泰和宁波中青旅 6 家旅行社，以及温州国旅、绍兴国旅、舟山海中洲和台州的华夏、假日等旅行社。五城市的旅行社形成联盟后，将改变以往从宁波旅行社拿单、做转手业务的模式，做大浙江人游中东欧的市场蛋糕，扩大中国（宁波）—中东欧国家旅游合作的品牌影响力。以往，中东欧国家客商和游客来浙江省多从上海市和北京市中转，推广联盟成立后计划推出优惠措施，推动中东欧客人直接从宁波或温州入境，再输送到浙江省乃至长三角。

7. 特色文旅活动

2023 年 5 月，在中国—中东欧国家博览会暨国际消费品博览会期间，宁波市举办了一系列的文旅惠民活动。"舌尖上的相遇——中东欧美食与'味美浙江·百县千碗'"活动吸引大量宁波市民和游客品尝美食。宁波老外滩滨江外马路区域设置百余个展位，举办中东欧与"诗画浙江·百县千碗"美食品鉴和商品展销、中东欧国际美食邀请赛、中东欧农市集产品展销、中东欧咖啡红酒生活节，以及布拉格之夏·捷克啤酒美食节等活动，同时，外交官厨艺直播、"邂逅·艺术风情"演绎交流、欧洲古典油画展、"舌尖上的相遇"数智化体验、中东欧国家网红直播推介活动也同步上演。

四、浙江省和黑山旅游合作的展望

中国—中东欧国家合作机制建立以来，中国与中东欧国家的经贸合作、人文交流和双向投资都在不断深化，在这个过程中，有更多的中国老百姓认识了中东欧,也喜欢上了中东欧,这是中国与中东欧深化旅游合作的重要基础。目前,浙江省与黑山的旅游合作形式比较单一,主要是旅行社组织中国游客前往黑山观光旅游。浙江省和黑山之间尚未开展旅游投资合作,黑山旅游资源丰富,旅游产品的美誉度正在上升,两地区在资源领域的合作潜力正在积累。随着中国与黑山两国间互联互通的深化,未来浙江也会与黑山相关企业在旅游产品联合开发、营销合作以及资源共享等方面逐步提升合作的深度和广度。

第五节
企业案例

中东欧之家——商品旅游及文化交流的综合载体

"中东欧之家"是一个专注于中东欧市场的综合性服务平台,总部设在宁波市,成立于 2020 年 9 月,隶属于宁波祥淼科技有限公司。宁波祥淼科技是一家中外合资贸易公司,公司成立于 2018 年,成立之初主要经营特斯拉系列产品,公司于成立当年经塞尔维亚驻华大使馆、特斯拉科学院和塞尔维亚工商会授权,在宁波国际会展中心设立了特斯拉塞尔维亚国家馆。"中东欧之家"的成立得到了浙江省政府商务厅、省统战部、省侨联、宁波市政府、国际贸易促进会等相关部门的大力支持和高度认可,其目标是要通过商业综合体实体化运作,向全国各地输出中东欧特色元素,开辟中东欧商品国内市场,推进双边文旅交流,目前已成为中国—中东欧国家务实合作的一张闪亮名片。

"中东欧之家"致力于发展中国与中东欧之间的各类商品贸易以及旅游服务,涉及内容广泛,它开展的商业和文化交流活动使更多的中国人了解了中东欧国家,也为这些国家打开了一扇了解中国的窗口。传统的商业模式下的进出口贸易和旅游服务往往是分开运营的,两者的关联度没有得到应有的重视。在商务运作过程中,这两种业务如能得到有机结合,则可以相辅相成,实现 $1+1>2$ 的效果。因此,讲好中东欧故事,传递中东欧文化成为了"中东欧之家"重点聚焦的领域。

宁波"中东欧之家"并不是简单地将东欧国家进口商品汇集和销售,

它立足市场需求,将跨境旅游和跨境商品有机结合,并推动两者互相促进,它以"商品馆+"多元模式运行,每一个"中东欧之家"都是"进口商品馆+咖啡馆+旅行社"的复合载体,集商品展销、旅游推介、文化体验于一身,成为三大相关业务的综合体,是中东欧文化传播的新舞台,也是一种新零售模式。目前,国内还少有类似的商业模式,在共建"一带一路"和深化合作共赢的时代背景下,这种模式具有广阔的发展前景。

对于中东欧地区的旅游优势,"中东欧之家"总体将其归纳为三大方面。第一是免签优势:自2017年2月9日塞尔维亚施行对华全面免签之后,波黑、阿尔巴尼亚、黑山陆续对华免签或放开签证政策,"说走就走的旅行"对中国游客来说已成为现实。第二是直航优势:目前北京市、天津市、上海市、重庆市等地均已开通与中东欧国家的直飞航班。第三则是网红优势:近年来,匈牙利、塞尔维亚等中东欧国家给国内留下深刻印象,成为了大家眼中的网红国家。更重要的是,10年来,中国—中东欧国家合作机制不断深化,经贸合作、人文交流、双向投资等领域齐头并进,让更多的中国老百姓认识了中东欧,喜欢上中东欧,这对于中东欧旅游业发展有极大的推动作用。

2023年新冠疫情后,"中东欧之家"通过进博会、糖酒会、咖啡展等大型专业展会让更多的人了解了中东欧和中东欧的文化,中东欧各国的商品在中国得到推介,对推进中国与中东欧国家的贸易往来及互惠互利发展起到切实的作用。"中东欧之家"通过举办各类文化交流活动推动商务合作,其中咖啡师挑战赛别具一格。"中东欧杯"咖啡师挑战赛不仅是技艺比拼,也是一场中东欧国家与中国之间的咖啡文化盛会。比赛期间,两国的选手们展示各自的高超技艺,现场还有来自中东欧国家的外国友人观摩比赛,与参赛选手交流,分享中东欧国家的咖啡文化,同时邀请中国选手们去中东欧国家交流比赛。咖啡成了中国与中东欧国家之间文化交流和增进友谊的桥梁和纽带。"中东欧之家"在这种"先了解国家后推广"的场景化销售模式下,以宁波总部为样板,在杭州、武汉、福州、西双版纳、三亚等城市又陆续设立了20余家"中东欧之家",预计2023年将在全国设立60个"中东欧之家"站点,让中东欧的概念走进千家万户。

在黑山贸易领域方面,"中东欧之家"计划大量进口黑山威尔娜红酒,之后将考虑是否获取该酒在中国的总代理权。在黑山旅游业务开拓方面,"中东欧之家"针对黑山旅游资源及我国游客特点,将黑山与塞尔维亚等其他中东欧国家的旅游线路相融合,不断推陈出新,设计出富有吸引力的旅游产品,并通过旅行社、"中东欧之家"门店、微信公众号、微博等各类线上线下渠道,向中国旅游爱好者推介与黑山有关的旅游攻略、特色商品和文化活动。

第十一章

黑山的农业发展

黑山是农业资源相对富裕的国家,全国农业用地约为51.06万公顷,占其国土总面积的37.4%。其中,可耕地面积为18.91万公顷,播种面积为3.25万公顷。黑山优越的农业自然生态条件得益于其独特的地理位置和气候类型。近年来,该国的肉制品、奶制品、蜂蜜、葡萄酒和矿泉水等农产品在国际市场上高的美誉度持续上升。

第一节
黑山的农业资源与条件

一、农业自然条件

黑山地区地形复杂,包括高山、丘陵、盆地和岩溶高原等地形地貌,在洋流、大型水域、海拔等作用下,即使是很小的区域,也会有自己特定的气候特征。因此,尽管国土面积狭小,黑山却拥有多种气候类型、亚型和变种,这种情况在世界上非常少见。黑山有地中海、亚地中海、大陆性气候及其变种、季风气候等,不同的气候条件对农业生产产生不同的影响,从而形成各地的特色农业。在沿海地区为地中海气候,最具代表性的作物是橄榄、柑橘等热带水果；中部地区的农庄主要生产水果、蔬菜、肉类和奶蛋制品；在喀斯特地貌地区，土层较薄，土壤贫瘠，主要作物是马铃薯，牧场以养羊业为主。

黑山降水量分布不均，内陆地区年降水量只有135—800毫米，海岸线地区在120—1 940毫米之间，中部地区高达4 500毫米。河流湖泊众多，水资源丰富，天然湖泊数目约为40个。黑山境内多山，人口稀少，土壤与河流很少受到污染，农副产品品质高，但生产成本相对较高。黑山是世界上第一个宣布自己为生态国家的地区，关于生态国家的规定曾被写入1992年黑山宪法。黑山是高级别的自然生态栖息地，有超过5 000种草药，其中200种属于地方品种。

二、农业用地

黑山总面积为13 812平方千米，其中土地面积为13 450平方千米，水域面积360平方千米。自2006年黑山独立至2012年，黑山的农业用地一直维持在5 000平方千米的水平，农业用地在土地面积的占比约为38%，2013年农业用地急剧下降至2 200平方千米，之后稍有上升，近年来维持在2 600平方千米的水平，2020年黑山的农业用地占土地面积的19.18%，如表11.1所示。农业用地以牧场为主，可耕种面积占比仅为2.7%，永久性牧场占94%，永久性作物面积占2.2%。由于可耕种用地稀缺，黑山每年需要进口粮食与蔬菜水果。

表11.1　　　　　　2012—2020年黑山农业用地变动　　　　单位：平方千米,%

年份	农业用地面积	农业用地在土地面积占比
2012	5 130	38.14
2013	2 231.3	16.58
2014	2 303.2	17.12
2015	2 314	17.2
2016	2 557	19.01
2017	2 563	19.05
2018	2 568	19.09
2019	2 570	19.1
2020	2 579.5	19.18

数据来源：世界银行。

黑山最肥沃的土地主要分布于河谷、喀斯特山谷和高原。全国大约有6%的土壤具有中高等级的土地肥力，95%的土壤呈天壤酸性。黑山有65%的土地坡度超过10°，有28%的土地坡度在5°—10°，这些坡地主要用作草地和牧场，而只有7%的土地坡度小于5°，坡度小于5°的土地才适于规模种植和集约经营，因此，在黑山很难看到欧洲集约式大农场，黑山的农场普遍规模较小。黑山人口稀少，山区多，大部分土地未被过度开垦，土壤保持天然肥力、受污染程度低。该国环境部的一份土壤抽检报告显示，在所有样本中，农药使用和化学品均未超标。因此，黑山有机农产品的开发具有较高的市场前景，目前，其农副产品出口多定位于高品质商品。

三、农业人口

根据黑山2011年人口普查数据显示，该国平均每平方千米仅有44.6人，人口密度很低，如果一个社区的人口密度低于每平方千米150人，则该社区被视为农村社区，如果人口密度超过每平方千米150人，则该社区被视为城市。如果将黑山看作一个整体，采用平均人口密度来看，那么黑山整个国家都可能被当作农村地区，因此，黑山的农业人口需要分区讨论。按照经合组织（OECD）的方法，一国可以被划分为3个地区：（1）以农村为主的地区（有50%以上的人口居住在农村社区）；（2）中间地区（有15%到50%的人口居住在农村社区）；（3）以城市为主的地区（不到15%的人口居住在农村社区）。

黑山的3个地区（北部、中部和沿海）中，北部地区有15个城市属于以农村为主的地区（59.7%的人口居住在农村当地社区），而沿海地区（41.7%）和中部地区（20.4%）属于中间区域，如表11.2所示。

表11.2　　　　　　黑山各区域的农业人口数　　　　　　单位：人,%

地区	总人口	城市		农村	
		人口	占比	人口	占比
沿海地区	148 683	86 707	58.3	61 976	41.7
中间地区	293 509	233 640	79.6	59 869	20.4
北部地区	177 837	71 673	40.3	106 164	59.7
总计	620 029	392 020	63.2	288 009	36.8

数据来源：黑山国家统计局2011年人口普查。

从就业结构来看，根据国际劳工组织数据，2021年黑山农业人口占总人口的31%，农业就业人数占总就业人数的7.36%。

四、主要农业产区

黑山地理复杂，适合发展多样化农业。黑山多山、平原少、人口稀少，独特的自然条件和财产关系，造成黑山农场以家庭式的小型农场为主，这成了农业发展的主要限制因素。黑山可以划分为5个特色农业产区。

1. 黑山沿海地区

该地区面积为2万公顷，占黑山领土的11.5%，占农业用地总面积的9.8%。主要由低地和冲积侵蚀而成的土壤、丘陵和低地的石化山体组成。该地区的平原地带适于种植亚热带水果、橄榄以及田间作物；丘陵地区适合小型反刍动物育种，盛产蜂蜜、药草和野生水果。

2. 波德戈里察和达尼洛夫格勒地区

这里包括泽塔和灰岩盆地，海拔约为200米，是黑山主要的低地地区，占黑山全部领土的14%，占农业用地总面积的15.3%。该地区横穿冲积平原和沼泽土壤区域，适合种植蔬菜、水果、葡萄和发展畜牧业等多种类型的生产活动，农庄多采用多样化生产。

3. 喀斯特地区

喀斯特地貌地区主要位于黑山中部，海拔在700—800米之间，包括采蒂涅和尼克希奇等城市。该地区的耕地面积很小，仅占该地区的8%。喀斯特地貌导致水资源难以滞留在地表，水通过下渗进入地下水系统中，造成地表缺水干旱等问题，这种环境会影响农作物产量。喀斯特地貌地区适合发展畜牧业（山羊、绵羊和牛）和养蜂业，山羊养殖尤为适合。

4. 中部和北部山区

中部和北部山区是黑山面积最大的地区，约占总面积的32.5%，占农业用地总面积的35%。该区域特点是高原地貌，土壤颜色深，植被生长周期短，冬季积雪，秋春季会发生霜冻。山区有大面积的草甸和牧场，适合种植玉米和马铃薯，这里还有许多天然和人工草坪，适合夏季放牧养殖。

5. 峡谷地区

峡谷地区占黑山领土的20.5%，占农业用地总面积的25%，包括利姆河和伊比尔峡谷，以耕地为主，本地区耕地占总耕地面积的 32.9%。耕地主要由河岸梯田和湖泊沉积土地组成，气候和灌溉条件对农业生产较为适宜。该地区土壤由低地沉积物构成，呈棕色。该地区蔬菜和水果的种植及畜牧业都发展良好。

第二节
黑山农业的发展

黑山第一产业包括农业（含种植业和畜牧业）、林业和渔业，在国家战略中是优先发展的部门。近年来，随着黑山旅游业、地产、建筑等产业的发展，农林渔业在经济中的作用逐步下降。尽管如此，该部门仍然是黑山大部分地区居民的主要收入来源，黑山大约有 50 000 个家庭（近 1/4 的家庭）的收入部分或全部来自农林渔业，这些家庭人口大多以非正规就业的形式谋生。

一、农林渔业规模

因黑山地形独特，长期以来有相当一部分农业用地未得到开垦或充分利用，黑山政府近年来扩大农业投资，对农业生产、加工和销售进行现代化改造，通过融资等手段改善农村基础设施，农业规模逐年提高。2012年，黑山农林渔业产值、中间消费值、增加值分别为 3.93 亿欧元、1.56 亿欧元和 2.37 亿欧元，到了 2021 年，这 3 个指标分别增长到 5.45 亿欧元、2.25 亿欧元和 3.20 亿欧元，如表 11.3 和图 11.1 所示。在 2012—2021 年这 10 年间，黑山农林渔业增加值平均每年增长 3.48%。

表 11.3　　　　2012—2021 年黑山农林渔业规模　　　　单位：千欧元

年份	农林渔业产值	农林渔中间消费	农林渔业增加值
2012	393 467	156 368	237 098
2013	436 986	166 822	270 164
2014	451 061	170 975	280 086
2015	483 662	189 065	294 597

续表

年份	农林渔业产值	农林渔中间消费	农林渔业增加值
2016	476 353	181 043	295 310
2017	483 654	189 000	294 655
2018	515 240	201 307	313 933
2019	519 596	203 055	316 541
2020	515 578	199 364	316 214
2021	545 803	225 629	320 174

数据来源：黑山国家统计局。

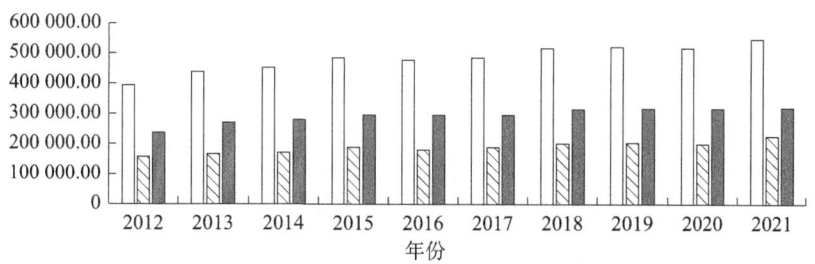

图11.1　2012—2021年黑山农林渔业规模（千欧元）

资料来源：黑山国家统计局。

表11.4显示了历年黑山农林渔业增加值在GDP的占比情况。2012年、2019年和2021年，黑山农林渔业增加值在GDP中的比重分别是7.5%、6.4%和6.5%。近10年，黑山农林渔业增加值在GDP的比重平均为7.3%，农林渔业增加值年平均增长率为3.48%，低于GDP的年平均增长5.41%的水平。

表11.4　2012—2021年黑山农林渔业在经济中的比重　单位：千欧元,%

年份	农林渔业增加值	GDP（按现价）	农林渔业增加值比重
2012	237 098	3 181 477	7.5
2013	270 164	3 362 481	8.0
2014	280 086	3 457 922	8.1
2015	294 597	3 654 512	8.1
2016	295 310	3 954 212	7.5
2017	294 655	4 299 091	6.9
2018	313 933	4 663 130	6.7
2019	316 541	4 950 717	6.4
2020	316 214	4 185 553	7.6
2021	320 174	4 955 116	6.5

数据来源：黑山国家统计局。

根据世界银行统计数据显示（见表11.5），2021年，黑山农业对经济的贡献率高于塞尔维亚和波黑，低于北马其顿和阿尔巴尼亚，远低于欧盟1.62%的水平，这说明黑山农业化发展远低于欧盟平均水平。当年，黑山人均农业增加值为21 575美元，远高于北马其顿、塞尔维亚和波黑等其他西巴尔干国家，但与欧盟相比还有一些差距。

表11.5　　　　　　　　2021年黑山生产水平及对比　　　　　　单位：美元，%

国家	人均农业增加值 （2015年不变价格）	农业增加值占 GDP比重	农业从业人数在全部 就业人口中的占比
黑山	21 575	6.5	7.15
欧盟	28 741	1.62	4.37
北马其顿	6 709	8.05	13.92
塞尔维亚	6 936	5.95	15.61
波黑	5 954	5.60	17.96
阿尔巴尼亚	5 600	18.47	36.42

数据来源：世界银行①。

二、黑山农场的规模

截至2021年初，黑山约有13 900个注册农场，这些注册农场可向农林水管理部（MAFWM）申请预算支持，其余未注册的农场，其生产仅限于自用，不享受国家补贴。与其他欧洲国家相比，黑山农场规模较小，据黑山国家统计局2016年农场结构调查数据显示，如表11.6所示，黑山农场平均土地面积为5.84公顷，平均每户就业人数为2.27人。农业用地非常分散，约58%的农场土地面积不超过2公顷，50公顷以上的农场数仅占2%，如表11.7所示。根据黑山国家统计局数据，在黑山大大小小的43 791个农场中，有71%（31 260户）或多或少从事畜牧生产。

表11.6　　　　　　　　黑山农业经营户规模情况　　　　　　单位：户，公顷，人

农户数	农业用地总面积	平均每户用地面积	农场就业人数	平均每户人数
43 791	255 845.8	5.84	99 236	2.27

数据来源：黑山国家统计局2016年农场结构调查。

---

① 此处"农业"包含农（农牧）、林、渔业。

表 11.7　　　　　　　　黑山农场规模分类情况　　　　　　单位：公顷，户，%

农场规模	农户数	占比
无土地	311	0.71
小于 0.10	1 560	3.56
0.10—0.50	10 590	24.18
0.50—1.00	5 815	13.28
1.00—2.00	7 363	16.81
2.00—3.00	3 895	8.89
3.00—4.00	2 511	5.73
4.00—5.00	1 600	3.65
5.00—6.00	1 462	3.34
6.00—8.00	2 164	4.94
8.00—10.00	1 082	2.47
10.00—15.00	1 584	3.62
15.00—20.00	1 042	2.38
20.00—30.00	1 029	2.35
30.00—50.00	900	2.06
50.00—100.00	587	1.34
大于 100.00	296	0.68
合计	43791	100

数据来源：黑山国家统计局2016年农场结构调查、相关测算。

黑山农场大多数由家庭经营，规模小，生产效率相对较低，导致黑山的农业资源难以充分利用，农业生产成本高于欧盟国家一般水平，影响其产品在国际市场上的竞争力。农产品（含农作物和畜产品）的标准产出（SO），是按农场交货价格计算的农业产出的平均货币价值。表 11.8 反映了黑山农场的标准产出情况，有99%的农场每公顷标准产出不足15 000欧元，远低于欧盟平均水平。

表 11.8　　　　　　　黑山农场标准产出分类情况　　　　　　单位：欧元，户，%

标准产出（SO）	农场数	占比
小于 2 000	31 579	64.62
2 000—3 999	9 527	19.5
4 000—7 999	5 281	10.81
8 000—14 999	1 837	3.76

续表

标准产出（SO）	农场数	占比
15 000—24 999	443	0.91
25 000—49 999	146	0.3
50 000—99 999	42	0.09
100 000—249 999	10	0.02
250 000—499 999	1	0
大于 500 000	2	0

数据来源：根据黑山国家统计局 2010 农业普查、相关测算。

三、主要农产品

（一）农产品

黑山农产品品种不多，主要为小麦、大麦、玉米、土豆、葡萄、李子和橄榄；主要畜类品种为牛、羊、山羊、猪、马等。相对于人口，谷物产量很低，无法满足粮食需求，畜牧业相对发达，重要的农产品是牛肉、羊肉和山羊奶。2021 年，黑山橄榄产量为 411.7 吨，共有牛 7.12 万头、绵羊 16.59 万头，如表 11.9 所示。

表 11.9　　2021 年黑山农产品产量　　单位：吨，万头/万羽

农产品	产量	畜、禽类	数量
小麦	2 055.2	牛	7.12
大麦	872	绵羊	16.59
玉米	2 631.4	山羊	2.9
土豆	27 546.8	猪	2.43
李子	1 228.6	马	0.36
橄榄	411.7	家禽	59.68

数据来源：黑山国家统计局。

1. 水果

根据黑山国家统计局 2016 年农场结构调查数据，黑山的农业用地总量为 255 845.8 公顷，可耕地 14 512 公顷，其中约有 2 551 公顷耕地用于种植水果，占耕地面积的 17%。黑山每年生产约 20 000—30 000 吨水果，主要水果品种是李子、苹果、桃子、梨和柑橘，平均产量每年增长 6.8%。

李子和苹果的水果产量最大，两种水果合计约占水果总产量的80%左右。70%以上的水果种植区位于北部地区，亚热带水果（如柑橘、石榴、无花果）主要在沿海地区种植。

2. 蔬菜

黑山蔬菜种植面积约为3 800公顷，是耕地面积的28%。近10年的蔬菜产量约7.2万吨，年均增长4%。黑山本国生产的蔬菜总产量中，土豆、洋葱、胡萝卜、卷心菜和豆类等不易腐烂的蔬菜占59%，易腐烂蔬菜占41%，种植区域主要位于中部地区和沿海地区。种植区域在黑山进口蔬菜中，不易腐烂的蔬菜占42%，易腐烂蔬菜占58%。

3. 橄榄与橄榄油

黑山橄榄种植的规模普遍很小，注册登记的橄榄种植户有616家，平均每户拥有橄榄树林面积0.42公顷，其中有409家种植户的种植面积低于0.5公顷，只有9家种植户拥有超过3公顷的橄榄园，最大的橄榄园面积为4.87公顷。黑山橄榄种植户的平均产量非常低，每公顷产量在2—3吨。黑山橄榄树普遍树龄较高，由于生产技术管理不规范，橄榄年产量不稳定，歉收年份年产量只有300吨，2012年是最高产年份，当年产量为2 600吨。黑山出产的橄榄有90%加工成橄榄油，少部分制成罐头供家庭使用。目前，黑山有8家注册登记橄榄油厂，每小时的产能为250—500千克。

尽管产量不高，但黑山有橄榄种植的传统和文化。在黑山沿海地区，约有3 400公顷土地上种植着约500 000棵橄榄树，平均树龄超过200年，有些古老的橄榄园交通不便、人迹罕至，有些农庄有成片的古橄榄树林，如Valdanos农庄约有80 000棵橄榄树，Luštica农庄有约20 000棵橄榄树。黑山的橄榄园大多与旅游业结合，提供橄榄油品尝、橄榄园之旅、美食体验、纪念品制作等文旅项目。

4. 葡萄和葡萄酒

与法国、意大利等欧洲著名葡萄种植园相比，黑山葡萄园缺乏规模优势，但在巴尔干地区，黑山葡萄园具有优势。如表11.10所示，近年来，黑山葡萄种植面积增加了285.6公顷，每年增加近1%。到2019年，黑山葡萄种植园面积为2 991.5公顷，不仅扩大了产区，还增加了高品质葡萄的种植。

表 11.10　　　　　　　　黑山历年葡萄园面积　　　　　　　　单位：公顷

年份	2014	2015	2016	2017	2018	2019
葡萄园面积	2 847.4	2 852.1	2 976.8	2 966.3	2 954.5	2 991.5

数据来源：黑山国家统计局。

5. 畜牧及禽类产品

与其他欧洲国家相比，黑山牧场每公顷承载相对较小，为 0.53 头，欧盟国家每公顷的平均负荷为 0.8 头。牧牛场主要采用草场粗放育肥方式饲养，牛肉加工业主要集中位于北部地区。绵羊场主要位于高山地带，为羊肉、羊奶制品和羊毛的加工生产提供原料。黑山绵羊饲养的条件良好，但产量不高，且有下降的趋势，原因是在山地饲养绵羊的人越来越少，农户希望从山地牧场和粗放农业转向从事稳定农业，因此黑山羊肉进口增加。2020 年，黑山山羊饲养数量为 23 331 只，相关农场有 375 个。山羊属于黑山特产，相关市场需求不断增加。

黑山在猪肉生产中缺乏优势，但猪肉在黑山肉类消费中占比最高。黑山生猪产量小，差异大，总数量大约为 23 000—255 000 头。黑山对高品质猪肉有一定需求，主要用于制作传统风味火腿。

近 10 年来，黑山禽肉、禽蛋的生产和消费都在不断增长，总体而言，每年的进口量大于国内生产量。

6. 蜂蜜

黑山注册登记的养蜂人总数为 1 598 人，蜂箱数量为 65 398 个。根据黑山国家统计局的数据，2019 年蜂蜜产量为 604 吨。

7. 渔业

黑山渔业的规模非常小，但有巨大的增长潜力。亚得里亚海沿海渔区和斯库台湖等水域，是水产养殖和渔业捕捞的主要区域。2017—2019 年，海洋渔业捕捞的主要种类有沙丁鱼（占捕捞量的 26.2%），凤尾鱼（占捕捞量的 15.7%），金枪鱼（占捕捞量的 6.8%），竹笙鱼（占捕捞量的 5.5%），虾（占捕捞量的 3.7%）、无须鳕鲳鱼（占捕捞量的 3.9%）、鲳鱼（占捕捞量的 3.6%）。

黑山有 23 家海水养殖户，主要位于科托尔、新海尔采格和蒂瓦特这 3 个科托尔湾城市。养殖种类有鲈鱼、金头鲷、贻贝和牡蛎，其中贻贝养殖量占比最大，2018 年贻贝养殖量为 228 吨。

8. 木材

根据 2010 年黑山国家森林清查（NIS）的结果，森林和林地覆盖面积占全国总面积的 60%。森林木材总蓄积量为 1.33 亿立方米，其中 1.04 亿立方米的木材不在保护区内，可以采伐利用。黑山森林保护区面积 185 269.69 公顷，占领土面积的 13.41%，大部分位于黑山的 5 个国家公园内（杜米托尔国家公园、斯库台湖国家公园、洛夫琴国家公园、比奥格勒山国家公园、普罗克勒迪耶国家公园），其余部分分布在 40 多个保护区内。按林地面积计算，主要树种的比重是：山毛榉占 19.8%，云杉占 8.5%、冷杉占 4.1%。

（二）农副产品

黑山的农副产品以葡萄酒、肉制品、奶制品最为出名，这些产品具有产地特色，特色产品如尼克希奇啤酒、涅古什熏肉、塞尔米佩卡肉串、涅古什奶酪、皮瓦奶油等。

四、农产品贸易

黑山农业产量较低，谷物的产量几乎可以忽略不计，很大一部分农业生产价值来源于畜牧业，其中最重要的农产品是牛肉、羊肉和山羊奶。国内生产无法满足国内需求，旅游旺季期间尤其严重，因此黑山每年需进口大量水果、蔬菜等农产品。与其他国家相比，黑山对食品进出口依赖度高，2021 年，黑山进口食品占当年商品进口总额的 23.7%，是黑山最大的商品进口类别，远高于中国（8.13%）与欧盟平均水平（9.3%），也高于北马其顿、阿尔巴尼亚等其他西巴尔干国家；黑山食品在商品出口总额中的占比为 13.6%，也高于其他国家，如表 11.11 所示。

表 11.11　　　2021 年黑山与其他国家食品进出口比重及其对比　　　单位：%

国家	食品在商品进口总额占比	食品在商品出口总额占比
黑山	23.7	13.6
欧盟	9.3	10.0
北马其顿	9.5	8.7
阿尔巴尼亚	14.3	10.9
中国	8.13	2.29

数据来源：World Development Indicators。

食品是黑山重要的进口商品,2012—2021 年,黑山食品进口额在总进口额中的占比平均为 23.6%,食品出口额在总出口中的占比平均为 15.4%,农业原料在总出口中的占比平均为 8.3%,如表 11.12 所示。

表 11.12　2012—2021 年黑山食品和农业原料进出口比重　　单位:%

年份	食品在商品进口总额占比	食品在商品出口总额占比	农业原材料在商品进口总额占比	农业原材料在商品出口总额占比
2012	24.07	15.47	0.77	6.51
2013	25.31	14.95	0.77	6.63
2014	26.64	27.39	0.80	8.70
2015	25.04	16.97	0.68	10.55
2016	23.48	15.72	0.59	10.10
2017	22.66	12.88	0.53	8.20
2018	21.00	11.78	0.50	7.31
2019	21.93	11.99	0.73	8.30
2020	22.30	13.66	0.69	8.64
2021	23.65	13.55	0.64	8.47

数据来源:世界银行。

五、有机农业

有机农业是黑山重点发展的战略产业之一。黑山人口密度小,山地多,土地滥用情况少,很少使用矿物肥料,化肥使用量约比欧盟平均水平低 10 倍,这成为发展有机农业的重要优势。黑山独立前,在 2004 年就颁布过《有机法》,当前使用的《有机法》颁布于 2013 年。为了克服有机农场规模小、资源少、产量低等问题,黑山已在生产、研究、教育、咨询、营销和公众意识等方面采取了一些行动措施。黑山的有机认证机构只有一家,名为 Monteorganica,另有两家检测机构。

黑山的有机生产商有约有 92% 位于北部地区,其余约 8% 分布于中部和南部。根据黑山农林水管理部 2020 年发布的数据,黑山共有 423 家有机生产商登记注册,其中有 181 家生产商有许可证书。截至 2020 年底,黑山已认证有机农场面积为 306.33 公顷,另有 257.65 公顷处于过渡期(正在办理认证)。认证最多的农产品或农副产品包括苹果、土豆、苦莓汁和苹果汁。

六、农业发展 SWOT 分析

黑山大部分农场散布于交通不便的偏远山区，近年来，黑山通过市场改革、鼓励投资等手段，推进了现代化初级农业的生产和加工，改善了农村基础设施，多样化农村经济活动取得了进展。

1. 优势

黑山地理位置独特，气候多样，适合发展多种类别的农业生产。因为山地多，人口稀少，农村地区受工业化影响少，土地和水资源大多未被污染，土壤品质高，水土保持良好，许多农庄一直保留着传统的农业生产方式，农产品品质高，适合发展有机农业。政府已将农业纳入国家发展战略重点，近年来一直在进行市场改革，农业发展具有制度优势。

2. 劣势

黑山农业土地使用高度分散，农村居民受教育程度低，农场大多难以实现规模经营，其自然地理条件和传统的生产组织方式，也进一步阻碍了产业集聚的形成。农业生产的机械化水平低，大部分农产品缺乏价格优势。在农产品加工业，除葡萄酒和牛奶产业外，生产设备和技术总体相对陈旧且更新换代不足，影响了产品质量和标准化水平。

虽然黑山水资源丰富，但因地形和气候等原因，不少地区缺乏稳定水源，季节性因素影响农业灌溉，一些低地农田还存在排水系统的问题，导致农产品产量较低，供应的稳定性不足。

黑山国内市场容量小，产业竞争不足，在农产品储存、包装和营销能力方面都相对较弱。大部分农村地区基础设施薄弱，很多偏远山区的农产品难以进入更高一级的市场，限制了农产品贸易能力。

3. 机遇

黑山旅游业的快速发展提高了国内市场对高品质农产品的需求，黑山葡萄酒、羊肉等优势农产品的国际知名度正在提升，出口量增加。黑山的草原和牧场尚未被充分利用，现有耕地、果园占农业用地的比重不高，农业资源开发潜力得到了越来越多国际资本的关注，农业国际合作规模扩大，农业技术正在提升。

4. 危机

随着黑山加入欧盟进程的推进，黑山国内市场开放力度逐步加大，传统生产方式面临巨大的竞争压力；随着城市化进程的发展，黑山也面临着农村人口老龄化等问题。

第三节
黑山的葡萄酒产业发展

一、黑山葡萄酒产业基本情况

（一）黑山葡萄酒历史

黑山地理位置独特，拥有地中海和山区气候，结合当地水源及特色酿造技术，出产的葡萄酒口感独特。黑山的葡萄酒文化历史悠久，很多人认为黑山的酿酒历史早于法国和意大利等国，但尚无确凿证据。黑山与克罗地亚接壤，距希腊仅161千米，与意大利隔海相望，黑山的酿酒历史与这些国家有很大的关联。比如，意大利的普里米蒂沃和美国的金粉黛等就是起源于克罗地亚和黑山地区的葡萄品种。葡萄酒是黑山传统文化的一部分，在黑山的许多教堂和修道院里都能找到葡萄酒藏品，有不少教堂和修道院有自己的葡萄园，并自产葡萄酒。

19世纪开始，黑山葡萄酒得到外界注意。近代黑山葡萄酒产量大幅度提升，始于黑山国王尼古拉一世（1860年—1910年在位）统治时期，后来成为黑山国王，也是黑山唯一一任国王（1910年—1918年在位）。1890年，当时还是黑山大公的尼古拉一世颁布命令，规定每个想要结婚的成年男子必须先在自己的葡萄园种植200棵以上葡萄树才能结婚，种植2 000棵葡萄树的人能获得更多资源，并能免税。进入21世纪以后，黑山葡萄酒的国际知名度开始提高。目前，黑山很少酿制普里米蒂沃或金粉黛葡萄酒，近年来黑山最常见的葡萄酒品种是威尔娜。

（二）葡萄酒的主要品种

1. 黑山本土品种

黑山本土葡萄品种主要用于酿造红葡萄酒，威尔娜和克拉托斯佳是酿造红葡萄酒的主要品种。威尔娜是黑山种植最多的本土葡萄，威尔娜葡萄酒占国内葡萄酒产量的70%以上，威尔娜原意是黑马，威尔娜葡萄表皮较厚呈黑色，酿制的酒呈深红色，口味浓郁，酒精含量高，有黑莓、薄荷和樱桃等多种香型，陈年的威尔娜酒还带有肉桂、橡树皮和香草的味道，黑山人喜欢在品尝威尔娜的时候搭配当地产的熏肉和腌肉。其他红葡萄酒品种还有波尔多红葡萄酒、西拉、桑娇维塞等。

黑山白葡萄酒本土品种主要是克尔斯塔奇和齐泽克。克尔斯塔奇是黑山最著名、种植最广泛的白葡萄品种，克尔斯塔奇葡萄酒通常是干型的，呈淡黄色，口感清爽，常表现出柑橘香或淡淡的青苹果和花香。

2. 国际品种

黑山葡萄酒产区也生产少量国际品种的白葡萄酒，如霞多丽、赤霞珠、梅洛、霞多丽、马瑟兰、马尔瓦西亚等品种。

（三）葡萄酒产区

黑山总共有约4 300公顷的葡萄园，根据黑山农林水管理部（MAFWM）的数据，黑山有313个葡萄园登记注册，大小葡萄园并存，黑山葡萄园的平均面积很小，只有0.51公顷。未注册登记的葡萄园数量可达三四千个。黑山主要有两个葡萄主产区，最大的产区位于斯库台湖周围，第二大产区位于亚得里亚海沿岸地区。

1. 斯库台湖葡萄酒产区

该产区是黑山最大的葡萄酒产区，有波德戈里察、克姆尼察和里耶卡·切尔诺耶维察等子产区。克姆尼察子产区知名产品是威尔娜等红葡萄酒。西莫夫斯卡·波列葡萄园是黑山最大的葡萄种植园。斯库台湖产区除了大葡萄园、大酒庄，也有很多家庭经营的小型酿酒厂。

2. 亚得里亚海沿岸葡萄酒产区

该产区位于亚得里亚海沿岸区域，有布德瓦、巴尔、新海尔采格和乌尔齐尼地区等子产区。沿海产区土地肥沃，气候独特，除了红葡萄酒，也出品一些白葡萄酒，在沿海酒庄，葡萄酒、开胃菜和山海景色相辅相成，给游客特别的体验。

（四）黑山的葡萄酒庄

黑山现有120多家酿酒厂，遍及黑山各地，既有巨型酒企，也有小型家庭酒厂，由于气候条件各异，许多酒厂的产品风味独特。黑山酒庄往往提供旅游服务，游客可以参观庄园和酒窖，品尝美食，体验当地风光。

帕朗达宇酒庄创建于 1970 年，目前是黑山乃至东南欧最大的葡萄酒和白兰地生产企业之一。该公司的葡萄园，占黑山全部注册葡萄园面积的 90%，公司年产量为 89 411 百升，占黑山年平均葡萄酒产量的 95.32%。

西莫夫斯卡·波列葡萄园由帕朗达宇酒庄所有，位于波德戈里察东南部，该葡萄园建于 1963 年，占地 2 320 公顷，有 1 150 万棵葡萄树，是欧洲最大的葡萄园之一，葡萄园主要种植黑山本土威尔娜以及其他 20 多种葡萄酒品种，园区内提供游客参观游览服务。帕朗达宇酒庄拥有总容量为 3 300 万升的 3 个酒窖总容量为 3 300 万升、1 个砧木苗圃、1 座桃林、1 座年产 100 吨加州鳟鱼的鱼塘，还有商店和餐饮场所。该公司按照国际质量标准执行，每年生产约 2 200 万千克葡萄酒，产品大部分用于出口，每年向全球 35 个国家或地区出口 1 600 万瓶葡萄酒。

（五）葡萄酒文旅业

黑山受欢迎的葡萄酒类型包括红葡萄酒、白葡萄酒、桃红葡萄酒和起泡酒，也出品烈性白兰地拉基亚。黑山的许多酒庄，都提供品酒服务，同时向游客介绍传统美食，如腌肉、火腿、奶酪、面包和其他特色农产品，有些食物现场制作。在一些小型家族经营的酒庄，游客能亲身体验黑山人特色传统生活方式。

斯库台湖和沿海地带这两大葡萄酒产区本身风景优美，旅游胜地密集，葡萄酒旅游正在成为这些地区的重要旅游休闲项目，葡萄酒文旅活动的最佳时间是五月到十月。两条官方葡萄酒路线带领葡萄酒爱好者踏上了解当地特色的教育之旅。这些路线是 Crmica 葡萄酒之路和古老的 Dolcea 葡萄酒之路[①]。

二、黑山葡萄酒产业增长情况

（一）规模产量

葡萄园是黑山第三大农业用地类型，前两类是草甸和牧场、耕地。根据黑山国家统计局数据显示，2015—2020 年，葡萄园土地面积基本稳定，

---

① https://www.winetourism.com/wine-country/montenegro

2020年，葡萄园总面积为 2 888 公顷，葡萄园用地占农业土地总量的 1.12%，如表 11.13 所示。

表 11.13　　　　2015—2020 年黑山葡萄园土地规模　　　单位：公顷，%

年份	农业利用土地总量	葡萄园土地面积	占比
2015	231 405.4	2 708.0	1.17
2016	255 845.8	2 860.4	1.12
2017	256 361.2	2 850.0	1.11
2018	256 807.7	2 837.9	1.11
2019	257 469.6	2 880.0	1.12
2020	257 949.8	2 888.0	1.12

数据来源：黑山国家统计局。

如表 1.14 所示，2015—2020 年，黑山葡萄树总量小幅增长，2020 年，共有葡萄树 1 114.6 万棵，其中有 1 088.5 万棵葡萄树处于生产年龄，年产葡萄 2.27 万吨。黑山生态条件良好，葡萄树单株产量为 2 千克/株，属于适度偏低的水平，有益于生产优质葡萄和葡萄酒。

表 11.14　　　　2015—2020 年黑山葡萄酒生产规模及产量

单位：公顷，棵，吨，吨/公顷，千克/株

年份	总面积	生产面积	葡萄树总数	处于生产年龄的葡萄树数量	生产产量	每公顷生产产量	单株产量
2015	2 708.0	2 634.1	10 165 973	9 820 800	23 085.6	8.8	2.4
2016	2 860.4	2 781.9	10 924 332	11 010 517	28 925.4	10.4	2.6
2017	2 850.0	2 804.2	10 827 775	10 634 011	22 201.9	7.9	2.1
2018	2 837.9	2 790.2	10 835 527	10 629 873	24 440.6	8.8	2.3
2019	2 880.0	2 825.4	10 868 281.0	10 614 620.0	21 865.0	7.4	2.0
2020	2 888.0	2 831.9	11 146 120.0	10 884 796.0	22 711.1	7.5	2.0

数据来源：黑山国家统计局。

（二）出口规模

葡萄酒产业是黑山的支柱产业之一，2012—2021 年，黑山葡萄酒出口额平均每年为 1 661 万美元，2019 年，出口额为 1 523.4 万元，受新冠疫情影响，2020 年和 2021 年出口下降，如表 11.15 所示。黑山葡萄酒的主要出口市场为塞尔维亚、波斯尼亚黑塞哥维那、中国、阿尔巴尼亚、德国、克罗地亚、美国、加拿大、乌克兰等国。2021年，中国是黑山第三大葡萄酒出口市场。

表 11.15　　2012—2021年黑山葡萄酒出口额　　　　单位：万美元

年份	出口金额
2012	2 323.2
2013	1 753.1
2014	1 818.9
2015	1 723.2
2016	1 638.1
2017	1 570.7
2018	1 565.3
2019	1 523.4
2020	1 252.9
2021	1 445.2

数据来源：UNcomtrade。

（三）浙江省进口黑山葡萄酒的基本情况

浙江省是中国进口黑山葡萄酒额最高的省份，近年来，浙江省进口黑山葡萄酒金额在全国占比超过五成，2021年浙江省进口黑山葡萄酒101.65万美元，在全国占比达66%。浙江省已建立起各类黑山葡萄酒销售渠道，包括宁波的黑山国家馆、义乌国际商贸城进口馆等平台。

第四节
浙江省与黑山开展农业合作的展望

一、黑山农业国际合作开展情况

黑山农村人口占总人口的32%，在黑山最贫困的1/5人口中有58%居住在农村。近年来，黑山农业增长的目标是要从农产品净进口国转变为低成本、高质量农产品的出口国。为实现这一目标，黑山需要解决农业生态系统中的水土流失、洪水、干旱、农业污染风险等问题，相关计划的实施需要大量资金，因此黑山在农业领域接受国际合作，目前主要的国际政府间项目资金主要来自于联合国粮农组织、国际复兴开发银行（IBRD）、全球环境基金（GEF）、欧盟等。

二、中国开展国际农业合作的政策

"十三五"规划（2016—2020年）期间，中国农业农村部联合国家发展改革委、商务部、外交部等成员单位印发《农业对外合作规划（2016—2020）》《共同推进"一带一路"建设农业合作的愿景与行动》等文件，通过开展农业对外合作境外示范区和境内试验区建设、打造农业对外合作服务体系等，推动农业对外投资合作大幅增长，在丰富我国农产品来源、推动企业增强国际竞争力的同时，也为东道国增加就业岗位，贡献税收和外汇，带动当地粮食、经作、畜牧、农产品加工等产业发展，为改善当地农民生活、保障粮食安全作出重要贡献。

三、中国在国际农业合作领域的部分实践经验

1. 吉尔吉斯斯坦"亚洲之星"农业产业合作区

2011年河南贵友实业集团开始投资开发位于吉尔吉斯斯坦北部楚河州伊斯克拉镇的废弃企业园，建立了"亚洲之星"农业产业合作区，合作区总占地5.67平方千米，"亚洲之星"在被贵友集团收购前，已经停产约16年。"亚洲之星"项目分别获得商务部、财政部和农业部认定。

河南贵友采用"内引外联、组团发展，产业链条一体化"的发展模式，发展种植、养殖、屠宰加工、食品深加工等产业，为更多企业提供境外集群式发展平台，项目分三期进行规划建设。目前已有8家中国企业入驻合作区，完成了畜禽养殖、屠宰、加工、销售等一期项目建设。下一步，合作区计划进一步完善和开发牛羊屠宰生产线、食品深加工生产线、印刷包装、冷链物流等，以吸引更多企业入驻。

2. 中国—苏丹农业合作开发区

中国—苏丹农业合作开发区（以下简称"园区"）位于苏丹共和国格达立夫州，距离首都约260千米，园区规划面积2.2平方千米，是以农作物种植、加工、深加工以及农业科技、农资贸易、农机服务等为主的农业综合性园区，园区实施企业为山东省高速集团全资子公司—中国山东省对外经济技术合作集团有限公司（中国山东省国际经济技术合作有限公司）。

园区于 2012 年开始建设，截止 2019 年底，共有入区企业 7 家，生产棉花、花生、植物油等，累计完成投资 4 555 万美元，产值约 5 000 万美元。作为目前中国在苏丹投资额最大的非资源领域生产性合作区，成立至今一直得到苏丹政府的高度重视和大力支持，为振兴苏丹棉花产业起到了良好的带头和示范作用。联合国粮食计划署（WFP）2018 年把该项目列为 DAA（非洲人为非洲人做示范）项目试点，2020 年 1 月 17 日，中国驻苏丹使馆向项目实施公司颁发了"苏丹履行企业社会责任杰出贡献奖"。

四、浙江省在国际农业合作领域的基础

浙江省是农副产品贸易大省，对外合作是浙江省农业的重要特征之一，2021 年浙江省农副产品进出口总额 1 806.7 亿元，出口 762.6 亿元、进口 1 043.8 亿元；出口额约占全国的 1/10，相当于我省农林牧渔业总产值的 1/5。浙江省在深化农业国际交流合作，开拓"一带一路"沿线新兴市场，参与"一带一路"建设领域积累了丰富的经验。浙江省进出口农产品生产基地众多，农业对外合作交流平台丰富，相关平台包括中国国际茶博会、浙江省农博会、农业经济洽谈会、浙江省出口农产品网上交易会、浙江省网上农博会等，有能力成为推动中国和黑山农业合作交流的试验田。

2018 年，浙江省农业厅发布《浙江省农业对外合作发展规划（2018—2022）》（以下简称《规划》）。《规划》坚持走出去和引进来并举，大力培育浙江省农业对外合作大平台、大企业和大品牌，加快构建特色鲜明的产业体系、充满活力的"走出去"经营体系、多元稳定的农产品市场体系和健全完善的对外合作服务体系，推动形成浙江省农业全面对外合作新格局，着力打造农产品出口大省、农业"走出去"强省、开放型农业经济示范省。

五、浙江省与黑山开展国际合作的展望

浙江省与黑山农业合作主要限于贸易往来，两地区的农业开放合作应继续深化，构建贸易、投资、技术等多领域合作框架。

1. 推进农业贸易增长

浙江省是中国重要的农业产区，茶叶、蚕丝、柑橘、海鲜和竹制产品等在中国占有重要地位，绿茶产量占中国第一，蚕茧产量占中国第二，绸缎出口量占中国30%，柑桔产量中国第三，毛竹产量中国第一。黑山的主要农产品为葡萄酒、肉制品、木材等。中国内需市场对高品质葡萄酒的需求正在扩大，浙江省和黑山的农产品供给与需求结构具有互补性。未来，浙江省需进一步深化与黑山的双向农产品贸易合作，扩大黑山优质农产品的进口，同时也推动我国优质特色农产品走出去，进入黑山市场。

2. 促进农业双向投资

黑山有大量未受污染的肥沃土壤和高品质清洁水资源尚未被利用，其农业合作发展潜力巨大。浙江省的经济总量约为黑山的20倍，浙江省应以开放的态度，引进黑山优秀农业企业，助力浙江省企业走出去，充分利用黑山独特的要素资源，加大农业对外直接投资。

3. 开展农业科技合作及文化交流

黑山农业发展在农业现代化和信息技术领域存在短板，浙江省应立足于本省优势，开展农业科技合作，促进双方农业现代化的发展，为双方农业发展作贡献。

第十二章

黑山基础设施建设

第一节
黑山交通运输业的基本情况

一、黑山交通及运输发展背景

黑山公路总里程 7 353 千米，其中 1 850 千米为主干公路和区域公路，其余为地方道路。主干公路连接各大主要城市，一般有双向车道，少数路段有超车道，其余的区域和地方道路的设计标准较低。黑山从2015 年分期建设其第一条高速公路（南北高速公路），第一期优先段已通车。黑山的铁路网主要有 3 条铁路线组成，首都波德戈里察是铁路枢纽。黑山有 2 个国际机场，分别是波德戈里察机场和蒂瓦特机场。海运方面，黑山有巴尔港和科托尔港两大主要港口，巴尔港提供货运和客运服务，科托尔港主要从事游轮客运，其他港口有波德戈里察港、泽莱尼卡港等。

黑山交通基础设施长期存在设施陈旧和运力不足等问题，近年来黑山正在大规模建设公路和铁路网，并计划提升航空及海运系统，为其国际旅游和商贸增长提供支撑。黑山最重要的对外贸易伙伴是西巴尔干国家，主要包括塞尔维亚和其他中欧自由贸易区协定国家（阿尔巴尼亚、波斯尼亚和黑塞哥维那、马其顿等），塞尔维亚和黑山之间实现货物贸易自由化。2004年6月11日，黑山、克罗地亚、波斯尼亚和黑塞哥维那、马其顿、阿尔巴尼亚、塞尔维亚和科索沃以及欧盟委员会签订了"东南欧区域基础交通网络发展谅解备忘录（SEETO1备忘录）"。该备忘录的内容是合作开发东南欧多式联运基础区域运输网络的主、辅基础设施，完善政策并实现更快的发展。2017年，西巴尔干六国在的里雅斯特签署《建立运输共同体（西巴尔干地区）条约》。

西巴尔干互联互通与柏林进程关联紧密，黑山已通过柏林进程从欧盟获得多项资金用于交通建设项目投入。黑山已加入跨欧洲交通网络（TEN-T），与三个跨欧洲运输走廊关联紧密，包括地中海走廊、东方（中东）—东地中海走廊、莱茵—多瑙河走廊。近年来，黑山正在修订其交通技术标准、操作、安全、安保、管理等领域的相关法规，以逐步融入欧盟交通市场。

二、黑山的陆上交通

（一）公路交通

黑山西南沿海及中部平原地区交通系统相对发达，北部山区路况相对较差，区域交通发展差异与黑山地理条件、自然气候有关。黑山的公路基础设施尚未达到欧盟标准，公路质量和交通设施存在一定的短板。黑山秋冬季降水较多，大部分路段比较湿滑，北部山区许多路段会出现积雪冰冻，有些路段可能有岩石滑落等安全隐患，给过往车辆的安全带来威胁。在夏季旅游旺季（6—10月），由于来往车辆太多，去往沿海地区的路段常出现交通堵塞，对当地旅游业和货物运输带来压力。这些交通问题都会阻碍其旅游业、农业等战略产业的增长。

黑山的主干道和支线道路路面状况良好，大多为双车道，陡坡路段设有超车道，用以提高道路的通行能力和车辆的通行效率。该国山区道路盘旋曲折、部分路段坡度较大，在道路通行能力和交通安全等方面问题较多。在波德戈里察周围和海岸线沿线的路段，因地理特点，有些道路的通行效率不高，但道路结构和网络基本良好。

黑山近年来在道路交通方面发展较快。2010—2014年，路网计划投资总额为 1.93 亿欧元，实现投资 1.49 亿欧元。2015—2017 年，黑山路网的计划投资总额增加到 5.85 亿欧元，在此期间，南北高速公路优先路段开始建设。2017—2019 年，黑山计划了 14 个道路重建项目，总长度为 223 千米，预算约为 1.2 亿欧元。黑山在 2019 年之后继续推进高速公路网络建设，其中包括南北高速公路和亚得里亚海—爱奥尼亚沿海公路。

亚得里亚海—爱奥尼亚（1 号公路）沿海公路是东南欧和巴尔干地区的公路走廊，途径斯洛文尼亚、克罗地亚、波斯尼亚和黑塞哥维那、黑山、阿尔巴尼亚和希腊，将中欧和意大利北部连接起来。亚得里亚海—爱奥尼亚公路途径黑山的部分，长约 108 千米，建设项目包括各沿海城镇的绕行道路和维里吉大桥。

（二）铁路

黑山铁路网全长约 250 千米，其中有 225 千米实现电气化，大约 1/3 的铁路建于隧道中或高架桥上，平均每平方千米约有 18.4 千米铁路。由于山地多，黑山铁路网有 121 条隧道（总长 58 千米）、120 座桥梁、9 座廊道和 440 个涵洞。首都波德戈里察是黑山最重要的铁路枢纽，3 条铁路线都在该市交汇。

黑山共有 3 条铁路线，包括巴尔—贝尔格莱德铁路线、波德戈里察—尼克希奇铁路线，以及波德戈里察—斯库台铁路线，其中波德戈里察—斯库台铁路线只提供货运，其余 2 条线路提供客运与货运服务。巴尔—贝尔格莱德（塞尔维亚）铁路线是黑山铁路系统的主干线，这条铁路线全线电气化，拥有欧洲最高的铁路高架桥。波德戈里察—尼克希奇铁路线于 2006—2012 年实施了维修和电气化改造。波德戈里察—斯库台铁路线一直延伸到阿尔巴尼亚首都地拉那，该线目前只供货运使用，黑山计划重建该铁路线，增加客运服务。在 2006—2019 年期间，黑山已投资 1.231 亿欧元用于铁路基础设施的现代化改造，主要用于波德戈里察—尼克希奇线、巴尔—弗尔布尼察线的维修和改造。

（三）陆上客运和货运量

据黑山相关道路部门估计，未来几年黑山的客运和货运量将大幅增加。这一增长归因于外部（宏观经济）因素，包括黑山及其邻国的经济增长,以及铁路基础设施的改善和升级。这将为黑山的乘客提供更好的旅行体验,缩短旅途时间,提升运力和服务可靠性。

根据欧盟统计局数据,如表12.1所示,黑山近10年来陆上客运量提高较快,2011年公路客运里程数为80百万千米,2019年增长到114百万千米,2019年黑山铁路客运里程数为66百万千米,2020年和2021年受新冠疫情影响,客运量下降较大。2020年,黑山公路和铁路货运量分别为91百万吨千米和130百万吨千米。

表12.1　　　　　　黑山历年公路和铁路客货运里程数

单位:百万客千米,百万吨千米

年份	客运量		货运量	
	公路	铁路	公路	铁路
2011	80	—		
2019	114	66	—	—
2020	30	28	91	130
2021	32	—	112	—

数据来源:欧洲统计局。

三、水路运输

(一)海运部门

黑山最重要的港口是巴尔港和科托尔港,除此之外还有波德戈里察港、泽莱尼卡港等港口,这些港口在黑山的海运体系中起着重要的作用,为国际贸易和旅游业提供了重要的支持。

1. 巴尔港

巴尔港是黑山最重要的港口,位于黑山亚德里亚海沿岸西部边境,是一个多用途港口,设有独立的集装箱船、杂货船和游轮港口,码头长度为1 440米。该港口通过铁路与首都波德戈里察相连。巴尔港的货运码头可处理木材、散装矿石、液体货物、谷物和消费品等货物,也提供船舶修理、拖船、燃料船、汽艇、淡水与食品供应、医疗等多种服务。巴尔港的发展计划主要是扩建客运码头,延长岸线,以解决目前港口水深不足的问题,目标是未来能够接纳大中型客船、客货两用船及游轮。

巴尔港有两家航运公司,即巴尔港股份公司和阿德里亚港股份公司,两家公司毗邻。巴尔港股份公司是一家国有企业，经营散装、危险品、液体、滚装货物和客运转运相关的业务，阿德里亚港股份公司的基本业务是普通货物和集装箱的转运。

2. 科托尔港

科托尔港是地中海东部航线的重要枢纽，位于科托尔湾最深入之处，被誉为地中海地区最繁忙的旅游目的地之一。科托尔港的修建主要用于旅游业发展，港口距离市中心仅 100 米。科托尔湾游船码头共有 3 个泊位，其中 2 个用于大型游轮，另一个用于小型船只，整个港口和海上作业的总水域覆盖面积达 52 000 平方米。科托尔港的港口发展计划重点在于拓展旅游客运能力，提高船舶接收能力和安全性。

科托尔港多年来一直由科托尔港股份公司经营，该公司大部分资本归科托尔市所有，主要业务是邮轮旅行。

3. 船公司

黑山主要由 2 家船公司，即黑山海运公司与巴斯卡海运公司。黑山海运公司位于科托尔，为国有企业；巴斯卡海运公司位于巴尔港，大部分资产为国家所有。黑山从 2009 年开始提升其商业船舶，当年黑山海运公司通过中国保利公司与上海船厂有限公司签订了 2 艘 3.5 万吨散货船的建造合同，该合同是黑山独立后与中国签订的首个大型合作项目，也是中国政府首次向欧洲国家提供的政府优惠贷款项目，2 艘货船已于 2012 年交付使用。

（二）斯库台湖区域水路运输

斯库台湖是巴尔干地区最大的湖泊，长约 44 千米，中部宽约 13 千米，平均水深 5 米，面积范围在 350—510 平方千米之间，根据季节有所变化。斯库台湖区周边近年来面临人口外迁、经济活动衰退、沿海地区洪水频发、博亚纳河下沉等问题，湖区交通基础设施缺乏，道路通行能力不足。黑山计划在该地区建设维尔帕扎港，未来将维尔帕扎港与阿尔巴尼亚的港口相连，实现斯库台地区国际水路互通。

四、航空运输

黑山有波德戈里察机场和蒂瓦特机场两个国际机场。在贝拉内还有一座名为多拉克的机场，但用途十分有限，这座机场曾经是一个国际机场，拥有起飞和着陆跑道以及航站楼设施，然而，由于设备条件不足，跑道长度较短（小于 2 000 米），这个机场目前不再用于通用航空。黑山航空公司是黑山的国家航空公司，总部位于波德戈里察机场，其执行的定期航班主要飞往欧洲，在夏季，黑山航空公司提供到达欧洲度假胜地的包机航班。2021 年，黑山机场客运量为 130.9 万人次，货运量为 446 吨。

（一）波德戈里察国际机场

波德戈里察机场位于黑山首都波德戈里察以南 12 千米处，有一条长 2 500 米、宽 45 米的南北向跑道。机场拥有 14 条滑行道、6 个 C 型飞机停机位、2 个 D 型飞机停机位、3 个通用航空飞机停机位（翼展≤20 米）以及 1 个专用停机坪。客运航站楼面积为 5 500 平方米，内有 8 个值机柜台和 8 个登机口。

（二）蒂瓦特国际机场

蒂瓦特机场紧邻蒂瓦特市，距科托尔市 8 千米。该机场的单跑道尺寸为 2 500 米长、45 米宽，终点距离科托尔港海岸线仅 88 米。蒂瓦特机场的跑道保护区不完全符合国际法规，机场周围为丘陵地带，有强劲侧风，飞机的进场和着陆程序较为复杂。机场设施包括 2 条滑行道、7 个停机位（其中 5 个适用于 C 类飞机，2 个适用于 D 类飞机），还有 12 个通用航空机停机位（翼展≤20 米）。航站楼面积为 4 050 平方米，内有 2 个值机柜台和 6 个登机口。

（三）未来发展

为了应对季节性交通需求，黑山的 2 个国际机场都有扩建和升级计划。波德戈里察机场未来需要扩建客运航站楼、改善机动区域和停机坪、扩建航空货运设施、搬迁机场油库和能源站。目前蒂瓦特机场的容量无法满足夏季的游客需求，需要扩建改造航站楼、扩建停机坪等。据黑山相关部门估计，约 10 年后，蒂瓦特机场的客运量将超过波德戈里察机场。

第二节
黑山电信业的发展

一、黑山电信业基本情况

根据电信智库 GSMA 公布的数据，截至 2022 年初，黑山居民使用了 117 万个蜂窝移动终端，蜂窝移动设备数相当于总人口的 186.6%，这表明，黑山有大量人口拥有一部以上的移动终端。

（一）互联网普及率

2012 年以后，黑山互联网用户在总人口中的占比持续增加，截至 2021 年，黑山的互联网用户约有 52 万人，互联网普及率为 82.2%，如图 12.1 所示，绝大多数人都可以通过互联网进行信息传递和交流。黑山的互联网普及率仍低于欧盟水平，后者的这一指标在 90% 以上。

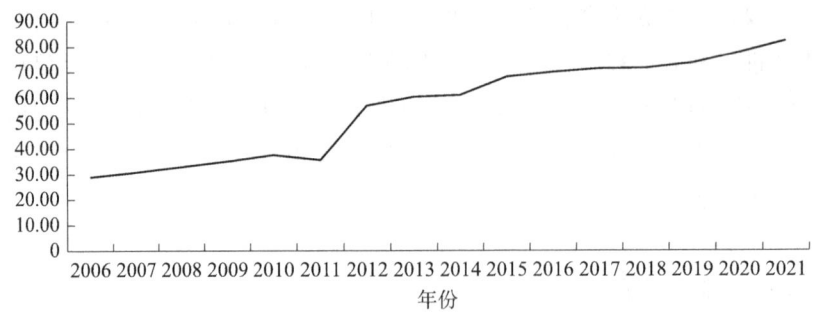

图 12.1　黑山互联网人数占总人口比重（%）

数据来源：世界银行。

根据咨询公司 Kepios 分析报告显示，截至 2022 年初，黑山的社交媒体用户数量约为 51.59 万人，占该国总人口的 83%。在社交软件使用方面，Facebook 用户占总人口的 46.4%；Instagram 拥有 37.16 万用户，相当于总人口的 59.2%；LinkedIn 拥有 9.6 万用户，占总人口的 15.3%；Twitter 有 4.37 万用户，相当于总人口的 7%，具体见表 12.2。

表 12.2　　　　　2022 年黑山使用社交媒体用户人数　　　　单位：万人，%

	社交媒体用户合计	Facebook	Instagram	LinkedIn	Twitter
数量	51.59	29.16	37.16	9.6	4.37
占比	83	46.4	59.2	15.3	7

数据来源：Kepios。

（二）互联网连接速度

根据美国互联网测速公司 Ookla 发布的数据，2022 年初，黑山的互联网用户通过蜂窝网络的移动互联网连接速度中位数为 33.05 兆位每秒，固定互联网连接速度中位数为 50.53 兆位每秒。黑山的互联网连接速度远低于欧盟国家水平，与邻国塞尔维亚相比差距不大，如表 12.3 所示。

表 12.3　　　　截至 2022 年初 3 国互联网连接速度对比　　　单位：兆位每秒

	互联网用户通过蜂窝网络的移动互联网连接速度中位数	固定互联网连接速度中位数
黑山	33.05	50.53
法国	52.73	91.59
塞尔维亚	41.06	48.62

数据来源：Ookla。

二、黑山通讯设备贸易情况

（一）进口

由于黑山本身的经济体量较小，其通讯设备贸易额规模有限。从图 12.2 的数据趋势可以看出，黑山的通讯设备贸易额自 2012 年后开始快速上升，进口的贸易额最高值出现在 2017 年，为 5.78 千万美元。2021 年，黑山共进口通讯设备 4.98 千万美元。

（二）出口

2021 年，黑山出口的通讯设备在全球 219 个被统计国家中排名第 109 位。自 2018 年以后，黑山通讯设备出口额大幅增长，2018 年出口不足 1 千万美元，2021 年出口额达 4.6 千万美元，进出口差额缩小，如图 12.3 所示。

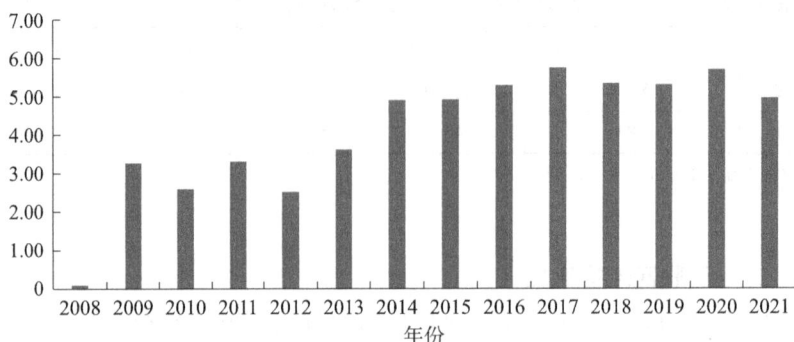

图 12.2　黑山 2008—2021 年通讯设备贸易进口额（千万美元）

资料来源：CEIC 数据库。

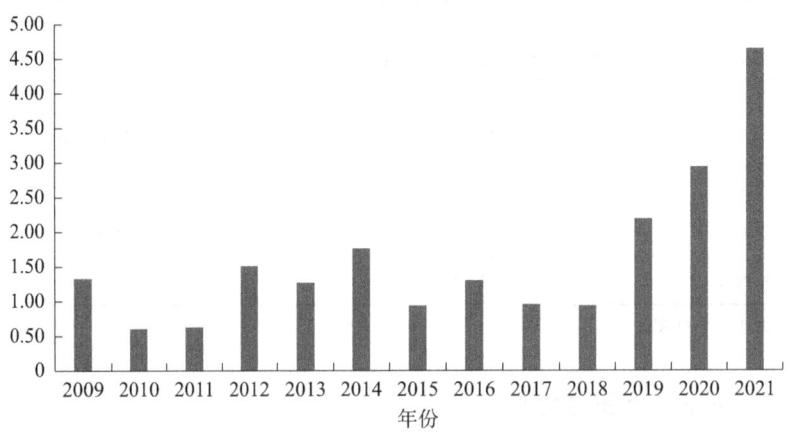

图 12.3　黑山 2008—2021 年通讯设备贸易进口额（千万美元）

资料来源：CEIC 数据库。

三、电信市场结构

黑山信息与通信技术行业（ICT）全部实现私有化，2020 年，行业总营业额约为 3.5 亿欧元，尽管规模不大，但基于该国的战略位置和经济增长潜力，ICT 行业成为外国投资者的重点领域，2019—2021 年该行业接受投资达 2.5 亿欧元。目前，黑山信息产业约有公司 800 家，企业数不断增长。许多信息通信技术领域的全球企业已进入了黑山市场，包括微软、德国电信、爱立信、华为、S&T、新风天域集团等，塞尔维亚电信、ComTrade 和 United Group 等区域电信公司也活跃于黑山市场。除了大公司，黑山电信市场也有小公司，这些公司通过提供创新服务和有吸引力的价格参与竞争，为消费者提供了更多选择。

截至 2021 年 7 月，黑山有 34 家注册电信运营商，其中移动电信运营商主要有 3 家。

1. 黑山电信公司

黑山电信公司是黑山最大的电信运营商，既提供无线服务，也提供固网和 TV 服务。该公司是克罗地亚赫尔瓦茨基电信公司的子公司，是德国电信集团成员。在黑山进行了大量的电信基础设施投资，在光纤网络方面投资较多，其宽带互联网服务覆盖黑山 70% 以上的人口。

2. One 电信公司

原名为挪威电信，由挪威电信公司控股，挪威电信曾对黑山的电信基础设施进行了大量投资，并开发 4G 网络，覆盖人口达 95%。2018 年捷克 PPF 投资基金购买了挪威电信公司购买了挪威电信公司 100% 的股份。2021 年 12 月，匈牙利电信公司 4iG 全资收购挪威电信，并于 2022 年 3 月 1 日宣布将挪威电信更名为 One。One 电信公司目前在黑山仅提供无线服务。

3. MTEL 电信公司

MTEL 公司由塞尔维亚电信集团的 GO4YU 公司和 MTEL 奥地利公司合并而成，主要提供移动电话和电视服务，与黑山另外两家电信公司相比，MTEL 的规模较小，其移动电信服务网覆盖塞尔维亚、波黑、奥地利，网内可免漫游费。

四、电信市场创新

黑山的电信市场规模虽小，但颇具创新发展潜力。2021 年 12 月，黑山政府通过了《引入 5G 移动通信网络的路线图》，计划于 2022 年底拍卖分配 5G 网络无线电频率（包括 700 赫兹、3.5 千兆赫兹和 26 千兆赫兹）。

推动黑山电信市场创新的关键因素之一是该国较高的移动终端普及率，许多人拥有不止一台移动设备。移动设备普及创造了黑山居民对移动支付和移动银行等服务的需求。One 电信公司于 2016 年推出了移动支付服务 Telenor Wallet，目前，该国移动支付水平还在提升。

智慧城市是巴尔干各国发展的重要趋势。黑山首都波德戈里察市已与电信公司开展合作，开发智能城市基础设施，包括智能交通管理、智能照明和智能废物管理等。这些创新举措提升了城市的智慧化程度，为居民提供更便捷、高效的城市服务，同时也有助于城市的可持续发展。

第三节
中国与黑山基础设施建设的合作经验

一、南北高速公路优先段建设项目

黑山南北高速公路全称是巴尔—博利亚雷高速公路，项目南起亚德里亚海港口城市巴尔，北至与塞尔维亚接壤的边境城市博利亚雷，是黑山首条高速公路建设项目，也是欧洲在建最大的公路项目之一。巴尔港地处巴尔干沿海岸中心区域，从该港口到其他巴尔干国家的距离相对较短，便于建成多类型互联式交通网络，因此，黑山高速公路规划始于巴尔港。从巴尔到塞尔维亚边境的现有道路，某些路段的日均或年交通量在 5 100—8 300 辆之间，旺季可达 20 000 辆。黑山南北高速公路将通过边境城市博利亚雷，实现巴尔与塞尔维亚首都贝尔格莱德的公路连接，未来，南北高速公路将成为巴尔—贝尔格莱德跨国高速公路的一部分，以提升黑山境内公路运力，加强黑山与塞尔维亚的贸易联系，促进区域一体化。

黑山从 2006 年开始规划南北高速公路，2008 年完成了《黑山 2020 年空间规划》和《巴尔—博利亚雷高速公路详细空间规划》，同年，黑山交通和海事部在《黑山交通运输发展战略》中明确提出，黑山将通过南北高速公路融入欧洲运输网络（TEN-T）。根据《巴尔—博利亚雷高速公路详细空间规划》，南北高速公路全长约 180 千米，拟分四期建设：一期建设斯莫科瓦茨—马泰舍沃路段，二期建设马泰舍沃—安德里耶维察路段，三期建设安德里耶维察—博利亚雷路段，四期建设波德戈里察—杜尔马尼路段。公路主干道全场 180 千米，需要建设 19 座隧道（双管）、36 座桥梁和高架桥。在四期工程中，第一期斯莫科瓦茨—马泰舍沃路段最具挑战性，技术要求高，施工难度最大。该路段全长约 41 千米，跨越两个气候带和两个地质带，共需建设 16 座隧道、20 座桥梁和 3 座互通立交，桥梁和隧道占整个公路线长约60%。

2014年3月，中国交建集团与黑山交通海事部在黑山首都波德戈里察签署了黑山南北高速公路一期建设项目（优先段）《框架协议》和《商务合同》，工程总价值8.09亿欧元，其中中国进出口银行提供85%的贷款，15%由当地筹资。同年11月，中国进出口银行与黑山政府在中国驻黑山大使馆签署了黑山南北高速公路项目贷款协议，贷款金额9.44亿美元，贷款期限20年。2015年5月11日，项目由中国交通建设集团下属中国路桥工程有限责任公司正式开工建设。莫拉契查大桥是优先段工程中规模最大、施工难度最高的结构物，其桥身长达960米，宽13.4米，墩身最高达168米，最大单跨距为190米，所有这些数据都刷新了黑山道路建设的记录。2019年10月11日，由中国路桥承建的黑山南北高速公路优先段莫拉契察大桥顺利合拢。

优先段项目穿越塔拉河，该河谷作为联合国教科文组织"人与生物圈计划"的一部分，引发各界高度重视，环保措施成为项目实施的重要内容。为确保项目对环境的最小影响，项目团队积极采取一系列环保措施，并与当地环保部门密切合作。项目共获得了53份环境许可，投入使用了19套污水处理设备，同时，施工团队对沿线噪声、空气质量和污水等进行持续监测。中方团队在环境保护体系及工作规程上采取严谨细致的态度，得到了当地环保部门的认可。数据显示，塔拉河的水质和区域内的生物多样性一直保持在高水平区间内。

2020年，项目受新冠疫情的影响而延期，双方于2021年4月签署了项目延期合同。2021年11月30日，项目主体工程按期顺利完工，从项目开工算起，整个工程历时7年。2022年7月13日晚，黑山南北高速公路优先段通车仪式在黑山首都波德戈里察举行。黑山总统久卡诺维奇、总理阿巴佐维奇、副总理易卜拉希莫维奇等黑山官员以及中国驻黑山大使馆临时代办华亚芳出席通车仪式。阿巴佐维奇在致辞中感谢所有建设者的付出，他表示，在黑山国庆节开通高速公路优先段具有特殊意义，黑山不仅开通了一条道路，更是为黑山人民福祉和经济发展开辟出了新前景。

黑山南北高速项目连通了该国巴尔港到塞尔维亚边境，是黑山自2006年独立以来规模最大、投资最多的基础设施项目。待公路通车后，从首都波德戈里察到北部城市科拉辛的时间将缩短到约30分钟，也将沿线城镇纳入首都半小时经济圈内，同时，该高速公路将与塞尔维亚境内的道路相连接，成为泛欧走廊中的重要组成部分，建成后将并入国际公路网，连接中欧多个国家，将南部的巴尔港与中东欧主要交通走廊和市场相连，促进黑山与欧洲的交通联系，对带动黑山经济发展具有十分重要的意义。

黑山南北高速项目的建设对该国的经济增长产生了积极影响，也有助于吸引更多的投资和发展机会。总理马尔科维奇表示，南北高速公路是带动国家未来经济发展最重要的基础设施项目，它的建成对黑山共和国的发展具有重要的政治、经济和社会意义，被视为惠及当地民众的历史性工程。

二、黑山南北高速公路照明系统供应

黑山南北高速公路优先段项目建设采用国际化高标准，对照明系统有较高的要求，供应厂商的遴选门槛非常严格。灯光照明是确保行驶安全的关键因素，在黑山南北高速公路项目中，灯具需要同时符合CE/ENEC欧标认证和项目对灯具LM79、IP66等级、IK10等高性能的等级要求，照明指标还需要符合EN 13021中的M1照明标准要求。

在众多国际知名厂家中，上海三思凭借其卓越的技术和高质量的产品脱颖而出，为该项目提供了近万盏LED灯具及综合解决方案，包括大桥照明、隧道照明、互通照明、引道照明等，为项目注入了"中国科技"的强大力量。

上海三思通过科学的配光设计，提高照度和灯光利用率，满足高标准的照明光学和绿色要求。三思团队还研发光学透镜以满足隧道需要的逆光照明系统，为公路项目设计了自主研发的核心技术——三思陶瓷散热技术照明产品。这项技术采用了陶瓷材料作为散热体，将LED芯片直接焊接在陶瓷散热体上，解决了传统LED灯具铝基板在热量传递过程中的热阻问题。通过采用三思陶瓷散热技术照明产品，该项目在改善交通条件、提高道路通行能力和交通安全的同时，也提高了道路整体的美观度。上海三思作为照明系统提供商，为中国与黑山工程项目合作提供了制造商参与的样本，为其他产品生产商提供产业合作思路。

三、"科拉欣—科斯"段铁路修复改造项目

"科拉欣—科斯"段铁路修复项目是巴尔—弗布尼察铁路线修复工程

的子项目,由欧洲复兴开发银行提供资金,路段长9 864.7米,施工内容包括路基处理、修补挡土墙等线下工程;更换道碴、木枕等轨道工程;接触网线、回流导线、地线等调整工程。该段铁路地形复杂,桥梁隧道占比达到90%,施工难度很大。巴尔—弗布尼察是黑山铁路网的主要铁路线,承载黑山约20%的客运量和60%的货运量,该线路是通往贝尔格莱德的铁路走廊的一部分,于1976年建成通车,因年久失修,需进行大规模的结构修复和现代化改造,整个工程包含多个子项目。

2015年10月,中国铁建中土集团收到黑山铁路公司发来的黑山"科拉欣—科斯"段铁路修复改造项目中标通知书,这是中国企业在欧洲使用欧盟资金实施的第一个铁路项目,标志着中国公司在参与欧洲铁路市场项目建设领域取得重大进展。黑山铁路修复改造项目使用欧洲复兴开发银行资金,风险相对较小。

该铁路项目修复后时速将提升至80千米,极大地缩短了铁路运输时间,促进了地区间的交流与联系,同时也有助于带动旅游业的发展。项目合作对促进地区的交通便利化和经济发展具有积极意义。"科拉欣—科斯"段铁路修复改造项目任务的完成,积累了中黑两国在基础设施建设领域的合作经验,加强了中黑友好关系,为中国企业在欧洲扩展更多合作机会奠定了坚实基础。

2017年12月21日,中国土木工程集团有限公司(中土集团)承建的黑山"科拉欣—科斯"段铁路修复改造项目在当地成功交付。竣工庆祝活动上,出席的嘉宾包括中国驻黑山大使崔志伟、黑山交通海洋事务部部长奥斯曼·努尔科维奇、黑山交通海洋事务部铁路司司长米兰·班科维奇以及黑山铁路基建公司代表等。米兰·班科维奇在致辞中表示,该项目引起了黑山各界的关注,"中国同事们按照欧洲标准顺利完成了项目,并在黑山实施铁路项目及其他基础设施项目方面积累了丰富的施工经验。"中土集团董事长袁立表示,"科拉欣—科斯"段铁路修复改造项目承建,是中土集团进入黑山市场,并在日后进入中东欧其他国家市场的重要契机。在中国积极推进的"一带一路"发展战略和中国与中东欧国家合作框架下,该项目有望为中国企业提供更多、更优质的机会,让其更好地融入欧盟更广阔的市场,推动在欧洲的全面发展并积蓄强大的实力。

四、黑山 M2 公路与城市供水系统改扩建项目

黑山 M2 公路全长 16 千米，是连接重点旅游城市布德瓦与蒂瓦特之间的机场旅游路线，也是黑山最繁忙路段之一，在旅游旺季时该路段每天车流量超过 3 万辆。项目计划将原有双向两车道公路升级改造为双向四车道公路，并增加人行道和隔离带。另外，项目还将改造城市供水系统，把供水管网的流量增加至原先 1 倍以上。该项目的建设，将显著缓解现有公路的交通拥堵压力，提升黑山国家旅游交通网络效率，改善当地居民与游客的工作及生活条件，对黑山当地的经济与社会发展起到重要的推动作用。

中国土木工程集团于 2021 年 7 月 22 日中标黑山 M2 公路升级改造项目。项目由中国山东高速集团承建，项目商务合同于 2023 年 3 月 29 日签约，项目已于 2023 年 8 月 11 日开工。M2 公路项目合作标志着中黑两国在基础设施建设领域取得新的进展，有望促进该地区的经济发展和交流，并进一步巩固中黑友好合作关系。黑山总理阿巴佐维奇曾分别出席了项目商务合同签约仪式和开工仪式，他在不同场合表示，该项目对黑山的旅游业发展和基础设施提升、改善黑山交通状况和投资环境、促进沿线地区经济社会发展都具有重要意义。

第四节
浙江省与黑山基础设施建设的合作展望

一、浙江省对外工程合作的基本情况

近 10 年来，浙江省工程类对外合作整体业务发展一直居全国前列，行业增长势头良好。根据浙江省商务厅公布的数据，浙江省对外承包工程营业额从 2012 年的 37.1 亿美元增长至 2021 年的 79.3 亿美元，对外承包工程累计合同额为 462.3 亿美元，营业额为 630.7 亿美元；2021 年，浙江省对外承包工程新签合同额 44.6 亿美元，累计完成营业额 79.25 亿美元，在全国占比 7.84%，居全国各省区市第 4 位，在全国排名前 5 省份中增速最快。

浙江省工程对外合作以房建、市政、交通等工程承包为主，近年来也拓展到机械设备、电子通讯、环保工程等产业。2021年，在浙江省对外承包工程新签合同额中，电力工程24.55亿美元，一般建筑16.79亿美元，工业建设4.91亿美元，加工制造2.21亿美元，通讯工程2.71亿美元。浙江省有3家企业上榜ENR"全球最大250家国际承包商"榜单：浙江省建设投资集团股份有限公司（位列第84位），浙江省东阳第三建筑工程有限公司（位列第184位），浙江交工集团股份有限公司（位列第190位）。

二、浙江省对外工程合作的基础

（一）浙江省开展对外工程合作的产业基础

建筑业、电子通讯、环保工程、装备制造业都是浙江省优势产业，浙江省作为中国东部沿海的重要省份，在交通基础设施建设、港口和物流体系、智能交通和数字化技术方面都有较强的研发和实践能力。

建筑业是国民经济的支柱产业，中国拥有全球最大的建筑规模，根据国家统计局数据，2012—2021年，中国建筑业总产值从137 217.9亿元持续上涨至293 079亿元，10年间总产值翻了一番。浙江省在交通设施、工业设施、住宅建设、城市发展等领域为建筑业提供了广阔的发展空间，浙江省历年建筑业总产值长期位列全国前2，仅次于江苏省。2021年，浙江省建筑业总产值23 010.97亿元。

浙江省信息通信业发展水平居全国前列，2002年浙江省九届人大五次会议正式提出建设"数字浙江"，此后，信息技术与数字经济在浙江省得到持续推进。截至2021年，在网络覆盖方面，浙江省已建成15.39万个5G基站，在全国排名第3；每万人拥有23.5个5G基站，在全国排名第4；千兆光纤网络具备覆盖超3 100万户家庭的能力，杭州、宁波获评全国首批"千兆城市"；互联网省际出口带宽达103T。在网络能力方面，浙江省建成全国首个新型互联网交换中心，接入总带宽达5.5T，建设杭州国家级互联网骨干直联点，建成6条国际数据专用通道，在全国排名第2，率先实现网间互联架构立体化、多层次；建设数据中心104个，推动建设全国一体化算力网络国家枢纽节点；建成OTN光传送节点3 434个，节点密度达0.5个/万人。在网络服务方面，浙江省户均移动互联网接入流量达17.2GB/户，居东部第二；发展物联网终端用户1.73亿户，在全国排名第 3；注册工业互联网标识超 5 亿个，日均解析超 2 亿次①。

浙江省工业基础扎实，规模化水平高，在节能与新能源汽车、高档数控机床、工业机器人、光伏及高端能源装备等领域具有优势，近年来人工智能、大数据、云计算、物联网等技术发展与制造业融合趋势明显，促进了装备产品向数字化、智能化、绿色化发展。截至 2020 年，浙江省累计培育 8 个国家高新技术产业开发区，在全国排名第 4；累计创建 22 个"国家新型工业化产业示范基地"，其中高端装备制造领域 10 个。根据浙江省经信厅数据，全省装备制造业规模和在工业中的占比逐年提升，装备制造业规上总产值从 2012 年的 19 723 亿元增长到 2021 年的 40 295 亿元，总量列全国第 3，年均增长率 8.3%；2021 年全省装备制造业规上总产值占规上工业总产值比重达 43.4%，较 2012 年提高 9.6%。

（二）浙江省开展对外工程合作的政策基础

1. 国家层面的政策

"一带一路"沿线国家的基础设施建设是建立互联互通区域经济一体化的前提条件，自 2013 年中国首次提出"一带一路"倡议以来，基础设施建设在"一带一路"推进过程中起到了关键作用。2016 年 4 月，中国外交部与联合国亚洲及太平洋经济社会委员会签署关于推进地区互联互通和"一带一路"倡议的意向书，意向书强调，双方将共同规划推进互联互通和"一带一路"的具体行动，推动各国政策对接和务实合作。2016 年 11 月，第 71 届联合国大会首次将"一带一路"倡议写入决议，这意味着中国"一带一路"的倡议成为联合国的重要战略。历届"一带一路"国际合作高峰论坛上，互联互通相关的基础设施开发建设一直是重要议题。

自"一带一路"倡议提出以来，与基础建设合作及对外工程承包相关的国内政策持续颁布。2015 年 3 月，国家发改委、外交部、商务部联合发布了《推动共建丝绸之路经济带和 21 世纪海上丝绸之路的愿景与行动》，指出要建设"五大通路"和打造"六大经济走廊"，其中基础设施互联互通是"一带一路"建设的优先领域。2017 年 2 月国务院办公厅发布《关于促进建筑业持续健康发展的意见》，提出要加快建筑业企业"走出去"，

---

① 李扬等. 信息通信业的非凡十年，浙江：坚定扛起共同富裕先行示范的历史使命. 人民邮电报.

加强中外标准衔接,提高对外承包能力,加大相关政策扶持力度。2019年8月,商务部等19部门联合印发关于促进对外承包工程高质量发展的指导意见,意见提出,鼓励金融机构按照市场化原则对有条件的建设—运营—移交(BOT)等政府和社会资本合作(PPP)类项目提供项目融资。鼓励企业以建营一体化、投建营一体化等多种方式实施项目,逐步实现由建设施工优势为主向投融资、工程建设、运营服务的综合优势转变。鼓励企业依托我国信息通信、电力、交通、化工、冶金、建材等行业的产业优势,特别是发挥上述行业在技术研发、装备制造等方面的全产业链优势,以及产品价格合理、服务高效快捷的比较优势,推动对外承包工程领域不断拓宽、层次逐步提高。2021年3月,《"十四五"规划和2035年远景目标纲要》由全国人大通过,规划指出要推动实现基础设施互联互通,推动陆海天网四位一体联通,以"六廊六路多国多港"为基本框架,构建以新亚欧大陆桥等经济走廊为引领,以中欧班列、陆海新通道等大通道和信息高速路为骨架,以铁路、港口、管网等为依托的互联互通网络,打造国际陆海贸易新通道,推进"一带一路"空间信息走廊建设。

在政策性投资机构设立方面,中国已建立丝路基金有限责任公司,并发起建立了亚洲基础设施建设投资银行。2014年12月,由外汇储备、中国投资有限责任公司、国家开发银行、中国进出口银行共同出资,成立丝路基金有限责任公司,通过以股权为主的多种投融资方式,重点围绕"一带一路"建设推进与相关国家和地区的基础设施、资源开发、产能合作和金融合作等项目。2015年12月,亚洲基础设施建设投资银行成立,亚投行是由中国发起设立的全球首个以基础设施投资为主要目标的多边金融开发机构,其主要任务是为亚洲基础设施和"一带一路"建设提供资金支持。

2. 浙江省相关政策

改革开放40多年来,浙江省大力实施"建筑强省""质量强省"战略,建筑业获得持续发展。2005年12月,《浙江省人民政府关于促进建筑业持续健康发展加快培育建筑强省的若干意见》(以下简称《意见》)出台,《意见》提出要大力实施"走出去"战略,支持建筑业企业开拓国际市场。积极鼓励境外工程承包和劳务输出,继续开拓非洲、东南亚、中东地区、日本等传统市场,积极开拓欧美等高端市场。2009年,《浙江省人民政府关于加快推进建筑业"走出去"发展的若干意见》中明确提出,要充分发挥我省建筑业企业实力较强、机制灵活的优势，充分发挥扶持政策的导向作用和龙头企业的示范作用，加快实施建筑业"走出去"发展战略。此后，相关政策陆续发布，浙江省"十三五"和"十四五"规划纲要均就推进对外工程合作工作做出部署。

三、浙江省与黑山基础设施建设的合作展望

中国与黑山已在基础设施领域开展合作并取得了可喜成效，浙江省作为建筑及通信业强省，未来将在中国与黑山深化互利合作中发挥应有的作用。基建项目普遍资金投入大、回报周期长，浙江省需从自身产业特点出发，加强相关计划及衔接，注重上下游合作，推动企业抱团出海，积极拓展数字通信、智慧城市、民生建设等细分领域的基建合作项目。

1. 鼓励工程类企业积极发现与黑山的合作机会

近年来，黑山持续发布在基础设施建设领域的国际合作机会，浙江省工程类企业应发挥产业优势，深入分析黑山道路交通、城市建设、通信网络架构等基建需求，积极开展或参与相关合作工程，关注基建标准和生态要求，拓展绿色基础建设、绿色交通等重点领域合作，促进资源利用创新，助力黑山实现环境与经济的协调发展。

2. 推进浙江省科技企业参与基础设施合作项目

浙江省科技企业需发挥云计算、大数据、物联网、人工智能等优势，积极参与中国与黑山基础设施项目建设，实现数字化与基础设施联通。针对中黑交通基础设施合作项目，浙江省可以利用其在城市交通规划、交通流优化、公共交通建设等方面的技术特长，谋求提供交通规划和智能交通系统研发服务，协助黑山提高交通效率，降低交通拥堵，改善交通安全。

3. 推进装备制造企业参与基础设施建设项目

基础设施建设与装备制造业关联度大，庞大的基建工程可带动工业品需求，为装备制造业在黑山开展深度合作提供平台。浙江省应发挥工业研发制造及贸易优势，推动工业企业积极参与中国与黑山的建设工程项目，提供配套装备产品及生产性服务，以产业链协同创新推动装备制造企业"走出去"，助推黑山工业化进程。

第十三章

浙江省与黑山的教育文化产业合作

第一节 浙江省与黑山教育文化产业合作的基础

一、黑山教育产业基本情况

（一）教育体系结构

黑山的教育体系由教育和科学部监管，涵盖学前教育、初等教育、普通高中教育、中等职业教育和高等教育等多个层次，如表 13.1 所示。

表 13.1　　黑山教育体系结构

教育阶段	内容情况
学前教育	学前教育不是义务教育，是对 0—6 岁儿童的保育和幼儿教育，帮助父母或监护人提高家庭生活质量。学前教育可在公立或私立机构进行，根据儿童年龄，3 岁以下儿童入托儿所，3—6 岁儿童入幼儿园，也可在家庭中进行。
初等教育	9 年义务教育，对所有 6—15 岁儿童免费。分 3 个阶段，将小学与初中教育合成统一体系。

续表

教育阶段	内容情况
普通高中教育	高中教育实行4年制、非义务教育。高中招收已完成初等教育的17岁以下的青少年。
中等职业教育	中等职业学校（含艺术类学校）实行两年制、3年制或4年制教育，非义务教育。
高等教育	高等教育分高职高专和大学教育。现有1所公立大学、3所私立大学、2所私立学院和1所公立学院。

学前教育针对6岁以下儿童，注重培养其社会适应能力和基本生活技能，并提供初步的学习准备。在初等教育阶段，黑山实行9年制义务教育；普通高中教育为4年；中职教育提供2—4年不等的职业教育；高等教育分高职高专与大学教育。目前，黑山教育体系处于提升阶段，国际合作比较活跃。

（二）各阶段教育情况

1. 学前教育

学前教育是黑山教育体系中的第一阶段，也是教育过程中最早的阶段，主要面向0—6岁的儿童，主要目标是促进儿童的综合发展培养，为儿童提供初步的学习准备，养成基本的社交技能和认知能力。学前教育在黑山较受重视，政府通过教育和科学部来监管和推动学前教育的发展，但学前教育不是上小学的先决条件。学前教育在黑山普及率较高，学前教育机构遍布城乡，教育机构通常采用寓教于乐的方式，通过游戏、互动和体验式学习来激发儿童的学习兴趣和好奇心。

根据表13.2可知，在2011—2012学年，学前教育机构数为108所，之后逐年上升，到了2019—2020学年，学前教育机构数为170所，2020—2021年降为158所。学前教育人数在2011—2012学年为14 155人，到2019—2020学年升至23 080人，在2020—2021学年降至21 318人。学前教育雇员人数在10年间持续上升，在2020—2021学年升至2 787人。

表13.2　　　　　　　　黑山学前教育基本情况　　　　　　　　单位：所，人

学年	学前教育机构数	受教育人数	雇员人数
2011—2012	108	14 155	1 494
2012—2013	115	15 317	1 606

续表

学年	学前教育机构数	受教育人数	雇员人数
2013—2014	119	16 461	1 709
2014—2015	118	17 091	1 802
2015—2016	122	16 972	2 061
2016—2017	135	18 957	2 180
2017—2018	147	20 769	2 485
2018—2019	166	21 663	2 648
2019—2020	170	23 080	2 780
2020—2021	158	21 318	2 787

数据来源：黑山国家统计局。

2. 初等教育

黑山初等教育为期9年，将小学和初中教育合为一个单一系统，分为3个学习层次，可在初等教育学校、资源中心和教育中心获得。初等教育对所有6—15岁的儿童免费，属义务教育，15岁以上的学生按照成人教育的规定行使接受初等教育的权利。初等教育计划包括学习课程、必修活动和扩展部分。课程包括必修科目和选修科目，必修科目由教育部根据国家教育委员会的提议制定；必修活动包括班会、文化、体育和劳动活动日；扩展部分包括课外活动、额外补习班、户外学校和学生远足。英语是从一年级开始的必修科目，第二外语（语种可选）是从六年级开始的必修科目。

目前黑山初等教育的公共机构有162所初等教育学校、2个教育中心、3个资源中心，另有4所私立初等教育学校。根据联合国教科文组织统计数据，如表13.3所示，黑山初等教育覆盖水平较高，2021年，黑山小学教育与初中净入学率分别为99.51%和96.61%。

表13.3　　　　　　　黑山初等教育净入学率　　　　　　　　单位:%

年份	小学净入学率	初中净入学率
2015	95.74	97.27
2016	94.58	97.95
2017	97.22	95.61
2018	98.01	93.33

续表

年份	小学净入学率	初中净入学率
2019	99.99	92.27
2020	99.93	93.92
2021	99.51	96.61

数据来源：UNESCO。

根据联合国教科文组织统计数据，如表13.4所示，近10年来，黑山小学入学人数平均为3.85万人，初中入学人数平均为30 000人左右，各年间稍有浮动，2021年，小学和初中入学人数分别为38 346人与30 283人。10年间，初中教育完成率平均值为97.3%。

表13.4　　　　黑山初等教育人数及完成率　　　　单位：人，%

年份	小学人数	小学教育完成率	初中人数	初中教育完成率
2012	38 362	98.5	31 099	97.1
2013	—	99.9	—	98.95
2014	—	98.5	—	97.3
2015	37 585	98.6	31 140	97.4
2016	37 869	98.6	30 367	97.5
2017	38 740	98.6	29 669	97.6
2018	39 288	96.53	28 824	94.67
2019	39 085	98.7	28 725	97.8
2020	38 822	98.7	29 328	97.8
2021	38 346	—	30 283	—

数据来源：UNESCO。

3. 高中和职业教育

黑山的中等教育包括高中教育（普通高中和职业高中教育）和专上教育（中学后接受的非大学类职业教育）。中等教育不是义务教育，公立机构的中等教育是免费的。2021—2022学年，黑山有51所学校提供文理和职业教育，其中10所文理学校、12所混合学校（同时实施职业教育和普通高中课程）、2个教育中心（实施初等教育课程以及高中课程），其余为职业学校（仅提供不同期限的职业教育课程），包括音乐和美术学校。学生根据初等教育成绩和兴趣自由选择中学。

普通高中的教学机构类型为文理学校。文理学校是4年制教育，分为普通文理学校和专业文理学校，是进入高等教育前的主要学习阶段。文理学校招生的依据是：初等教育最后3个年级的总体表现、初等教育结束时知识评估表现、初等教育最后3个年级的3门主要科目的成绩、国内和国际比赛的成绩。

职业高中提供中等职业教育，学生可在职业学校、混合学校或教育中心就读，实行3年学制教育或四年学制教育，教学内容包括理论指导、实践教育和职业培训等。2021—2022学年，在黑山参加职业教育的学生人数为25 231人，其中有30%的学生接受的是职业中学教育。

专上教育指在中等教育完成之后继续接受的非大学类职业教育，黑山公民如在公立学校接受专上职业教育，无需缴纳学费。黑山有两所机构获得教育部许可，可开展专上非高等教育课程，它们分别是位于首都波德戈里察的"Sergije Stani"中学和位于丹尼洛夫格勒的"警察学院"。

高中教育阶段的总人数在2012年是31 914人，之后呈现小幅下降的趋势，到2021年高中生人数为26 955人。黑山居民高中教育完成率在近10年有显著提升，从2012年的80.7%升至2020年的87.2%，体现出黑山高中教育的普及程度正在提高，如表13.5所示。

表13.5　　　　　高中教育基本情况　　　　　单位:%、人

年份	高中净入学率	高中人数	高中教育完成率
2012	—	31 914	80.7
2013	—	—	84
2014	—	—	83.1
2015	—	29 364	84
2016	84.98	28 173	84.8
2017	85.89	27 906	85.5
2018	87.70	28 261	86.25
2019	89.01	28 171	86.7
2020	88.25	27 594	87.2
2021	86.75	26 955	—

数据来源：UNESCO。

4. 高等教育

黑山在2003年签署了《博洛尼亚宣言》，已逐步进入欧洲高等教育体系框架，参加欧洲学分转换系统（ECTS），目前采用大部分欧洲国家实行

的3+2+3高等教育模式，即本科学制为3年、硕士学制为2年、博士学制为3年。黑山的高等教育机构包括大学、学院和艺术学院，高等教育机构可以是公立和私立的。从2017—2018学年开始，学生在公立高等教育机构（即黑山大学）攻读学士或硕士学位免费。

本科阶段为期3年，需修满180学分；硕士阶段为期2年，需修满120学分。本硕连读专业修满学分可直接攻读博士学位，其中教师培训、阿尔巴尼亚语言、建筑和药学教师专业学制为期5年，需修满300学分，医学和牙科专业学制为6年，需修满360学分。博士阶段学制为3年（6个学期），需修180学分，博士学习项目只大学开展。黑山教育部为符合规定的博士生提供奖学金，金额最高为1 000欧元，每年公布一次对国内外硕士、博士研究生的学费和出国留学费用的资助决定。

根据表13.6可知，从2017—2018学年直至2021—2022学年，黑山的大学在校总人数逐渐减少，从20 250人降至17 679人，女性占比高于男性，2021—2022学年男女学生占比分别为44%和56%。

表13.6　　　　黑山的大学在校人数情况　　　　单位：人，%

学年	总人数	女性人数	男性人数	女性占比	男性占比
2017/2018	20 250	11 168	9 082	55.2	44.8
2018/2019	19 210	10 618	8 592	55.3	44.7
2019/2020	18 582	10 284	8 298	55.3	44.7
2020/2021	18 403	10 170	8 233	55.3	44.7
2021/2022	17 679	9 903	7 776	56	44

数据来源：黑山国家统计局。

根据黑山国家统计局数据，如表13.7所示，近10年，黑山基础类本科生有小幅下降，2012年总人数为2 923人，到了2021年总人数降至2 759人，其中女性占59.2%，男性占40.8%。

表13.7　　　　黑山基础类本科生人数　　　　单位：人

年份	女性人数	男性人数	总计
2012	1 768	1 155	2 923
2013	1 809	1 264	3 073
2014	1 789	1 189	2 978
2015	1 775	1 080	2 855
2016	1 799	1 310	3 109

续表

年份	女性人数	男性人数	总计
2017	1 756	1 292	3 048
2018	1 665	1 290	2 955
2019	1 700	1 297	2 997
2020	1 831	1 213	3 044
2021	1 634	1 125	2 759

数据来源：黑山国家统计局。

黑山高等教育体系中，专科教育占据了重要地位。如表 13.8 所示，2021 年专科学院培养学生 1 446 人，其中女性占比 58.9%，男性占比 41.1%，近年来总人数有一定的下降。

表 13.8　　　　　专科学院基本规模情况　　　　　单位：人，%

年份	在校生人数	女性人数	男性人数	女性占比	男性占比
2017	1 812	1 091	721	60.2	39.8
2018	1 773	1 109	664	62.5	37.5
2019	1 796	1 064	732	59.2	40.8
2020	1 934	1 185	749	61.3	38.7
2021	1 446	852	594	58.9	41.1

数据来源：黑山国家统计局。

表 13.9 显示了黑山专业型研究生在校人数基本情况。2017—2018 学年，黑山专业型研究生总人数为 2 907 人，近年来有较大的降幅，在 2021—2022 学年，总人数降为 1 613 人，其中女性占 53.9%，男性占 46.1%。

表 13.9　　　　　专业型研究生在校人数　　　　　单位：人，%

学年	总人数	女性人数	男性人数	女性占比	男性占比
2017—2018	2 907	1 684	1 223	57.9	42.1
2018—2019	2 810	1 557	1 253	55.4	42.1
2019—2020	3 173	1 771	1 402	55.8	44.2
2020—2021	2 297	1 274	1 023	55.5	44.5
2021—2022	1 613	870	743	53.9	46.1

数据来源：黑山国家统计局。

表 13.10 显示了黑山硕士研究生在校人数基本情况，近 5 年总人数增

长较快,其中女性占比逐年增加,2017—2018 学年总人数为 617 人,到了 2021/2022 学年,总人数升为 2 944 人,女性占比 64.9%,男性占比 35.1%。

表 13.10　硕士研究生在校人数　　　　　　　　　　单位:人,%

学年	总人数	女性人数	男性人数	女性占比	男性占比
2017—2018	617	346	271	56.1	43.9
2018—2019	606	332	274	54.8	45.2
2019—2020	1 115	673	442	60.4	39.6
2020—2021	1 899	1 193	706	62.8	37.2
2021—2022	2 944	1 911	1 033	64.9	35.1

数据来源:黑山国家统计局。

根据联合国教科文组织数据,如表 13.11 所示,在黑山的高等教育招生总人数中,私立院校的招生比例逐年上升,占比从 2016 年的 23.68% 增加到 2020 年的 29.2%。

表 13.11　黑山高等教育中私立院校的招生占比　　　　　　单位:%

年份	2016	2017	2018	2019	2020
占比	23.68	24.57	24.13	26.14	29.2

数据来源:UNESCO。

(三) 黑山主要高校和科研机构

1. 主要高校

(1) 黑山大学。黑山大学成立于 1974 年,是黑山最古老,也是规模最大的综合性高等教育机构,成立之初由当时的经济学院、工程学院、法学院、尼克希奇数学学院、科托尔海事研究院、历史研究所、农业研究所、生物与医学研究所等院所组成,曾用名为铁托格勒大学、维利科弗拉霍维奇大学,1992 年更名为黑山大学。目前,黑山大学有超过 2 万名学生,由 19 个院系和 2 个科学院组成,是公立大学。

历史上的黑山大学经历过几次重组,目前的黑山大学是在 1999 年按现代欧洲大学的组织形式设立的,是欧洲大学协会的成员,根据《博洛尼亚宣言》确立的原则组织学校的课程和考试。黑山大学的主校区位于首都波德戈里察,部分院系设在尼克希奇、采蒂涅、科托尔,另外在其他重要城市也开展一些教学或科研项目。

（2）地中海大学。地中海大学成立于 2006 年，是巴尔干大学联盟的成员之一，也是黑山的第一所私立大学，由 6 个学院组成。初建时有 4 个学院，即旅游学院、经济与商学院、视觉艺术学院和信息技术学院，后又增设了外国语学院和法律系。地中海大学的经济与商学院、视觉艺术学院、信息技术学院等 5 个院系位于波德戈里察，旅游学院位于巴尔市。地中海大学在校生约为 2 200 名，提供本科、专科、硕士和博士教学及研究项目。该校国际化水平高，与全球 20 多所高校建立了合作伙伴关系，在 2014 年和 2018 年，该校通过了欧洲大学协会（EUA）进行的外部机构评估。

（3）下戈里察大学。下戈里察大学位于黑山首都波德戈里察郊区，成立于 2007 年，是黑山第二所私立大学。其建筑面积达 16 700 平方米，是黑山最大的私立机构。下戈里察大学共有 13 个院系，包括国际经济金融与商学院、信息技术学院、法学院、政治学院、人文学院、艺术学院、理学院、食品科技学院、体育管理学院、文化与旅游学院、应用科学学院、国际酒店管理学院等。下戈里察大学本科生人数约为 3 000 余名，研究生 200 余名。

2. 科学研究机构

黑山的研究机构主要有黑山大学、黑山科学院、杜克列亚科学院、历史研究所、海洋生物研究所和外国语研究所。一些黑山企业也设立了研究机构，比如，地质研究机构、水文气象研究机构、生物毒理研究中心、公共卫生研究所、黑色金属研究所和环境保护和文化遗产保护组织等。这些机构在硕士研究生和博士研究生的培养方面也发挥一定的作用。黑山科研机构大都缺乏财政支持，科学研究成果有限。

（四）黑山教育的国际化发展

在黑山教育发展战略中，教育国际化水平颇受重视。国际化教学已从高等教育层面逐步向中等教育、职业教育和教师培养等领域扩展，近年来，黑山制定了多层次的战略，旨在提高师生的国际流动性、改进课程设置、提升外语水平。

《2016—2020 年黑山高等教育发展战略》将提升国际化水平作为高教发展目标之一。该战略提出：提高基础设施水平；用英语组织教学或部分教学；提供学生福利，加强利用欧盟结构基金发展博士研究项目；提高对欧洲和区域科学研究计划的参与度，推进国外研究培训项目。

《2015—2020年普通中等教育战略》提出：通过交流项目为学生流动创造条件；鼓励教师在专业领域提高国际合作，参与国际项目；制定课程及教育方案，与发达国家的中学课程接轨，促进学生流动；改进学生竞赛的组织工作，使中学生能够参与国际教育项目。

《2020—2024年黑山职业教育发展战略》提出：鼓励教师在专业领域开展国际流动；提高学生和教师的外语水平和信息技术能力，为学生参加国际比赛做好准备；课程设置与国际标准接轨。

《2017—2024年黑山教师培训战略》提出要重视人员流动对于初级教师教育和专业持续发展的作用。该战略建议在初级教师教育领域增加学生和教师出入境流动，组织与外国高等教育机构的合作研究，提高课程的国际化水平，对相关流动数据进行监测和分析。

《2017—2021年青年战略》提出要完善制度设计，让年轻人了解出国留学的可能性，鼓励他们参与国际（主要是欧盟）流动项目。

根据联合国教科文组织数据，2012—2020年，黑山出国留学的学生数量呈现了逐年增长的趋势，2012年，高等教育阶段出国留学人数为4 409人，到了2020年增长到5 208人，9年间增加了18%，如表13.12所示。黑山出国留学比重较高，2016年，出国留学生人数占总高等教育学生人数的19.35%，到了2020年，该比重升至22.68%，如表13.13所示。

表13.12　高等教育阶段出国留学人数　　　　　　　　　　单位：人

年份	2012	2013	2014	2015	2016	2017	2018	2019	2020
人数	4 409	4 247	4 188	4 585	4 767	5 053	5 210	5 255	5 208

数据来源：UNESCO。

表13.13　黑山出国留学比重　　　　　　　单位：%

年份	2016	2017	2018	2019	2020
比重	19.35	20.20	21.87	23.14	22.68

数据来源：UNESCO。

（五）黑山文化事业的发展

1. 黑山的文化资源

黑山历史悠久，多种不同的文化在这片土地上交汇融合，伊利里亚人、古希腊人、罗马人、斯拉夫人在此留下了丰富多彩的人文遗产，形成黑山特有的多元文化体系。黑山境内有诸多的古城堡、教堂、修道院和战争遗址等。科托尔自然保护区和文化历史区、杜米托尔国家公园分别于1979年和1980年被列入联合国教科文组织历史文化遗产。黑山有2项跨国世界文化遗产：与波斯尼亚和黑塞哥维那、克罗地亚和塞尔维亚共有斯特茨奇中世纪墓葬群，与克罗地亚和意大利共有15—17世纪威尼斯共和国的防御工事。黑山农庄集生产、生态、民俗、文化于一体，大部分由家族世代经营，传统生活方式保留较好，手工艺品颇具地方特色。

2. 黑山的文化产品进出口

由表13.14可知，黑山的文化产品出口额在过去几年中有所波动，2012年出口额为2 039 139美元，2015年升至2 997 576美元，之后有所下降，2018年降至2 307 536美元。文化产品在总出口额中的占比呈现波动趋势。历年黑山文化产品出口在全部产品出口的占比不足1%。

表13.14　　　　黑山历年文化产品出口情况　　　　单位：美元,%

年份	全部产品出口额	文化产品出口	在出口中的占比
2012	468 788 331	2 039 139	0.435
2013	494 375 744	2 749 821	0.556
2014	440 658 741	2 735 268	0.621
2015	353 079 512	2 997 576	0.849
2016	355 060 374	2 638 268	0.743
2017	420 870 888	2 733 352	0.649
2018	465 997 358	2 307 536	0.495

数据来源：UNESCO。

由表13.15可知，黑山的文化产品出口主要为表演和庆典产品、设计和创意、视觉艺术品、视觉和交互传媒、书和印刷品、文化和自然遗产等。其中书和印刷品、视觉和交互传媒商品的出口额最高，2018年，这两类商品的出口额分别为1 912 193美元和368 983美元。

表13.15　　　　　　黑山文化产品出口类别　　　　　　单位：美元

	书和印刷品	视觉艺术品	表演和庆典产品	视觉和交互传媒	文化和自然遗产	设计和创意
2012	1 561 685	431 214	38 507	7 733	—	—
2013	2 353 525	361 428	34 357	372	139	—
2014	2 329 909	396 996	8 019	344	—	—
2015	1 940 556	1 052 102	4 912	6	—	—

续表

	书和印刷品	视觉艺术品	表演和庆典产品	视觉和交互传媒	文化和自然遗产	设计和创意
2016	2 180 143	413 021	43 593	55	1 438	17
2017	2 009 619	662 885	60 849	—	—	—
2018	1 912 193	368 983	12 645	13 608	71	35

数据来源：UNESCO。

根据表 13.16 可知，2013—2018 年，黑山的文化产品进口额增长幅度不大，各年都有波动，2013 年与 2018 年文化产品进口额分别为 1 931.7 万美元和 1 975.8 万美元；文化产品在总进口额中的占比不高，历年均在 1% 以下，2013 年和 2018 年占比分别为 0.822% 和 0.658%。

表 13.16　　黑山历年文化产品进口额及占比　　单位：美元，%

年份	全部产品进口额	文化产品进口额	在全部进口中占比
2013	2 348 872 515	19 317 499	0.822
2014	2 366 751 420	20 798 034	0.879
2015	2 050 169 682	15 080 445	0.736
2016	2 282 529 250	16 303 030	0.714
2017	2 610 535 972	16 758 042	0.642
2018	3 002 864 022	19 758 082	0.658

数据来源：UNESCO。

根据表 13.17 可知，黑山的进口文化产品主要是表演和庆典产品、设计与创意服务、视觉艺术和工艺品、书和印刷品等，其中书和印刷品以及表演和庆典产品所占份额最多，但两项商品进口额呈逐年下降态势，2012 年，黑山进口书和印刷品约为 1 388 万美元，到了 2018 年，该项进口降至 910 万美元，6 年间下降 34.4%，同期，表演和庆典产品进口额下降了 48.7%；视觉艺术和工艺品、设计与创意服务的进口额增长较快，分别增长 219.6% 和 174.6%，反映出消费结构的变化。

表 13.17　　黑山历年文化产品主要进口类别　　单位：美元

年份	书和印刷品	表演和庆典产品	视觉艺术和工艺品	设计与创意服务
2012	13 879 483	3 285 252	2 583 168	14 951
2013	13 786 542	1 796 426	3 530 990	2 977
2014	13 636 341	1 310 133	5 633 247	9 637

续表

年份	书和印刷品	表演和庆典产品	视觉艺术和工艺品	设计与创意服务
2015	10 022 231	1 296 848	3 506 971	6 190
2016	9 771 885	1 311 478	4 009 435	16 353
2017	9 214 787	1 982 982	5 139 365	35 037
2018	9 099 871	1 686 655	8 255 203	41 057

数据来源：UNESCO。

（六）黑山科技创新发展

黑山科研资金总体较为匮乏，近年来，政府推出一些资助计划和创新项目，通过融资、联合资助等多种渠道，为科研筹措资金，鼓励科学研究。2016 年，黑山主导启动东南欧国际可持续技术研究所，参与者包括西巴尔干的所有国家以及保加利亚和斯洛文尼亚。黑山于 2019 年提出《2020—2024 年智能专业化战略》，该战略旨在强化可持续发展和技术应用，以提高经济竞争力。2020 年，黑山为科研和创新项目筹措的联合资助资金达 60 万欧元。2020 年 7 月，为推动创新发展，黑山通过了《创新活动法》和《研究和创新发展激励法》。

1. 研发开支

根据黑山科技部数据，近年来黑山国内研发总支出有所增加，2018 年较为突出，当年国内研发支出总额为 2 350 万欧元，占 GDP 的 0.5%，与 2015 年和 2017 年相比，金额分别增长了 71.5% 和 56.7%。根据联合国教科文组织数据，如表 13.18 所示，黑山历年在科技创新投入在 GDP 比重大多不足 0.4%，2019 年，该比重为 0.36%。中国自 2013 年起科技投入在 GDP 中的比重超过 2%，与中国相比，黑山科技投入水平相对较低，两国具有较大的合作潜力。

表 13.18　　　历年黑山与中国科技创新投入占 GDP 比重　　　单位：%

年份	黑山	中国
2012	—	1.91
2013	0.37	2.00
2014	0.36	2.02
2015	0.37	2.06
2016	0.32	2.10
2017	0.35	2.12

续表

年份	黑山	中国
2018	0.50	2.14
2019	0.36	2.24
2020	—	2.41

数据来源：UNESCO。

2. 科研人员数

根据表13.19可知，黑山在研究领域的人员数量在过去几年中有所波动，2015年的研究者人数较高，每百万人中研究者人数为834.62人，之后有所下降，2019年为746.83人。与中国相比，2019年黑山科研人员人数相对较小，2019年每百万人中研究人员数仅为中国的51%，两国科研人员合作潜力较大。

表13.19　历年黑山与中国每百万人中研究人员数　　单位：人

年份	黑山	中国
2012	—	1 014.31
2013	645.01	1 066.21
2014	671.83	1 089.20
2015	834.62	1 150.82
2016	715.81	1 196.69
2017	702.72	1 224.78
2018	762.97	1 307.12
2019	746.83	1 471.25
2020	—	1 584.87

数据来源：UNESCO。

二、浙江省教育文化产业的发展

（一）浙江省教育事业的发展

浙江省素有耕读传家、崇文重教的传统，教育总体发展水平处于全国领先地位，普及化指标居全国前列，达到高收入国家平均水平。根据浙江省教育厅数据，截至2022年底，全省有各级各类学校1.38万所，在校生1 082.58万人，教职工93.7万人。全省普惠性幼儿园、公办幼儿园在园幼儿占比分别为93.99%、62.71%，居全国前列。义务教育优质均衡高水平发展，校际办学条件差异系数0.27。在国务院教育督导委员会公布的2021年通过义务教育均衡发展国家督导评估认定的县名单中，嘉兴市海盐县和宁波市江北区位列其中，是全国首批的2个义务教育优质均衡县（目前全国仅有2个）。

浙江省内有3所高校的23个学科入选国家"双一流"建设，15所高校拥有博士学位授予权，29所高校拥有硕士学位授予权。近年来西湖大学、北航中法航空学院等新院校获得教育部批准建立。浙江省职业技术院校在全国率先探索普惠性人力资本提升新机制，打通"学历+技能"双提升路径，职业院校每年开展职业教育培训超150万人次，每年有50万人获得学历提升。浙江省有15所高职建设院校入选国家级"双高计划"，学校数量在全国排名第二，入选比例居全国第一。作为深化职业教育高质量发展地区，浙江省先后获评2018年、2022年国务院予以激励支持的职业教育改革成效明显省份。

浙江省是全国首批6个教育评价改革试点省之一。在全国率先开展中小学教师"县管校聘"管理改革并实现全覆盖，每年1.5万名校长教师参与跨校交流。全省承担国家智慧教育平台试点，基础教育信息化综合发展指数连续6年位居全国第一。

（二）浙江省文化产业的发展

浙江省是吴越文化、江南文化的发源地，历史悠久，人文荟萃，2003年7月，时任浙江省委书记的习近平在"八八战略"中提出，进一步发挥浙江的人文优势，积极推进科教兴省、人才强省，加快建设文化大省。近年来，浙江省在文化产业发展迅速，2014、2017和2019年浙江省文化及相关产业增加值分别突破2 000亿、3 000亿和4 000亿元大关。2020年与2021年，文化及相关产业增加值分别为4 495亿元与5 145亿元，增加值占全省GDP的比重由2012年的4.56%提高到2021年的6.95%，文化产业综合实力列全国前列。

据中国人民大学发布的《2021年度中国省市文化产业发展指数》报告显示，浙江省文化产业发展综合指数已连续4年位列全国前3。浙江省拥有一批实力雄厚的文化产业主体，在由光明日报社和经济日报社于2022年联合发布的第十四届"全国文化企业30强"名单中，浙江出版联合集团、浙报传媒控股集团、华数集团、宋城演艺、华策影视、华谊兄弟、大丰实业等浙江省的企业位列其中。浙江省拥有一大批优秀民营文化企业，包括横店影视、电魂网络、海伦钢琴等，目前已建有中国（之江）视听创新创业基地、杭州国家数字出版产业基地、国家（杭州）短视频基地、国家音乐产业基地等文化产业集聚区。

在文化设施建设方面，全省拥有102个县级以上公共图书馆、1 368个文化站、425个博物馆和19 911家农村文化礼堂，覆盖率均达100%。公共图书馆总藏量达10 619.3万册，年均增长率达7.9%。浙江省还打造了一系列知名品牌文博会和文化交易会，如长三角国际文化产业博览会、义乌文旅交易会、杭州动漫节等，品牌度和国际影响力不断提升。①

（三）浙江省教育交流合作情况

作为中国高水平对外开放的代表，浙江省的国际教育发展走在全国前列。2022年12月，省教育厅印发《关于推进教育对外开放高质量发展高地建设的指导意见》，提出到2025年，浙江省引进国际优质高等教育资源工作取得更大突破，来华留学工作更规范高效，出国留学服务体系进一步完善，教育引进来、走出去形式更加多元，教育交流与合作全面深入，合作共赢机制逐步完善，支撑"一带一路"建设坚实有力，教育对外开放整体智治水平不断提高，在国际教育规则制定中的话语权逐步增强，浙江省教育的国际影响力和竞争力显著提升，努力成为全国高质量教育对外开放发展高地。

根据教育部和浙江省教育厅相关数据，截至2021年6月，浙江省拥有中外合作办学（含内地与港澳台地区合作办学）机构20个，中外合作办学项目154个，涵盖从高中到博士研究生教育，总招生人数为11 707人。从占比来看，专科及非学历高等教育（其中非学历高等教育项目1个）共有64个，占比最高，为42%，其次为本科和高中阶段。

2021年浙江省教育厅发布的高中中外合作办学项目共有27项。在高等教育阶段，浙江省拥有宁波诺丁汉大学、温州肯恩大学、浙江大学爱丁堡大学联合学院、浙江大学伊利诺伊大学厄巴纳香槟校区联合学院、温州医科大学阿尔伯塔学院等高等教育中外合作办学机构。2022年，浙江大

---

① 打造新时代文化高地，文化发展呈现新气象——党的十八大以来浙江经济社会发展成就系列分析之十二. http://tjj.zj.gov.cn/art/2022/10/9/art_ 1229129214_ 5004979.html.

学国际联合学院（海宁）获批全国国际合作教育样板区，目前《浙江省推进浙江大学国际联合学院（海宁）国际合作教育样板区建设实施方案（2023—2025 年）》正在积极推进，到 2025 年，国际合作教育样板区建设将取得实质性进展，到 2035 年，国际合作教育样板区全面建成，浙江大学国际联合学院（海宁）将成为国际教育求学知名目的地。

在海外办学方面，截至 2023 年，浙江省有 30 所高校在 33 个国家设立 39 所丝路学院，其中 3 所入选国家首批鲁班工坊运营项目，居全国省区前列。在基础教育海外推广方面，全国第一所基础教育海外学校——迪拜中国学校，由教育部委托浙江省杭州市承办、杭州第二中学领办，该校已于 2020 年 9 月 1 日成立。浙江省"十百千"基础教育国际交流工程于 2022 年启动，将培育 10 个基础教育重点国际交流品牌，在全省范围内遴选 100 所中小学国际交流特色学校，在全省中小学培育 1 000 个基础教育品牌交流项目。

（四）浙江省文化产业国际交流

1. 文化展会

浙江省利用各类展会，多点布局，扩大文化出海辐射面。各类展会众多，主要有西湖国际博览会、杭州文化创意产业博览会、宁波国际时尚节、海丝之路文旅博览会、温州国际时尚文化产业博览会等。浙江省商务厅发布的《浙江省商务展会目录》，将（法国）戛纳影视展、（俄罗斯）国际教育展和（俄罗斯）中医健康养生展等列入支持展会目录。通过举办省级展会，浙江省扩大了文化产业的国际影响力，提升了浙江文化在国际市场的竞争力，各类展会的举办不仅为浙江省的文化产业提供了广阔的发展平台，还为浙江省的文化出海和国际交流搭建了桥梁，也为浙江省的经济社会发展注入了新的活力和动力。

杭州西湖国际博览会：西湖博览会历史悠久，首届西博会于 1929 年 6 月 6 日开幕，至 10 月 20 日闭幕，历时 137 天，参观人数达 2 000 多万人，提升了杭州的国际美誉度。2000 年西湖博览会在杭州恢复举办，由中共中央政治局委员、国务院副总理钱其琛宣布开幕，此后每年的 10 月下旬至 11 月上旬，杭州举办西湖博览会。新冠疫情期间，西湖博览会曾闭馆暂停，浙江省在 2023 年 6 月重启西湖博览会，同步举办丝绸博览会和老字号博览会，该展会还吸引了浙江杭州的数百家电商及 MCN 机构，实现线下赋能线上,成为直播、电商等线上平台的有效对接平台。

杭州文化创意产业博览会:2007年,杭州市第十次党代会提出打造"全国文化创意产业中心"的战略,同年10月,首届杭州文化创意产业博览会成功举办,之后每年10月在杭州举办。该博览会由杭州市人民政府、浙江大学、中国美术学院主办,杭州市委宣传部等承办,自2007年首次举办以来,始终秉承"精、专、特"的办展思路,坚持"国际化、专业化、产业化、品牌化"的办展理念,已成为展示国内外文创产业发展成果,深化国际文创领域交流合作的重要平台,被誉为国内四大综合性文化会展之一。

宁波时尚节:1997年10月以"东方霓裳"为主题的首届宁波国际服装节隆重开幕,这是浙江省宁波市最早举办的大型会展活动,以后每年10月举办一届,2019年升级为宁波时尚节。宁波时尚节的举办促进了城市时尚文化的融合,是中国与世界各国时尚文化交流的重要平台。

海丝之路文化和旅游博览会:该博览会由浙江省委宣传部、浙江省文化和旅游厅、宁波市人民政府共同主办,首届博览会于2020年在浙江省宁波市国际会展中心举行,由中国(宁波)特色文化产业博览会和宁波国际旅游展合并升级为海丝之路(中国·宁波)文化旅游博览会。第二届和第三届博览会分别于2022年11月和2023年6月举行。

2. 文化交流活动

浙江省立足于本省文化特色,通过举办各种形式的文化活动,向世界展现浙江省厚重的历史文化底蕴和独特魅力,用文化交流的方式讲好浙江故事,扩大浙江省在海外的美誉度和影响力,推进国际交流、增进相互了解、增强互信、推动世界文化多元融合发展。

"相聚浙里"国际人文交流系列活动:该系列活动是浙江省文化和旅游厅打造的一扇让世界聆听浙江声音、感受浙江文化、领略浙江山水的"窗口",相关活动架起中外文化交流、增进人民友谊的桥梁,让世界更好地了解中国文化、了解诗画浙江。首届"相聚浙里"国际人文交流周活动于2020年12月在绍兴市启动,通过在浙外国友人诗路体验、国际人文交流主题对话等系列活动,展示浙江省国际人文交流成果。2021"相聚浙里"国际人文交流活动贯穿全年,浙江省多个城市推出相关交流活动,系列活动的启动仪式于5月在温州市海外传播中心举行。2022"相聚浙里"国际人文交流活动于9月在德清世界地理小镇拉开序幕,系列活动持续到年底,活动内容丰富,包括"亚运国际课堂"等。

丝绸之路周：2020年，为纪念中国、哈萨克斯坦、吉尔吉斯斯坦"丝绸之路：长安—天山廊道的路网"联合申遗成功，中国丝绸博物馆牵头发起国际人文交流活动——"丝绸之路周"。"丝绸之路周"由国家文物局、浙江省人民政府联合主办，自2020年起已连续3年在"丝绸之府"杭州成功举办，其间吸引了22个国家200多家文化机构、2 000余万人次参与线上线下大联动，已成为一项长久性的年度国际人文交流活动。

第二节
中国与黑山教科文合作的进展

一、孔子学院

1. 黑山大学孔子学院

黑山大学孔子学院是由长沙理工大学与黑山大学合作建立的一所海外汉语教育机构，设立在黑山首都波德戈里察。2015年2月15日，时任黑山总统菲利普·武亚诺维奇与中国驻黑山大使馆人员共同参与了孔院揭牌仪式。黑山大学孔子学院成立的宗旨是弘扬中国语言文化，发展中黑友好关系。从建立至今，黑山孔院的影响力不断扩大，成为中黑文化交流与合作中的重要推动力量。

黑山孔院首批学员仅有40名，目前已培训了1 000多名学员，并与当地大中小学和幼儿园展开紧密合作，在9个城市建立了39个教学点，教学班级最多时达到59个。黑山经济以旅游为主，中国路桥、中国土建、上海电力等中国企业在黑山有多个基建合作项目，为此孔院开设了工程汉语、旅游汉语和会议翻译等相应课程。

2022年11月17日，第十五届"汉语桥"世界中学生中文比赛全球总决赛在云端举行，参加总决赛的洲际冠军是经过全球入围赛、洲际冠军赛遴选出的中文佼佼者，黑山大学孔子学院学生陈静进入全球决赛，并从来自76个国家、83个赛区的101位中选手中胜出，最终成为本届"汉语桥"世界中学生中文比赛全球总冠军。2023年5月24日，由中国驻黑山使馆主办,黑山大学孔子学院成功举办第二十二届"汉语桥"世界大学生中文比赛、第十六届"汉语桥"世界中学生中文比赛、第三届"汉语桥"世界小学生"中文秀"活动黑山赛区决赛。比赛中,选手们进行汉语演讲和中华才艺表演,展示汉语水平和对中国文化的理解,比赛不仅加强了黑山选手对中文的学习兴趣,也促进了中黑两国的文化交流与友谊。

2. 下戈里察大学旅游孔子课堂

2019年11月1日,黑山下戈里察大学和北京联合大学共同申办成立了下戈里察大学旅游孔子课堂,地点位于黑山首都波德戈里察的下戈里察大学。旅游孔子课堂作为非盈利机构,依托黑山下戈里察大学和北京联合大学的学科专业优势,在汉语教学、中国文化传播和旅游专业教育及研究等方面开展广泛交流与合作,促进黑山和中国在旅游业方面的合作与发展。鉴于双方院校都是"一带一路"旅游联盟的成员,孔子课堂注重双方院校在酒店管理、旅游管理和中国烹饪专业方面的深入交流与合作。旅游孔子课堂将发展"汉语+"的模式,为黑山培养综合型的人才,促进职业教育的国际合作。

二、中国与黑山教育领域主要合作内容

1. 黑山下戈里察大学与中国高校及企业的交流与合作

黑山下戈里察大学与中国高校及企业合作紧密,学校网站设有黑山语、英语和中文三种语言版面,文化与旅游学院下设有中国研究部门。该校与中国的合作包括:

(1) 与中国西华大学、北京联合大学、西南财经大学建立合作关系,师生有机会开展校际互访和交流学习;

(2) 与西安电子科技大学、长沙理工大学、中国传媒大学、首都师范大学、四川大学锦城学院、北京第二外国语学院、浙江工商大学已达成了合作协议;

(3) 与四川路桥集团公司、四川天府银行等中国企业开展合作项目,学生有机会在四川路桥集团公司暑假期间进行1—2个月的带薪实习,并在四川省成都市参加建筑、大地测量、信息技术和设计领域的相关项目;

(4) 与四川国际投资有限公司、上海电力股份有限公司、中国国际贸易促进委员会北京市分会已签署合作协议。

中国高校与该校的交流活动包括:西华大学和北京联合大学有约50

名中国学生参加了下戈里察大学组织的暑期项目,并完成在黑山企业的实习项目。有 6 名中国学生在下戈里察大学文化与旅游学院的国际酒店管理专业完成冬季学期的学习任务。

2. 西华大学与黑山开展教育交流

西华大学与黑山的教育合作交流始于 2015 年,两校于 2016 年正式建立校际合作伙伴关系,此后,西华与下戈里查大学每年互派学生交流学习,并在教师互访和学术交流等领域展开了合作,未来将继续推进双方在学科建设、人文交流、创新创业等方面的合作。

2018 年 6 月 3 日下午,黑山共和国议长伊万·布拉约维奇一行 6 人到访西华大学。伊万·布拉约维奇强调了中黑两国良好的政治关系对于促进经济和人文交流的重要性,他认为人员互访和人文交流是增进两国友谊的重要途径,而教育合作则为促进国家文化发展和人才交流提供了基础。2018 年 6 月 30 日,西华大学学生一行 13 人赴黑山参加由黑山下戈里察大学主办的夏令营。

3. 河北保定七中与黑山私立学校开展合作

保定七中于 2017 年 4 月 28 日与黑山私立教育学校签订了合作协议。黑山—中国国际学校是在国家"一带一路"发展战略下,经过黑山国教育部审核、注册的唯一一所黑山语(塞尔维亚语)中国培训学校,并与黑山大学签订教育合作协议。中国留学生在该校进行 1 000 个课时的黑山语课程培训,经该校认证语言考试测评合格后,颁发语言考试合格证书。并由该校帮助留学生完成黑山大学的注册入学,获得黑山大学录取通知书。

2017 年保定七中、容大中学签署教育合作协议,高中三年在保定七中、容大中学学习,修满学分,获取高中毕业证,便可赴黑山学习(相当于大学预科)考试测试合格后,可以向自己向往的院系递交入学申请,注册入学。学校为全日制小班授课,并以"以学生为中心"为管理理念。采用"中黑英"三语相结合的授课方式。以英文授课为主,以中文授课为辅,后期则是全黑山文(塞尔维亚文)授课。

三、政府间就文化合作的会晤与协定

1. 中国与黑山政府签署科教文体领域合作协定

2009 年 4 月 14 日,中国文化部部长蔡武与黑山文化、体育、媒体部长布拉尼斯拉夫·米丘诺维奇在北京共同签署了《中华人民共和国政府和黑山政府文化、教育、社会科学和体育领域合作协定》。

根据合作协定,中黑两国将本着平等互利的原则,鼓励和支持双方文化、教育、社会科学、体育、出版、广播、电影和电视等领域的交流与合作。在文化方面,双方将互派文化代表团、艺术团和表演艺术家,举办互派艺术展览,以及互派专家和艺术家参加对方举办的研讨会,共同推动两国专业协会和艺术家协会在文学、戏剧、音乐、舞蹈、美术、建筑艺术和影视等领域的合作。

2. 中国与黑山签署文化合作执行计划

2016年4月,中国文化部董伟副部长访问黑山,与黑山文化部长格兰诺维奇共同签署了《中华人民共和国文化部与黑山文化部2017—2020年文化合作执行计划》,为两国下一阶段的文化交流合作明确了方向,提出了要求,制定了目标。

3. 中国—中东欧文化合作相关文件的签署

2017年9月,在第三届中国—中东欧国家文化合作部长论坛上,与会各国代表团一致通过《中国—中东欧国家文化合作杭州宣言》《中国—中东欧国家2018—2019年文化合作计划》,并共同签署《中华人民共和国文化部和中东欧国家文化主管部门关于在马其顿共和国设立中国—中东欧国家文化合作协调中心的谅解备忘录》。黑山文化代表团出席该论坛,并参与相关计划的通过以及谅解备忘录的签署。

4. 黑山驻华大使强调两国文化交流的必要性

2018年11月,黑山驻华大使达尔科·帕约维奇在中国网《"一带一路"大使访谈》节目中强调文化交流的重要性,认为这是拉近两国人民之间距离的最佳途径。他指出,在包括经济和政治在内的各个领域的合作都离不开文化交流,黑山教育部以及黑山首府波德戈里察和其他地区的机构在过去几年都积极参与了与中国的文化交流活动。达尔科·帕约维奇希望能有更多黑山人民更好地了解中国文化、掌握汉语。他认为未来的经贸合作将需要更多能够讲汉语的黑山人,文化交流不仅有利于文化合作,同时也为经贸合作铺路。他确信人文交流会成为未来几年的工作重点之一。①

---

① 黑山共和国驻华大使:黑中两国文化交流前景广阔. http://ydyl.china.com.cn/2018-11/21/content_74195116.htm.

四、中国与黑山文化交流回顾

1. 中国水墨戏画展在黑山举办

2014年5月22日—6月5日，由上海市对外文化交流协会与刘海粟美术馆共同主办的"戏墨·墨戏——中国水墨戏画展"在黑山共和国波德戈里察美术馆展出。此次"戏墨·墨戏——中国水墨戏画展"是黑山共和国波德戈里察美术馆首次展出极具中国传统文化特色的艺术展览，高水平、多层次的展品吸引了众多当地艺术家和艺术爱好者前来参观，获得了广泛的好评。① 展览由两国文化部共同主办，由中外文化交流中心、北京市公园管理中心、黑山文物保护管理局、黑山国家博物馆共同承办。概览黑山、中国各自古村落与乡土建筑之美，展现东西方传承千年的生活智慧与哲学。

2. 黑山古村落与乡土建筑展在中国举办

2016年8月，中国—黑山古村落与乡土建筑展在中国园林博物馆隆重开幕。中国文化部外联局副局长陈发奋、黑山驻华使馆临时代办瓦特罗斯拉夫·贝兰先生为展览揭幕并致辞。此次展览是为庆祝中国与黑山建交10周年，由两国文化部共同主办的庆祝活动。单在今年，黑山的艺术家们就先后来华参加了"中国—中东欧国家艺术合作论坛"、中东欧国家美术家来华采风等活动，取得了良好的交流效果。

3. 中国与黑山在中医药领域的合作

近年来，中黑两国在中医药领域的合作深入推进，黑山议会在2015年通过法律规定了中医治疗作为替代性医疗的合法地位，同年，2015年四川省成都中医药大学附属医院（四川省中医院）黑山分院在黑山首都波德戈里察成立，该中医院采取高标准建立，是黑山首家中国中医院。2016年6月中国国家中医药管理局以黑山分院为载体，授权挂牌中国—黑山中医药中心，成为在海外命名的12家中国中医药中心之一。2016年11月，在第五次中国中东欧国家领导人会晤期间，四川省中医药管理局与黑山尼克希奇市签署了《中国四川省中医药管理局与黑山尼克希奇市政府关于中草药种植及加工的合作备忘录》，双方就中草药种植及

---

① 加强艺术交流，弘扬中华文化．"戏墨·墨戏——中国水墨戏画展"在黑山成功举办．http://www.sica.sh.cn/jlxhWebsite/contents/1140/1689.html.

加工达成初步协议。2017年2月，四川省中医药管理局组织中医药代表团访问黑山，就中医药合作进行了广泛交流与沟通。2017年5—6月，四川省中医药科学院黑山中药材种植项目组代表团赴黑山尼克希奇市进行了调查，初步掌握当地药材种植所需的信息资料，并筛选出适宜种植的中药材种类。

2017年9月与北京同仁堂集团在黑山成立北京同仁堂—黑山中国中医院中医药发展中心。2017年11月《中国—中东欧国家合作布达佩斯纲要》发布，其中明确提到，支持黑山等国既有的中医中心发展，支持设立更多新的中医药机构。2019年11月与成都中医药大学附属医院（四川省中医院）在黑成立中医药教育培训基地并举行揭牌仪式。目前，中国黑山中医院由我国四川省中医院派出中医医生，北京同仁堂等中国知名中医机构提供高质量医疗资源，在黑山当地已经产生了较大的影响，当地许多民众、官员和名人都慕名到这家中医院进行理疗和治疗。

第三节
浙江省与黑山教科文合作的进展

一、中国（宁波）—中东欧国家教育合作交流活动

自2014年起，宁波每年举办中国（宁波）—中东欧国家教育合作交流活动，成立了全国首个"一带一路"产教协同联盟和丝绸之路商学院联盟，以及首个被纳入中国—中东欧国家合作框架的职业院校产教联盟，建成宁波海上丝绸之路研究院和宁波中东欧国家合作研究院等地方智库，项目平台不断增加、师生交流日益频繁、交流领域逐步多元。截至2023年，宁波已与中东欧国家的90多所院校建立合作关系，达成合作协议100多项，教育合作实现14个国家全覆盖，成为中国与中东欧国家教育合作交流的重要样板。

黑山共和国作为中东欧国家的重要成员，与宁波市在教育领域有着广泛的合作，黑山与宁波市签署有多项教育合作项目，师生双向交流频繁，推动了语言文化交流和国别与区域研究。在历届中国（宁波）—中东欧国

家教育合作交流会及"一带一路"国家教育合作高峰论坛上,黑山共和国都是参会的重要代表。在 2019 年第六届中国(宁波)—中东欧国家教育合作交流会开幕式上,宁波城市职业技术学院与黑山亚得里亚大学共建"中黑丝路工匠学院"及"黑山语语言文化中心"揭牌并签署合作协议。在 2023 年第八届中国(宁波)——中东欧国家教育合作交流会上,中国—中东欧国家职业院校产教联盟与黑山—中国商业联盟签署合作协议,推进产教联盟与商业联盟合作,培养技术技能人才,促进科教融合与人才培养模式改革,促进中国与黑山的经贸合作纵深化发展。

二、浙江万里学院与黑山的教育合作

浙江万里学院是一所具有 70 年办学历史、21 年创新办学历程的省属普通本科高校,该校于 1999 年经教育部批准,成为"公办高校实行新的管理模式和运行机制"的新型高校,是我国第一所承担整体改制重任的公办高校,被誉为"中国特色现代大学制度的范例性实践"。

浙江万里学院是中国高校国际合作办学的开拓者和先行者,学校注重对外交流与合作,与国际接轨,坚持国际化的办学理念。2004 年,万里与英国诺丁汉大学联合创办了我国第一所中外合作大学宁波诺丁汉大学,这在中国高等教育史上具有里程碑式的意义,推动了浙江高等院校教学模式的改革。2018 年,浙江万里学院汉堡校区挂牌启用,成为浙江省高校首个独立办学的海外校区。

近年来,万里学院与美国、英国、日本等 30 多个国家和中国台湾、香港地区的 80 余所院校建立了校际合作关系,开辟交换生、海外学习、2+2 双学位、本硕连读等各种类的国际交流学习项目,先后成立了海上丝绸之路研究院、中东欧国家合作研究院、海上丝绸之路商学院联盟、中德设计与传播学院等,不断开拓新的交流与发展渠道,每年组织近 400 余位学生分赴合作院校进行学习交流,提升了跨文化交际能力,在让学生"走出去"的同时,学校还积极开展来华留学生教育,依靠学校优势和特色吸引外国留学生到万里就读。万里学院在 2023 年"中国公办大学国际化竞争力排行榜"中排名第 37 位,在甬高校中位居第一、在浙江省高校中居第三。

浙江万里学院和黑山的合作可以追溯到 2016 年。2016 年 6 月,万里学院与黑山地中海商学院签署教育合作协议,2018 年 5 月,万里学院校长应敏访问黑山亚得里亚大学并与该校校长签署校际合作协议。2019 年 6

月，来宁波参加三会会议的黑山前总统、黑山名誉总统菲利普·武亚诺维奇先生访问万里学院并发表演讲。2022年1月，万里学院与黑山下戈里察大学举行线上交流会，探讨两校在后新冠疫情时代如何更好推进国际教育交流与合作项目的开展与实施。双方就推动两校在师生交流、科研合作、文化交流、共同举办国际会议等方面进行了探讨，双方认为两校在学科与专业、科研合作、人文交流上有诸多契合点，双方将以此次会议为契机，开启两校友好交流合作的新篇章。

三、宁波大学与下戈里察大学合作项目获奖

宁波大学于1986年由世界船王包玉刚先生捐资创立，邓小平同志题写校名，是国家"双一流"建设高校，浙江省、教育部、宁波市共建高校，国家海洋局与宁波市共建高校，浙江省首批重点建设高校。习近平总书记主政浙江省期间曾指示："希望宁波大学努力建设成为国内一流的地方综合性大学，为浙江建设创新型省份，构建社会主义和谐社会作出新的更大的贡献。"

宁波大学拥有来自100多个国家和地区的留学生，留学生规模达到3 000余人。与国外100余所高校和研究机构建立了合作交流关系，入选了"浙江省国际化特色高校"首批建设单位和宁波市国际人文交流基地，通过了全国高等学校来华留学质量认证。学校建有宁波大学昂热大学联合学院中外合作办学机构1个，中法临床医学双博士项目、中澳MBA项目、中美精算本科项目等中外合作办学项目3个，已建冰岛北极光孔子学院和马达加斯加塔马塔夫大学孔子学院。牵头成立了"中国—中东欧大学体育教育与研究"国际联盟。学校获批"力学与先进制造技术创新型人才国际合作培养项目"和"临床医学高水平创新型人才国际合作培养项目"等2项留学基金委创新型人才国际合作培养项目。

宁波大学与黑山共和国下戈里察大学在人才国际化和创新创业培养方面合作紧密，为学生们提供了国际化的学习环境和创新平台，增进了两国师生之间的相互了解。宁波大学海运学院物流管理专业是国家一流专业、省特色专业、市优势专业和学校重点建设专业，也是浙江省最早开设的2个物流管理本科专业之一。根据"软科中国大学专业排名榜"，目前宁波大学物流管理专业为A层次专业，位列全国高校同类专业前8%，2019年，宁波大学物流管理专业取得世界上最具有权威的物流专业协会组

织——英国皇家物流与运输学会 CILT 的专业国际认证，标志着该专业人才培养体系已与国际接轨。2022 年 1 月，宁波大学物流管理专业与黑山下戈里察大学合作项目《丝路华声——供应链文化里的中国故事》荣获第七届中国国际"互联网+"大学生创新创业大赛金奖，是目前全国唯一与中东欧高校合作获得国家级金奖的大学生创新创业项目。

四、宁波城市职业技术学院与黑山亚得里亚大学合作共建

宁波城市职业技术学院创建于 2003 年，学校的前身是宁波大学职业技术教育学院，是一所面向现代服务业培养高素质技术技能应用型人才的全日制普通高等职业院校。学校积极服务国家"一带一路"战略，率先成立中外合作办学机构，国际化综合水平全省领先。自 2011 年开始，学校与澳大利亚新南威尔士州 TAFE 学院合作成立浙江省首个非独立法人中外合作办学机构——宁波 TAFE 学院，学生达到毕业要求可获得中澳双文凭。组织澳大利亚 TAE 职业课程授课资质和德国 ADA 执教能力师资培训。学校与泰国暹罗技术学院共建"中泰暹罗丝路工匠学院"、与黑山亚得里亚大学共建"中黑丝路工匠学院"，建立两个宁波市"一带一路"国家语言文化中心——"泰国语言文化中心"和"黑山语语言文化中心"，牵头成立宁波市"一带一路"职教慕课联盟，集聚国际化慕课资源，组织"中文+技能"订单式培训、小语种培训，校企联动、产教融合服务"走出去"企业，服务"一带一路"职业教育输出。

宁波城市职业技术学院与黑山亚得里亚大学于 2019 年起共建"中黑丝路工匠学院"及"黑山语语言文化中心"。在新冠疫情期间，宁波城市职业技术学院针对性制定并实施了有效的在线培训方案，主动向黑山合作院校了解学生的实际学习需求，综合考虑学生的学习需求和语言基础，量身设计"中文+技能"在线培训方案，采用提前录制、在线授课等方式开展了汉语、旅游文化和基础会计等专业的教学，受到了黑山亚得里亚师生的欢迎。

五、浙江大学城市学院学子摘得黑山国际电视节大奖

黑山国际电视节始于 1995 年，是欧洲较大的电视节之一。2010 年，黑山电视节吸引了来自 50 多个国家的选手携 227 部作品（含专题片和纪录片）参赛，中国有 3 部作品选送，云南大学和上海广电集团均有作品推出，最终仅有浙大城市学院学生范家驹执导的《双喜的眼泪》（20 分钟版）入围，并获得了"青橄榄"奖，范家驹也成为该电影节史上最年轻的获奖者。此前只有2位中国人在黑山电视节上获过奖，他们分别是上海纪实频道副总监于超以及浙江卫视导演金华青。纪录片《双喜的眼泪》讲述了湖南耒阳市双喜村外出务工的青壮年"生命换取酬劳"的故事。短短几分钟的影片，向观众再现了一个村落的"血泪史"。

六、浙江大学外语学院举办举办黑山主题活动

浙江大学是一所特色鲜明、在海内外有较大影响的综合型、研究型、创新型大学，是中华人民共和国教育部直属的综合性全国重点大学，位列国家"双一流""211工程""985工程"。浙江大学近年来实施全球开放发展战略，国际化办学能力和全球声誉得到较大提升。据北京师范大学新媒体传播研究中心等机构联合发布的《2022中国大学海外网络传播力建设报告》显示，浙大位列内地大学海外传播力综合指数排名第三，成为连续6年进入排名前十的内地4所高校之一。

浙江大学重视在地国际化水平的提升，把国际一流资源引进浙大、引入中国，吸引国际学生在浙大、在中国接受世界一流教育，注重具有全球竞争力的高素质人才培养，通过国际化的课程设计、丰富多彩的课外活动等手段，全面提升学生能力和素质，让广大青年学生成为对外发声的主体之一。

2019年12月13日，浙江大学外语学院举办了"一带一路"国家语言文化俱乐部之黑山篇。本次活动由西班牙语语言文学研究所承办，旨在向中国学生介绍黑山的历史、风土人情及自然风光，拓展国际视野。活动内容共分为4个环节：3位西语所的同学依次介绍了黑山的概况、历史及与塞尔维亚的关系以及黑山旅游风景等方面。来自黑山的留学生Mersid Kajic结合视频为大家生动呈现了黑山的音乐、舞蹈等特色文化，并分享了自己参加婚礼的经历，详细介绍了黑山的婚嫁习俗。他幽默风趣的展示赢得了众人的欢笑，同时也让大家发现了黑山与中国极其相似的婚嫁习俗，拉近了彼此的距离。介绍环节结束后，现场听众积极向留学生提问，并进行了互动交流，进一步加深对黑山文化的了解和认识。本次活动为中黑两国学生搭建了一个互相了解、交流的平台，促进了中黑文化交流与友谊的不断深化。①

---

① "一带一路"国家语言文化俱乐部黑山篇：小而精的"世外桃源". http://www.sis.zju.edu.cn/sischinese/2019/1217/c12610a1828781/page.htm.

参考文献

[1] 冯拾松. 义乌中国小商品城国际化经营的广度与深度研究 [J]. 商业经济与管理, 2004 (1): 28-30.

[2] 高歌. 国家独立、"回归欧洲"与黑山政治的三次转型 [J]. 俄罗斯学刊, 2016 (4): 13-23.

[3] 国复咨询. 黑山优势项目介绍 [EB/OL]. https://www.goalfore.cn/a/1320.html.

[4] 国务院新闻办公室. 新时代的中国能源发展白皮书. [EB/OL]. 2020-12. http://www.scio.gov.cn/ztk/dtzt/42313/44537/index.htm.

[5] 兰振东. 宁波—中东欧外贸综合服务平台现状、发展及推进对策 [J]. 现代商贸工业, 2020, 41 (3): 36-38.

[6] 李洪英. 宁波外经贸融入"一带一路"建设分析 [J]. 宁波经济（三江论坛）, 2017, 452 (7): 11-13.

[7] 李沁阳. "一带一路"框架下中国与黑山的合作分析 [D]. 北京: 外交学院, 2019.

[8] 李雪艳. 宁波与中东欧贸易便利化的现状、问题与对策 [J]. 经济论坛, 2018, 580 (11): 114-118.

[9] 刘进, 李新宇. "一带一路"沿线国家的高等教育现状与发展趋势研究——以黑山为例 [J]. 世界教育信息, 2018 (8).

[10] 刘伟, 朱晶晶. 三年实践, 杭州开创跨境电商发展新格局 [N]. 杭州日报, 2018-02-28.

[11] 刘玺. 中国与中东欧合作逆势上扬 [J]. 中国对外贸易, 2021, 660 (6): 59-61.

[12] 刘作奎. 中国企业对中东欧国家营商环境看法调研报告 [J]. 欧亚经济, 2020 (4): 19-55, 127.

［13］Matti Supponen，夏清等．中欧电力市场和电力系统．中国—欧盟能源合作平台．2020．http：//www.ececp.eu/wp – content/uploads/2020/1607/3 – Market – Report – EN – 0711.pdf．

［14］Milika Mirkovic.2019 年黑山对外关系发展综述［J］．中东欧国家周报，中国—中东欧研究院，2019.12．

［15］宋文富．最年轻的国家——黑山共和国［N］．光明日报，2006 – 07 – 14（9）．

［16］孙从众．"一带一路"背景下宁波保税区发展趋势与对策研究［J］．湖北成人教育学院学报，2018（6）：27 – 30．

［17］童亚辉．习近平能源安全新战略的浙江探索［N］．人民日报，2019 – 07 – 03（02）．

［18］王晋、刘春沐阳．义乌传奇——义乌小商品市场改革发展纪［N］．浙江日报，2018 – 09 – 17．

［19］王军锋，等．中国—中东欧国家合作机制下浙江企业"走出去"的实施路径研究［J］．宁波经济（三江论坛），2021（8）：11 – 13．

［20］伍晖．黑山投资环境介绍［J］．国际工程与劳务，2020（7）：50 – 52．

［21］徐辉，胡保永．海外青田华侨回流模式研究——以浙江青田进出口商品城为例［J］．五邑大学学报，2022（4）：7 – 11．

［22］杨菁，等．"五位一体"联接机制助力中欧经贸合作［J］．唯实，2021（5）：67 – 69．

［23］张其仔．中国产业竞争力报告（2016 版）［M］．北京：社会科学文献出版社，2016．

［24］张锐．中国对非电力投资："一带一路"倡议下的机遇与挑战［J］．国际经济合作，2019（2）：91 – 100．

［25］浙江省电子商务促进会．浙江省跨境电商 2021 年度报告［R］．2022.01．

［26］浙江省发改委，浙江省能源局．浙江省可再生能源发展"十四五"规划．2021 – 05 – 07．浙发改能源〔2021〕152 号．

［27］郑蕾，刘志高．中国对"一带一路"沿线直接投资空间格局［J］．地理科学进展，2015（5）：563 – 570．

［28］中国国际贸易促进委员会．企业对外投资国别（地区）营商环

境指南——黑山（2021）[EB/OL]. https://www.ccpit.org/yingshanghuanjing/.

[29] 中国国家税务总局. 中国居民赴黑山投资税收指南 [EB/OL]. https://www.chinatax.gov.cn/chinatax/n810219/n810744/n1671176/n1671206/c3317940/5116146/files/17679f1df1c14b16aa5b2ffb667c501b.pdf.

[30] 中国欧洲经济技术合作协会. 黑山 [EB/OL]. http://www.ceatec.org.cn/contents/524/3551.html.

[31] 中国商务部. 黑山概况 [EB/OL]. 2023-05-30. http://me.mofcom.gov.cn/article/gk/202004/20200402951907.shtml.

[32] 中国商务部国际贸易经济合作研究院, 中国驻黑山大使馆, 商务部对外投资和经济合作司. 对外投资合作国别（地区）指南——黑山（2021年版）[EB/OL]. 2023-6-10. http://opendata.mofcom.gov.cn/front/data.

[33] 中国新能源电力投融资联盟. 中国企业参与"一带一路"能源伙伴关系国家的可再生能源项目投资机会研究 [R]. 2021.

[34] 朱晓月. 博弈视角下义乌小商品市场的发展逻辑研究中国优秀硕士学位论文全文数据库, 2020 (1).

[35] Aleksandra Martinovic, et al. Trends of Agricultural Policy in Montenegro [J]. Journal of Hygiene Engineering and Design, 2020: 63-69.

[36] CEED Consulting. Analysis of the Montenegrin Ict Sector in 2022 [EB/OL]. http://help-montenegro.org/wp-content/uploads/2023/07/Montenegrin_IT_sector_Analysis.pdf.

[37] Dejana-Durdević Utilisation of Wind Energy Potential in Montenegro [J]. Researches Reviews of the Department of Geography, Tourism and Hotel Management, 2017 (46).

[38] European Bank for Reconstruction and Development. Montenegro Country Diagnostic: Private Investment Challenges and Opportunities 2022 [EB/OL]. 2022. https://www.countrydiagnostics.com/.

[39] Goran Rajović, Jelisavka Bulatović. Some Aspects of Agricultural and Rural Development in Montenegro: Overview [J]. World Scientific News, 2017: 56-68.

[40] International Energy Charter. In-Depth Review of the Energy Effi-

ciency Policy of Montenegro [R]. Brussels: 2018.

[41] Jelena Vujisic, et al. Montenegro: Ongoing and Future Energy Projects [J]. The CEE Legal Matters Magazine, 2022 (6).

[42] MANS. Public Infrastructure Analysis [EB/OL]. https://www.mans.co.me/en/wp-content/uploads/2017/06/Montenegro-PublicInfrastructure-Analysis.pdf.

[43] Montenegro Ministry of Transport and Maritime Affairs. Transport Development Strategy-Montenegro 2019 – 2035 [EB/OL]. 2019 – 07 – 09. https://www.gov.me/en/documents/a080d54d-0b87-4d8c-bfbf-bdc8ae5dc8bb.

[44] Montenegro Ministry of Foreign Affairs. Montenegro Investment and Business Opportunities (4, 5 Edition) [R]. Podgorica: 2019.

[45] Montenegrin Foreign Investors Council. White Book Investment Climate in Montenegro 2021 [EB/OL]. https://www.mfic.me/activities/whitebook.

[46] Montenegro Ministry of Agriculture, Forestry and Water Management. Programme for the Development of Agriculture and Rural Areas in Montenegro Under IPARD III 2021 – 2027, 2022 (5).

[47] Montenegro Ministry of Economic Development. Montenegro Tourism Development Strategy 2022 – 2025 with the Action Plan, Podgorica: 2022.

[48] Montenegro Ministry of Economy. Industrial Policy of Montenegro 2019 – 2023. Podgorica: 2019.

[49] Montenegro Ministry of Finance. Public Finance Management Reform Program 2016 – 2020 [R]. 2019.

[50] Montenegro Ministry of Public Administration, Digital Society and Media. Montenegro Digital Transformation Strategy 2022 – 2026 With Action Plan 2022 – 2023 [R]. Podgorica: 2021.

[51] Montenegro Ministry of Science. Quantitative and Qualitative Analysis Mapping Economic, Innovation and Scientific Potential in Montenegro [R]. 2019.

[52] Montenegro Ministry of Science. Smart Specialisation Strategy of Montenegro 2019 – 2014 [R]. 2019.

[53] Montenegro Ministry Of Transport And Maritime Affairs. Strategy for

Development of Maritime Economy 2020 – 2030 [R]. 2021.

[54] OECD. OECD Tourism Trends and Policies 2022 [M]. OECE Publishing. Paris: 2022.

[55] Safet Kalač, Dragutin Jovanović. Models of Management of Railway. Infrastructure of Montenegro [J]. Traffic and Transport Theory and Practice Journal. 2020 (10): 76 – 84.

[56] Slobodan Radusinović, et al. The primary and Secondary Mineral Resources of Montenegro and their Mapping into the European Data Model [J]. Journal of the Croatian Geological Survey and the Croatian Geological Society. 2022 (75): 335 – 48.

[57] Slobodan Radusinovid. Mineral Resources and Mining Production in Montenegro [R]. 2016. Seminar on Geological Mineral Resources Administration for Officials from Countries along the "One Belt One Road", 2016 – 09 – 29. China.

[58] Stathopoulos, A., Kepaptsoglou, K. Preparation of the Transport Development Strategy-Montenegro [R]. 2017.

[59] The International Trade Administration of the U. S.. Montenegro-Country Commercial Guide [EB/OL]. 2022 – 08 – 06. https://www. trade. gov/country-commercial-guides/montenegro-trade-agreements.

[60] United Nations. Investment Policy Review of South-East Europe [R]. New York and Geneva: 2017.

[61] World Bank Group. Doing Business 2020-Montenegro [R]. https://archive. doingbusiness. org/en/data/exploreeconomies/montenegro.